TANGSWORLD
Publishing

B.M. TANG

Momoko

VON DER KUNST WUNSCHLOS GLÜCKLICH ZU SEIN

TANGSWORLD
Publishing

B.M. Tang
Momoko – Von der Kunst wunschlos glücklich zu sein
Die Deutsche Bibliothek – CIP-Einheitsaufnahme

1. Auflage
© 2007 Tangsworld Publishing, Rodgau
Lektorat: Jörg Starkmuth
Dieses Buch wurde auf holz- und säurefreiem Papier gedruckt.
Das Papier wurde aus chlorfrei gebleichtem Zellstoff
hergestellt und ist alterungsbeständig.
Druck: KM-Druck, Groß-Umstadt
Bindung: Hartmut Köhler, Rodgau
Printed in Germany
ISBN 978-3-9811353-0-5

www.tangsworld.de

Für Melanie und Joy Leonardo

Inhalt

	Glück	9
	Danksagung	10
1.	Borki	13
2.	Die Wunschpyramide	22
3.	Die Familie	44
4.	Das vollkommene Glück und das Leid	51
5.	Papa Charly	64
6.	Die Zeit steht still	83
7.	Der Glücksvirus	86
8.	Die Alm	93
9.	Der See des Bewusstseins	106
10.	Die Hüterin der Schwarzlake	116
11.	Joys Traum	137
12.	Halbkreis sucht Halbkreis	141
13.	Die Suche beginnt	148
14.	Momokos Geburtstag	153
15.	Das Experiment	166
16.	Wie verlieren wir unseren Verstand?	180
17.	Der Meisterdieb	198
18.	Eine wunderbare Begegnung	201
19.	Die Reise nach Hawaii	214
20.	Der verrückte Onkel	229
21.	Matz	233
22.	Familie Scharfblick	246
23.	Ein tropisches Frühstück	257

24.	Bellyacres	264
25.	Die Juggling Seagull	269
26.	Die Stadt der Delfine	278
27.	Von Löwen und Eseln	293
28.	Trauminsel und Inselträume	298
29.	Haben oder Sein	305
30.	Die zwei Leben des Herrn Richie	310
31.	Erhellende Einsichten	315
32.	Der Familienausflug	324
33.	Das Konzert	339
34.	Die Falle der Begeisterung	345
35.	Das Märchen von Ursache und Wirkung	353
36.	Die Glückskinder-Waldschule	369
37.	Ein Sommer in den Bergen	383
38.	Vor der großen Reise	401
39.	Frangipani	415
40.	Schenken	433
41.	Watamu	460
42.	Weihnachten unter Palmen	470
43.	Glückliches Zusammentreffen	475
44.	Ein neuer Morgen	489
	Nachwort	493
	Bibliografie	503
	Über den Autor	506

Glück

Solang du nach dem Glücke jagst,
Bist du nicht reif zum Glücklichsein,
Und wäre alles Liebste dein.

Solang du um Verlornes klagst
Und Ziele hast und rastlos bist,
Weißt du noch nicht, was Friede ist.

Erst wenn du jedem Wunsch entsagst,
Nicht Ziel mehr noch Begehren kennst,
Das Glück nicht mehr mit Namen nennst,

Dann reicht dir des Geschehens Flut
Nicht mehr ans Herz und deine Seele ruht.

Hermann Hesse, Über das Glück

Danksagung

Im Laufe der Jahre sind mir viele Menschen begegnet, sowohl persönlich als auch in Erzählungen und Büchern. So mancher von ihnen hat mich wie ein unsichtbarer Freund auf meinem Weg begleitet und inspiriert. Bei ihnen allen möchte ich mich an dieser Stelle herzlich bedanken.

Ganz besonders gilt das für die Begegnung mit Melanie, die für mich Geliebte, beste Freundin und manchmal strengste Kritikerin zugleich ist, und die mich während der Schaffenszeit des Buches immer liebevoll begleitet und unterstützt hat.

Ich empfinde es als eines der größten Geschenke meines Lebens, dass ich neben dem Schreiben zugleich das Aufwachsen unseres Sohnes Joy miterleben durfte und natürlich immer noch erlebe. Diese beiden Menschen sind meine besten Lehrer und ein stetiger Quell der Freude.

Da ich schon immer eine Vorliebe für Geschichten, Bilder und Metaphern hatte, habe ich mir erlaubt, in diesem Buch auch einige erhellende Beiträge anderer Autoren nachzuerzählen oder zu zitieren, die mir selbst aus dem Herzen sprechen. Daher werde ich im Nachwort alle Quellen für Zitate und Inspirationen benennen und selbstverständlich gerne auf entsprechende Veröffentlichungen hinweisen.

Mein spezieller Dank gilt hierbei den Autoren und Weisheitslehrern Hermann Hesse, Eckhart Tolle, Erich Fromm, Sri Punjaji, Arjuna, Nisargadatta Maharash, Bodo Deletz, Cora Tanou, Ramtha, James Redfield, Jasmuheen, Don Miguel Ruiz, Jean Liedloff, Tetsuko Kuyanagi, Samarpan und Neale Donald Walsch.

Freundliche Hilfe hatte ich auch von Edeltraud Angerer, die mich bei den oberösterreichischen Dialektpassagen beraten hat.
Abschließend gilt mein besonderer Dank Jörg Starkmuth, der neben seiner Tätigkeit als Autor dieses Buch lektoriert und mich freundschaftlich bis zur Fertigstellung unterstützt hat.

Ich hoffe inständig, dass meine Freunde und Bekannten sowie die Mitglieder meiner Familie mit Humor und Nachsicht reagieren werden, wenn sie feststellen, dass ich mich ihrer Personen und Charaktere hemmungslos bedient habe und dann auch noch ihre Namen zum Teil wild durcheinandergemixt habe. Auch euch gilt mein Dank für Inspiration und Anregung.

B.M.Tang
Rodgau, Deutschland
November 2006

Borki

Momoko hatte die Geschichte ihres außergewöhnlichen Namens bestimmt schon hundertmal gehört. Trotzdem saß sie schon wieder schaukelnd in ihrer blauen Latzhose auf Großvaters Knie, steckte ihre nackten Füße unter seine warme Strickjacke und stellte ihm schließlich mit unschuldiger Miene die altbekannte Frage:
»Mut, sag mal, woher kommt eigentlich mein toller Name – Momoko? Glaub mir, ich hab wirklich keinen blassen Ahnungsschimmer, wieso sich Mami und Paps so was für mich ausgedacht haben!«
»Keinen blassen Ahnungsschimmer hast du also, kleine Schlaumaus?« Großvater kniff sein linkes Auge zu und runzelte die Stirn während er die Zeitschrift mit dem mächtigen röhrenden Hirsch auf dem Titelblatt beiseite legte. »Na, wenn das sooo ist, sollte ich dir wohl endlich mal die wahre Geschichte über deinen Namen verraten.«
Opa Mut, der alte Förster des kleinen Städtchens, war ein humorvoller und geduldiger Mann, der seine Enkelin über alles liebte. Eigentlich hieß er ja Helmut, doch Momoko hatte daraus schon bei ihren ersten Sprechübungen als Baby kurzerhand einfach »Mut« gemacht. Bevor er weitersprach, lehnte er sich bequem in seinen gemütlichen Ohrensessel zurück und rückte seine leicht verbogene Nickelbrille zurecht. Die war ihm beim Zeitungslesen nämlich schon wieder auf die Nasenspitze gerutscht.
»Also, liebe Momoko, bevor du in unsere Welt hier geboren wurdest, hatten sich deine Eltern natürlich eine Menge schö-

ner Mädchen- und Jungennamen ausgesucht für ihr Baby. Aber einer davon gefiel ihnen besonders gut – Momoko. So sollte ihr Kind heißen, falls es ein Mädchen werden würde. Dein Vater hatte in seiner Jugend ein Lieblingsbuch, musst du wissen. Ich kann mich daran noch gut erinnern, denn schließlich habe ich es ihm selbst zum Geburtstag geschenkt. Es handelte von einem wirklich mutigen Mädchen namens Momo. Sie liebte es, mit ihren Freunden viel Zeit zu verbringen, bis eines Tages eine rätselhafte Krankheit die Menschen um sie herum befiel. Sie hatten plötzlich alle keine Zeit mehr für sie und für andere schöne Dinge. Doch Momo kam dem Geheimnis dieser Zeitsparkrankheit schließlich auf die Spur und schaffte es, ihre Freunde von den grauen Männern, die den Menschen die Zeit stehlen wollten, zu befreien.

Aber nun sei mal ehrlich, Momoko. Wie ich dich kenne, hast du dir die Abenteuer von Momo mittlerweile doch bestimmt schon dreimal von Papa und Mama vorlesen lassen und kennst die Geschichte sicher viel besser als dein alter Großvater?«

»Aber Opa Mut, das kann ich doch gar nicht wissen! Ich bin doch gerade wieder ganz klein und wir stellen uns einfach vor, ich hätte von alldem noch nie, nie was gehört, okay?«

Während Momoko vorwurfsvoll ihren Kopf hin und her warf, flogen ihre kleinen schwarzen Zöpfe, die Großvater scherzhaft immer Rasierpinsel nannte, von einer Seite zur anderen. Auch er schüttelte nun den Kopf.

»Du bist wirklich unglaublich, du verrücktes Hühnchen! Nun gut, dann mach ich jetzt mal weiter, denn das war ja erst der Anfang deiner geheimnisvollen Namensgeschichte.«

»Ja, weiter geht's, hopp, hopp!« Momoko hatte Opa Muts Jacke als Zügel gepackt und sein Bein ruckzuck in ein wildes

Pferd verwandelt, auf dem sie ausgelassen herumschaukelte und hüpfte.
»Schon gut, schon gut, Pipi Kurzstrumpf, dein alter Gaul kracht sonst noch zusammen!« Großvater lachte und wartete, bis sich seine Reiterin wieder beruhigt hatte. »Also, die eigentliche Idee für deinen hübschen Namen stammt – wie du natürlich unmöglich wissen kannst – von deiner geliebten Mutter. Bevor sie nämlich vor vielen Jahren in unser Land kam, hat sie im fernen Japan gelebt, wo sie auch geboren und aufgewachsen ist. Sie hatte die Geschichte von Momo zwar nie selbst gelesen, aber schon viel darüber gehört. Deshalb fiel ihr auch sofort die Ähnlichkeit mit einem alten japanischen Namen auf, den sie schon immer gemocht hatte. Und so kam es, dass deine Eltern beschlossen, dich Momoko zu nennen, was in unsere Sprache übersetzt so viel wie Pfirsichkind bedeutet.«
Großvater kniff seine Enkelin zärtlich in die Wange. »Na, wenn ich mein dickes Fell mit deiner zarten Backe vergleiche, dann ist an dem Namen schon was Wahres dran, du Pfirsichmaus!« Dabei grinste er über das ganze Gesicht und legte seine Stirn in tausend lustige Falten. Momoko musste sofort an eine schrumpelige Kartoffel denken, aber sie lächelte nur zurück und drückte ihrem Lieblingsopa einen dicken Schmatzer auf die Backe.
»Ach, du süßer Opi, jetzt werde ich dir aber auch mal ein Geheimnis über meinen Namen verraten, das du sicher noch nicht kennst!«
»Na, da bin ich aber gespannt wie ein Flitzebogen.«
»Mama hat mir nämlich gezeigt, wie man Momoko auf Japanisch schreibt. Komm, gib mir mal deinen Stift.«

Momoko nahm Opa Muts Bleistift, der vor ihm mit dem Kreuzworträtselheft auf dem Küchentisch lag, und kritzelte in aller Ruhe etwas auf die erste Seite.
»Pfirsichkind schreibt man so:« 桃子
»Aber weißt du auch, was das ist?« 宇宙子
Opa Mut schüttelte lachend den Kopf und bewunderte die fremdartigen Schriftzeichen.
»Das heißt auch Momoko und bedeutet Kind des Weltalls. Juppie, ich bin also ein Pfirsichkind aus dem Weltraum!«
Dann hopste sie von seinem Knie herunter auf den knarrenden Holzboden und rannte mit lautem Gejohle barfuß hinaus in den Garten, um ihrem größten und ältesten Freund einen Besuch abzustatten.

Borki stand wie immer ungerührt und gelassen am unteren Ende des verwilderten Gartens und schaute verträumt seinem alten Freund, dem Bach, beim Plätschern zu. Schon lange hatte ihn nichts mehr wirklich aufgeregt. Genau genommen war ihm das Wort Aufregung im Laufe der Zeit schon beinahe unbekannt geworden, denn er war eine alte Eiche und hatte schon über zweihundert Jahre auf den Ästen.
»Hallo Borki!«, begrüßte ihn Momoko freudig und sauste mit flinken Sätzen wie ein Eichhörnchen die Treppe hinauf in ihren exklusiven Baumsalon mit Bachblick.
Vor etwa einem Jahr hatten Papa und Opa dieses wunderschöne Baumhaus ganz nach Momokos Wünschen gezimmert und gebaut. Mit großem Eifer hatte sie beim Hämmern, Sägen und Schrauben mitgeholfen, so gut es ging, und am Ende fand dann im großen Garten hinter dem alten Forsthaus ein tolles Richtfest statt, zu dem all ihre Freunde und auch viele Kinder

aus dem nahen Städtchen gekommen waren.
Der Weg hinauf in ihr luftiges Baumschloss führte über eine geschwungene Holztreppe, die an Borkis Stamm mit dicken Seilen befestigt war, damit seine Rinde nicht verletzt wurde. Nur noch ein paar Stufen – und Momoko schob sich durch die offene Luke auf die hölzerne Plattform, die sich halbmondförmig vor dem Baumhaus ausbreitete und auf Borkis stärksten Ästen ruhte. Dies war ihre kleine Veranda – ein wunderbarer Platz, um unter schattigen Zweigen die Aussicht hinunter in den blühenden Garten zu genießen und dabei vielleicht ein kleines Picknick zu machen. Gleich rechts neben der Luke gab es noch etwas ganz Besonderes zu bestaunen. Es war die Baumstation der einzigartigen Korb-Seilbahn, mit der Momoko in Windeseile nach unten auf die Wiese rauschen konnte, wenn beispielsweise Opa Mut in sein altes Jagdhorn blies und das Signal zum Essen ertönte.
Nun aber schob sie mit der linken Hand die klimpernden Ketten des Perlenvorhangs aus Bambusstäbchen und Kirschkernen zur Seite und betrat den Salon, wie sie gerne das Innere ihres Baumhauses nannte. Der Raum war in ein gedämpftes, grünliches Licht getaucht, das aus Borkis Laubdach durch die vier Fenster und die Ritzen zwischen den Brettern hereinströmte. Wie eine zweite Haut war der Salon um Borkis Stamm herum gebaut worden, auf den Momoko jetzt lächelnd zuging. Sie legte ihre Wange an seine Rinde und strich mit ihren kleinen Händen zärtlich und liebevoll über die raue Oberfläche. Während ihr Blick durch das Zimmer schweifte, erinnerte sie sich, wie Mika und sie den hübschen ovalen Spiegel mit dem schnörkeligen Goldrahmen und das kleine blaue Schränkchen für ihre Kostbarkeiten auf dem Flohmarkt gefunden hatten.

Mika, ihre allerliebste Mama, hatte in solchen Dingen einen ganz ähnlichen Geschmack wie sie.
Wenige Tage vor der Einweihungsfeier hatte sich dann noch einmal die ganze Familie an einer großen Nähaktion beteiligt. Selbst Papa, den sie je nach Lust und Laune auch mit seinem Vornamen Nick anredete, hatte zu Nadel und Faden gegriffen und sich dabei gar nicht mal ungeschickt angestellt. Zusammen hatten sie wunderschöne Kissen und Decken gezaubert, die Momoko dann mit lustigen Bildchen bunt bestickt hatte. Die lagen nun alle in ihrer orientalischen Kuschelecke, in die man sich so herrlich vergraben und zum Träumen zurückziehen konnte.

Momoko und Borki waren das, was man dicke, unzertrennliche Freunde nennen würde. Für Momoko war es im Grunde gar nichts Besonderes, sich mit der ganzen Welt in unzertrennlicher Freundschaft zu befinden. Doch das, was sie mit Borki verband, war wirklich einzigartig. Die beiden waren wie Schnecke und Haus – verschieden und eins zugleich. Wer immer Momoko besuchen wollte, schaute zuerst bei Borki vorbei, unter dessen Laubdach sie die meiste Zeit des Jahres anzutreffen war. Selbst, wenn es draußen kälter wurde und ihr alter Freund allmählich seine bunten Blätter verlor, kroch sie oft noch in Opas alten Jägerschlafsack und verbrachte einige Stunden in Borkis holzigen Armen.

Das Leben im Haus von Momokos Großeltern am Rande des Waldes, umgeben von Borkis Freunden, war niemals langweilig. Bäume, Tiere, Blumen, Beeren und Pilze waren ihre lieben Nachbarn. Aus dem nahen Städtchen, das eigentlich aus ein paar zusammengewachsenen Dörfern bestand, kamen außerdem immer eine Menge Leute auf ihren Spaziergängen vorbei, besonders am Wochenende. Und der nahe Waldspielplatz lockte viele Kinder zum Spielen hierher, von denen einige dies gerne mit einem Besuch bei Momoko verbanden. Besonders gute Freunde hatte Momoko auch unter den Kindern des nahe gelegenen Waldkindergartens. Mit ihnen und ihren Betreuern fühlte sie sich auf ganz besondere Weise verbunden. Genau wie für Momoko waren auch für sie die Bewohner des Waldes und der angrenzenden Wiesen interessante, liebenswerte Lebewesen und lagen allen am Herzen – vielleicht mit Ausnahme all derer, die ungefragt Löcher in die Haut stechen und Blut saugen wollten.

Schon fünf Jahre lebte Momoko jetzt in ihrer neuen Familie, auf die sie schon vor ihrer Geburt sehr neugierig gewesen war. Das heißt natürlich, wenn man bei einer umherflatternden Seele überhaupt von so etwas wie Neugierde reden kann.
»Ihr wart einfach der beste Abenteuerspielplatz für kleine Engel weit und breit. Deshalb bin ich bei euch gelandet!«
Mit diesen Worten hatte sie Nick geantwortet, als er sie einmal danach gefragt hatte, ob sie sich noch an irgendetwas vor ihrer Geburt erinnern könnte. Für Momoko war es immer wieder erstaunlich, dass die meisten Menschen anscheinend zu diesem Teil ihres Lebens keinen Zugang mehr hatten. Sie konnten sich einfach nicht mehr erinnern. Es war, als ob für sie eine Tür langsam ins Schloss gefallen wäre und danach übertapeziert wurde, so dass sie mit einem Mal unsichtbar war. Man musste schon sehr genau hinsehen, um die Tür unter der Tapete wiederzuentdecken.

Erinnern hat ja was mit Innen zu tun, dachte Momoko, aber die meisten Erwachsenen, die sie kennengelernt hatte, waren fast immer Außen. Irgendwann war ihr aufgefallen, dass viele Menschen die Welt überhaupt ganz anders sahen als sie. Borki beispielsweise war für sie schon immer ein Wesen, auf dessen Ästen man nicht nur herumklettern konnte wie ein Äffchen. Nein, seine Äste, Zweige und Blätter, ja der ganze Baum verströmte immerzu ein wunderbares Leuchten, das man sogar nachts sehen konnte. Aber nicht nur Borki, sondern alles um sie herum erstrahlte für Momoko schon immer in diesem Licht. Es war, als ob die Welt in ihrem eigenen Licht baden würde. Somit war es doch völlig normal, ebenfalls in dieser riesigen Badewanne herumzuplanschen. Sie wollte zu gerne wissen, was da mit den Leuten um sie herum los war, und so hatte sie Paps eines Tages die Frage gestellt:

»Sag mal, Nick, wieso können so viele Leute eigentlich das Leuchten der Bäume, Blumen und von unserem Sofa nicht sehen? Bin ich vielleicht krank und muss zum Augendoktor?«

»Nein, Momoko«, hatte Nick darauf lachend geantwortet, »deine Augen sind völlig in Ordnung und die der anderen Menschen auch. Sie tragen höchstens eine Sonnenbrille, die eigentlich gar nicht nötig wäre. Stell dir mal vor, alles, was ist, die ganze Welt, nähme ständig ein Schönheitsbad in dieser großen Badewanne, von der du mir ja selbst erzählt hast. Die Welt planscht genau wie du darin herum und lacht vor Freude, weil es beim Füßewaschen so schön kitzelt. Du, meine Süße, konntest dieses Lachen schon immer hören und die Schönheit der ganzen Welt sehen. Das ist der Grund, warum sie für dich leuchtet. Und außerdem trägst du keine Sonnenbrille gegen Schönheitsstrahlen!«

Lachend hatte er Momoko daraufhin an den Armen genommen und seine kleine Tochter wie bei einem Kettenkarussell im Kreis durch die Luft fliegen lassen. Sie liebte es, so zu schweben, bis die Welt um sie herum zu einem bunten Lichtermeer verschwamm. Eines hatte sie schon damals ganz genau gewusst – für Schönheitsstrahlen würde sie niemals blind werden.

Als sie nun im Baumsalon auf dem Bauch im ihrem weichen Kissenberg lag, musste sie gerade an diese alte Geschichte denken und ein Schmunzeln überzog ihr Gesicht. Dabei schweifte ihr Blick über den glitzernden Bach hinweg in die blühende Landschaft des Frühsommers. Der Wind streifte raschelnd durch Borkis Blätter und die Sonnenstrahlen schillerten bunt zwischen den Zweigen und Ästen. Die Welt um sie herum sang ein Lied für sie und ihr großer Freund wiegte sie sanft in einen kuscheligen Mittagsschlaf.
»Borki, bitte erzähl mir doch eine Geschichte«, murmelte sie noch, während ihr schon langsam die Augen zufielen. Borki war der beste Geschichten- und Märchenbaum in der ganzen Gegend – doch das wussten außer Momoko nur noch wenige Menschen.

Die Wunschpyramide

Joy war ein sanfter, manchmal aber auch ziemlich wilder Junge und ein paar Jahre älter als du, Momoko. Im Herzen könntet ihr Geschwister sein, denn auch er liebte die Natur über alles. Am liebsten streifte er allein durch den nahen Wald und ging dort auf Entdeckungsreise. Mit seinem nagelneuen Mountainbike konnte er auch Wege ergründen, die außer den Tieren und dem Förster kaum jemandem bekannt waren.

Es war sein letzter Schultag vor den großen Ferien. Direkt nach der Schule düste er sofort nach Hause, steckte kurz den Kopf durch die Tür von Mamas Blumenladen und mit einem eiligen »Ich fahr noch mal weg!« war er auch schon wieder draußen. Ab durch den Hof, das Fahrrad nur flüchtig neben der Haustür an die Wand gelehnt, stürmte er mit großen Sätzen die Treppe hoch zu Oma Hertha. Sie hatte schon immer, auch zu Opas Lebzeiten, gerne ab und zu für die ganze Familie gekocht, und so strömte aus ihrer Küche bereits ein köstlicher Duft. Doch diesmal würde ihr Bub, wie sie Joy immer nannte, wohl nicht bis zum Essen bleiben.

»Tut mir leid Oma, aber ich muss noch dringend wohin!« Joy verschwand kurzerhand in der Speisekammer, stopfte sich ein wenig Proviant in den Rucksack und wollte schon wieder losstürmen, als ihn Oma Hertha noch an der Jacke erwischte und auf den Küchenstuhl zog.

»Ohne einen Teller Supp gehst du mir net aus 'em Haus, du Hitzeblitz! Du hast wohl mal widder Hummel im Hinnern!« Noch bevor er etwas sagen konnte, hatte er schon den dampfenden Teller vor der Nase, und er wusste, dass dieser freundliche, aber bestimmte Gesichtsausdruck seiner Großmutter keinen Widerspruch duldete. Zugegebenermaßen tat ihm die Suppe wirklich gut, aber er war in Gedanken ganz woanders. Während er viel zu schnell seinen Teller auslöffelte und sich fast die Zunge verbrannt hätte, hörte er, wie hinter ihm Oma noch etwas in seinen Rucksack stopfte.

»Heiß, aber lecker!« Joy schob den Teller nach vorne, stand vom Tisch auf und verpasste seiner Lieblingsoma einen dicken Kuss auf die Wange, doch dann hielt ihn nichts mehr im Haus.

»Tschö Oma – und danke für die leckere Verpflegung!« Kopfschüttelnd stand Oma Hertha in der Wohnungstür, sah ihren Bub wie auf der Flucht das Treppengeländer herunterrutschen und hörte kurz darauf nur noch den Knall der zufliegenden Haustür. Seinem Vater, der gerade zum Mittagessen durchs Hoftor kam, rief er im Vorbeifahren noch ein gehetztes »Hallo Paps!« zu und radelte darauf ohne weitere Erklärung direkt in Richtung Wald. Na ja, radeln konnte man das nicht mehr nennen, das wäre eine glatte Untertreibung. »Über die Erde fliegen« würde seinen rasanten Fahrstil schon eher beschreiben. Seine schulterlange Lockenpracht versuchte er dabei mit einem Haargummi etwas zu bändigen, doch einige blonde Ausreißer tanzten dennoch aus der Reihe, und der Wind spielte mit ihnen wie mit kleinen Luftschlangen.

Mit seinen zehn Jahren war Joy der beste Biker unter seinen Freunden. Er liebte es, über quer liegende Äste zu springen, und führte mit Freude kleine Balancekunststücke vor seinen staunenden Kumpels auf. Jetzt aber war er ohne Umwege direkt auf dem Weg zu einem versteckten Platz mitten im Wald, den außer ihm und einem Wildentenpaar anscheinend

bisher noch niemand entdeckt hatte. Der Beerensee, wie ihn Joy wegen der üppigen Brombeerbüsche in der Umgebung genannt hatte, war der richtige Platz für ein geheimes Versteck. Durch das Gestrüpp einer ziemlich dichten Brombeerhecke führte ein schmaler, verborgener Durchgang. Sorgfältig hatte er den Eingang mit Zweigen getarnt. Es war gar nicht so einfach, mit dem Fahrrad ohne Kratzer auf der anderen Seite der Hecke anzukommen, doch Joy kannte den Weg schließlich sehr genau und bewegte sich langsam und vorsichtig an den stacheligen Ästen vorbei. Dann öffnete sich das Gebüsch und gab den Blick frei auf den Beerensee – einen kleinen, beschaulichen Weiher, nicht größer als ein Fischteich, aber zugleich auch Joys unentdeckte Oase mitten im Wald.
In Windeseile lagen Schuhe und Strümpfe am Fuß der alten Weide, denn Barfußlaufen war in seinem kleinen Refugium wirklich ein Wohlgenuss. Ein alter, flach ausgehöhlter Baumstumpf, der von einem weichen Moosteppich überzogen war, diente ihm als Sessel. So konnte man es unter den schattigen Bäumen direkt am Ufer wunderbar aushalten. Aber das war noch nicht genug des Luxus. Als Joy es sich dort bequem gemacht hatte und die Verschnürung seines Rucksacks öffnete, strömte mit einem Mal ein Duft in seine Nase, der ihm das Wasser im Mund zusammenlaufen ließ. Er holte eine Dose mit leckeren, noch warmen Apfelpfannkuchen hervor. Das also war es, was ihm Oma heimlich in den Rucksack gesteckt hatte. »Äppeldörtscher mit Krautsupp« waren ihre absolute Spezialität. Die Suppe hatte er ja schon bei seinem Kurzbesuch in Omas Küche leider viel zu hastig gegessen, aber jetzt wollte er sich, hoffentlich mit etwas mehr Ruhe, dem zweiten Gang widmen, hier in seinem Waldgarten mit Seeblick. Dazu

noch den guten, selbst gemachten Himbeersaft von Onkel Jo – ja, Omas Vorratskammer ließ wirklich keine Wünsche offen! Doch als Joy gerade den ersten Pfannkuchen in der Hand hielt und zum Mund führen wollte, hielt er plötzlich inne und legte ihn langsam wieder in die Dose zurück. Irgendetwas stimmte nicht – er konnte jetzt nicht essen. Es fiel ihm schwer, dieses köstliche Mahl richtig zu genießen, obwohl er sich doch gerade noch so darauf gefreut hatte. Aus welchem Grund auch immer hatte es gerade wieder begonnen, sich zu drehen in seinem Kopf – dieses Gedankenkarussell, das ihn schon nervte, seit er heute morgen die Schule verlassen hatte. Das war es, was ihm den Appetit verdarb. Eigentlich hätte er ganz zufrieden sein können, denn sein Zeugnis war erstaunlich gut ausgefallen. Trotzdem fühlte er sich sichtlich unwohl in seiner Haut, aus der er am liebsten herausgefahren wäre. Doch so einfach ging das nicht. Dieses unangenehme Gefühl hatte ihn auch so eilig in den Wald getrieben, denn hier in seiner kleinen Welt erhoffte er sich Klarheit und Erleichterung. Wenn er nachdachte, erschien ihm irgendwie alles so sinnlos, und immer wieder tauchten diese beiden verflixten Fragen auf, die ihn schon den ganzen Tag über beschäftigten. Dies war nicht das erste Mal, dass er derart über den Sinn des Lebens ins Grübeln gekommen war, nur diesmal fand er irgendwie keine Ablenkung, und so ließ es ihn nicht wieder los.

»Wozu soll nur all das Lernen, Machen und Tun gut sein – und was will ich eigentlich wirklich im Leben?«, fing es wieder an in seinem Kopf. Gab es da irgendeinen tieferen Sinn, der sich bisher beharrlich vor ihm versteckt hielt? Etwas tief in seinem Herzen wollte diesmal eine Antwort hören und der Wirklichkeit in die Augen blicken.

Obwohl er die Schule im Grunde mochte, gingen ihm zurzeit die Vorstellungen mancher Lehrer mächtig auf die Nerven. Dazu kamen noch all die anderen, ach so wichtigen Dinge, die manche Leute ihm ständig und immer wieder nahe legten und förmlich in den Kopf hämmern wollten. Joy musste dabei besonders an seine Tante Martha denken, die immer ganz genau wusste, was für ihn und die ganze Menschheit richtig und falsch war. Auch sein Lieblingsonkel Jo, Omas jüngerer Bruder, der früher einmal mit Martha verheiratet gewesen war, hatte mit dieser rechthaberischen Art so seine Probleme gehabt. Joy war daher froh, dass Tante Martha ins nächste Dorf gezogen war und nur ab und an mal zu Besuch kam. Im Gegensatz zu ihr waren Oma Hertha und auch seine Eltern wirklich ziemlich locker und zurückhaltend. Leider war es erst zwei Tage her, dass er seiner »geliebten« Tante mal wieder direkt ins Messer gelaufen war, als er ahnungslos, dem Geruch von frisch gebackenem Zwetschgenkuchen folgend, in Omas kleiner Wohnung unterm Dach aufgetaucht war.
»Junge, es ist wichtig, jetzt etwas zu lernen, damit du später im Leben mal erfolgreich bist. Wissen ist Macht, und ein schlechter Schulabschluss kann dir deine ganze Zukunft verbauen. Du musst dir also schon etwas Mühe geben!«
Ihre oberschlauen Sprüche klangen ihm noch in den Ohren. Aber alles, was da in seinem Kopf hängen blieb, waren die Worte: lernen, später, Leben, erfolgreich, Wissen, Macht, Zukunft und Mühe. Das schmeckte nach allem Möglichen, nur nicht nach Spaß und Freude. Und so etwas wie Liebe oder Freundschaft kam darin auch nicht vor. Irgendetwas fühlte sich an all dem nicht richtig an. Wie Sprechblasen aus Seife kamen ihm diese gut gemeinten Ratschläge auf einmal vor.

Erst lief man ihnen hinterher, und dann platzten sie schließlich. Leider waren sie immer ohne Inhalt. Sozusagen – leere Versprechungen.

Aber da gab es auch noch ein merkwürdiges Wesen in ihm selbst, das genau wie Tante Martha und andere Erwachsene ständig irgendwelche Anforderungen an ihn stellte und ihm keine Ruhe ließ. Es war jemand, der außerdem immer irgendwelche neuen Sachen haben wollte und erst dann für kurze Zeit zufrieden war, wenn seine Wünsche in Erfüllung gingen. Das hielt aber nie lange an, denn dann geisterte meistens schonwieder die nächste Wunschidee durch seinen Kopf.

»Aber das ist doch mein eigener Kopf«, wunderte sich Joy, »und darin scheint dieser Kerl irgendwo zu wohnen und sich breit zu machen – oder bin das etwa ich selbst?«

Das Ganze war wirklich verwirrend, wenn man versuchte, diesem Spiel auf den Grund zu gehen. Sollte diese rastlose Jagd etwa immer so weitergehen? Das ganze Leben lang? Die meisten Freunde und auch Erwachsene, die er kannte, waren ebenfalls hinter irgendwelchen Sachen und Zielen her, die, kaum dass sie erreicht waren, durch neue ersetzt wurden. In seinem Kopf drehte sich alles. Mussten sich die Bewohner des Waldes auch solche Gedanken machen? Für die war sicher alles viel einfacher.

Joy seufzte laut und atmete erst einmal tief durch. Er schaute auf das friedlich dahin treibende Entenpaar auf dem Weg zu seinem Schilfnest, und schließlich öffnete er zum zweiten Mal die Dose, die immer noch auf seinem Schoß lag. Diesmal schloss er seine Augen, um dann in den ersten Apfelpfannkuchen zu beißen. Er hatte irgendwie keine Lust, sich von seinem ratternden Gehirn weiterhin den Appetit verderben zu

lassen. Und langsam kam mit dem Genießen seines leckeren Schmauses auch die innere Ruhe zurück, und er hörte auf einmal wieder die Gesänge des Waldes, die zwar die ganze Zeit in der Luft klangen, aber seltsamerweise wie ausgeblendet gewesen waren in seinem Kopf. Seine brennenden Fragen konnten auch noch bis nach dem Essen warten, und vielleicht kämen ja die Antworten dann ganz von selbst, ohne große Grübelei. Das hatte er jedenfalls schon einige Male so erlebt.
Joy überkam plötzlich eine unbändige Lust, einfach laut in den Wald hinauszusingen. Mit einem Mal ertönte ein Gesang mit einer ungewöhnlich tiefen, kehligen Stimme durch die Bäume. Joy brachte Laute hervor, die für einen zehnjährigen Jungen ziemlich merkwürdig klangen. Doch für ihn war diese Art zu singen nichts Neues und machte ihm ungeheuren Spaß. Er hatte es vor einiger Zeit auf einer Aufnahme gehört, die Onkel Jo von seiner Reise in die Mongolei mitgebracht hatte. Dort hatte ein Junge, ungefähr so alt wie er, von seinem Großvater die Gesangskunst der Tuvasänger gelernt, und was es da zu hören gab, war wirklich sehr beeindruckend. Schon damals hatte Joy gewusst, dass er dies so lange üben und probieren würde, bis diese Unter- und Obertöne auch aus seiner Kehle entspringen würden. Auch die tibetischen Mönche benutzten diese Art zu singen bei ihren heiligen Zeremonien und nun durften alle Bewohner des Waldes dabei zuhören:
»Nüoäji – jüoaji – noi – ji – jo – ju – i...«, klang es über dem Beerensee, und Joys Stimme brachte kraftvolle Klänge hervor, die man mit geschlossenen Augen eher einem erwachsenen Mann zugetraut hätte.
Schließlich ließ er sich, etwas außer Atem, mit einem tiefen Seufzer auf das weiche Moos sinken und musste plötzlich

herzhaft lachen. Sein Kopf war jetzt frei, die gesuchten Antworten zu empfangen. Doch wie lauteten noch gleich die Fragen? Es war schon merkwürdig, aber eigentlich gab es da gar keine wichtigen Fragen mehr. Joy fühlte sich völlig gelöst, und im Grunde war ihm gerade alles im wahrsten Sinne des Wortes völlig »gleich gültig«.
Während er so entspannt auf dem Rücken lag und an gar nichts dachte, war sie auf einmal wieder da – zumindest *eine* seiner kleinen, unbedeutenden Fragen:
»Was will ich eigentlich wirklich im Leben?«
Genau auf diesen Punkt lief die ganze Grübelei doch hinaus. Wenn er erst darauf eine Antwort hätte, wäre auch das Wozu, Weshalb und Warum nicht mehr so wichtig. Na prima, das war ja schon mal eine kleine Erleichterung! Joy stellte sich gerade vor, wie angenehm es wäre, wenn er nach den Sommerferien all den gut gemeinten Ratschlägen seiner Lehrer und natürlich auch von Tante Martha und ähnlichen Zeitgenossen etwas gelassener begegnen könnte. Er würde dann schließlich selbst ganz genau wissen, was er wirklich wollte! Aber *was* wollte er denn nun im tiefsten Zipfel seines Herzens, und *wie* konnte er das herausfinden?
»Vielleicht sind es ja die Habenwollens, die dir im Weg stehen«, ertönte es plötzlich in seinem Kopf.
Etwas erschrocken blickte Joy sich um, als ob er jemanden suchte. Aber da waren nur er, ein paar Singvögel und die Wildenten auf dem See.
Langsam dämmerte es ihm, wer da gerade gesprochen hatte, doch gleichzeitig mochte er es nicht so recht wahrhaben. Irgendwie war ihm das peinlich: »Stimmen hören ... oh Gott!« – er wollte doch einfach ein ganz normaler Junge sein.

»Nun stell dich nicht so an, da draußen ist niemand. Ich bin du! Wusstest du das etwa nicht?«
Schon lange hatte Joy diese Stimme nicht mehr gehört, die ihm schon früher ab und zu begegnet war und durchaus mit guten Ideen weitergeholfen hatte. Möglicherweise war er in letzter Zeit einfach zu ernst an alles herangegangen. Sein innerer Freund half ihm nämlich nie, wenn er krampfhaft und verbissen auf einem Problem herumkaute und nach Lösungen suchte. Dieser kleine Helfer hatte immer nur eins im Sinn: Spielen.
»Schön, dass du auch mal wieder auftauchst«, meinte Joy, nicht mehr ganz so überrascht wie im ersten Moment. »Wo hast du dich denn die ganze Zeit versteckt?«
»Wieso versteckt? Ich war immer zu Hause in dir. Aber du, mein Freund, warst öfters unterwegs da draußen. Wenn du außer dir bist, kann ich dir leider nicht helfen. Also wie steht es nun mit deinem Problem? Zu wissen, was du wirklich willst im Leben – das ist wie ein verborgener Schatz, den es zu entdecken gilt. Aber das Geheimnis verbirgt sich hinter einem Wald von Habenwollens! Ja, du hast richtig gehört – deine Wünsche, Erwartungen und Ziele, alles, was du gerne hättest und erreichen willst – das sind die Habenwollens. Schatzsuche – ja, ein wirklich tolles Spiel!«
Wenn Joy ehrlich war, gab es da schon so einige Habenwollens in ihm. Er hatte ja schon festgestellt, dass er auch ohne all die guten Ratschläge der Erwachsenen schon längst selbst so einige Wünsche angesammelt und sich auch Ziele gesteckt hatte. Tja, und damit holte er ein paar alt bekannte Quälgeister, die er eigentlich Tante Martha überlassen wollte, augenblicklich wieder aus der Versenkung: Später, Erfolgreich, Zukunft und

Mühe folgten einer solchen Einladung sofort. Diese unerquicklichen Gesellen schienen Joy wie die Nebenwirkungen eines Zaubertranks, den man unbedingt trinken musste, wenn man Wünsche und Ziele hatte, die in Erfüllung gehen sollten.
»Mühsam ernährt sich das Eichhörnchen. Dann sammle mal brav ein paar Nüsse – ich meine natürlich Wünsche, und rück doch mal raus mit einem besonders dicken Wunsch!«
Joy brauchte nicht lange nachzudenken. Was ihm vor allem anderen schon seit einiger Zeit durch den Kopf spukte, war ein echter Flügel. Erst vor kurzem hatte er wieder bei Onkel Jo auf einem solchen Instrument spielen dürfen, und er konnte sich nur schwer von diesem vollen, raumerfüllenden Klang wieder trennen. Auch das Spielgefühl war ganz anders als bei Omas altem Klavier, auf dem er zu Hause spielte. Bei dem Gedanken, so einen Flügel irgendwann einmal selbst zu haben, schlug sein Herz höher. Doch wie sollte das gehen? Sein Taschengeld würde dafür sicher nicht reichen, und selbst für Oma, die ihm schon einige Male als edle Spenderin hilfreich unter die Arme gegriffen hatte, waren die Kosten für ein solches Instrument sicher etwas zu hoch.
Mit einem kleinen Seufzer verabschiedete sich Joy vorerst von seinem großen Wunsch. Zurzeit sah er jedenfalls keinen Weg, wie dieser in Erfüllung gehen könnte. Wenn er ehrlich war, hatte er im Grunde ja eigentlich schon alles, was er zum Klavierspielen brauchte. Omas Klavier stand bei ihnen zu Hause, und zu Onkel Jo fuhr er nur eine Viertelstunde mit dem Fahrrad.
Während er noch ein wenig diesen Gedanken nachhing, überzog ein Lächeln seine Lippen, und Joy spürte auf einmal, wie sich der umklammernde Griff dieses Wunsches langsam löste

und er sich wieder entspannte. Der Wald, der Beerensee, der Augenblick hatte ihn wieder, und es war wirklich schön hier draußen. Doch es war schon verflixt! Mit diesen Habenwollens war wirklich etwas Trickreiches am Werk, dem man schnell auf den Leim gehen konnte.

»Hallo, schön, dass du wieder zu Hause bist, hihi«, meldete sich plötzlich sein pfiffiger innerer Spielkamerad zurück. »Vielleicht hast du ja gerade bemerkt, wie schnell man sich in Wünschen und Begehrlichkeiten verstricken kann. Dann siehst du den Wald vor lauter Bäumen nicht mehr, oder?«
»Kein schlechter Vergleich, wo wir hier gerade mitten im Wald sitzen«, meinte Joy anerkennend, »aber du hast ganz Recht, mit meiner Wunschidee war ich vorhin wirklich in einer anderen Welt.«
»Komm, lass uns noch ein Spiel spielen, das hilft dir bei der Schatzsuche!«
»Was für ein Spiel denn jetzt noch?«, fragte Joy etwas genervt.
»Wir bauen eine Wunschpyramide!«
»Eine Wunschpyramide? Was soll das denn sein? Und wie soll dieses Spiel gehen?«
»Im Grunde, mein Freund, hast du dieses Spiel schon selbst erfunden, aber leider hast du die Spielregel vergessen. Als wir hierher zum See kamen, hast du dir eine wichtige Frage gestellt. Ich werde dir mal ein wenig auf die Sprünge helfen. Frag dich doch einfach mal bei jedem Wunsch, den du verspürst: ›Wozu soll das eigentlich für mich gut sein?‹ Na, kommt dein Gedächtnis jetzt wieder etwas in Schwung?«
»Ja genau! Ich hab mich gefragt, wozu all das Lernen, Machen

und Tun gut sein soll und was ich eigentlich wirklich will im Leben. Du kannst dich wohl an alles erinnern, wie?«

»Nun, schließlich sitze ich ja die ganze Zeit gewissermaßen in dir drin und hab nichts Besseres zu tun, hihi. Aber, wie ich schon sagte, wende das ›Wozu soll das für mich gut sein?‹ einfach mal auf einen x-beliebigen Wunsch an und frag so lange weiter, bis du nicht mehr weiterkommst – das ist die Spielregel! Deine eigenen Antworten auf diese Frage werden dir bestimmt interessante Einsichten schenken, und du kletterst dabei außerdem immer höher auf die Wunschpyramide. Auf ihrer Spitze wirst du vielleicht sogar die Antwort auf den zweiten Teil deiner großen Frage finden, nämlich, was du im Leben wirklich willst! Vermutlich erwartet dich dort oben in luftiger Höhe noch eine echte Überraschung, hihi! Ja, mein Freund, auf diese Weise kannst du deinen Weg durch den Wald der Habenwollens finden, und dann wirst du möglicherweise am Ende auch deinen verborgenen Schatz entdecken!«

»Na ja, deine sogenannten Vermutungen kenne ich schon von früher, aber dein Vorschlag hört sich gar nicht so schlecht an«, meinte Joy und dachte kopfschüttelnd darüber nach, was das doch für ein merkwürdiger Dialog war, den er da gerade mit sich selbst führte. Seine Neugierde auf das Spiel jedoch ließ ihn einfach weitermachen, und so wandte er sich wieder seinem ungewöhnlichen Gesprächspartner zu.

»Also los, dann lass uns diese Pyramide doch gleich mal mit meinem Flügelwunsch ausprobieren, von dem ich dir gerade erzählt habe. Okay, zuerst mal wünsche ich mir natürlich das Geld für die Kiste.«

»Wozu soll das für dich gut sein?«, fragte die Stimme.

»Damit ich mir den Flügel kaufen kann, logischerweise.«

»Und wozu soll *das* für dich gut sein?«
»Dann kann ich ihn bei uns zu Hause im Hobbykeller aufbauen. Der sieht dort bestimmt echt super aus!«
»Und wozu soll *das* für dich gut sein?«
»Na ja, ich kann endlich, immer wenn ich will, auf diesem tollen Instrument spielen und muss nicht erst zu Onkel Jo fahren.«
»Und wozu soll das Klavierspielen für dich gut sein?«
»Mensch, das macht einfach Riesenspaß und gute Laune. Dabei vergesse ich sogar oft völlig die Zeit.«
»Und wozu sollen Spaß und gute Laune für dich gut sein?«
»Blöde Frage – das will doch jeder!«
»Aber wozu soll es für *dich*, mein Lieber, gut sein?«
»Dann geht es mir einfach prima, ich fühle mich gut!«
»Na immerhin! Und – war das schon alles?«
»Na ja … im Grunde bin ich dann wirklich glücklich … Ich bin einfach zufrieden.« Joys Worte kamen bei dieser Antwort etwas langsamer heraus, und seine Stimme klang nachdenklich.
»Aha! War doch gar nicht so schwer, oder? Das war also dein Wunsch hinter dem Wunsch hinter dem Wunsch. Ein einziger Wunsch bleibt demnach auf der Spitze der Pyramide übrig. Vielleicht ist es ja genau *der* Wunsch, der *all* deinen Wünschen zugrunde liegt. Aber ist es nicht in jedem Fall seltsam, dass du nicht von Anfang an glücklich und zufrieden sein wolltest und dir so viele Bedingungen in den Weg gelegt hast?«
Ein nachdenkliches »Hmm … Das ist also der Schatz?« war das Einzige, was Joy darauf im Augenblick über seine Lippen kam. Sein Blick schweifte dabei unruhig in der Gegend herum. Auf einmal musste er laut loslachen, denn er hatte gerade ei-

nen kleinen Spatz bemerkt, der anscheinend die ganze Zeit auf einem Ast direkt über ihm gesessen hatte und lustig mit dem Köpfchen wackelte. Gleichzeitig öffnete er sein kleines Schnäbelchen, als ob er etwas sagen wollte. Dabei kam Joy der verrückte Gedanke, dass die Stimme seines inneren Freundes vielleicht direkt aus dieser kleinen Kehle gekommen wäre und die letzten Bemerkungen über das Glücklich- und Zufriedensein von dem kleinen Vogel stammten.

Wie auch immer – was er da gehört hatte, lag ihm jedenfalls noch deutlich in den Ohren und klang irgendwie einleuchtend. Etwas hatte ihn tief berührt und aufgewühlt, bis er auf einmal das Gefühl hatte, dass ihm gerade ein Licht aufging.

»Aha!«, meinte er nur, und wie zur Belohnung für die große Erkenntnis bedankte sich der Piepmatz über ihm mit einem kleinen Geschenk, das plötzlich mit einem feuchten »Plitsch« auf Joys Stirn klebte und ihm deutlich zeigte, wo sein eigener Vogel zu Hause war.

»Bei dir piept's wohl!«, rief er dem gefiederten Frechdachs zu und versuchte mit einer Ladung Spucke vergebens einen Gegenschlag. Dank den Gesetzen der Schwerkraft wäre seine Munition beinahe wieder auf seinem eigenen Gesicht gelandet, wenn er sich nicht blitzschnell zur Seite gedreht hätte. Der freche Spatz jedoch war schon auf dem Weg zum nächsten Baum und piepte unschuldig in den Wald hinaus.

»Bestimmt erzählte er jetzt seinen Kollegen von dem schlauen Menschlein, das endlich ein altbekanntes Geheimnis gelüftet hat«, dachte Joy. »Ja, alle wollen einfach nur glücklich und zufrieden sein – Punkt – nicht mehr und nicht weniger! Und die bescheidene Frage ›Wozu soll das für mich gut sein?‹ hat mich direkt dorthin geführt. Aber das gilt ja nicht nur für mich allein, sondern das ist möglicherweise die Lösung für alle Wünsche auf der ganzen Welt!« Joy war hin- und hergerissen von unbändiger Freude auf der einen Seite und leichten Zweifeln auf der anderen.

»War das schon alles?« Er wollte ganz sicher sein, dass er auch wirklich die Spitze der Wunschpyramide erreicht hatte, und als ob ihm die neue Erkenntnis noch nicht reichen würde, stellte er sich selbst noch eine allerletzte, wichtige Frage: »Wann bin ich denn eigentlich am allerglücklichsten und ohne Einschränkung rundum zufrieden mit mir und der ganzen Welt?«

»Ganz einfach: wenn du wunschlos glücklich bist, du Dödel!«, piepste es diesmal in seinem Ohr.

War das jetzt sein innerer Freund, oder war dieser kleine Sperling, der schon wieder auf dem Ast über ihm herumwackelte und den Schnabel bewegte, so eine Art Bauchredner? Joy war etwas verwirrt, denn er wusste nicht mehr genau, wer da eben zu ihm gesprochen hatte.

»Ihr braucht euch gar nicht über mich lustig zu machen! Aber Respekt, diese Antwort war wirklich gar nicht so dumm, ihr Schlaumeier.« Mit einer Hand winkte Joy dem kleinen Vogel freundlich zu und klopfte sich gleichzeitig mit der anderen, grinsend wie ein Honigkuchenpferd, selbst auf die Schulter. Der Deckel seiner Schatztruhe stand nun weit offen, und es sprudelte nur so aus ihr, oder besser gesagt, aus ihm heraus. Wunschlos glücklich? Sollte das etwa bedeuten, dass, wenn er keine Wünsche und Ziele mehr hätte, Zufriedenheit und Glücklichsein der Normalzustand wären? Das wäre ja dann so wie bei kleinen Kindern. Er bräuchte sich um gar nichts mehr zu kümmern, nichts mehr tun, um irgendwann in der

Zukunft glücklich zu werden. Der Himmel wäre weit geöffnet
– offen für alles, was das Leben im Augenblick zu bieten hätte. Er musste dabei sofort an all die schönen Überraschungen in seinem bisherigen Leben denken, die ihn schon so oft in Staunen versetzt hatten. Ja, Abenteuer und Überraschungen waren es, die er besonders liebte. Doch irgendwie klang das alles zu einfach und zu schön, um wahr zu sein. Konnte das wirklich die Antwort sein auf die Wünsche aller Menschen?
»Ja, mein Lieber«, ertönte es noch einmal in Joys Kopf, »es gibt da keine Ausnahme. So wie es aussieht, wollen wirklich alle im Grunde ihres Herzens nur das Eine, nämlich wunschlos glücklich sein! Diesen friedvollen Zustand empfindet jeder als das größte Glück – vollkommenes Glück! Besser kann man es nicht ausdrücken.«
In Joys Brust hüpfte, nein, sprang sein Herz wie ein galoppierendes Pferdchen und führte einen Freudentanz auf, so dass er nicht länger auf seinem Hosenboden sitzen bleiben konnte.
»Vollkommenes Glück!«, schrie er durch den Wald und sprang dabei wie Rumpelstilzchen über das Seeufer. Der Matsch, der durch seine nackten Zehen glitschte, machte dabei lustig schmatzende Geräusche.
Nach einer Weile voll ausgelassener Freude und außer Atem gönnte sich Joy eine Verschnaufpause und kletterte dazu auf seinen Lieblingsschaukelplatz. Auf dem mächtigen, tief hängenden Ast der großen Weide kam er langsam schwingend zur Ruhe, und sein Herz schlug wieder im normalen Rhythmus die Lebenstrommel in seiner Brust.
Während Joy noch verträumt auf die glitzernde Wasseroberfläche unter sich blickte, kam plötzlich wieder der kleine Frechspatz von vorhin angeflattert und beäugte ihn neugierig,

jedoch aus sicherer Entfernung von einem Zweig.
»Hey Matz, du kannst ruhig näher kommen, ich bin nicht nachtragend«, flüsterte Joy leise dem kleinen Gast zu, während er ein paar Kekskrümel aus seiner Hosentasche kramte und langsam neben sich auf dem Ast platzierte. Irgendwie hatte er das Gefühl, dass dieser Name gut zu dem kleinen Piepmatz passte. Matz jedenfalls schien sich dieser neuen Freundschaft zwar nicht ganz sicher zu sein, aber die Kekskrümel hatten große Überzeugungskraft. Aufmerksam um sich schauend kam er angehüpft, und in Sekundenschnelle verschwanden die Krümel in seinem kleinen Schnabel.
»Ach Matzispatzi, bleib doch noch ein wenig bei mir«, bat ihn Joy, »ich bräuchte jetzt wirklich dringend einen Freund, mit dem ich meine neuen Weisheiten teilen und mal besprechen kann. Weißt du, bei mir im Kopf melden sich nämlich gerade zwei alte Bekannte. Sie heißen Zweifler und Angsthase. Die beiden meckern nämlich fast immer, wenn es mir ihrer Meinung nach zu gut geht. Im Augenblick wollen sie unbedingt überzeugt werden, dass wunschlos glücklich zu sein auch wirklich die oberste Spitze der Wunschpyramide ist. Sie befürchten, dass ich es mir mit dieser Antwort auf all unsere Wünsche ein wenig zu leicht mache. Wie sieht es denn zum Beispiel mit Gaunern und Verbrechern aus? Wollen auch die wirklich nur glücklich und zufrieden sein, obwohl sie doch oft schlimme Sachen anstellen? Ehrlich, Matz, seit ich diese beiden Nörgler in meinem Kopf kenne, versuchen die mir doch immer wieder Zweifel und Angst einzureden. Aber ich glaube, ich weiß, wie wir sie diesmal überzeugen können. Vielleicht möchtest du mir ja dabei behilflich sein, mein kleiner Freund?«

Der Sperling schaute Joy mit geneigtem Köpfchen an und nahm den nächsten Kekskrümel sogar aus seiner Hand. Er schien ihm jetzt schon mehr zu vertrauen, und so setzte Joy seine kleine Ansprache fort.

Sag mal, Matz, kennst du eigentlich die Geschichte von Rotkäppchen und dem bösen Wolf?«

»Piep«, tönte es plötzlich aus der Kehle des Spatzes, was Joy überrascht als Zustimmung auffasste, so dass er sogleich weiter auf seinen kleinen Astgenossen einredete.

»Komm, jetzt spielen wir zwei Hübschen noch einmal das Spiel mit der Wunschpyramide. Und zwar mit dem bösen Wolf als Interviewpartner. Du stellst wie ein Zeitungsreporter die Fragen, und ich werde sie natürlich für den Wolf übersetzen. Ist das okay für dich?«

»Piep«, kam es von Matz zurück. Joy war sich auf einmal selbst nicht mehr so sicher, ob der lustige Mitschaukler auf seinem Ast ihn vielleicht wirklich verstand.

»Also, sehr geehrter Herr Wolf«, flötete Joy mit heller Vogelstimme, »Sie haben, wie uns zu Ohren gekommen ist, ein junges Mädchen namens Rotkäppchen beim Waldspaziergang angequatscht und belästigt. Können Sie mir sagen, wozu das für Sie eigentlich gut sein sollte?«

»Wollen Sie das wirklich wissen, mein Lieber?« Joys Wolfstimmenimitation klang etwas nach Al Capone vor dem Stimmbruch. »Na gut, die ehrliche Antwort ist folgende: Ich dachte mir, dass ich über dieses gutmütige junge Ding bestimmt ganz elegant an ihre alte Großmutter rankommen würde. Und genau das hat doch prima hingehauen. War doch wirklich geschickt eingefädelt, oder?«

»Ja und wozu sollte *das* für Sie gut sein, Herr Wolf?«

»Blöde Frage – ich hatte einfach Hunger, und die alte Tante war doch eine wirklich gute Vorspeise vor dem leckeren Rotkäppchen. Die blöde Nuss war doch so leichtgläubig, dass sie mir ohne Hintergedanken noch ein zweites Mal auf den Leim gegangen ist. Wenn später dieser verfluchte Jäger nicht aufgetaucht wäre mit seinem lächerlichen Operationswahn, dann wäre ich jetzt nicht schon wieder so hungrig! So 'n Mist aber auch!«

»Aber lieber Herr Wolf, warum mussten es denn unbedingt gleich zwei Opfer sein? Wozu sollte denn wohl dieser Riesenappetit letztlich gut sein? Da kriegt man ja Bauchschmerzen und Blähungen!«

»Ich nicht, mein Lieber! Wissen Sie, erstens ist bei meinem Job ein kleiner Essensvorrat immer von Vorteil, und außerdem liebe ich es, abends satt und mit vollem Bauch einzuschlafen. Dann träume ich süß und schlafe ruhiger.«

»Sie schlagen sich also den Bauch voll mit netten Waldbewohnern und Spaziergängern, damit Sie besser schlafen können?«

»Genau getroffen. Wenn ich so richtig geschlemmt habe, dass ich nicht mal mehr Piep sagen kann, und dann in süßen Wolfsträumen dahinschlummere – ja, dann bin ich zufrieden und wirklich wunschlos glücklich!«

»Na gut, Herr Wolf, dann möchte ich mich auch im Namen unserer Zuschauer für dieses offene Gespräch bedanken und wünsche ihnen auch weiterhin einen gesegneten Schlaf und guten Appetit.«

Joy konnte sich nun nicht mehr zurückhalten und musste so herzhaft lachen, dass ihm die Tränen kamen und der Bauch weh tat. »Sag mal, Matz, ich glaube, wir haben beim Ende der Geschichte wohl ein wenig geschummelt – oder?«

»Piep!« Der kleine Spatz hüpfte dabei lustig auf seinem Ast, als ob ihm dieses Spiel wirklich Freude bereitet hätte.
»Aber ist dir nichts aufgefallen? Ahnst du schon, was dieses Geständnis des bösen Wolfs möglicherweise für unsere Welt bedeutet?«
»Piep, piep!«
»Ganz genau, mein Lieber! Alle Menschen, selbst die ganz üblen Gesellen wie schwarze Ritter, Darth Vader, Sauron und selbst der fiese Bauer Jags mit seinen Hunden, sie alle wollen einfach nur glücklich sein, wunschlos glücklich. Ich fass es nicht! Alles, was sie tun und treiben, dient letztlich nur diesem einen Ziel. Darüber denken diese Brüder natürlich bestimmt nicht nach. Aber die Suche nach dem vollkommenen Glück vereint sie alle, ob gut oder böse, ob arm oder reich!«
»Piep, piep, piep!«

Momoko zwinkerte mit den Augen. Wie durch einen schillernden Vorhang erkannte sie langsam ihre Umgebung. Ihren Spiegel, das Bild ihrer Eltern, Mika und Nick am Strand auf Hawaii und – »Piep, piep!« – den kleinen Spatz, der auf ihrem Fensterbrett saß und sie aus dem Schlaf geholt hatte.
»Borki«, gähnte sie und räkelte sich noch einmal in ihren Schmusekissen, »das war aber eine schöne Geschichte. Ich freu mich jetzt schon auf eine Fortsetzung. Ach bitte, bitte, darf ich diesen netten Jungen noch mal wieder treffen? Du hast doch bestimmt noch weitere tolle Abenteuer mit ihm in deiner Märchenkiste, oder?«
Wie zur Antwort ging ein leichtes Beben und Rascheln durch den ganzen Baum, und Momoko wusste die Sprache ihres holzigen Freundes sehr wohl zu deuten.

Zufrieden und ausgeschlafen verspürte sie auf einmal einen Heißhunger auf Apfelpfannkuchen und erinnerte sich freudig, dass Oma Louise genau dieses Leibgericht für diesen Sonntagnachmittag angekündigt hatte. Sonntags kochte Oma gerne für viele Leute, aber sie nahm sich die Freiheit, das Mittagessen erst drei Stunden später zu servieren. »Am heiligen Sonntag schlafe ich, so lange ich will!«, sagte sie immer, obwohl sie das eigentlich jeden Tag tun konnte.

Was für ein glücklicher Zufall! Ja, manche Dinge fallen einem wirklich genau zum richtigen Zeitpunkt einfach in den Schoß, dachte Momoko bei sich, sozusagen als Geschenke des Himmels. Wie dem auch sei – dieser Anlass war in jedem Fall ein doppelter Grund zur Freude, denn meistens kam dazu die ganze Familie zusammen, inklusive ihrer netten Tante, ihrem Cousin und ihrer Cousine.

Momoko trat durch den Klimpervorhang hinaus auf ihre Veranda und streckte erst einmal ihre müden Knochen in alle Richtungen. Dann ging sie hinüber zur Seilbahn. Dies war der absolut schnellste und aufregendste Weg hinab auf die Wiese – eine tolle Erfindung von Papa Nick, der mit seinen Bergsteigerfreunden Roger und Jörg eine perfekte Seilrutsche für sie gebaut hatte. Die ausgetüftelte Konstruktion bestand aus einem dicken Bootstau als Trageseil und einem stabilen Sitzkorb, der wie bei einer richtigen Seilbahn auf zwei Rollen daran hinabfuhr. Über eine Umlenkrolle an einem dicken Ast lief das Zugseil auf der anderen Seite hinunter bis zum Boden. Dort konnte man mit Gegengewichten die Bremswirkung für die rasante Rutschpartie passend für jeden Abfahrer justieren, und Momoko hatte natürlich alles haargenau auf ihr Körpergewicht eingestellt. Das Beeindruckendste an der ganzen

Anlage aber war sicher die automatische Rückführung des Korbes. Das Geheimnis des »einseitig gebremsten Zugseils« jedoch, wie Roger das genannt hatte, hatte selbst Momoko noch immer nicht richtig verstanden – aber das war auch nicht ganz so wichtig.

Auf jedem Fall war diese Seilbahn wirklich etwas Besonderes, und so geschah es des Öfteren, dass der Garten von Kindern bevölkert war, die eigentlich auf den Waldspielplatz wollten, doch eine solche Rutsche gab es nur in Borkis Garten zu finden, und Momoko freute sich immer über netten Besuch. Opa Mut hatte eine alte Waage gestiftet, auf der sich die Kinder vorher wogen, und dann konnte jeder selbst das Gegengewicht am Zugseil einstellen – das war wirklich kinderleicht. Für die ängstlichen Eltern mancher Kinder spielte Opa Mut zur Beruhigung ab und zu den Aufpasser, aber außer den Erwachsenen wussten alle Kinder, dass er eigentlich die meiste Zeit in seinem Gartenstuhl vor sich hin döste und sich keinerlei Sorgen machte. Irgendwann hatten ihn alle zu ihrem alten Häuptling ernannt und sich lustige Namen für ihn ausgedacht, wie zum Beispiel »Häuptling Schlafmut« oder »Dösender Elch«.

Als ob sie es geahnt hatte, ertönte im selben Augenblick Opas Waldhornsignal durch den Garten, und Momoko saß schon startbereit in ihrem Korb. Nur noch die Leine los, und die Gondel setzte sich in Bewegung. Mit einem lustigen Tarzanschrei sauste sie nun direkt aus dem Baumhaus hinunter auf die Wiese, sprang heraus und rannte, ohne sich umzublicken, in Richtung Terrasse und Omaküche. Währenddessen bewegte sich der Seilbahnkorb langsam, wie von unsichtbaren Helfern gezogen, wieder nach oben zur Wipfelstation.

Die Familie

Momokos Familie war eine lustige, bunte Gesellschaft, und jeder hatte so seine Eigenheiten. Opa Mut aber war von allen wohl der schrulligste Charakter mit echt bayerischem Humor – wie er selbst immer behauptete. Er besaß beispielsweise eine besonders kauzige und vielleicht etwas derbe Art, seine Zuneigung zu zeigen, aber irgendwie brachte er genau damit seine Frau Louise immer wieder zum Lachen. Zuerst turtelten die beiden eine ganze Weile wie frisch Verliebte herum. Dann zog er sie an ihrer Küchenschürze zu sich, kuschelte seinen Kopf mit der Nase voran in ihren üppigen Busen und machte prustende Geräusche.
»Opa, spielst du wieder Trompete auf der Brust?«, fragte Momoko dann manchmal belustigt, wenn sie zufällig Zeuge dieses Rituals wurde.
»Dein Opa hat widder nix als Posse im Kopp – gell, mein borstiges Wildschweinchen! So, jetzt isses genug – es kitzelt!« Oma Louise quietschte und kicherte dann ein bisschen, während sie ihm liebevoll über die kurz geschnittenen braunen Stoppelhaare strich. Meistens glänzte danach ihr Gesicht noch etwas rosiger als sonst, und während sie ihre graue Dauerwelle wieder zurechtzupfte, wackelte sie noch ein-, zweimal mit ihrem großen runden Popo wie eine italienische Filmdiva.

Auch heute konnte Momoko auf ihrem Weg ins Haus schon von weitem das laute Lachen von Oma Louise und Tante Miriam, Papas jüngerer Schwester, hören. Die ganze Familie saß bereits an Omas Esszimmertisch und sie hörten wieder

mal einer von Opa Muts lustigen Anekdoten aus seiner bayerischen Heimat zu. Als Momoko durch die Tür kam, stand plötzlich ihr Cousin Chris vom Tisch auf, stellte sich breitbeinig wie ein Westernheld an der gegenüberliegenden Wand auf und sprach mir grimmigem Gesicht und tiefgezogenen Augenbrauen die herausfordernden Worte:
»Zieh oder greif an, Schurke!«
Auch Momoko versuchte, ihre finsterste Miene aufzusetzen, musterte ihn von der anderen Seite des Raumes und hielt die Hände griffbereit in Hüfthöhe. Dabei ließ sie ihre Finger wie eine Pianistin mit tanzenden Wellenbewegungen in der Luft spielen. Plötzlich rannte sie wie von der Tarantel gestochen mit einem wilden Schrei auf ihren Gegner los. Absprung, Flug – dann landete sie in den Armen von Chris, der sie sicher auffing und aus der Bewegung heraus in Richtung Decke sausen ließ. Die ganze Inszenierung war eines ihrer akrobatischen Paradestücke. Nick und Mika sahen sich lächelnd an und schauten ihrer kleinen, wilden Tochter amüsiert zu. Oma aber blieb dabei jedes Mal ihr Herz stehen – das behauptete sie jedenfalls. Diesmal hatte sie ihre Hände nervös zu Fäusten geballt und hielt damit die Zipfel ihrer großen weißen Küchenschürze fest im Würgegriff. Trotz vermeintlichem Herzstillstand schien sie aber noch ganz munter und verschwand nach der Zirkusnummer kopfschüttelnd und mit einem beherzten Seufzer wieder in der Küche. Alle anderen im Publikum jedoch spendeten den jungen Künstlern einen kräftigen Applaus.
Natürlich wollte Momoko beim Essen unbedingt zwischen Chris und ihrer Cousine Steffi sitzen, mit denen sich am besten herumblödeln ließ. Tante Miriams Kinder waren als junge Teenager zwar schon richtig groß und fast erwachsen,

aber glücklicherweise auch albern genug, um mit Momokos Späßen locker mitzuhalten. Auf dem Weg zu ihrem Platz auf Omas Esszimmerbank kletterte Momoko barfuß wie immer über ihre Verwandtschaft hinweg und spielte bei jedem, wie zur Begrüßung, zärtlich mit den Ohrläppchen.
»Nicht wahr, Opa, das hab ich doch schon als Baby immer sooo gerne gemacht? Gerade kam mir das mal wieder in den Sinn. Deine Ohrlappen mag ich besonders – sie sind einfach die größten und so schön zart und haarig!« Opa Mut grinste und schien den Überfall seiner Enkelin schnurrend wie ein Kater zu genießen.
Währenddessen konnte man durch die halb offene Küchentür schon das Zischen und Brutzeln der heißen Pfannkuchen vernehmen, und ein betörender Duft strömte in die Nasen. Die ganze Familienbande klapperte begeistert mit dem Besteck, als Oma Louise mit dem Tablett voll dampfender Apfelpfannkuchen durch die Küchentür schritt und wie eine Priesterin bei einer heiligen Zeremonie die Opfergaben für die hungrigen Götter auf dem Tisch absetzte. Alle warteten nur auf ihr Kommando, und die Schlacht um die knusprigsten Stücke konnte beginnen. Für Mika waren diese Tischsitten noch immer etwas gewöhnungsbedürftig, doch sie hatte sich mittlerweile damit angefreundet und sah das Ganze als eine Art fremdes Stammesritual an.
Wie immer gab es zu den Pfannkuchen entweder eine kräftige Suppe mit allem, was Omas Kräutergarten zu bieten hatte, oder aber, wie heute, die leckere Sauerkrautsuppe mit leicht angebratenen Zwiebelstückchen und zerstampften Kartoffeln. Bei diesem kulinarischen Genuss war es unvermeidbar, dass sich so ziemlich jeder am Tisch völlig überfraß. Ein anderer

Ausdruck wäre einfach unzutreffend und untertrieben. Auch Momoko war pappsatt und streckte stolz ihren kleinen Bauch heraus. Dabei hielt sie, für alle sichtbar, mit der einen Hand ihr T-Shirt hoch und deutete mit dem ausgestreckten Zeigefinger der anderen auf ihren prallen Bauchnabel.

»Zehn Äppeldörtscher und zwei Teller Suppe«, war ihr kurzer Kommentar zu ihrem Gesundheitszustand. Dann ließ sie sich rückwärts auf die nahe Couch fallen und verdrehte dabei die Augen, als hätte ihr letztes Stündlein geschlagen.

Alle anderen am Tisch suchten sich ebenfalls ein kuscheliges Verdauungsplätzchen, und plötzlich kehrte selige Ruhe in Omas Wohnzimmer ein. Nachdem die Familie ihr versichert hatte, den Abwasch später zu übernehmen, gab es heute auch kein Geschirrgeklapper mehr aus der Küche zu hören, und Mut und Louise ruhten sehr bald händchenhaltend in ihren gemütlichen Liegestühlen auf der Terrasse, bis ihnen langsam die Augen zufielen.

Für den Rest des Nachmittags lag die ganze Familie etwas träge in der Gegend herum, und alle fühlten sich ein wenig wie Ritter nach einem Fressgelage, die vergessen hatten, vorher ihre Rüstungen auszuziehen. Der alte Ritter Mut jedoch hatte es nicht ganz so lange auf seinem Ruheplatz ausgehalten und so wuselte er schon bald wieder in seinem geliebten Garten herum, wo es immer etwas zu hacken, zu schneiden oder zu rupfen gab.

Momoko lag mit Papa auf der Couch und erwachte mit einem kräftigen Rülpser.

»Das kann ich auch«, meinte Nick, und schon war auch sein Bäuerchen heraus.

»Der Rülpser ist ein Magenwind, der nicht den Weg zum

A...loch findt«, kam prompt darauf der Kommentar von Chris aus seinem Sessel, und im Nu ertönte aus allen Ecken ein Grunzkonzert wie bei Ferkels im Wohnzimmer. Zum Glück war Oma nicht in der Nähe, sonst hätte diese kleine Schweinefamilie sicher eine deutliche Unterweisung in guter Sitte und Benehmen erhalten. So aber brach ein tosendes Gelächter aus, und das war sicher eine gute Massage für die gefüllten Bäuche.

»Hessische Barbaren!«, meinte Mika nur kopfschüttelnd und versuchte ebenfalls einen kleinen Kiekser – dann konnte auch sie ihr Lachen nicht mehr zurückhalten.

Da keiner mehr etwas Besonderes bis zum Abend vorhatte, schlossen sich alle, bis auf die Großeltern natürlich, Steffis Idee an, zusammen noch eine Runde zu rollern – das war ihre Abkürzung für Inlineskaten. Ein bisschen Bewegung würde sicher allen gut tun. Momoko liebte solche spontanen Ausflüge über alles, und sie dachte gerade, dass diese lustige Familienbande, mit der man echt Pferde stehlen konnte, schon ein besonderer Glücksfall war.

Natürlich konnte sie noch nicht ganz so rasant auf ihren neuen Inlineskates fahren wie die Großen, aber die Technik hatte sie schon raus und präsentierte stolz allen ihre Fahrkünste, die sie erst kürzlich von Steffi gelernt hatte. Für die schnellere Fahrt aber hatte sich Chris Momokos altes Babytragetuch ausgeliehen und um die Hüfte gebunden. Die beiden losen Enden waren mit einem Knoten verbunden, an dem sich Momoko festhielt und wie beim Wasserskilaufen im Schlepptau fahren konnte. Das war natürlich ein ganz besonderer Spaß, und die Fahrt wurde damit, trotz aller Zurückhaltung, manchmal ganz schön rasant. Aber sie konnte ja jederzeit ihr Pferdchen

loslassen und dann in aller Ruhe abbremsen, denn Bremsen war so ziemlich das Erste, was ihre Cousine ihr gezeigt hatte. Vom Forsthaus zum Städtchen zog sich der alte Wirtschaftsweg, der seit etwa einem Jahr asphaltiert war. Sein glatter Belag machte ihn zu einer hervorragenden Rennstrecke für verrückte Skater. Die wenigen Spaziergänger an diesem Tag wurden mit einem beherzten Jodler vorgewarnt und traten meist freundlich lachend zur Seite.
Als der Rollerexpress schließlich wieder sicher zu Hause ankam, konnten sie auf der Ruhebank vor dem Forsthaus noch bewundern, wie die rotgoldene Sonnenscheibe hinter den Bäumen des Waldes versank und bald darauf wunderschöne plastische Wolkenbilder in den violettorangen Himmel zauberte.

Wieder einmal war ein aufregender Tag fast zu Ende, und Momoko lag mit Nick und Mika im großen Elternbett. Natürlich hatte sie auch ihre eigene Schlummerecke, aber sie konnte sich aussuchen, wo sie am liebsten schlafen wollte. Immer wenn ihr Herz voll war oder sie gerne noch schmusen wollte, kam sie zu ihren Eltern ins Bett und war dort jederzeit willkommen. Dort in der Besucherritze, in der Alfonso, die dicke, schaumstoffgefüllte Riesenschlange, wohnte und die Lücke ausfüllte, hatte sie schon als Baby geschlafen. Als sie so auf dem Rücken liegend durch die Dachfenster über ihr schaute und die Sterne ab und zu zwischen vorbeiziehenden Wolken hindurch blitzten, musste sie wieder an Borkis Erzählung denken. Irgendwie ging ihr die Geschichte mit Joy, diesem ungewöhnlichen Jungen, und der Sehnsucht aller Menschen, wunschlos glücklich zu sein, nicht aus dem Kopf. Momoko sprudelte wie ein kleiner Wasserfall, bis sie ihren Eltern fast

den ganzen Traum erzählt hatte. Schließlich fielen ihr die Augen zu, und sie versank sanft in ihrem großen Schmusekissen zwischen den Knuddeltieren, die sie natürlich nicht allein lassen wollte und ins Bett mitgebracht hatte.
Ihre Eltern wussten, dass Momoko in ihren Träumen oft mit ihrem alten Baumfreund sprach, denn manchmal murmelte sie dabei leise im Schlaf. Heute aber war alles mucksmäuschenstill, und keiner konnte mithören, wie Borki seiner kleinen Gefährtin in dieser Nacht eine weitere abenteuerliche Geschichte erzählte.

Das vollkommene Glück und das Leid

Joy war immer noch ganz benommen von seiner neuen Erkenntnis über das wunschlose Glücklichsein. Plötzlich überfiel ihn eine wohlige Müdigkeit, und obwohl die Sonne noch hoch am Himmel stand, kuschelte er sich in seinen bequemen Moossessel unter der großen Weide und sank in einen tiefen Schlummer. Doch dies war kein gewöhnlicher Schlaf wie sonst. Er ging bei vollem Bewusstsein hinüber in eine andere Welt, die sich jedoch scheinbar in nichts Sichtbarem von der unterschied, die er noch soeben bewohnt hatte. Allerdings schlief er hier nicht in seinem Sessel, sondern saß direkt am Ufer des Beerensees und badete seine Füße im klaren Wasser. Dabei sah er fasziniert den Wasserläufern zu, wie sie, ohne zu versinken, flink über die glatte Oberfläche des Sees huschten.

»Ich habe dich schon lange erwartet. Schön, dass du endlich da bist, Joy Grünauge«, ertönte plötzlich eine freundliche Stimme direkt hinter ihm. Als Joy sich erschrocken umdrehte, saß in seinem geliebten Sessel eine alte, weißhaarige Frau, die ihn verschmitzt anlächelte. Ihre kleinen, wachen Augen funkelten dabei hell wie die blitzenden Sonnenstrahlen auf dem See, und beim Hineinschauen hatte er das Gefühl, als ob er in ihnen versinken würde. Auf ihrer rechten Schulter saß ein alter Bekannter – der kleine freche Sperling.

»Nur keine Angst, mein Kleiner. Ich bin Maya, die Hüterin des Sees, und das hier ist mein alter Freund Matz, mit dem du ja schon ausgiebig geplaudert hast.«

»Piep, ja, da wunderst du dich wohl ein bisschen, Mister Joy!

Du hast ganz richtig vermutet – ich bin es wirklich! Nur meine wohlklingende Stimme hast du bisher noch nicht so richtig gehört, aber ich denke, hier in Mayas Welt kannst du einen sprechenden Vogel schon eher verkraften, oder?« Matz kicherte ein wenig und klapperte dabei lustig mit dem Schnabel. »Ich gebe zu, das kleine Theaterstück mit Rotkäppchen und dem Wolf hat wirklich Spaß gemacht. Sorry Maya, ich wollte dich nicht unterbrechen.«

»Schon gut, du Plaudertasche, aber ich glaube, wir sind dem jungen Mann hier eine kleine Erklärung schuldig. Weißt du, Joy, wir kennen dich nämlich schon, seit du das erste Mal an diesen Ort gekommen bist, und haben oft deinem Gesang gelauscht. Ich hoffe, du verzeihst uns diese kleine Heimlichkeit. Wirklich ungewöhnliche Klänge für diese Gegend hier, aber nicht ganz so unbekannt für uns, nicht wahr Matz?« Der kleine Spatz nickte zur Antwort fleißig mit dem Köpfchen und knabberte an Mayas Ohrläppchen.

»Ach ja, herzlichen Glückwunsch übrigens!«

»Aber wo... wofür das denn, ich hatte doch schon vor über einem Monat Geburtstag?« Joy hatte bisher noch keine Gelegenheit gehabt, auch nur irgendetwas zu sagen, doch das war ihm gar nicht so unrecht angesichts der Verwirrung in seinem Kopf. Nun aber schien er endlich seine Stimme wiedergefunden zu haben, nachdem er die Frau die ganze Zeit über mit großen Augen angestarrt hatte. Trotzdem klang er ein wenig zittrig und verunsichert.

Er wusste noch nicht so recht, was er von der ganzen Sache halten sollte. Maya erwiderte seinen skeptischen Blick mit einem freundlichen Augenzwinkern, und auf ihrem Gesicht zeigten sich zahlreiche kleine Lachfältchen. Währenddessen wippte Matz wie ein kleiner Tänzer auf ihrer Schulter von einer Seite zur anderen.

»Natürlich weiß ich, dass du heute keinen Geburtstag hast, obwohl mir dieses Wort gar nicht so unpassend erscheint. So eine Art Geburt ist das nämlich schon, wozu ich dir gratulieren möchte.«

»Jetzt steh ich aber total auf der Leitung«, erwiderte Joy, schon etwas neugieriger. »Nun verraten Sie mir doch endlich, um was es geht, bitte.«

»Sachte, sachte, mein Lieber, da hast du nun so lange über den Sinn des Lebens nachgegrübelt und bist immer noch nicht besonders geduldig. Aber was rede ich da, in meiner Jugend war ich ja auch nicht viel anders als du heute. Alles sollte immer sofort und gleich geschehen – aber das ist wirklich schon sehr, sehr lange her. Im Übrigen darfst du deine höfliche Anrede für mich ruhig auf ein einfaches Du beschränken. Matz und ich sind schließlich schon lange deine Freunde – auch wenn du das bisher nicht wusstest. Doch jetzt will ich dich nicht weiter auf die Folter spannen, denn du hast deine Würdigung wahrhaftig verdient. Erinnerst du dich eigentlich noch, mit welcher Einsicht du eingeschlafen bist, bevor wir uns begegnet sind?«

»Hmm ...? Ich weiß nicht genau, auf was Sie ... 'tschuldigung – auf was du hinaus willst?«

»Joy Grünauge, bist du dir eigentlich dessen bewusst, dass du einer der wenigen Menschen bist, die die Spitze der Wunschpyramide gesehen haben? Du weißt schon, das ist der Ort, an dem es keine Wünsche mehr gibt – der Ort, wo alle wunschlos glücklich sind. Manche Menschen haben diesem unbeschreiblichen Gefühl von Zufriedenheit und stiller Freude einen Namen gegeben und nennen es auch das vollkommene Glück.«

»Oh ja, oh ja! Genau das habe ich bei meiner Grübelei über die Frage, was ich wirklich im Leben will, auch herausgefunden. Es scheint mir fast, als ob es alle Menschen zu diesem geheimnisvollen Ort hinzieht.«

»So ist es, mein Lieber, alle wollen tief in ihrem Inneren wieder dahin zurück, wo sie hergekommen sind, aber die meisten wissen das nicht mehr. Da sie es vergessen haben, irren sie ständig umher, auf der Jagd nach allem, was sie scheinbar diesem wunderbaren Gefühl näher bringt. Du aber hast durch eine einfache Frage, nämlich wozu das alles gut sein soll, herausgefunden, was all die rastlosen Sucher wirklich wollen. Und zu dieser Erkenntnis wollten wir dich beglückwünschen! Nicht wahr, Matz?«

»Piep, piep!«

»Darf ich dir jetzt noch ein großes Geheimnis verraten?«, fuhr Maya fort.

»Ich kann es kaum erwarten!« Joy rutschte aufgeregt näher an Maya heran, die nun auch ihm trotz des kurzen Zusammenseins schon wie eine alte Bekannte vorkam.

»Dieses Geheimnis birgt eines der größten Missverständnisse der Menschheit. Sieh mal, die meisten denken doch, sie könnten erst dann wunschlos glücklich sein, wenn ihnen ein großer Wunsch in Erfüllung geht. Doch das ist Unsinn! Sie sind wunschlos glücklich, weil sie ihren Wunsch los sind, wie das Wort schon sagt! Das ist das ganze Geheimnis, nur keiner merkt es. Lass mich dass noch ein wenig erläutern. Siehst du, alle Menschen sind in ihrem Leben schon einmal dem vollkommenen Glück begegnet. Als ganz kleine Kinder

lebt ihr normalerweise ständig in diesem Zustand. Das geht so lange, bis ihr die verdrehte Welt der Erwachsenen als eure eigene annehmt! Leider geht das meistens ziemlich schnell, denn Kinder haben keine große Wahl und wollen schließlich zur Gemeinschaft, zu ihrer Familie dazugehören. Auch wenn Menschen frisch verliebt sind oder etwa ein lang ersehntes Ziel erreicht haben, erfahren sie Augenblicke von großer Zufriedenheit. Manchmal sind dies nur kurze Momente, in denen alle Wünsche und Ziele verschwunden sind und unwichtig werden, Momente voller Glückseligkeit. Die Menschen beobachten natürlich die Umstände und Situationen, unter denen dieses wunderbare Gefühl, wunschlos glücklich zu sein, auftritt, und verknüpfen es dann in ihrem Kopf mit dem erreichten Ziel oder auch mit dem Menschen, in den sie sich verliebt haben. Und so brauchen sie, um diese schöne Erfahrung zu wiederholen, ein neues Ziel, eine weitere erfolgversprechende Aufgabe oder ein neues Liebesabenteuer. Das aber ist ein Trugschluss! In Wahrheit liegt das Geheimnis des Glücklichseins in der Wunschlosigkeit verborgen. Wenn der Lärm der Gedanken an Ziele und Wünsche verstummt, ist mit einem Mal der wunderbare Klang der Stille zu hören. Es ist wie ein Lied, das schon immer da war und nie enden wird. Das stille Lied der allumfassenden Liebe.«
»Und du meinst, dass jeder das hören kann, wenn er mal sein eigenes Radio etwas leiser dreht oder ganz ausknipst?« Joy ging langsam ein Licht auf, und ein breites Schmunzeln überzog sein Gesicht.
»Ja, genau so einfach ist das!«, lächelte Maya zurück.
Matz hatte sich schon vor einiger Zeit auf Mayas Schoß ein kleines Kuschelnest in ihren samtigen Rockfalten gebaut und

hatte die Äuglein zum Schlaf geschlossen. Für eine Weile genossen Joy und Maya die Stille, die über dem See lag, und schauten in das bunte Funkeln der Lichter auf seiner Oberfläche. Einige Sonnenstrahlen fanden immer wieder einen Weg durch das dichte Laubdach des Waldes und tanzten auf den kleinen Wellen, die der sanfte Wind ins Wasser malte.

»Sag mal, mein Junge, was hältst du eigentlich davon, wenn du dem vollkommenen Glück mal einen Besuch abstatten würdest?«

»Ja wie soll das denn gehen? Kann ich das vollkommene Glück denn persönlich treffen?«

»Aber selbstverständlich! Denk daran, dass du immer noch in der Traumwelt von Maya bist, und hier sind viele Dinge möglich, die dir vielleicht wie ein Wunder vorkommen mögen.«

»Aber wie soll ich das denn anstellen?«, fragte Joy mit ungläubiger Mine.

»Schließe einfach deine Augen und warte ab, was geschieht«, sprach Maya mit beruhigender Stimme, während sie sanft mit ihren Händen, ohne ihn zu berühren, über seinen Kopf strich. Joy fühlte plötzlich, wie sich seine Umgebung dramatisch veränderte. Ein Traum im Traum bei vollem Bewusstsein – das war wirklich eine ungewöhnliche Erfahrung. Die Landschaft erinnerte ihn sehr an die Bergwelt, in die ihn seine Eltern seit frühester Kindheit immer mitgenommen hatten, um dort mit ihm zu wandern. Er befand sich in einer geschützten Mulde mit einem Teppich aus kurz gewachsenen Gräsern und kleinen Büscheln bunter Bergblumen, die ihre Hälse in den lauschigen Wind bogen. Mit dem Rücken lehnte er an einer warmen Felswand, die sich beinahe lebendig anfühlte. Als er sich umdrehte und nach oben blickte, sah er, dass die Wand in einen steil aufragenden Felsrücken überging. Direkt vor seinen Füßen führten ein paar Stufen nach rechts zu einer Öffnung im Fels, durch die auf einmal ein merkwürdiges Geräusch zu dringen schien. Was war das? Vorsichtig näherte er sich dem Spalt, der einen schmalen Weg um die Kuppe freigab. Er konnte das Geräusch nun deutlich hören, doch was da an seine Ohren drang, kroch schnell und unaufhaltsam bis in sein Herz und erfüllte ihn mit einer großen Traurigkeit. Es war ein hemmungsloses Weinen und Schluchzen, dessen Ursprung er noch nicht entdeckt hatte. Als er schließlich behutsam mit dem Kopf voran um die Ecke bog, erblickte er etwas, das seinen Atem stocken ließ. Vorsichtig presste er seinen Körper an die Felswand. Was er da vor sich sah, war so unvorstellbar groß, dass er es kaum glauben konnte. Ein riesiges Wesen, mächtig wie ein Berg, saß nicht weit von ihm auf einem Sockel aus Geröll. Es sah aus wie der umliegende Fels, ja die ganze Bergkuppe war das Wesen selbst. Inmitten seines graubraunen Körpers blitzten ab und zu gelblich-rote Lichter auf, die von großen Bergkristallen in seiner steinigen Haut stammten und das Licht der Abendsonne wie kleine Spiegel zurückwarfen. Trotz der rauen, steinigen Hülle fand Joy dieses Wesen mit seinem freundlichen Gesicht und den großen warmherzigen Augen wunderschön. Aus diesen aber quollen dicke Kullertränen und rollten die Wangen herab, um sich dann mit einem kräftigen »Plitsch« in einen kleinen Tränensee zu seinen Füßen zu ergießen.

So etwas hatte Joy nun wirklich in seinen kühnsten Phantasien nicht erwartet. Schließlich fasste er sich ein Herz und trat aus seiner Deckung hervor. Seine zittrige Stimme echote zwischen den Felswänden.

»Hallo du da! B...bist du etwa das vollkommene Glück?« Joy

dachte schon, dass seine Frage nicht gehört worden sei, doch schließlich bewegte sich der riesige Kopf und wandte sich ihm zu. Ein freundliches Nicken zeigte ihm, dass das Wesen seine Frage sehr wohl verstanden hatte und ihm seine stumme Antwort gab.

»Aber wieso bist du denn so unglaublich groß? Das hätte ich mir wirklich niemals träumen lassen!«

Es dauerte eine Weile, bis langsam das Weinen verstummte und eine tiefe, warmherzige, aber auch etwas wehmütige Stimme erklang: »Ja meinst du denn, mein Kleiner, dass du der erste Mensch auf der Welt bist, der sich jemals danach gesehnt hat, wunschlos glücklich zu sein? Nein, mein Freund, seit Anbeginn der Menschheit tragen Millionen, Milliarden, ja im Grunde alle Menschen diesen Wunsch tief in ihren Herzen, ob sie es nun wissen oder nicht. Deshalb bin so groß geworden, verstehst du?«

»Ja ..., ja aber das ist doch riesig! Du bist der größte Wunsch aller Menschen. Aber warum weinst du dann, dass einem das Herz ganz traurig und schwer wird?« Joy schüttelte verständnislos den Kopf.

»Es sind die Menschen«, sprach das vollkommene Glück und seufzte tief, »die Menschen haben mich als ihre tiefste Sehnsucht erschaffen. So aber bin ich ein Wunschwesen geworden, von dem keiner glaubt, dass es je auf der Erde wirklich existieren könnte. Jeder sehnt sich nach dem vollkommenen Glück, doch niemand hält es für möglich! Das ist es, was mich so unendlich traurig macht.« Schon wieder war eine dicke Träne auf ihrem Weg ins Tal, und Joy stieg ebenfalls das Wasser in die Augen, denn er hatte jetzt verstanden, warum das vollkommene Glück so tief betrübt und niedergeschlagen war.

Genau in diesem Augenblick versank die Sonne hinter den Bergen, und ihr verblassendes Licht tauchte die Landschaft in ein weiches Abendrot. Obwohl er sich von ganzem Herzen zu diesem Wesen hingezogen fühlte, wusste Joy, dass es jetzt Zeit war, Abschied zu nehmen, und so versprach er dem vollkommenen Glück, ihm aus vollem Herzen dabei zu helfen, auf die Erde zu kommen, wo auch immer er eine Möglichkeit fände. Mit einem letzten Winken schloss er wieder die Augen und fühlte, wie er langsam aus dem Traum zurückkehrte und mit dem Kopf im Schoß von Maya aufwachte, die ihn wissend anlächelte. Natürlich hatte sie seine Begegnung miterlebt, und er musste ihr nichts darüber berichten. Gerade als er jedoch beginnen wollte, ihr Fragen zu stellen, bat sie ihn, noch ein wenig still zu sein.

»Du solltest noch ein bisschen warten mit deinen Fragen, denn du wirst heute noch jemanden besuchen. Natürlich nur, wenn du dazu bereit bist und es auch willst.«

»Und wer soll das sein?«, fragte Joy interessiert und reckte dabei seine Knochen wie ein alter Yogi.

»Es ist jemand, der dir sicher einige Fragen beantworten wird, die du jetzt noch hast. Oder besser gesagt, dir wird so manches klarer werden nach dieser Begegnung, denn dein nächster Besuch führt dich zum Leid.«

»Wie bitte? Das kann doch nicht dein Ernst sein! Ich habe gerade das vollkommene Glück entdeckt, und da schickst du mich zu seinem ärgsten Gegenspieler? Ich hab eigentlich keine rechte Lust auf diese Reise.«

»Jetzt winde dich nicht wie ein Aal. Das Leid frisst dich sicher nicht, dazu ist es viel zu sehr mit sich selbst beschäftigt. Bleib einfach gemütlich hier bei mir sitzen, entspann dich, und jetzt

schließt du noch mal in aller Ruhe deine Äuglein.«
Joy war noch etwas zögerlich, doch dann schmiegte er sich vertrauensvoll in Mayas Arme und wurde ruhig. Wieder bewegte er sich wie durch einen Tunnel, der ihn in eine andere Welt zog. Als das Schwindelgefühl in seinem Kopf nachließ, befand er sich in einer kargen, steinigen Landschaft mit einer dichten Vegetation aus stachligen Gräsern und Gestrüpp. Ohne Kratzer konnte man hier sicher kaum vorankommen – beinahe wie in den Brombeerbüschen um den Beerensee. Es war ziemlich heiß und die Luft flimmerte in der Sonne, aber glücklicherweise hatte Joy einen schützenden Hut mit weiter Krempe auf dem Kopf, der ihm ein wenig Schatten spendete. Vor ihm erstreckte sich ein schmaler, gewundener Trampelpfad durch das Dickicht, der stetig bergab führte und schließlich vor einer grauen Felswand endete. Wo sollte es nun weitergehen? Erst nach längerem Hinschauen erkannte er direkt vor sich, vom Schatten einer Felsnase verdeckt, einen dunklen Spalt. Ja, es war der Eingang zu einer Höhle. Sollte er wirklich dort hineingehen? Sicher, er liebte Abenteuer, aber bei den meisten, die er bisher erlebt hatte, waren die Gefahren doch überschaubar geblieben. Diesmal war das anders. Doch seine Neugier zog Joy hinein, durch das düstere Felsportal hindurch. Sofort wurde es deutlich kühler. Seine Augen waren weit geöffnet, um die Dunkelheit zu durchdringen, und mit dem Kopf voran schob er sich tastend durch die Öffnung. Als sich das Schwarz allmählich in ein schummeriges Grau verwandelt hatte, befand er sich in einer Art Eingangshalle, deren Decke ihn etwa mannshoch überragte. Aufmerksam schweifte sein Blick suchend über die Wände und Nischen, und er versuchte sich zu orientieren. Plötzlich verspürte Joy einen

kalten Windhauch, der aus einem engen Durchgang heraufzog. Vorsichtig bewegte er sich darauf zu und erkannte schließlich kurz dahinter eine Treppe, die schon nach wenigen Schritten im Dunkel versank und scheinbar endlos in die Tiefe führte. An den Wänden glänzten seltsame Steine, die ein grünliches Licht verströmten, das gerade einmal ausreichte, um die nächsten Stufen zu erkennen. Joy stieg langsam Schritt für Schritt immer tiefer hinab. Sein Atem ging deutlich schneller als gewöhnlich, und sein Herz klopfte aufgeregt.

Von tief unten erklang mit einem Mal eine merkwürdige, unverständliche Stimme, die seinen Abstieg noch langsamer und wachsamer werden ließ. Je näher er der Quelle dieses Gemurmels kam, desto bekannter kam ihm jedoch die Sprache vor, die er da hörte. Er traute seinen Ohren kaum, doch diese merkwürdige Art zu plappern kannte er sehr gut. Ja, es klang wie bei seinen Großeltern, die schon immer in dieser Mundart redeten:

»Isch will fort! Isch will hier raus! Isch hab kei Lust mehr! Da könnt isch graad verrückt wern!«, ertönte es unter ihm.

– Das war Hessisch! Das Leid musste ein Hesse sein!?

Er hatte den Fuß der Treppe beinahe erreicht, als sich vor ihm eine riesige Halle auftat, ein mächtiger unterirdischer Felsendom, so weit das Auge reichte. Jetzt sah er auf einmal, woher das Gezeter und Genörgel kam. In der Mitte der Halle saß eine riesige, krötenähnliche Gestalt. Bei näherem Hinschauen bemerkte Joy, dass die Haut des Wesens gänzlich aus Tropfstein bestand, genau so glubschig wie bei einer Kröte, aber dennoch aus hartem Gestein, das wohl über Tausende von Jahren zu dieser Gestalt gewachsen sein musste. Aus einem zerfurchten, verbitterten Gesicht starrten zwei halb offene

Augen ins Leere. Währenddessen wiederholte es unablässig wie ein Mantra diese nörgelnden Sätze.

»Isch will fort! Isch will hier raus! Isch hab kei Lust mehr! Da könnt isch graad verrückt wern!«

»'tschuldigung, wenn ich dich unterbreche, aber sag mal, bist du etwa das Leid?« Joy hatte sich trotz einiger Bedenken ein Herz gefasst, denn ehrlich gesagt ging ihm das ständige Jammern langsam auf den Wecker.

Auf der anderen Seite regte sich etwas. Die Augen des Wesens waren nun weit geöffnet und funkelten zornig herüber.

»Ja, isch bin 's Leid! Isch will endlisch weg hier! Verstehste misch, Kleiner, ab dursch die Midde, adios Mutschatschos! Isch hab die Schnauze voll, kein Bock mehr auf den ganze Mist hier!«

»Aber dann geh doch einfach und meckere nicht ständig rum!«, entfuhr es Joy leicht genervt.

»Du hast ja kei blasierte Ahnung! Die lasse misch doch net raus hier, die Säckel, die blöde!«

»Säckel?«

»Gell, des verstehste net? Die dumme Mensche sins, die misch net fort lasse! Verstehste? Keiner will misch hier auf der Erd. Wer mag schon des Leid, frag isch disch? Niemand, sag isch dir! Aber jeder denkt, es wär normal. Des is halt so, so war's schon immer, des Leid gehört halt zum Lebe dazu. Und so bin isch quasi hier festgenaachelt, obwohl isch liebend gern den Abgang mache tät. Die Hühner sin schon seit einer Ewischkeit gesaddelt!«

Während das Leid wieder mit seiner Jammerei begann, verstand Joy auf einmal das ganze Ausmaß der Tragödie. Das Leid wünschte sich nichts mehr, als von der Erde zu verschwinden, da es ja keiner wirklich dort wollte. Die Menschen jedoch ließen genau das nicht zu, weil sich so gut wie keiner vorstellen konnte, in einer Welt ohne Leid zu leben. Auf der anderen Seite wollte das vollkommene Glück liebend gerne auf die Erde kommen, da sich jeder seit Jahrtausenden danach sehnte. Aber auch dies hielt niemand wirklich für möglich. Es war alles so einfach und naheliegend, denn die beiden mussten nur die Plätze tauschen auf der Erde, und alle wären glücklich und zufrieden.

»Oh mein Gott!«, entfuhr es Joy. »Da könnt isch jetzt auch escht verrückt wern!« Und so versprach er insgeheim auch dem Leid, einen Weg zu finden, damit es endlich auf seinen gesattelten Hühnern abrauschen könnte.

In diesem Moment flimmerte es vor seinem Gesicht in allen Farben des Regenbogens. Joy schlug langsam die Augen auf und lag bequem in seinem Moossessel am Beerensee. Sein neuer Freund Matz, der kleine Sperling, saß piepend auf der Sesselkante und flatterte aufgeregt mit den Flügeln. Es schien kaum Zeit vergangen zu sein, obwohl es ihm wie eine Ewigkeit vorgekommen war. Maya war weg, und die Sonne stand schon etwas tiefer. War er jetzt wirklich wach oder immer noch in einem Traum? Wie konnte er das mit Sicherheit feststellen? Vielleicht war ja das ganze Leben nur ein Traum? Während er dies dachte, kniff er sich in den Arm und schaute sich erst einmal um. Sein Bike stand jedenfalls noch immer an die alte Weide gelehnt, und Joy wusste, dass es in jedem Fall jetzt Zeit war aufzubrechen. Seine Begegnungen mit Maya und Matz, dem vollkommenen Glück und auch dem Leid würde er sicher niemals vergessen – genauso wenig wie sein wichtigstes Versprechen, das er je gegeben hatte.

Papa Charly

Momoko räkelte und streckte sich in der Morgensonne, die mit weichem Licht durch die blauvioletten Vorhänge schien. Was für ein aufregender Traum! Sie konnte sich noch an jede Einzelheit erinnern, und während sie sich langsam aufrichtete, um Nick und Mika nicht zu wecken, setzte sie all ihre Kuscheltiere im Halbkreis wie ein kleines Publikum vor sich hin und kreuzte mit erhobenen Händen ihre Mittelfinger über die Zeigefinger.
»Ihr seid meine Zeugen«, flüsterte sie leise. »Hiermit gebe ich mein feierliches Indianerehrenwort, dass ich Joy aus vollem Herzen bei seiner Aufgabe unterstützen werde, das vollkommene Glück auf die Erde zu bringen und das Leid endlich gehen zu lassen! Howgh, ich habe gesprochen!« Sie legte die Handflächen zusammen und verbeugte sich wie zum Dank vor ihrem Publikum. Micky und Minnie, Nonon und Ponpon sowie Elchie und Willi hatten ihren Schwur gehört.

Nur wenig später erwachten auch Mika und Nick, die für Momoko nicht nur ihre geliebten Eltern, sondern zugleich auch ihre allerbesten Freunde waren – genauso wie Opa, Oma und Borki, den Momoko selbstverständlich mit zur Familie zählte. Sie nahmen ihre kleine Tochter liebevoll von beiden Seiten in die Arme, bis sie vor Vergnügen quiekte. Momoko kniff darauf Papa, der mindestens genauso kitzelig war wie sie, in die Seite. Zur Vergeltung hob er sie an beiden Beinen in die Höhe und ließ sie dann von oben zappelnd in die Kissen fallen.

Während die beiden noch etwas im Bett herumtobten, hatte Mika schon die Vorhänge zurückgezogen, die Flügel der Dachfenster im Giebel weit geöffnet und damit begonnen, ihre langen, schwarzen Haare kunstvoll zu einem Zopf zu flechten. Dann ging sie zielstrebig zur großen Yogamatte vor dem Bett und streckte ihren Körper langsam, wie ein sich wiegender Baum, in alle Richtungen. Sie liebte Bewegung und Tanz in allen Variationen und Ausdrucksformen. Früher, noch bevor Momoko geboren wurde, hatte sie auch des Öfteren auf der Bühne gestanden. Seit ihrer Kindheit in Japan war sie mit klassischem Ballet und seiner Disziplin aufgewachsen und vertraut, doch dies war im Laufe der Zeit immer mehr in den Hintergrund getreten. Zu vielgestaltig und bunt waren die Tänze auf der ganzen Welt, und Mika, die mehr und mehr auch ihre wilde Seite und ihr komisches Talent entdeckte, hatte mittlerweile große Freude daran, diese Vielfalt zu erfahren und auszuprobieren. Es war wie ein reich gedeckter Tisch mit Speisen, deren Zutaten sie frei miteinander zu immer neuen Kreationen kombinieren konnte. Mit dieser Einstellung würde sie durch ihr ganzes Leben tanzen können, denn Höchstleistung und Erfolg waren nicht länger das Wichtigste – ganz im Gegenteil. Dieses befreiende und beglückende Lebensgefühl versuchte Mika auch ihrer Tochter und den anderen Kindern in ihrer kleinen Tanzschule zu vermitteln.
Nick hatte ganz ähnliche Erfahrungen wie sie gemacht. Bei ihm allerdings war es die Musik, die ihn schon immer begleitet hatte. Klavierspielen und Singen – die Freude daran hatte ihn nie verlassen, obwohl es eine Zeit gegeben hatte, in der er sich beinahe in einem Labyrinth aus Karriere und hochgesteckten Zielen verirrt hätte. Es war vor allem die innere

Abhängigkeit von Applaus und Erfolg, die irgendwann auch ihn, wie viele seiner Künstlerfreunde, ergriffen hatte – eine Krankheit des Herzens, verbunden mit einer tiefen inneren Traurigkeit, die immer wieder betäubt und besänftigt werden wollte. Glücklicherweise hatte er irgendwann diese Gefahr gerade noch rechtzeitig erkannt und sich daraufhin für lange Zeit aus allen öffentlichen Aktivitäten zurückgezogen. Er musste erst wieder heil werden und erkennen, dass es im Grunde immer nur das Erlebnis des kreativen Schaffens war, das ihn mit dieser wunderbaren Lebendigkeit erfüllte. In diesen Momenten fühlte er, wie sich eine unsichtbare Kraft durch ihn hindurch Ausdruck verschaffte. Seine Finger, seine Stimme waren Instrumente, Spielzeuge eines Virtuosen, dem er wie ein kleines Kind oft staunend beim Spielen zuschaute. »Das Wichtigste ist immer innen und nicht außen«, erklärte er seinen Schülern gerne. »Fühlt doch mal, was sich angenehmer anhört: Klavier spielen oder Klavier üben? Musikinstrumente – und das schließt unsere Körper mit ein – sind zum Spielen da. Wenn wir das lange und mit Freude tun, werden sie uns all ihre Geheimnisse und Ausdrucksmöglichkeiten offenbaren. Wer lediglich Übung und Disziplin in den Vordergrund stellt, kann ihre ganze Tiefe niemals ergründen.«
Dieses neue Verständnis ihrer Künste und die Freude, es weiterzugeben, verband Nick und Mika im Herzen, und wenn mal wieder einer von ihnen zu streng mit sich selbst war, erinnerte ihn der andere liebevoll daran, dass es vielleicht auch einfacher ging.

Mika hatte schon fünf »Sonnengrüße« gemacht und war gut aufgewärmt, als sich Nick und Momoko endlich aus dem

Bett kullern ließen. Nachdem auch sie ihre Haare gebändigt hatten, lagen sie schließlich alle drei mit lustigen Frisuren nebeneinander auf der großen Gymnastikmatte. Mika trug ihren hochgesteckten Wickelzopf, Nick hatte seine langen dunkelbraunen Haare ebenfalls zusammengeknotet und sah zumindest auf dem Kopf so ähnlich aus wie ein Samuraikrieger, und Momoko hatte ihre Rattenschwänze wie ein kleines Teufelchen steil nach oben gebunden. So machten die drei mit Vergnügen ihre verschiedenen Übungen. Momoko sorgte mit einigen Spring- und Purzelbaumeinlagen dafür, dass auch ihre Lachmuskeln gut trainiert wurden.

Besonders liebten sie alle die Dehn- und Kräftigungsübungen von Joseph H. Pilates, der vor allem bei Tänzern sehr populär war und bereits Anfang des 20. Jahrhunderts ein tolles Fitnesstraining entwickelt hatte. Mika und Nick hatten ihrer Tochter schon einiges davon gezeigt, und es bereitete Momoko immer wieder besonders viel Spaß, ihren Eltern zu zeigen, wie geschickt und beweglich sie war. Vor allem Papa stöhnte bei manchen Dehnungen ganz schön herum und sah oft bewundernd auf seine beiden Lieblinge, wie sie schlangenartig ihre Körper verbiegen konnten. Dafür durfte er dann in den sogenannten Kraftteilen glänzen und setzte sich Momoko manchmal noch zusätzlich auf den Rücken oder Bauch, um dort seine Muskeln besonders zu trainieren. Für seine kleine Tochter war dies wie ein Ritt auf einem Pferd oder Kamel, und sie genoss das muntere Geschaukel sichtlich. Wie ein kleiner Jockey brachte sie ihr Reittier mit Anfeuerungsrufen und wildem Gejohle ganz schön ins Schwitzen. Zum Ende ihres Trainings praktizierten die drei meistens noch Ashtanga Yoga – eine sehr dynamische Yogaform, bei der die einzelnen Positionen oft mit beinahe akrobatischen, gesprungenen Übergängen verbunden werden. Bei Mika sah das oft aus wie ein neuer, lebendiger Tanz.

Schließlich lag die kleine Familie nebeneinander zur Entspannung auf dem Rücken, und sie blickten durch die großen geöffneten Dachfenster des Schlafzimmers direkt über ihnen in den blauen Himmel. Einige Wolken zogen wie eine Herde riesiger Zuckerwatteschafe durch ihr Blickfeld, und es versprach ein prächtiger Sommertag zu werden.

Der Schlafbereich lag auf einer höheren Ebene direkt unter dem Dach, und man stieg über eine Wendeltreppe hinunter in die untere Wohnung. Vor etwa einem Jahr, kurz nachdem Momokos Baumhaus fertig gestellt war, hatte sich auch das gesamte Obergeschoss des alten Forsthauses für einige Monate in eine große Baustelle verwandelt. Während dieser Zeit entstand das neue Schlafzimmer mit Himmelblick, und auch der Rest der Wohnung wurde radikal verändert. Indem sie die Decke teilweise entfernt hatten und lediglich die tragenden Balken des Daches stehen blieben, wurde der ehemalige Dachboden mit den darunter liegenden Räumen verbunden. Dadurch entstand ein wunderschöner großer Wohnraum, der nach oben weit offen war und – ganz in weiß – selbst im Herbst und Winter eine helle und freundliche Atmosphäre verbreitete. Von den Dachbalken konnte man Hängematten herunterlassen sowie einige Gerätschaften zum Klettern und Turnen. Als kleine Baumbewohnerin hatte sich Momoko ein paar Seilkonstruktionen aus dickem Schiffstau wie bei den Affen im Zoo ausgedacht und von Nick bauen lassen. Am Boden standen einige Trommeln herum, die sie aus ihrem Afrikaurlaub mit nach Hause gebracht hatten, und in der Ecke stand Papas Flügel, an dem er auch seine Klavier- und Gesangsschüler unterrichtete. Momoko mochte Klavierspielen zwar ganz gerne, doch fühlte sie sich wie ihre Mama noch stärker zum Tanzen hingezogen. Aber auch die Trommeln und Perkussionsinstrumente hatten es ihr angetan.

Auch an diesem Morgen verschwanden die drei nach ihrem Frühsportprogramm gemeinsam unter der Dusche, während in der Küche schon leckerer Chai-Tee aus Indien vor sich hin köchelte. Bald war die ganze Wohnung mit dem würzigen Duft von Ingwer, Zimt, Kardamon, Pfeffer und Nelke erfüllt. Vor dem Tee hatte Momoko jedoch erst einmal Durst auf eine leckere Orangeade, und sie bereitete auch für Nick und Mika jeweils ein großes Glas zu. Danach folgte die Schnippelei für den leckeren Obstsalat, der heute aus Avocados, Tomaten, Bananen und Mangos bestand, die noch mit etwas Meersalz und schwarzem Pfeffer sowie frischen, klein gehackten Basilikumblättern abgeschmeckt wurden. Zum Essen nahmen sie an Mamas rundem japanischen Tisch Platz. Ganz traditionell knieten sie dabei auf Zabutons – weichen, mit Baumwolle gefüllten Sitzunterlagen – und genossen schweigend ihr leckeres Frühstück.
»Leute, ich hab eine tolle Idee!«, platzte Momoko mit verschmitzt grinsendem Gesicht sofort nach dem letzten Bissen heraus. »Wie wär's eigentlich heute mit Badesee?«
Alle mussten laut lachen, denn seit es vor einer Woche so heiß geworden war, waren sie beinahe täglich am Morgen und Abend mit den Fahrrädern zum nahen Baggersee gefahren, wo Momoko immer einige ihrer liebsten Spielgefährten traf, mit denen sie dort im Wasser herumtollen konnte. Am späten

Nachmittag tauchten auch meistens Freunde und Bekannte von Nick und Mika am See auf. Unter den Bäumen konnte man lecker picknicken, und Momoko liebte es außerdem, die Erwachsenen auszufragen und in Gespräche zu verwickeln. Die meisten von ihnen waren Momokos verblüffende Ideen und schlagfertige Antworten schon gewohnt, doch was sie da manchmal von sich gab, war für ein Mädchen in ihrem Alter wirklich ungewöhnlich und bemerkenswert.
»Das ist ja mal ganz was Neues«, schmunzelte Mika. »Dann pack mal deine Decke und deine Sachen zusammen, und wir satteln schleunigst die Räder!«
»Die Hühner! Es heißt, wir satteln die Hühner, Mama!«
Momoko flitzte plötzlich wie von der Tarantel gestochen durch die Wohnung, rannte singend die Treppe hinunter in den Keller, sprang in die Luft und riss die trockenen Badetücher von der Leine.
»Pack die Badehose ein, nimm dein kleines Brüderlein, und dann fahrn wir raus zum Kiessee!«, tönte es durchs Treppenhaus, während Momoko schon wieder nach oben stürmte. Beinahe hätte sie dabei Opa Mut überrannt, der neugierig durch die Wohnungstür im Erdgeschoss getreten war, um seine lustige Enkelin zu begrüßen.
»'tschuldigung, Opi, wir satteln gerade die Hühner, hab leider gar keine Zeit!«
»Aha, es geht also wieder zum Nackedeistrand«, meinte Opa Mut belustigt, »und außerdem hast du das schöne Liede vom Wannsee ganz schön umgedichtet, haha!«
»Jawohl, Nackedeistrand, das gefällt mir«, ertönte es von oben, »Nackedeistrand, oh Nackedeistrand, wo ich einst meinen Liebsten fand!«

»Dieses Kind ist wirklich unglaublich«, murmelte Opa Mut kopfschüttelnd vor sich hin und verschwand wieder in der Wohnungstür.

Oben angekommen, stopfte Momoko die Handtücher und Decken in die große Badetasche, während Nick und Mika einige Leckereien und Getränke im Rucksack verstauten.

»Ferdiiisch! Es kann losgehen!« Momoko hatte schon ihren Kinderrucksack auf dem Rücken und stand winkend in der Tür. Nun galt es nur noch die Fahrräder aus dem Schuppen zu holen und loszuradeln.

»Nick, du bist heute der Strampler! Hab gerade keine Lust auf Kinderfahrrad. Ich will lieber bei dir mitreiten.«

Ihr Vater sah sie etwas verwundert an, denn Momoko ließ normalerweise keine Gelegenheit aus, mit ihrem neuen Fahrrad, das sie im letzten Jahr von Oma und Opa zum fünften Geburtstag bekommen hatte, Ausflüge in die nähere Umgebung zu machen. Dann aber half ihr Nick beim Hochklettern, und Momoko nahm in ihrem Logensitz Platz, den Papa etwas regelwidrig auf seiner Fahrradstange befestigt hatte, so dass sie während der Fahrt alles mit ansehen konnte, ohne den Kopf zu verrenken. Es war der alte Kindersitz aus Leder, auf dem Nick selbst schon als kleiner Junge gesessen hatte und mit Opa Mut, seinem Vater, durch die Gegend geritten war. »Reiten« war gar kein schlechter Ausdruck für diese Konstruktion, denn man saß dabei bequem zwischen Fahrer und Lenkstange, und für die Füße gab es zwei kleine, ausklappbare Stützen wie bei einem Motorrad.

Mit Badetaschen und Rucksack bepackt radelten sie durchs Dorf, wie Papa den alten Ortskern des Städtchens gerne nannte, dann unter dem Bahndamm hindurch am kleinen Wäldchen mit den Pferdekoppeln vorbei und schließlich über die große Straße hinweg direkt vor den Eingang des Strandbades, wie es die Leute in der näheren Umgebung liebevoll, doch vielleicht etwas übertrieben nannten. Eigentlich war hier nämlich immer noch ein Baggersee, an dem teilweise im hinteren Teil noch Kies abgebaut wurde. Vorne aber hatte man einen wunderschönen Strand mit saftig grünen Liegewiesen unter schattigen Birken und Linden angelegt. Ein kleiner Kiosk versorgte die Besucher mit allem, was die hungrigen und durstigen Sonnenanbeter so brauchten. Leider zog sich in der Mitte des Strandes wie eine Staatsgrenze eine hohe Sichtschutzhecke vom Wasser bis hin zum Außenzaun. »Achtung FKK, hier verlassen sie den textilen Bereich!«, stand in großen Buchstaben über dem Durchgang. Nick hatte einmal witzelnd bemerkt, der Zaun sei wohl zum Schutz der Badehosen- und Bikiniträger vor den schamlosen Nackten und Wilden aufgestellt worden. Momoko mochte jedenfalls keinen Sand im Badeanzug, der nie ohne großes Gefummel wieder rausging. Das war Grund genug für sie, lieber bei den Nackedeis als bei den Hosenträgern zu liegen, wie sie die Leute am Textilstrand gerne nannte. Außerdem war sie es auch gewohnt, schon seit sie sich erinnern konnte, die meiste Zeit ohne Strümpfe und oft auch ohne Kleider in der Wohnung herumzulaufen. Oma bekam regelmäßig einen Anfall, wenn sie das beobachtete, und war immer rührend um Momokos Gesundheit besorgt, als ob sie kurz vor dem Erfrierungstod stehen würde. Aber kalte Füße waren eben nur kalte Füße und hatten ihr noch nie etwas ausgemacht. Vielleicht war sie durch das ständige Barfußlaufen ja schon abgehärtet. Im Sommer jedenfalls war das Nacktfroschdasein noch viel schöner, und am See fanden das auch alle anderen Leute ganz natürlich – bis auf die Hosenträger. Sich ohne Klamotten ins Wasser zu stürzen, im Sand zu wälzen und dann paniert wie ein Backfisch die Erwachsenen zu umarmen, das war eines der lustigsten Vergnügen, die Momoko kannte.

Unter der großen Linde fast am Ende des Strandes war ihr gemeinsamer Lieblingsplatz. Dort konnte man bis in die Mittagsstunden immer ein schattiges Plätzchen erwischen und sogar ein kleines Nickerchen wagen, ohne in der Sonne zu verbrutzeln. Nachmittags aber war es für eine kleine Siesta kühler und angenehmer als am Strand. Schließlich hatte der See bis in die Abendstunden geöffnet, und so kamen sie später, wenn die Sonne schon tiefer stand, gerne zurück, um mit ihren Freunden den rotgoldenen Untergang der großen leuchtenden Scheibe am Horizont zu bewundern. Davon konnte Momoko niemals genug kriegen, denn sie saß jedes Mal still und gebannt direkt vorne am Wasser und schien völlig versunken in eine andere Welt hinüberzusegeln.

Nun aber genossen die drei erst einmal die angenehmen Morgenstunden und machten es sich auf ihrer großen, bunt bedruckten Decke gemütlich. Zu dieser Tageszeit waren meist nur einige Rentner und Urlauber am Strand, und so hatten sie beinahe den ganzen See für sich. Von weitem konnte man die Förderanlage des Kieswerks hören, und ab und zu holte der Schwimmbagger wieder eine riesige Schaufel mit Sand vom Grund des Sees. Momoko, Mika und Nick gingen hinunter ans Wasser, das angenehm warm war, und stürzten sich dann in die Fluten, um gemeinsam ihre Runde zu schwimmen. Ab und zu hängte sich Momoko bei Nick auf den Rücken, wie sie es schon als Baby getan hatte, bevor sie schwimmen konnte. Auch damals hatte sie ihre kleinen Arme immer fest um Nicks Hals geschlungen – natürlich ohne ihn zu würgen – und sich wie ein Äffchen mit den Beinen an seine Hüften geklammert. So waren die beiden sicher auch im tiefen Wasser geschwommen. Seepferdchen und Reiter hieß dieses Spiel, und auf diese Weise konnte Momoko sogar die große Runde um den See mitschwimmen, denn sie hatte ja ihr schwimmendes Papatier gleich neben sich, um gelegentlich aufzusteigen und sich etwas auszuruhen. Nach ihrem nassen Ausflug gönnten sie sich erst einmal eine längere Ruhepause im Schatten der Linde. Momoko wäre beinahe weggeschlummert, als ein sanfter Wind das Wasser kräuselte und Blätter und Zweige über ihrem Kopf zum Rascheln brachte. Mit halboffenen Augen starrte sie nach oben durch die Äste und beobachtete die kleinen blauen Flecken des Himmels, die ab und zu hindurchschimmerten. Mika war unterdessen schon dabei, ihren Proviant aus dem Rucksack herauszukramen und in der Mitte der Decke hübsch anzuordnen. Mit dem Anblick des Essens kam auch der Appetit, und so genossen sie alle drei ihr Picknick, bevor sie sich nur wenig später auf den Heimweg machten.

Heute war ein ganz besonderer Tag, denn einer von Momokos allerliebsten erwachsenen Freunden würde nach einer großen Reise um die ganze Welt wieder in ihre Mitte zurückkehren. Das wollten sie natürlich alle gebührend feiern, und daher werkelte die Kleinfamilie am Nachmittag eifrig in der Küche herum, um dort einige Leckereien vorzubereiten, die dann wenige Stunden später in der Kühltasche mit zum Strand wanderten.

Papa Charly, wie ihn alle seine Freunde nannten, war eine schillernde Erscheinung. Jeder wusste, dass er schon ganz schön alt sein musste, aber keiner konnte sein Alter wirklich einschätzen. Sein ausdrucksstarkes Gesicht mit den vielen kleinen Lachfalten und seine grauweißen Haare wiesen auf viele vergangene Jahre hin. Seine blitzenden Augen und die glatte, schokoladenfarbene Haut seines muskulösen Körpers gaben ihm jedoch zugleich eine frische und jugendliche Ausstrahlung. Momoko hatte schon als Baby in seinen Armen gelegen und später auf seinen Beinen geschaukelt, während er ihr Wiegenlieder aus Afrika vorsang. Papa Charlys ursprüngliche Heimat war Kenia, obwohl er schon als kleiner Junge mit seinen Eltern nach Europa gekommen war und die meiste Zeit dort gelebt hatte. Der Händlerberuf seines Vaters hatte ihn schon früh in ferne Länder geführt, von denen er später dann viele selbst bereiste. Andere Menschen und Kulturen hatten schon immer eine besondere Faszination auf ihn ausgeübt, und dieses Interesse hatte ihn nie mehr losgelassen. Bei den Huna-Meistern auf Hawaii hatte er seine Heilerfähigkeiten entdeckt und in Goa hatte er viele Jahre bei einigen großen indischen Lehrern Yoga praktiziert. Doch dies war nur ein kleiner Ausschnitt aus seinen langjährigen Studien, die sich vor allem mit den großen Weisheitslehren, Religionen und Heilkünsten der Erde befassten. Immer gut gelaunt und freundlich, war er ein charismatischer und fesselnder Geschichtenerzähler, dem seine Zuhörer gebannt und interessiert lauschten, wann und wo auch immer sich dazu eine Gelegenheit ergab.

Als Papa Charly an diesem Tag kurz vor Sonnenuntergang am See auftauchte, war es Momoko, die ihn als Erste entdeckte und ihm freudig entgegenlief. Sie umarmten und herzten sich wie ein altes Liebespaar und schlenderten dann Hand in Hand zu den anderen unter der Linde, wo es natürlich ein großes Hallo gab und alle sich schon auf Papa Charlys neuen Abenteuer und Geschichten freuten.

»Wo bist du gewesen, Papa Charly, wie ist es dir ergangen?«, ertönte es aufgeregt von allen Seiten.

»Pole, pole, meine Freunde«, kam seine Antwort ganz ruhig und gelassen. »Damit will ich sagen: immer schön langsam und gemütlich. Wir haben, soviel ich weiß, noch die ganze Nacht für uns. Genießen wir doch erst mal gemeinsam den Sonnenuntergang. Und außerdem ist heute Vollmond, wie ihr vielleicht wisst. Da bin ich sowieso immer hellwach bis in die Morgenstunden.«

Es war wirklich ein glücklicher Umstand, dass der Oberbademeister des Strandbades ein alter Freund von Nick und Papa Charly war. Zur Feier des Tages, nachdem der See offiziell geschlossen wurde, ließ er das Hintertor noch offen und ermöglichte damit ausnahmsweise diese kleine Privatfeier der illustren Badesee-Clique.

Zum Sonnenuntergang wurde es ganz still am See. Die großen, zutraulichen Graskarpfen, die sich von den Besuchern nicht nur füttern, sondern sogar berühren ließen, zogen am Ufer vorbei, und die Enten malten ihre Wellenmuster in die spiegelglatte Wasseroberfläche. Nachdem die Sonne hinter den Türmen des Kieswerks versunken war, färbte sich der Himmel rotviolett und bot ein beeindruckendes Farbenspiel, bis schließlich die Dunkelheit hereinbrach. Bald darauf begann im Schein des kleinen Lagerfeuers ein leckeres Abendmahl, zu dem fast alle Anwesenden die verschiedensten selbstgemachten Köstlichkeiten mitgebracht hatten. Die Stimmung war heiter und ausgelassen, doch als Papa Charly irgendwann auf seinen Lieblingsplatz direkt am Fuß der alten Linde zuschritt, wurde es mucksmäuschenstill, und alle suchten sich ein Plätzchen in seiner Nähe. Momoko saß auf seinem Schoß, als er schließlich zu sprechen begann.

»Wisst ihr, liebe Freunde, als ich vor etwa einem Jahr von hier fortging, hatte ich im Grunde nur eine vage Vorstellung, wohin mich diese Reise führen würde. Doch so war das eigentlich schon immer. Jetzt will ich euch aber nicht länger auf die Folter spannen und ein wenig von meinen Erlebnissen erzählen.

Alles begann mit meinem Flug nach Nordamerika zum heiligen Berg Mount Shasta im Nordwesten Kaliforniens – ein erloschener Vulkan, den mittlerweile viele spirituelle Menschen als einen der großen Kraftplätze der Erde aufsuchen, um dort zu verweilen, zu meditieren oder sogar für immer zu leben. Hoch oben, auf über 2000 Metern, trifft man nach einer Wanderung durch eine karge, zerklüftete vulkanische Landschaft auf ein Wunder der Natur. Wie aus dem Nichts heraus steht man plötzlich auf einer blühenden Bergwiese. Die sogenannten Meadows mit ihrem saftigen Grün und einer strahlend schillernden Blumenwelt sind wirklich Orte unbeschreiblicher Schönheit. Mitten durch diese Wiesen fließen kleine, plätschernde Wildbäche mit eiskaltem, glasklarem Quellwasser. Ich habe einige Leute getroffen, die es gewagt haben, in dem eisigen Wasser ein erfrischendes Bad zu nehmen. Sie haben mir erzählt, dass ihnen dabei ganz heiß geworden sei. Viele von ihnen waren davon überzeugt, dass sie damit die ursprüngliche Kraft und Energie des Berges direkt erfahren würden und sich damit auftanken könnten. Aber ihr wisst ja, dass ich zu solchen Vorstellungen von Energie und Kraft durchaus

meine eigenen Überlegungen habe, nicht wahr, Momoko?«
»Natürlich, Papa Charly, das weiß ich noch ganz genau. Du sagst immer, dass Menschen, die sich über Energiemangel beklagen, wie Fische im Ozean sind, die sich über Wassermangel beklagen!« Wie aus der Pistole geschossen kam diese Antwort aus Momokos Mund und erstaunte wieder einmal so manchen Zuhörer.

»Genau, kleine Freundin, ich würde sogar noch weitergehen und behaupten, dass Fische und Ozean, also wir und die Welt um uns herum, in letzter Wirklichkeit eins sind. Sogar manche der schlauesten Physiker erzählen uns heute ohne Scheu, dass Alles-Was-Ist – und wir sind nur ein winzig kleiner Teil davon – im Grunde unendliche Leere ist. Dann aber ist es doch völlig absurd, dass an einem Ort mehr und an einem anderen weniger davon da sein soll. Leer bleibt leer, oder etwa nicht? Stellt euch mal vor, zwei leere Biergläser würden sich streiten, wer von beiden schneller besoffen ist. Klingt das paradox genug?«

Einige Zuhörer schüttelten etwas verunsichert den Kopf, während Momoko kichern musste und grinsend zu Mika und Nick herübersah, die natürlich genau wussten, von was Papa Charly da sprach.

»Liebe Freunde, ich weiß, dass manche meiner Aussagen möglicherweise etwas Verwirrung in den Köpfen stiften. Wenn dem so sein sollte – prima! Ich nutze so eine Gelegenheit sehr gerne, um Begriffe wie Kraft und Energie, die uns schließlich an jeder Ecke begegnen, von der absoluten Wirklichkeit abzutrennen und sie bei den persönlich erfahrbaren Wahrheiten einzuordnen, wo sie meiner Ansicht nach hingehören.

Und nun zurück zu meiner Reise. Nach meinem Ausflug

zum Mount Shasta flog ich als Nächstes von San Francisco aus nach Hawaii. Wie einige von euch vielleicht wissen, habe ich zu diesen Inseln und ihren Bewohnern eine tiefe Herzensverbindung. Wie schon früher, begegnete ich auch diesmal wieder einigen interessanten Menschen und besuchte viele alte Bekannte aus meiner Huna-Zeit, um mit ihnen zusammenzusein und einfach das Leben zu genießen. Ihr könnt mir glauben, an einem so paradiesischen Ort gelingt das völlig mühelos. Ich muss gestehen, dass es mir diesmal wirklich nicht leicht fiel, Hawaii und meine Freunde dort wieder zu verlassen, aber es gab noch andere Plätze auf der Welt, die mich anzogen und die ich gerne besuchen wollte.
Die nächsten Stationen meiner Reise führten mich dann nach Japan, Australien und am Ende nach Nordindien, wo ich vielen buddhistischen Freunden wiederbegegnet bin, die ich schon auf früheren Reisen getroffen hatte. Sie waren diesmal alle zusammengekommen, um mit dem Dalai Lama in Dharamsala eine große Einweihungszeremonie zu feiern. Ja, dieses wunderbare Ereignis war etwa vor einem Monat, und, wie ihr alle sehen könnt, bin ich jetzt wieder wohlbehalten und mit erfülltem Herzen hierher zu euch zurückgekehrt.«

Es gab in dieser Vollmondnacht noch so manche interessante Geschichte zu hören, doch Momoko war inzwischen auf Papa Charlys Schoß eingeschlafen. Er hatte sie daraufhin behutsam neben sich gebettet und zugedeckt, während er weiterhin bereitwillig auf die Fragen seiner Zuhörer mit oft ungewöhnlichen Antworten immer einen Rat wusste. Schon lange nach Mitternacht – der Mond stand prall und voll über dem See – wachte Momoko auf. Das Feuer war zur Glut niedergebrannt, und die meisten Freunde waren schon gegangen. Nur Papa Charly und ihre Eltern saßen noch still zusammen und genossen die Stille der Nacht. Momoko allerdings wurde wieder putzmunter, und es drängte sie, ihrem alten Freund von ihren Traumgeschichten mit dem Jungen Joy zu erzählen. Aufmerksam und interessiert hörte Papa Charly ihr zu. Seine Augen schienen im Laufe der Geschichte immer wacher und neugieriger zu werden. Als sie schließlich am Ende ihrer Schilderung angelangt war, dauerte es eine Weile, bis Papa Charly die nachdenkliche Stille unterbrach.

»Momoko, ich möchte dir wirklich von Herzen für diese wunderbaren Geschichten danken, und ich weiß gar nicht, wie ich es ausdrücken soll – es gibt hierzu etwas wirklich Merkwürdiges zu berichten. Beinahe den gleichen Traum über das Glück und das Leid habe ich erst vor wenigen Tagen selbst geträumt. Es war genau in der letzten Nacht vor meiner Abreise aus Indien zurück nach Europa. Und auch ich, liebe Momoko, habe dem vollkommenen Glück, dem wunschlosen Glücklichsein, versprochen, ihm auf die Erde zu helfen und das Leid zu verabschieden. Ist das nicht eine unglaubliche Übereinstimmung? Vielleicht haben ja noch mehr Menschen auf der Erde diesen Traum gehabt.«

»Oh, das wäre ja wunderbar!« Momoko klang begeistert und hüpfte freudig auf und ab. »Dann sind wir vielleicht schon viel mehr Leute mit dieser Idee, als jeder einzelne sich vorstellen mag!«

»Das wäre durchaus möglich, Momoko. Es gibt bei dieser Angelegenheit allerdings noch etwas Wichtiges zu beachten. Ich glaube, dass auch früher schon Menschen das vollkommene Glück entdeckt haben, aber es gibt hier für jeden Entdecker eine wichtige Entscheidung zu treffen. Die Frage ist, ob es ihm darum geht, glücklich zu werden oder glücklich zu sein. Das ist wie eine Weggabelung, die zu völlig verschiedenen Orten führt. Die Konsequenzen dieser Entscheidung sind gewaltig. Derjenige, der glücklich sein möchte, aber vielleicht deutlich spürt, dass er es in diesem Moment gerade nicht ist, wird überlegen, was er tun kann, um dieses Ziel zu erreichen. Das klingt ganz logisch und normal, aber er hat sich unbemerkt für das Glücklich*werden* entschieden, und das führt ihn auf den Pfad des Handelns. Dieser Weg ist aber eine Sackgasse. Er bringt uns niemals dorthin, wo wir eigentlich hinwollen – nach Hause. Der Mensch aber, dem es darum geht, *jetzt* glücklich, zufrieden und in Stille zu sein, braucht sich stattdessen nur zu fragen, was ihn in diesem Augenblick daran hindert. Was steht diesem wunderbaren Seinszustand im Weg? Wenn dieses Hindernis, der Wächter vor der Tür, erkannt ist, wird dieser früher oder später zur Seite treten und sich in Luft auflösen. Wer dieser rätselhafte Wächter sein mag, davon sollten wir vielleicht ein andermal reden, aber die Tragweite der Entscheidung, wunschlos glücklich zu sein oder zu werden, leuchtet euch doch sicher ein, oder? William Shakespeare, der große Dichter, hatte ganz recht mit seinen berühmten Satz: ›Sein oder nicht sein, das ist hier die Frage!‹ Statt dem *nicht sein* hätte er auch das kleine Wort *werden* einsetzen können.«

Die anderen nickten zustimmend, und Momoko brachte es auf ihre unnachahmliche Art sogleich auf den Punkt: »Wunschlos glücklich sein! Das ist das Einzige, was wirklich zählt. Wer das nicht kapiert, der hält das vollkommene Glück weiter in der Wunschwelt gefangen. Da muss es dann versauern, als ewige Sehnsucht für eine Zukunft, die niemals kommt!«

»Schön gesagt, Momoko.« Papa Charly sah in die lächelnden Gesichter von Mika und Nick, die ihre kleine Tochter liebevoll in die Arme nahmen. »Ich glaube, meine lieben Freunde, für heute waren das genug Geschichten. Ich schlage vor, wir setzen unser Gespräch schon sehr bald fort, denn ich spüre irgendwie, dass uns das vollkommene Glück gehört hat und sich langsam auf den Weg macht, den wir ihm mit unserem veränderten Bewusstsein ebnen. Lassen wir uns mal überraschen, welche Abenteuer uns dabei noch erwarten.«

Es war schon beinahe im Morgengrauen, als die vier Freunde den See verließen und sich auf den Nachhauseweg machten. Es war erstaunlich, dass sie sich alle trotz der langen Nacht noch recht wach und munter fühlten. Dennoch würden ein paar Stunden Schlaf sicher jedem ganz gut tun.
Diesmal schlüpfte Momoko unter die Decke in ihrem Piratenschiffbett. Es dauerte nicht lange, bis die Müdigkeit wie ein stilles Lied wieder zurückkehrte, und kurz bevor sie einschlief, erinnerte sie sich noch einmal an die schöne Geschichte von den Fischen im Ozean, die ständig über Wassermangel klagten. Ganz schön verrückt, dachte sie, aber die meisten Menschen tun das schließlich tagein, tagaus. Und während ihr die Augen zufielen, rief sie ihren Freund Borki und berichtete ihm in der Traumwelt von ihrer wunderschönen Begegnung mit Papa Charly und seinen tollen Erzählungen. Was sie allerdings nicht wusste, war, dass es da noch jemanden gab, der ihrem Gespräch mit Borki lauschte und alles mit anhörte.

Die Zeit steht still

Oma Louise wunderte sich ein wenig, dass die Kleinfamilie im Stockwerk über ihr wieder bis in die Puppen in ihren Kojen blieb. Aber das war eigentlich nichts Neues, und sie hatte sich daran im Laufe der Zeit schon beinahe gewöhnt. Ihr Sohn Nick, die alte Schlafeule, hatte sie mit diesem Lebensrhythmus schon über viele Jahre trainiert. Irgendwie liebte sie es aber trotzdem, sich darüber immer wieder ein bisschen aufzuregen.
»Nixnutzisches Volk«, meinte sie dann schelmisch, »leie im Nest, wann siwwe Sunn am Himmel steh!«
Doch Zeit im üblichen Sinne war für Momokos kleine Familie nicht ganz so wichtig. Auch in vielen Ländern und Orten, zu denen sie gereist waren, hatten die Menschen aus verschiedenen Gründen ein völlig anderes Verständnis und Gefühl für Zeit entwickelt. Daher hatte man dort auch andere Vorstellungen von Pünktlichkeit, und für das Zusammenleben gab es ebenfalls ganz andere Regeln. Opa Mut hatte einmal erzählt, dass auch im Westen die genaue Uhrzeit erst im Eisenbahnzeitalter mit seinen Fahrplänen ihre Wichtigkeit und Bedeutung erlangt hatte. Zuvor hatten zum Beispiel die Zwölf-Uhr-Glocken in jeder Stadt zu einem etwas anderen Zeitpunkt geläutet. Kein Mensch hatte sich bis dahin daran gestört. Heutzutage wäre so etwas undenkbar. Unsere ganze westliche Zivilisation würde zusammenbrechen. Aber würde sie das wirklich? Momoko hatte solche Ideen schon immer spannend und lustig gefunden. Dazu gehörte auch die Vorstellung, dass plötzlich auf der ganzen Welt alle Uhren stillstün-

den. Welch ein wohltuendes Chaos würde da entstehen. Die Menschen wären gezwungen, sich völlig neu zu orientieren. Viele würden sicher versuchen, sich durch Naturbeobachtung zu behelfen, aber Sonnenaufgang und -untergang wären beispielsweise an einem Regentag viel schwerer zu beobachten als sonst. Im Gebirge wäre die Sonne schon längst hinter den Bergen versunken, während am Meer die Leute noch lange im Hellen draußen sitzen könnten. Wie spät wäre es dann? Da wir Menschen keinen körperlichen Sinn für Zeit haben, würde alles, was hier und jetzt geschieht, wieder viel stärker in den Vordergrund rücken. Keiner würde dann mehr über Zeit reden, einzig die Erlebnisse und Ereignisse des Tages wären vielleicht noch erzählenswert. Noch wilder würde es, wenn auch Datum und Kalender verschwänden. Wie würde man sich dann verabreden?

»Bis die Tage, ich schau demnächst mal vorbei!« oder »Wenn die Sonne so oft aufgegangen ist, wie meine Hand Finger hat, werde ich dich in deiner Hütte besuchen.«

So oder ähnlich würde das vielleicht klingen. Momoko musste schmunzeln und erinnerte sich noch genau an ein interessantes Gespräch mit Papa Charly, als er zu diesem Thema einen schönen Kommentar abgegeben hatte:

»Was bleibt übrig, wenn keine zeitliche Zuordnung der Ereignisse mehr möglich ist? Lebendiges Leben bleibt! Mit Sicherheit hört es dann nicht auf. Viele Menschen auf dieser Erde leben genau so ihr ganzes Leben lang und sind dabei auch noch zufrieden und glücklich. Wir können uns das gar nicht mehr richtig vorstellen. Doch sind wir nicht genau in den Momenten des Lebens besonders glücklich, in denen die Zeit für uns stillsteht?«

Fragen und Betrachtungen wie diese hatten Nick und Mika schon früh mit ihrer kleinen Tochter erörtert, und Papa Charly tat ein Übriges. Genauer gesagt war vieles davon für Momoko schon immer ganz normal gewesen, denn gerade für Kinder spielt Zeit bei weitem keine so große Rolle wie für Erwachsene. Und so hatte sie mit ihrer genauen Beobachtungsgabe und einfachen Betrachtungsweise den Erwachsenen in ihrer Umgebung schon des Öfteren die absurde und paradoxe Vorstellungswelt vor Augen geführt, in der fast alle täglich lebten.

So ging zum Beispiel der Sommer für die meisten Leute auch in diesem Jahr einmal wieder viel zu schnell vorüber. Für Momoko aber war es eine lange und erfüllte Zeit mit vielen Abenteuern und aufregenden Begegnungen. Papa Charly war wieder zurück, und auch Joy, der Junge aus Borkis Traumgeschichten, gehörte für sie mit zum Bund der Glückskinder. So nannte sie alle Menschen, die dem vollkommenen Glück auf die Erde verhelfen wollten. Sie hatte sich in den Kopf gesetzt, immer mehr Kindern und Erwachsenen von der Idee des Wunschlos-Glücklichseins zu erzählen, und Papa Charly tat das auf seine Weise ebenso. Als weit gereister Mann und spiritueller Lehrer kannte er natürlich schon viele Menschen, die sich sehr dafür interessierten, was er zu sagen hatte.

Der Glücksvirus

Ganz in der Nähe des Forsthauses gab es ein kleines Waldgrundstück mit einem alten, bunt bemalten Zirkuswagen. Überall hingen Schmuckstücke und Klanghölzer von den Ästen herab, die im Wind Musik machten. Es gab selbst gebaute Hütten und Höhlen, Vogelhäuschen, Musikinstrumente und vieles mehr – beinahe wie in einem kleinen Indianerdorf. Die kleinen Indianer allerdings waren die Kinder des Waldkindergartens, die Momoko, seit sie drei Jahre alt war, ziemlich oft besuchte, um mit ihnen zusammen durch die Natur zu streifen und zu spielen.

Opa Mut war ein besonderer Freund dieser Waldkinder und ihrer erwachsenen Betreuer. Er hatte viel Freude daran, ihnen mit Rat und Tat zu helfen, wo er konnte. Momoko hatte ihren waldkundigen Großvater dabei fast immer begleitet und besaß seither sozusagen eine Art Sondergenehmigung, die Gruppe, wann immer sie wollte, zu besuchen. Diese Freiheit war genau das Richtige für Momoko, und es blieb dadurch immer genügend Zeit, um mit Nick und Mika die große, weite Welt kennenzulernen.

Momokos Eltern nutzten gerne die Jahre vor dem Beginn der Schulzeit, um mit ihrer Tochter auch längere, wunderschöne Reisen zu Freunden und Bekannten rund um den ganzen Globus zu unternehmen. So sah Momoko auch ihre japanischen Großeltern, besuchte mit Papa Charly seine afrikanische Heimat Kenia und flog zu Verwandten nach Chile, Mexiko und in die USA. Überall, wohin sie auch kamen, wurde ihre Familie warm und herzlich aufgenommen, und Momoko durfte zu ihrer großen Freude feststellen, dass das vollkommene Glück bereits an vielen Orten auf dem Vormarsch war. Wo die Menschen offen dafür waren, konnte sie auf ihre lebensfrohe und charmante Art viele mit dem Glücksvirus infizieren. Die »Krankheit«, die daraus entstand – das Glücklichsein – war äußerst ansteckend, und niemand wollte mehr davon geheilt werden. Vor allem die Kinder waren dafür sehr empfänglich und halfen bei der Verbreitung.

»Der Glücksvirus«, so hatte es Papa Charly einmal ausgedrückt, »steckt im Grunde schon in uns allen drin. Wir werden mit ihm geboren. Es braucht aber manchmal einen Auslöser, um ihn freizusetzen und zu aktivieren.«

Momoko und ihre Freunde nutzten dieses Wissen, um so viele Leute wie möglich anzustecken. Schon das Zusammensein mit jemandem, der das Wunschlos-Glücklichsein lebte – selbst wenn ihm das nur zeitweise gelang – erinnerte die Menschen tief im Herzen an ihre Sehnsucht nach dem vollkommenen Glück. Das war der schlafende Virus! Wer solchen Glückskindern begegnete, durfte erfahren, dass dieser tiefe, verborgene Wunsch gelebte Wirklichkeit sein konnte. Auf diese Weise wurde das vollkommene Glück in jedem Einzelnen wachgeküsst.

Einen ihrer schönsten Urlaube erlebte Momoko auf Hawaii, der Insel, auf der Papa Charly vor nicht allzu langer Zeit für einige Jahre gelebt hatte. Dort waren ihm auch Nick und Mika zum ersten Mal begegnet, als sie frisch verliebt ihre erste große gemeinsame Reise unternommen hatten. Es war der Beginn einer tiefen Freundschaft fürs Leben. Viele Freunde und Bekannte von damals lebten noch immer an diesem wunderschönen Ort, und Momoko fühlte sich wie zuhause in dieser großen Familie. Mit ihrer offenen und herzlichen Art lernte sie in den zwei Monaten auf der Insel noch weitere interessante Menschen kennen. Darunter waren auch zwei junge Männer, die einige Jahre zuvor mit anderen Blumenkindern oder Hippies, wie sie sich selbst nannten, auf die Insel gekommen waren, um dort frei zu leben. Momoko hatte sie am Strand kennengelernt, mit ihnen gesungen, getanzt und getrommelt. Die beiden waren wie große Brüder für sie und nahmen sie überallhin mit.

Graham, der Jongleur, träumte von einem Kinderzirkus, und beinahe immer, wenn Momoko ihm begegnete, wirbelten kleine bunte Bällchen oder andere Gegenstände wie tanzende Schmetterlinge vor seinem Kopf herum. Mit seinem dunklen, lockigen Wuschelkopf und seinem sprühenden Humor war er der geborene Clown, und alle Kinder liebten ihn und seine lustigen Mützen.

Sein bester Freund Eric dagegen sah mit seinen dunkelblonden, langen, welligen Haaren eher wie ein typischer braun gebrannter Beachboy und Surfer aus. Er liebte seine Gitarre und spielte fast genauso gerne mit Computern herum. Auf Hawaii aber hatte er seine wohl größte Leidenschaft entdeckt – das Segeln. Noch war es nur der Schoner seines alten Freundes Hap, den er ab und zu als Gegenleistung für seine Reparatur- und Pflegedienste segeln durfte, doch Eric wusste, dass er eines Tages sein eigenes Boot haben würde.

Für Momoko war es in jedem Fall der Himmel auf Erden. Sie konnte das Meer mit ihren neuen Freunden von oben und unten entdecken. Zusammen mit Nick und Mika segelten sie sogar zu den anderen hawaiianischen Inseln und begegneten

dabei Walen auf ihrem Weg nach Alaska, schwammen mit wilden Delphinen und schnorchelten in der bunten Unterwasserwelt des Riffs.
Die zeitlose Lebensweise auf den Inseln entsprach völlig den Vorstellungen von Momokos kleiner Familie und bedurfte keiner Erklärung, denn die meisten Menschen dort lebten, genau wie sie, einfach in den Tag hinein und waren dabei entspannt und zufrieden mit dem, was ihnen der Augenblick schenkte.

Momokos Leben war angefüllt mit Millionen von Augenblicken voller Wunder und Überraschungen. So verging die Zeit, ohne dass sie dies jemals besonders registrierte. Schließlich besuchte sie im Alter von sieben Jahren zum ersten Mal eine Schule in der Nähe ihrer kleinen Stadt. Ihre Eltern hatten vorher mit ihr gesprochen und die Möglichkeit genutzt, sie ein Jahr später als üblich dort anzumelden. Auf diese Weise konnten sie zu dritt noch etwas länger unbeschwert durch die Welt bummeln.
Die Schule war wirklich eine völlig andere Welt und eine neue Erfahrung für Momoko, aber sie war auch von Anfang an ein großes Vergnügen. Momoko konnte schon recht gut lesen und ein wenig schreiben, denn neugierig und wissensdurstig, wie sie war, hatte sie mit ihren Eltern und dem geduldigen Opa Mut schon ein paar Jahre zuvor damit begonnen. Auf Opas Schoß hatte sie so manche Stunde schaukelnd verbracht, ihm immer wieder neue Wörter aus der Nase gezogen und die lustigen Schnörkel, die sich Buchstaben nannten, auf Papier gemalt. Es war aber vor allem Papas Bibliothek, die es ihr schon als kleines Kind angetan hatte, und obwohl sie es immer sehr

schön fand, wenn man ihr etwas vorlas, war es doch noch weitaus interessanter, sich selbst die große Welt der Bücher mit ihren unendlich vielen Geschichten zu erschließen.

In der Schule waren es vor allem die neu gewonnenen Freunde in ihrer Klasse und auf dem Schulhof, die sie jeden Tag gerne wiedersah und die sie bald auch in ihrer Freizeit zum Spielen traf. Einige Kinder kannte sie schon vom Waldkindergarten, und mit ihnen konnte sie ihre Liebe zur Natur besonders gut teilen. Es machte ihr auch nichts weiter aus, viele Dinge, die sie schon kannte, im Unterricht noch einmal zu hören. Dann half sie einfach den Klassenkameraden, die sich mit dem einen oder anderen noch ein wenig schwertaten. Auch mit ihren Lehrern schloss sie schon sehr bald Freundschaft, wobei sich einige über dieses außergewöhnliche Mädchen oft wirklich wundern mussten, denn Momokos Antworten und Kommentare fielen fast immer etwas anders aus, als man dies von einer Siebenjährigen erwartet hätte.

Momokos Grundschule, die sie zusammen mit Mika und Nick für sich ausgesucht hatte, galt als besonders fortschrittlich. Zur Freude aller Kinder gab es neben netten und engagierten Lehrern auch keinerlei Schulnoten. So konnten sie alle ohne Leistungsdruck völlig entspannt und spielerisch die Welt entdecken und lernten zugleich ihre Fähigkeiten und Begabungen kennen.

In Bezug auf Schule hatte Momoko eine absolute Lieblingsvorstellung, nämlich die Tomoe-Schule von Totto-chan. Ihre japanische Großmutter hatte ihr dieses wunderbare Buch zu ihrem sechsten Geburtstag geschenkt. Sie hatte die Geschichten über die außergewöhnliche Schulzeit der kleinen Totto-chan regelrecht verschlungen und wollte unbedingt selbst in genau so eine Schule gehen. Herr Sosaku Kobayashi war wirklich ein wunderbarer Schulleiter, der diese bis heute ungewöhnliche Grundschule in Tokio gegründet und geleitet hatte, bis sie in den letzten Tagen des zweiten Weltkriegs während eines Bombenangriffs völlig niederbrannte. Dieser begnadete Lehrer hatte es verstanden, in tiefer Liebe und Respekt zu allen Kindern deren Begabungen zu fördern und ihre Phantasie zu wecken.

Momoko, ihre Eltern und viele andere, die dieses Buch gelesen hatten, waren von dessen Inhalt fasziniert und tief beeindruckt. Leider gab es die Tomoe-Schule nicht mehr, aber viele wünschten sich, dass ihre zukunftsweisenden Ideen, wenn möglich, nicht ganz in Vergessenheit geraten sollten. Zu ihrer großen Freude gab es in Momokos Schule tatsächlich einige Lehrer, die sich für Herrn Kobayashis Methoden interessierten und diese im Rahmen ihrer Möglichkeiten sogar in die Schule einbrachten.

Im Grunde war Momoko mit ihrer Schule ganz zufrieden, doch im Laufe der Zeit wuchs in ihr die Idee heran, irgendwann einmal vielleicht eine Glückskinderschule ins Leben zu rufen. Dort würden dann all die wunderbaren Ideen einfließen, wie sie Herr Kobayashi und andere großartige Lehrer entwickelt hatten. Aber vor allem die Erkenntnisse über ein Leben im Einssein mit Allem-Was-Ist, wie sie es von Papa Charly und ihren anderen Freunden kennengelernt hatte, sollten die Basis einer solchen Schule werden. Denn was wäre schließlich alles Lernen und Wissen wirklich wert, wenn das vollkommene Glück draußen vor der Schultür warten müsste?

Natürlich waren die Reisemöglichkeiten von Momokos Familie mit Beginn der Schule zeitlich nun ein wenig eingeschränkt, doch irgendwie kamen sie dennoch ganz schön herum, und im Sommer gab es da ja immer noch ihren geliebten Badesee. Einmal sorgte Momoko unter ihren Schulfreunden allerdings für Aufregung, als sie sich strikt weigerte, mit ihnen zum Textilstrand, zu den Hosenträgern zu gehen. Stattdessen animierte sie einige ihrer Freunde, mal ihre Badesachen zu vergessen und es zu wagen, mit ihr in das verbotene Reich der Nackedeis zu gehen. Zu ihrem eigenen Erstaunen kamen plötzlich von Tag zu Tag mehr Kinder an den FKK-Strand, und die Nacktbaderei wurde beinahe zu einer ansteckenden Krankheit, deren Freiheit alle, nach dem Überwinden einiger Vorurteile und Schamhaftigkeiten, sichtlich genossen. Momoko hatte einigen von ihnen natürlich einen gepfefferten Vortrag über die Verrücktheit und Unnatürlichkeit von Körperbedeckung beim Schwimmen gehalten und wie eine geübte Verkäuferin die Vorteile von streifenloser Bräune angepriesen. Ihre Eltern und auch alle anderen Erwachsenen aus der Badesee-Clique schauten sich dieses Theaterstück amüsiert und staunend aus einiger Entfernung mit an. Aber schließlich kannten sie Momoko schon etwas länger, und so waren sie nicht verwundert, als immer mehr Kinder die Seite wechselten und die Welt der Nackten neue Besucher und Anhänger fand. Manche Kinder übten sich gar in zivilem Ungehorsam, indem sie für ihre etwas konservativen Eltern brav ihre Badesachen mitnahmen und später nass machten, ohne sie je am See getragen zu haben.

Natürlich blieb es bei Momokos Engagement nicht aus, dass immer mehr Kinder auch etwas über die Idee der Glückskinder erfuhren, und so half jeder auf seine Art, den Glücksvirus weiterzuverbreiten.

Die Alm

Seit Beginn ihrer Schulzeit war nun ein Jahr vergangen, und Momoko hatte kurz nach der Badesaison zusammen mit alten und neuen Freunden aus der Schule ihren achten Geburtstag gefeiert. Kurz darauf, in den Herbstferien, fuhren Nick und Mika wie schon in den vergangenen Jahren mit ihrer Tochter zum Bergwandern in die Alpen. Doch diesmal erwartete Momoko schon am Abreisetag eine besondere Überraschung. Als sie gerade ins Auto steigen und auf ihren Platz klettern wollte, traute sie ihren Augen kaum. Direkt neben ihr auf der Rückbank saß schon, grinsend wie ein Honigkuchenpferd, ein alter Freund.
»Papa Charly! Was machst du denn hier? Sag bloß, du kommst mit uns in die Berge?« Ungläubig schaute sie ihn an und begann zu lachen. Dann kletterte sie auf seinen Schoß, umschlang ihn mit beiden Armen und verteilte kleine Küsschen auf seinem Gesicht. Papa Charly kniff dabei die Augen zu und ließ Momokos Zärtlichkeitsattacke lachend über sich ergehen.
»Das kitzelt, du Schlabbermaus! Ja, das hättest du dir sicher nicht träumen lassen, dass Papa Charly, das alte Meeressäugetier, mal mit euch in die Berge steigen würde. Aber genau das habe ich vor, meine Liebe, und ich bin schon gespannt, wie mir die dünne Luft da oben bekommen wird. Vielleicht hebe ich ja ab wie ein Luftballon? Deine Eltern haben mir diese Reise jedenfalls wie ein köstliches Menü schmackhaft gemacht, und bei leckerem Essen kann ich, wie du weißt, nur schwer widerstehen.« Papa Charly lachte sein unwidersteh-

liches breites Lachen, und seine weißen Zähne blitzten von einer Backe zur anderen.

Die Fahrt mit dieser illustren Reisegesellschaft war, wie nicht anders zu erwarten, kurzweilig und lustig. Das Wetter war herbstlich, aber freundlich an diesem Tag und von einigen Nebelfeldern in den Flussniederungen abgesehen, bereitete ihnen die Sonne eine angenehme, farbenfrohe Reise. Am späten Nachmittag dann kamen sie schließlich an der Talstation der Seilbahn an und gaben ihr Reisegepäck dort ab. Die Seilbahner kannten die Kleinfamilie schon gut und nahmen die Koffer und Taschen bei der nächsten Fahrt mit nach oben zum Berghaus. Die vier Freunde aber zogen ihre Bergstiefel und Wandersachen an und machten sich zu Fuß auf den Weg nach oben zur Alm.

Als sie gerade den ersten Anstieg hinter sich hatten, ertönte von oben ein freudiges »Holajeduliö« über die Bergwiese hinweg. Momoko hüpfte vor Freude und rief ihr helles Echo aus voller Kehle: »Holajeduliöööö!«

Sie rannte wie ein flinkes Murmeltier die Anhöhe hinauf und flog in die Arme eines kräftigen, von der Bergsonne gegerbten alten Mannes, der ihr einen dicken Schmatzer auf die Wange drückte. Danach landete sie mit einem eleganten Schwung auf seinen Schultern, und sie gingen den anderen entgegen.

»Onkel Gust, wie schön, dass du uns abholst. Willst du mit uns durch die Höll nach oben auf die Alm wandern? Du kennst den Weg doch am besten von allen, nicht wahr?«

»Den Weg kenn i sehr wohl, du kloane Bergziegn, oba hobt's ihr Stadtmäus denn olle gnuag Schmolz in di Knochn fia di Tour? Net dass ihr euch gleich om erstn Tog dicke Wadln holt's, haha!«

»Na klaro! Wir sind alle fit wie Turnschuhe! Was denkst du denn von uns? Wir sind doch keine fußkranken Sesselhocker!«, meinte Momoko mit vorwurfsvoll verstellter Stimme.

»Ja, wenn des sooo ist – der Aufstieg durch d' Höll is natürli der obsolut schenste Pfod aufi zua Wurzer.« So nannten die Einheimischen die Wurzeralm, wo Onkel Gust sein wunderschönes Berghaus hatte, in dem sie alle die nächsten Tage zu Gast sein würden. Inzwischen hatten sie die anderen erreicht und es gab erst mal eine herzliche und freudige Begrüßung.

»Des gibt's bei uns oba a net olle Tog, dass sich a Gast aus Afrika zu uns in di Berg verirrt«, meinte Onkel Gust freundlich zu Papa Charly und schüttelte dabei seine Hände mit festem Griff. »Momoko hot scho ankündigt, dass ihr durch'n Höllgrabn zua Olm hochsteign wollt's. Olso donn, aufi geht's, bevor's zu finsta wird.«

Dann wandte er sich zu Papa Charly und meinte: »Nur koa Angst, d' Höll hot mit da Hölle aus der Bibel wirkli nix g'mein. Sie ist ehr wi a verzauberter Märchenwold. Vor viele tausend Joahr is wohl di gonze Berghölftn vom Stubwieswipfel herabg'stürzt – wos si bis heut niemand so recht erklärn konn. D' Höll ist donn im Lauf der Zeit auf und zwischn di riesign Fölsn g'wochsen. Doch Obocht! In diesem Labyrinth konnst di sehr wohl verirrn!«

Während er die Wanderer zielsicher zum Eingang des Höllgrabens führte, der früher, bevor es die Seilbahn gab, einer der Hauptsteige auf die Alm gewesen war, erzählte Onkel Gust von den alten Felsritzereien und Kultplätzen, die man dort oben, wo sie nun hinaufsteigen würden, gefunden hatte. Der Höllgraben war mittlerweile schwer begehbar, denn kaum jemand benutzte noch diesen alten Aufstieg. Und so bahnten

sie sich ihren Weg zwischen quer liegenden Baumstämmen nach oben, die der letzte Winter mit seinen heftigen Lawinen in den Graben geworfen hatte. Nach einiger Zeit hörten sie das Plätschern des Baches, der bislang direkt unter ihren Füßen verborgen unter der Erde ins Tal geflossen war und den sie nun auf ihrem Weg nach oben noch mehrmals kreuzten.
Langsam stiegen sie immer höher, und die Umgebung versetzte sie wirklich in eine Märchenwelt aus schier undurchdringlichem Tannenwald und schroffen Felstürmen, zwischen denen sie teilweise nur auf allen vieren vorwärts kamen. Schließlich standen sie fasziniert vor der Schwarzlake. Obwohl alle außer Papa Charly diesen Platz schon kannten, konnten sie sich seiner magischen Atmosphäre nicht entziehen. Hier entsprang auch der Bach, der sie bisher begleitet hatte. Aus einer schmalen Öffnung im Berg sprudelte glasklares, eiskaltes Wasser und ergoss sich in ein flaches Quellbecken. Die Idylle dieses Ortes schien sie alle zu verzaubern. Ein unwirkliches Licht fiel durch die Äste der umliegenden Nadelbäume und spiegelte sich im See. Zwischen dem Grün der Tannen zeigten vereinzelte Lärchen schon ihr braungelbes Nadelkleid, das sie bald für den Winter ablegen würden.
Momoko musste unwillkürlich an Joys Beerensee denken und wurde dabei ein wenig traurig, denn sie hatte sich schon des Öfteren gefragt, ob der Junge aus ihren Träumen wohl irgendwo auf dieser Welt wirklich existierte. Hatte die Schwarzlake vielleicht ebenfalls eine Hüterin, so wie Maya?
Die Wanderer verbrachten einige Zeit in Ruhe an diesem mystischen Platz, bis Gust sie zum Aufbruch drängte, denn die Sonne verschwand schon allmählich aus dem Kessel der Höll.

Auf dem weiteren Weg nach oben lief auf einmal Momoko nach vorne zu Onkel Gust und flüsterte ihm etwas ins Ohr. Dann führte sie die kleine Truppe mit geheimnisvoll erhobenem Zeigefinger auf einen schmalen Nebenpfad, bis sie schließlich vor einem hoch aufragenden Felsendom, einem Einweihungsstein, standen. Nacheinander schritten sie durch einen schmalen Spalt und konnten dabei uralte Ritzereien mit rituellen Darstellungen an den Wänden bestaunen.

Inzwischen war die Sonne verschwunden, und ein diffuses Licht warf lange Schatten an die Felswände und auf den Waldboden. Mit einem Mal ragte zwischen den Bäumen die steile Wand des Stubwieswipfels, von der Restsonne hell erleuchtet, empor. Deutlich konnten sie nun sehen, wo die fehlende Flanke des Berges einst herausgebrochen war, genau wie Onkel Gust es beschrieben hatte. Es waren die riesigen Trümmer dieser Naturkatastrophe, auf denen sie gerade herumliefen.

Der Pfad nach oben hinaus aus dem Dunkel führte über mehrere Felsbänder, die Onkel Gust und seine Mitwanderer mit kleinen Klettereinlagen überwinden mussten, bevor sie schließlich aus dem Wald hinaustraten und der Bergpfad nun flacher und ausgetreten vor ihnen lag. Beinahe hätten sie die auf den ersten Blick ganz unscheinbare Höhle übersehen, doch Onkel Gust führte sie abseits des Weges nacheinander in einen überwachsenen, schmalen Felseingang hinein und bat jeden, leise zu sein und die Ohren zu spitzen. Innen war es stockdunkel, doch irgendwo von tief unten konnte man das Rauschen von fließendem Wasser hören. Als alle wieder am Tageslicht waren, lächelte Gust geheimnisvoll und warf Momoko ein kleines Augenzwinkern zu, doch er legte die Fingerspitze auf den Mund und führte sie in aller Stille weiter.

Nur wenig später öffnete sich der Weg und legte den Blick frei auf die Hochebene der Wurzeralm. Mäanderförmig schlängelte sich die Teichl durch das Moor, welches große Teile der Ebene bedeckte, und verschwand schließlich genau an der Stelle im Boden, wo sie gerade standen. Das Rauschen in der Höhle stammte von diesem Bach, der unterirdisch durch das Kalkgestein des Berges auf unergründlichen Wegen hinabrauschte und erst unten im Tal nahe der Seilbahnstation urplötzlich wieder als neue Quelle hervortrat.

Die Alm lag auf etwa 1400 Metern Höhe und zeigte sich in dieser Jahreszeit von ihrer vielleicht schönsten Seite. Besonders die Lärchenwälder in ihrem bunten Kleid boten den Besuchern im Schein der Herbstsonne ein überwältigendes Farbenspiel. Das flach einfallende Licht zeichnete lange Schatten und tauchte die Landschaft damit in eine besondere Räumlichkeit und Tiefe.

Nach einem letzten kleinen Anstieg sahen die Wanderer schließlich das Berghaus vor sich. Es lag auf einer Anhöhe, von der aus man den ganzen Teichlboden überschauen konnte.

Onkel Gust betrieb hier oben mit seiner Frau Elfriede eine kleine Almwirtschaft mit Gästezimmern, und während der Sommermonate halfen die beiden auch ab und zu der Sennerin Frieda bei der Arbeit mit ihren Rindviechern. Mit ihren weit über siebzig Jahren war sie ein echtes Urgestein der Wurzeralm, und so mancher Besucher war von ihrem Elan und der vitalen Kraft, die sie ausstrahlte, fasziniert.

Tante Elfriede winkte der kleinen Reisegesellschaft schon von weitem zu. Sie stand gerade auf dem Balkon und schüttelte die Betten aus.

»Eu'r Gepäck is scho auf de Zimmer«, rief sie den Neuankömmlingen zu, »i komm g'schwind runta!«
In der Gaststube brannte bereits knisternd das Kaminfeuer und verbreitete eine wohlige Wärme. Die Herbstnächte konnten schon ziemlich kühl werden, selbst wenn die Sonne des Altweibersommers die Tage noch einmal angenehm erwärmte. Tante Elfriede gab ihrem Mann einen liebevollen Begrüßungskuss und umarmte dann ihre altbekannten Gäste. Bei Papa Charly war sie sichtlich beeindruckt und konnte seine Hand gar nicht mehr loslassen. Momoko konnte es währenddessen nicht lassen, sogleich ihre vorwitzige Nase in die Küche zu stecken. Der Duft, der ihr da in die Nase stieg, kam ihr mehr als bekannt vor.
»Kaasnockn!«, rief sie durch die Gaststube. »Ich wusste es, Tante Elfriede, du hast mein kulinarisches Flehen erhört!«
Über Momokos gestelzte Ausdrucksweise mussten alle herzhaft lachen. Als Tante Elfriede dann wenig später die große Kuhglocke zum Essen läutete, ließ sich keiner lange bitten, und alle saßen sie kurz darauf um den großen Holztisch versammelt.
»Wia a Rudel hungriger Wölf!«, meinte Onkel Gust scherzhaft und gesellte sich zu ihnen in die Runde. Mit einer großen Bratpfanne, in der es herrlich brutzelte, kam die Meisterköchin aus der Küche. Für alle war mehr als genug da, doch Momoko wartete höflich und geduldig, bis jeder seinen Teller voll hatte. Dann nahm sie den großen Löffel und kratzte die goldgelb angebrannten Teile von unten aus der Pfanne und füllte ihren eigenen Teller.
Onkel Gust musste schmunzeln und entlarvte Momoko sogleich als besondere Feinschmeckerin, denn die angebräunten

Kaasnockn schmeckten besonders lecker und würzig. Nach ihrem üppigen Mahl und dem Austausch der wichtigsten Neuigkeiten verschwanden alle, recht müde von dem langen Tag, auf ihren Zimmern. Momoko kletterte über eine kleine Leiter in ihr Hochbett direkt unter dem Dach und wünschte Nick und Mika eine gute Nacht und süße Träume. Wenige Minuten später fielen ihr die Augen zu und sie schlief tief und fest wie ein Murmeltier.

Der folgende Morgen begann für Momoko mit dem Gebimmel von Kuhglocken. Friedas Kühe zogen am Berghaus vorbei hinunter ins Tal in ihre Winterquartiere. Heute war Almabtrieb und man konnte durch das Läuten hindurch die Rufe der Treiber hören – was für ein wunderbares Morgenkonzert! Vom Balkon aus schaute Momoko auf das rege Treiben unter ihr hinab. Die Bauern winkten ihr von unten zu, und sie warf ihnen Küsschen zurück. Auch für die anderen Hausbewohner war die Schlafenszeit mit dem Abtrieb lautstark beendet worden, und so trafen sich schließlich alle auf dem unteren Balkon, der rund um das Haus lief. Von dort genossen sie das Spektakel und die schöne Aussicht auf den großen Berg der Wurzeralm, der majestätisch alles überragte – das Warscheneck. Sein Gipfel hatte bereits Schnee gesehen und sah aus wie mit feinem Puderzucker bestreut.

Wenn man vom Warscheneck aus den Blick nach rechts über die Berge wandern ließ, folgten die Gipfel des Toten Mannes, des Ramesch und schließlich die Rote Wand. Vom Sattel der Roten Wand führte der Weg nach unten zum Brunnsteinsee, wo das Wasser aus dem Gebirge in einem Kessel zusammenlief und die Teichl entsprang. Dorthin wollten sie heute wandern und danach den Rundweg um den Teichlboden einschlagen. Diese Tour war unbeschwerlich und ein schöner, erholsamer Spaziergang nach dem gestrigen Aufstieg. Papa Charly hatte zwar noch leichten Muskelkater, aber der würde auf ihrer eher flachen Wanderung zum See sicher bald verschwinden. Doch bevor es losging, genossen alle noch das leckere Frühstücksbuffet von Tante Elfriede, die sogar frisches Obst aus dem Tal besorgt hatte. Sie wusste schon, dass ihre neuen Gäste keine großen Brötchenesser waren, und hatte sich darauf eingestellt.

Als sie schließlich losgingen, stand die Sonne schon wärmend am Himmel, und die letzten Nebelfetzen der kühlen Nacht verzogen sich langsam von der Hochalm. Auf ihrem Weg begegnete ihnen keine Menschenseele, und sie fühlten sich ungestört und verbunden mit der Natur. Für den kleinen Hunger zwischendurch hatten sie etwas Proviant mitgenommen, den Momoko allerdings zum größten Teil an die kleinen Forellen im Brunnsteinsee verfütterte. Der See, so hieß es, war unglaublich tief und mit einem unterirdischen Höhlensystem verbunden. Durch diese verborgenen Zuflüsse wurde er von den umliegenden Bergen gespeist. Das Kalkgestein war sehr durchlässig, und der See bildete für das versickerte Wasser eine Art Sammelbecken. Auf dem folgenden Rundweg gab Nick ein paar Erläuterungen zu dieser ursprünglichen Landschaft. Besonders das Hochmoor mit seinen seltenen Pflanzen war im Alpenbereich einzigartig.

So ausgelassen sie auch sonst war – beim Wandern genoss es Momoko, einfach nur zu laufen und alle Sinne auf Empfang zu stellen. Reden konnte man auch später noch. Sie hatte schon so manche Spaziergänger verwundert dabei beobachtet, wie

diese laut redend durch die wunderbare Natur liefen, um sich über den letzten Ärger im Büro zu unterhalten und sich dabei noch einmal richtig aufzuregen. In eine solche Beschäftigung mit Dingen, die gerade gar nicht da waren, verstrickten sich viele Menschen ganz schnell. Für Momokos Freunde war so etwas am heutigen Tag glücklicherweise nicht so interessant, denn alle liebten sie die Stille und die Musik der Natur.
So kehrten sie schließlich schweigend wie die Indianer auf der Pirsch am Nachmittag ins Berghaus zurück. Vor der Eingangstür lächelten sich alle wortlos an und schlossen sich in die Arme. Es war wieder einmal ein Tag, an dem die Welt ihre Schönheit mit einer solchen Fülle und Großzügigkeit verströmte, dass man darin mit Freude ertrinken konnte, dachte Momoko.

Nach einer wohlverdienten Ruhepause trafen sich alle vor dem Abendessen am wärmenden Kamin und streckten bequem ihre Füße aus. Mika, die ihre Liebe zu den Bergen vor einigen Jahren durch Nick wiederentdeckt hatte, begann ein wenig darüber zu erzählen.
»Wisst ihr, ich habe mich schon immer gefragt, wieso für die meisten von uns Erwachsen, je älter wir werden, die Zeit immer schneller vergeht. Ich kenne dieses Gefühl ganz genau, aber seit ich mit Nick wieder in die Berge gehe, so wie ich das früher mit meinen Großeltern in Japan oft getan habe, hat sich das völlig verändert. Nach einer langen Wanderung ist mein Herz immer so voll mit Eindrücken und überwältigt von dieser grenzenlosen Schönheit, dass ich stundenlang davon schwärmen und darüber erzählen könnte. Meistens verschlägt es mir allerdings eher die Sprache, und ich werde dann

ganz still – aber das ist vielleicht ganz gut so. Ja, und gleichzeitig dehnt sich die Zeit wieder für mich aus. Genauso habe ich das auch als Kind erlebt, wenn ich abends vom Spielen nach Hause kam. Ich überfiel meine Mutter oft mit meinen Erlebnissen und plapperte dann wie ein Wasserfall. Nick, du hast mir schon oft erzählt, dass es dir hier oben ganz ähnlich geht, oder?«

»Ja das stimmt, Mika. Besonders beim Bergsteigen, wo man ganz bewusst einen Fuß vor den anderen setzt und die richtigen Griffe und Tritte finden muss, verändert sich bei mir das Zeitgefühl. Ich habe mich schon oft gefragt, wie das kommt. Beim Klettern fühle ich mich immer sehr klar und aufmerksam, aber ohne mich dabei besonders zu konzentrieren oder anzustrengen. Vielleicht ist es ja diese ständige Gegenwärtigkeit in jedem einzelnen Moment, die eine veränderte Wahrnehmung der Zeit mit sich bringt.«

»Genau genommen existiert währenddessen gar keine Zeit«, wandte Papa Charly ein. »Es ist eher wie eine große Perlenschnur voller erfüllter Augenblicke, die von dir, Nick, und auch von vielen anderen Menschen in solchen extremen Situationen erlebt werden. Zum Nachdenken ist da meistens keine Zeit.«

»Ganz richtig«, meinte Mika. »Wenn ich mir jedes Mal überlegen würde, was beim übernächsten Schritt passiert, würde ich sicher über meine eigenen Füße stolpern. Alles, was zu tun ist, ergibt sich irgendwie automatisch aus der Anforderung, die der Moment mit sich bringt.«

»Und das kostet weder Kraft noch Mühe«, ergänzte Nick. »Der Körper scheint für solche Aufgaben perfekt geschaffen zu sein, und Denken wäre dabei eher hinderlich. Es ist, als ob es mich läuft und ich mit einer Intelligenz verbunden bin, die immer genau weiß, was gerade in diesem Moment nötig ist – so eine Art inneres Navigationssystem, das immer auf Empfang steht, wenn ich im Hier und Jetzt bin.«

»Schön ausgedrückt«, meinte Papa Charly, »und trotzdem gibt es genug Menschen, die einen Intensivurlaub machen und danach erzählen, die Zeit wäre wie im Flug vergangen. Was meinst du, Momoko? Das klingt doch wie ein klarer Widerspruch, oder?«

»Hmm ..., ich glaube, diese Leute rennen zwar voll aktiv von einem Platz zum nächsten, lassen wirklich keine Sehenswürdigkeit aus und fotografieren auch noch alles, aber im Grunde erleben sie gar nichts *wirklich*. Zu Hause dann beim Diavortrag schauen sie sich an, wo sie überall waren, doch dabei laden sie bloß ein paar Bilder von verschiedenen Orten und Plätzen in ihr Hirn.

Ich frag mich manchmal, wie sie das Leben erfahren wollen, wenn sie ständig mit ihrem Kopf woanders sind als ihr Popo? Diese Menschen sind sozusagen die meiste Zeit außer sich. Deshalb ist auf ihrer Perlenschnur der Augenblicke kaum etwas gespeichert, von dem sie abends erzählen könnten. Und wenn man sie dann fragt, wie ihr Tag war, antworten sie nur so was wie: ›Sehr interessant‹ oder ›ganz schön anstrengend‹.«

Mika wandte sich lächelnd zu ihrer Tochter. »Ich kenne auch ein paar Leute, die zwar keine echten Erlebnisse auf ihrer Perlenschnur haben, dafür aber umso mehr Wissen angesammelt haben, mit dem sie dich dann *zutexten* – so würdest du das wohl ausdrücken, Momoko. Deshalb klingen ihre Geschichten oft wie Reportagen aus dem Fernsehen. Alles, was sie erzählen, kommt irgendwie aus dem Speicher ihres Verstandes.

Das Lustige ist, dass es dann so scheint, als ob sie unglaublich viel erlebt hätten, aber es ist nur eine Art Tonbandaufzeichnung, die sie bei jeder Gelegenheit wieder abspielen können. Die Gegenwärtigkeit, wie wir sie vorhin beschrieben haben, kennt solche genauen Aufzeichnungen oft gar nicht. Und so kommt es, dass Menschen, die immer im Jetzt leben, gar kein derartiges Interesse an Vergangenem haben und ihr Tonbandgerät meistens abgeschaltet ist. Aber wenn sie trotzdem einmal eine Geschichte aus ihrem Leben erzählen, dann sind die Zuhörer so gefesselt, als ob das Ganze gerade direkt vor ihren eigenen Augen passieren würde.«

In diesem Augenblick bimmelte Onkel Gust mit der großen Kuhglocke zum Essen. Tante Elfriede klapperte noch eifrig in der Küche, aber lange konnte es mit dem Abendessen nicht mehr dauern. Heute gab es Spaghetti aglio e olio mit frischem Parmesan und dazu einen leckeren Tomatensalat mit Zwiebeln. Das war zwar kein typisches einheimisches Berggericht, aber Tante Elfriede kannte schon Momokos Leibspeisen und hatte entsprechend vorgesorgt. Beim Essen herrschte wie immer genüssliche Stille. Ein Weilchen nach dem leckeren Schokoladenpudding bot Papa Charly noch an, eine Gute-Nacht-Geschichte zu erzählen, die er mit einer kleinen Phantasiereise abschließen wollte.

Der See des Bewusstseins

»Tief in unserem Inneren existiert ein geheimnisvoller Ort, den nur wenige Menschen bisher mit offenen Augen betreten haben«, begann Papa Charly. »Es ist der See des Bewusstseins, angefüllt mit dem Wasser des Lebens und umringt vom Gebirge des Verstandes.
Der Zugang zu diesem verborgenen Ort führt direkt durch das große Portal des jetzigen Augenblicks. Wenn wir dieses Tor durchschreiten, können wir die Strömung des Wassers, seine Temperatur, seine ruhige Kraft in uns fühlen. Leider nehmen wir dies nur in den seltensten Fällen bewusst wahr, denn wir sind zumeist mit Vergangenheit und Zukunft beschäftigt und damit in der Zeit gefangen – der See liegt dann verhüllt hinter einem undurchdringlichen Nebel. So sind wir oft völlig verwirrt von der Vielfalt der Gefühle, die ständig in uns aufsteigen, sich überlagern und manchmal auch überstürzen. In diesem Zustand ist der See des Bewusstseins für uns ein unbegreifliches Rätsel. Manchmal liegt er einfach still und friedlich da, und die Wasseroberfläche ist glatt wie ein Spiegel. Ein anderes Mal brodelt es in ihm wie in einem Vulkan, und hohe Wellen schlagen an seine Ufer. Wir können uns diesen stürmischen Wechsel der Gefühle oft nicht erklären.
Der See des Bewusstseins birgt ein unterirdisches Geheimnis. Das Wasser des Lebens strömt aus einer einzigen Quelle in den See, und wir können dies feinsinnig mit unserem inneren Körper ständig in uns spüren. Tief unten im See jedoch gibt es eine versteckte Abzweigung, die einen Teil des aufsteigenden Wassers hinauf zu einer Felsöffnung im Berg weit oberhalb

des Sees führt. Von dort fließt das Wasser als Bach wieder zum See zurück. Da wir diese unterirdische Verbindung vergessen haben, erfahren wir zwei scheinbar getrennte Zuflüsse, aus denen unser See gespeist wird. Es sind die Zuflüsse direkt aus der Seele und aus dem Verstand.

Der Verstand mit seinem nimmermüden Denken trägt das Wasser über den Bach heran, der in Sekundenschnelle vom Rinnsal zum reißenden Wildbach werden kann. Es ist der Strom unserer Gedanken, der uns fast ständig begleitet und uns nur selten einen Moment der Ruhe gönnt.

Der Zustrom aus der Seele dagegen ist viel beständiger und friedlicher. Er versiegt niemals und kommt direkt aus der Mitte des Sees. Er entspringt direkt aus der Ursprungsquelle selbst, während der Verstand sein Wasser im Grunde nur ausgeliehen hat. Diese immer gleichbleibende Strömung nehmen wir oft gar nicht wahr – vor allem, wenn der oberirdische Zufluss der Gedanken besonders laut und heftig heranbraust. Sind wir aber wach und empfindsam, können wir den Unterschied sehr wohl erspüren, denn der Zustrom aus dem Innern des Sees ist viel direkter und unmittelbarer, aber auch sanfter und stiller als das heranrollende Wasser der Wildbachs.

Die Verbindung zu unserer inneren Quelle führt durch die Stille des Jetzt. In solchen Momenten von Gegenwärtigkeit erschließt sich uns unmittelbares, intuitives Wissen aus einer Quelle unerschöpflicher Intelligenz, die der Verstand niemals erfassen oder begreifen kann. Manchmal spüren wir dies nur als eine flüchtige Ahnung, die aber gespeist wird von der tiefen Weisheit unserer Seele. In der Welt des Hier und Jetzt bildet unsere Intuition eine Brücke zu dieser Intelligenz, völlig außerhalb von Zeit.

Unser Verstand schickt seine Gedanken und die damit verbundenen Emotionen viel lauter und dominanter auf die Reise, als ob er manchmal genau wüsste, dass er uns nur so von der inneren Quelle ablenken kann. Aber wir sollten dem Verstand keine böse Absicht unterstellen. Er gehört schließlich zu Grundausstattung unseres Körperfahrzeugs und erweist uns bei sachgemäßer Anwendung durchaus gute Dienste – vielleicht wie eine Art Navigationssystem mit Ansagestimme. Man sollte jedoch niemals dieses Hilfsgerät mit dem Fahrzeug oder gar mit dem Fahrer selbst verwechseln, sonst bringt uns diese kleine Maschine überallhin, nur niemals nach Hause.
In der Illusionswelt von Raum und Zeit, die unser Verstand bewohnt, ist das lineare Denken entlang des Zeitflusses die uns vertraute Weise, unsere Welt zu erschaffen. Jedoch erfordert diese Art der Schöpfung eben Zeit. Sind wir aber direkt verbunden mit der unerschöpflichen Quelle unseres Seins, dann entfaltet sich vor unseren Augen das Wunder des Lebens in jedem Augenblick aufs Neue in seiner ganzen Pracht und Fülle.«

»Papa Charly, Papa Charly!«, rief Momoko auf einmal ganz aufgeregt. »Erinnerst du dich noch an Berlin?«
»Wie kommst du jetzt ausgerechnet auf Berlin, Momoko?«
»Ja, was du eben gerade gesagt hast, erinnert mich genau an dein Seminar in Berlin. Das war das erste Mal, dass ich ganz allein mit dir mitgefahren bin – wirklich toll! Ja, und da haben doch einige Teilnehmer ganz begeistert von ihren Fähigkeiten gesprochen, selbst ihre Wirklichkeit zu erschaffen. Irgendwie konnte man spüren, dass sie sich dabei ganz stolz wie kleine Schöpfergötter gefühlt haben. Ist ja auch verständlich, wenn

man in sich selbst Kräfte und Fähigkeiten entdeckt, von denen man bisher keine Ahnung hatte.«

Papa Charly fing mit einem Mal an, aus vollem Herzen zu lachen. Alle außer Momoko, die ebenfalls grinste wie ein Honigkuchenpferd und gleichzeitig mit ihrem Zeigefinger in Richtung Küche zeigte, schauten ihn etwas ungläubig und überrascht an.

»Momoko, du hast doch nicht etwa vor, hier deine Schöpflöffelnummer aufzuführen, oder?«

»Gut, dass du meine Gedanken lesen kannst, Papa Charly. Wäre doch eine prima lustige Idee, oder?!«

Momoko wartete nicht auf eine Antwort, sondern verschwand darauf wie ein Wiesel kurz in der Küche und kehrte nur wenig später mit dem größten Schöpflöffel von Tante Elfriede wieder an den Kamin zurück.

»Wisst ihr, was das ist? Das ist der Löffel, mit dem die Menschen den Berg rauf zur Quelle des Wildbachs steigen und Realität schöpfen. Genau das ist es doch, was zumindest manche Schlauberger denken, nachdem sie die Erfahrung gemacht haben, dass ihre Gedanken wirklich kraftvoll sind und manchmal Berge versetzen können. Sie sind deshalb überzeugt, dass sie selbst Schöpfer ihrer Realität sind. Genau dafür brauchen sie dann ihren Löffel, mit dem sie immer wieder zur Quelle raufgehen, um zu schöpfen, was das Zeug hält. Wenn sie den Löffel gefüllt wieder aus dem Wasser nehmen, den Berg wieder runterklettern und dann ihre vielen Wunschprojekte und Ziele begießen, nennen sie das den … Na, wie heißt das noch?«

»Umsetzungsprozess«, half ihr Papa Charly weiter und nickte zustimmend mit dem Kopf.

»Genau!«, rief Momoko und goss währenddessen das unsichtbare Elixier mit ihrem Löffel auf den Teppich und dann in die zahlreichen Blumenkübel in der Gaststube. Dabei stieg sie immer wieder über kleine Hindernisse und wackelte dabei ein wenig mit ihrem wundersamen Instrument.
Papa Charly schmunzelte immer noch.
»Ich muss gerade daran denken, wie Momoko bei diesem besagten Seminar – es war das Wochenende nach ihrem Geburtstag im September – mit ihrer Schöpflöffelnummer einigen Teilnehmern wahrscheinlich ziemlich auf die Füße getreten ist. Aber ehrlich gesagt konnte ich die Leute gut verstehen, denn ich selbst habe früher mal genauso gedacht und gelebt. Das Manifestieren und Realitäterschaffen kann allerdings ganz schön in Arbeit ausarten. Und weil man meistens bei dieser Arbeit, so wie unsere fleißige Gärtnerin gerade, immer etwas Wasser aus der Schöpfkelle verliert, kommt man schnell auf den Gedanken, man müsse das Konzept oder die Umsetzung optimieren, damit nicht so viel danebengeht. Auf diese Weise kann man ständig noch etwas verbessern und ist vor allem immerzu beschäftigt.«
Momoko hatte inzwischen ihren letzten Gießausflug beendet und war in die Runde zurückgekehrt.
»Was würde wohl passieren, wenn wir uns die ganze Mühe mit der Schöpferei sparen würden und alle direkt in den See des Bewusstseins hüpfen würden, um darin zu baden und herumzuplanschen?«, fragte sie mit breitem Schmunzeln in die Runde. »Wozu wären all die Löffel dann noch nötig?
Ja, da schaut ihr – sie wären völlig überflüssig! Man könnte sich damit höchstens gegenseitig prima nass spritzen, hihi. Mitten im See, in der Ursprungsquelle – wie du das vorhin

genannt hast, Papa Charly –, gibt es nichts mehr zu schöpfen, umzusetzen oder zu verbessern. Alles, was dort Sinn macht, ist höchstens, die Löffel abzugeben oder wenigstens wegzustecken. Völlig plemplem allerdings wäre es, wenn man denkt, man sei der Löffel selbst. Und wisst ihr auch, wer diesen Schöpflöffel erfunden hat?«

»Der Verstand!«, ertönte es wie aus einem Mund, und alle mussten dabei herzlich lachen, während Momoko symbolträchtig den Löffel über ihre Schulter nach hinten auf den Boden fallen ließ.

»Momoko, das war mal wieder wirklich brillant«, sagte Papa Charly mit ehrlicher Bewunderung. »Ich frage mich manchmal, wo du das alles hernimmst.«

Nicht nur er wunderte sich immer wieder, wie klar und bildhaft sich Momoko oft ausdrückte. Keiner konnte es bisweilen glauben, dass da ein erst achtjähriges Kind zu ihnen sprach.

»Was glaubst du denn, Papa Charly, wo das herkommt? Siehst du nicht, wie ich mitten im See bade und herumplansche?« Momoko warf sich urplötzlich auf den Teppich, fuchtelte wild mit den Armen herum und führte Schwimm- und Ruderbewegungen aus, während sie sich förmlich vor Lachen kugelte.

»Aber Papa Charly, du hast uns noch eine kleine Phantasiereise versprochen. Wie sieht es denn damit aus?«

»Pole, pole, meine Liebe! Diesen Ausdruck kennst du doch schon, oder? Also immer schön mit der Ruhe, junge Frau. Schließlich hattest du uns ja noch etwas Wichtiges mitzuteilen, nicht wahr? Wenn ihr alle bereit seid, dann kann es jetzt losgehen. Macht es euch schön bequem und schließt dann eure Augen. Atmet ruhig und tief. Entspannt euch dabei mit jedem Atemzug immer mehr. Wir machen jetzt einen gemeinsamen Spaziergang zu einem wunderschönen und magischen Ort.

Es ist ein herrlicher Frühlingsmorgen und die Bergluft strömt klar und kühl in unsere Nasen. Die aufsteigende Sonne berührt unsere Haut mit sanfter Wärme. Kieselsteine knirschen unter unseren Füßen und unser Weg führt uns durch saftige Wiesen, deren sattes Grün von einem Meer bunter Frühlingsblumen übersät ist. Der Geruch von frischem Gras und Wildkräutern vermischt sich mit zartem, leicht süßlichem Blütenduft. Wir schauen fasziniert den bunten Schmetterlingen und summenden Bienen bei ihrem Tanz über die Wiese zu.
Schließlich führt uns der Weg zwischen die ersten Bäume des beginnenden Nadelwaldes. Der Wiesenduft wird nun abgelöst vom harzigen Geruch der Bäume und würziger Erde. Durch die Äste der Lärchen und mächtigen Tannen hindurch schillern goldene Sonnenstrahlen, und der Wind spielt zwischen den Bäumen Verstecken.
Keiner von uns spricht mehr ein Wort. Dafür sind all unsere Sinne hellwach, und wir sind neugierig wie kleine Kinder. Da liegt er plötzlich vor uns – nicht weit entfernt von den letzten Bäumen des Waldes und umgeben von herabgestürzten Felsen der umliegenden Berge. Es ist unser See, in den sich von den Bergen herabfließend, friedlich plätschernd ein Wildbach ergießt.
Vorsichtig treten wir ans Ufer und strecken erwartungsvoll unsere Hände ins Wasser. Eine wirkliche Überraschung! Das Wasser ist nicht etwa eiskalt, wie man annehmen möchte, sondern warm wie in einem Sprudelbad. Erstaunt und erfreut

zugleich schauen wir uns in die Augen, und in Windeseile liegen unsere Kleider auf den umliegenden Felsen verstreut. Kurz darauf planschen, schwimmen und tauchen wir wie Kinder im Freibad durch das klare, warme Wasser.
Jetzt kommt das Spiel: ›Wer kann am längsten untertauchen?‹ Wir zählen bis drei, holen alle gemeinsam Luft, und los geht's!
Eine Minute ist vorbei – doch keiner kommt nach oben.
Zwei Minuten – das ist doch völlig unmöglich!
Drei Minuten schon! Die Luft ist schon längst raus aus unseren Lungen, doch wir blicken uns nur lächelnd und verblüfft durch das blaugrüne Wasser gegenseitig an und können es kaum fassen. Keine Luftblasen steigen auf, doch wir atmen weiter wie Fische, und unsere Augen können unter Wasser alles ganz deutlich erkennen. Es ist aufregend, doch niemand regt sich auf. Es ist wie ein Wunder, doch keiner wundert sich wirklich. Einzig ein tiefes Gefühl von Freude erfüllt jeden von uns. Wir spüren das Wesen des Wassers. Wir fühlen all seine Bewegungen und Strömungen. Wir fühlen das Kräuseln der Wellen, den Zulauf des Bergbachs – und vor allem – das warme Emporsteigen des Wassers aus der Quelle tief unter dem See. Wir spüren diese Quelle tief in uns selbst.
Auf einmal ist alles klar. Wir können uns alle durch das Wasser hindurch spüren.
Wir sind das Wasser!
Wir sind der See!
Wir sind der Bach!
Wir sind die Quelle!
Verbunden und eins mit Allem-Was-Ist – vereint im ewigen Moment des Jetzt. Jeder von uns weiß, dass wir von nun an,

wo auch immer wir uns hinbewegen, dieses tiefe Wissen nie mehr verlieren werden. Wir sind aus einem langen Schlaf erwacht. Wir sind erwacht ins Bewusst-Sein!
Mit diesem wunderschönen Gefühl im Herzen beschließen wir, wieder aus dem See emporzusteigen. Wir tauchen langsam auf, strecken unsere Köpfe aus dem Wasser und schütteln unsere nassen Haare. Wir öffnen jetzt unsere Augen und mit einem Lächeln atmen wir tief und langsam ein. Wir können immer noch die klare Bergluft über dem See riechen, und all unsere Sinne sind wach, um das Leben im Augenblick mit seiner ganzen Fülle zu erfahren.«

Nachdem sie alle ganz sanft und still aus dem See in die warme Gaststube zurückgekehrt waren, streckten und dehnten sie sich in ihren Sesseln vor dem Kamin. Momoko räkelte sich am Boden und gähnte.
»Papa Charly, da hast du ja ganz schlau unsere heutige Wanderung mit ein paar kleinen Schönheitskorrekturen in deine Geschichte eingebaut!«
»Na ja, jetzt im Herbst blühen eben nicht mehr ganz so viele Blumen, Momoko, und die Natur zieht sich eher zurück. Deshalb habe ich einfach mal die Jahreszeit gewechselt und mir noch so einige Freiheiten erlaubt, wie du siehst.«
Momoko, die sonst immer die Letzte war, die ins Bett wollte, stand langsam wie ein kleiner Schlafwandler auf und marschierte zielstrebig in Richtung Zimmer.
»Wisst ihr, ich gehe jetzt schon mal ins Bett zum Baden – gute Nacht allerseits!« Ohne weiteren Kommentar verschwand sie durch die Tür, stieg die Treppe hoch zu ihrem Zimmer und dann die Leiter hinauf in ihr Hochbett.

»Borki, du ahnst ja nicht, was ich heute alles erlebt habe!«, murmelte sie halb wach, halb träumend, während ihr die Augen langsam zufielen.

Beim Einschlafen dachte sie erneut daran, wie schön es doch wäre, wenn Joy, der Junge aus Borkis Traumerzählungen, ebenfalls hier bei ihnen in den Bergen sein könnte. Sicher würden ihm Papa Charlys Geschichten genauso gut gefallen wie ihr, und sie könnten zusammen tolle Abenteuer erleben. Vielleicht würde sie mit ihm ja herausfinden, ob ihre spontane Eingebung richtig war und der Quellsee in der Höll tatsächlich ebenfalls eine Hüterin wie Maya vom Beerensee hatte. Dieses Gefühl ließ sie jedenfalls nicht mehr los. Doch es sollten weitere fünf Jahre vergehen, bis Momoko dieses Geheimnis selbst lüften würde.

Die Hüterin der Schwarzlake

Es war zu Ostern, als Momokos Familie zum Schneeschuhwandern wieder einmal zur Alm reiste. Zu dieser Jahreszeit lag dort oben noch mächtig viel Schnee, und es war ein ganz besonderes Vergnügen, mit Schneeschuhen durch die weiße Landschaft zu spazieren, wo es weit und breit keinerlei menschliche Spuren gab. Papa und Onkel Gust kannten jedoch die Gegend wie ihre Westentasche, und so fanden sie selbst in der verschneiten Höll die verwirrenden Pfade und Zugänge zu den geheimnisvollen alten Kultplätzen. An den Fußabdrücken der Wildtiere erkannten sie feste Übergänge und zugeschneite Spalten, die sonst nur schwer zu entdecken waren. So stiefelten sie gemeinsam oft stundenlang wie ein kleiner Pioniertrupp durch das unberührte Gelände.

Während der ersten Tage auf der Alm wurden sie noch des Öfteren von leichten Schneefällen begleitet, und der Himmel war meist von Wolken verhüllt. Heute jedoch gaben die alten Wettergeister zum ersten Mal das herrliche Panorama bis hinüber zu den weißen Gipfeln der Warscheneck-Gruppe frei. An diesem besonders schönen und sonnigen Tag wollte sich Momoko, die mit ihren dreizehn Jahren mittlerweile zu einem flotten Teenager herangewachsen war, allein auf die Pirsch begeben.

Schon früh am Morgen hatte sie das warme, rotgoldene Licht des Sonnenaufgangs sanft wachgeküsst. Sie wusste genau, warum sie dieses kleine Zimmer mit dem Fenster nach Osten so sehr mochte, und genoss noch eine Weile die angenehme Berührung der Strahlen auf ihrem Gesicht. Als sie bald darauf

hinunter in den Gastraum ging, hatte Tante Elfriede, die schon immer eine Frühaufsteherin war, bereits Feuer im Kamin gemacht und war sicher schon unterwegs auf ihrem kleinen Morgenspaziergang, den sie jeden Tag unternahm, wenn die Witterung es erlaubte. Es war wie ein kleines Ritual, mit dem sie schon immer den Tag begrüßt hatte, seit sie vor vielen Jahren mit ihrem Mann hierher auf die Alm gekommen war.
Momoko hatte es sich schon beinahe gedacht, dass sie bei diesem herrlichen Wetter nicht die Erste sein würde, die aufgestanden war. Auf dem Balkon draußen lehnte ihr Vater Nick entspannt über das Geländer gebeugt und schaute in seine geliebte Bergwelt. Momoko schlich sich leise von hinten an und umarmte ihn schweigend. Lächelnd drehte er sich zu ihr herum und schloss sie liebevoll in seine Arme. Wie alte Freunde standen sie daraufhin noch eine ganze Weile mit gefalteten Händen und auf ihre Ellbogen gestützt nebeneinander und genossen den klaren Blick in die weite Landschaft.
Momoko berichtete ihrem Vater von ihrem kleinen Ausflugsplan und verspürte schon eine kribbelnde Vorfreude auf diese schöne Wanderung. Schließlich zog es die beiden doch wieder hinein in die warme Stube, und sie kuschelten sich in die weichen Sessel vor dem Kamin. Nick hatte zuvor noch eine Kanne vertraut duftenden Chai-Tee aus der Küche geholt, den er schon gekocht hatte, und so spürten sie bald, wie eine wohlige Wärme in ihnen aufstieg und sich im Körper verbreitete. Auf Momokos Nase zeigten sich schon bald kleine Schweißperlen. So reagierte sie meistens auf die indischen Gewürze und Kräuter des Tees.
»So wie ich Mika kenne, wird sie es sicher genießen, hier oben mal richtig auszuschlafen. Die Bergluft wirkt auf sie immer

wie ein Schlafmittel«, meinte Nick, während er bequem seine Füße auf dem Beistelltisch vor sich ablegte.

»Wir beide sind da aus anderem Holz geschnitzt, nicht wahr, Paps? Echte Bergsteiger sind spätestens mit den ersten Sonnenstrahlen aus den Federn.«

Die beiden mussten herzhaft lachen, denn zu Hause gehörten sie eher zur Gattung der Siebenschläfer, und dort war es Mika, die meistens vor ihnen aktiv war und wie eine Fee leise durch die Wohnung schwebte und ihre Pflanzen versorgte.

Während sie gemütlich ihren Tee schlürften, nahm Momoko ein Buch vom Tisch, dass Nick wohl zur Zeit las. Als sie es aufschlug, waren darin unter anderem allerlei mathematische Formeln zu sehen, die sie nicht sehr anziehend fand.

»Um was geht's denn da?«, wollte sie wissen. »Sieht nicht richtig spannend aus.«

»Ist es aber – zumindest für mich.« Nick musste lachen. »Na ja, ehrlich gesagt, den Formelsalat verstehe ich selbst nicht so richtig, aber den Rest finde ich sehr interessant. Es geht um den Mikrokosmos. Du weißt ja, dass diese schlauen Menschen, die sich Physiker nennen, nicht nur in die Weite des Weltalls vorgedrungen sind, sondern auch die Welt des Allerkleinsten, den Mikrokosmos, erforschen?«

»Ja, ich erinnere mich, Paps. Du hast uns doch zu Hause schon mal was von dieser komischen Quantenphysik oder so ähnlich erzählt. Ich fürchte, dass ich damals aber nicht so richtig zugehört habe. Steht so was etwa auch in diesem Buch?«

»Ganz richtig, meine Liebe, du hast es erraten. Darüber steht hier auch was drin. Vor allem aber wollen diese Forscher hier wissen, aus welchen Bauteilen, seien sie auch noch so klein, die Materie zusammengesetzt ist. Damit meinen sie nicht nur die festen Stoffe, sondern auch Luft oder Gas. Aber kein Mensch kann sich richtig vorstellen, wie unglaublich klein so ein Atom ist.«

»Bei uns in der Schule steht so 'n Ding rum, das Herr Wenzel, unser Mathe- und Physiklehrer, mal als Atommodell bezeichnet hat.«

»Ja, genau so ein einfaches Atommodell hat vor vielen Jahren der Wissenschaftler Niels Bohr entwickelt, und das steht sicher noch bei euch in der Schule rum. Man kann sich gar nicht vorstellen, dass Atome ja noch zehntausendmal kleiner sind als die feinsten Strukturen, die man mit einem Lichtmikroskop erkennen kann. Mittlerweile weiß man zwar schon etwas genauer, wie diese Welt des Allerkleinsten aussehen mag, aber das alte Modell, bei dem der Atomkern aussieht wie ein Tischtennisball, um den die Elektronen herumfliegen wie kleine Erbsen, führt zu einer wirklich interessanten Überlegung. Nimm mal an, dass jemand so einen echten winzigen Atomkern mit einer Spezialluftpumpe so lange aufblasen würde, bis er wirklich so groß wie ein Tischtennisball wäre und die kleinen Elektronen dann tatsächlich erbsengroß in Umlaufbahnen um ihn herumflitzten. Wie groß, meinst du, wäre bei diesem Maßstab wohl die Entfernung zwischen dem Tischtennisball und der ersten Erbse auf ihrer Bahn?«

»Mensch Papa, du stellst vielleicht Fragen – ich hab schließlich Ferien. Aber ich denke mal, dass das alte Modell in der Schule nicht ganz ausreicht, oder?«

»Ganz richtig. Ich will dich auch nicht lange auf die Folter spannen mit der Antwort. Ob du es glaubst oder nicht, der Abstand reicht von der Größe eines Fußballfeldes bis zur Entfernung Erde - Mond bei bestimmten Elementen.«

»Wow, wirklich hammerhart! Ich stell mir gerade vor, dass in einem Fußballtor der Tischtennisball und im anderen Tor die Erbse liegt. Aber dass ich auf den Mond fliegen müsste, um die Erbse zu finden, ist wirklich unvorstellbar. Logo, dass so was nicht mehr ins Klassenzimmer reinpassen würde.«

»Und es kommt noch wilder, Momoko. Was, glaubst du, liegt wohl zwischen den beiden?«

»Was meinst du mit zwischen? – Ah, ich verstehe! Da ist natürlich kein Fußballplatz zwischen Ball und Erbse, und weil das Ganze ja schließlich unglaublich klein ist, gibt es auch keinen Tischtennisball und keine Erbsen, stimmt's? Und da Luft schließlich ebenfalls aus diesen Dingern besteht, obwohl sie keiner sieht, kann das auch nicht die Antwort sein. Hmm – mir fällt dazu wirklich nichts ein, Nick.«

»Haha, lustig, lustig. Mit deiner letzten Bemerkung hast du fast ins Schwarze getroffen. *Nichts* ist gar keine schlechte Antwort.«

»Wie meinst du das, Paps?«

»Nun, du sagtest, dir fällt dazu wirklich *Nichts* ein. Das ist eine gute Antwort, denn das haben die Wissenschaftler auch herausgefunden auf diese Frage: nämlich Nichts, oder ein besserer Ausdruck wäre in diesem Fall die Leere. Die alten buddhistischen Schriften machen da nämlich einen nicht unerheblichen Unterschied. Das Nichts beinhaltet wirklich nichts, das heißt auch keinerlei Möglichkeiten oder Potential, wie man das nennt. Die Leere aber ist ähnlich wie ein weißes Blatt Papier. Oberflächlich betrachtet ist es zwar leer, aber es könnten darauf potentiell alle Bilder dieser Welt gemalt werden. Diese unendliche Möglichkeit verbirgt sich quasi in der Leere des weißen Blattes. Verstehst du, was ich meine?«

»Hmm – ich glaube schon. Und wenn ich auf das Blatt einen Strich male und noch einen und noch einen und immer weiter, dann wird daraus am Ende ein bestimmtes Bild, aber gleichzeitig schränke ich die Möglichkeit für all die anderen Bilder immer mehr ein.«

»Sehr schön gesagt, meine Liebe. Das größte Potential für alles, was möglich ist, steckt also in der Leere. Bei dem weißen Blatt Papier ist das noch gut nachvollziehbar, aber das Gleiche gilt auch für die Leere des Raumes. Ich möchte dir ein Beispiel geben:

Ein leeres Zimmer kannst du nach deinem Geschmack komplett neu einrichten. Wenn der Raum jedoch voll ist, ist das erst wieder möglich, wenn du genügend Platz schaffst, oder? Genauso ist das auch bei uns Menschen. Wir werden als Kinder, als unbeschriebene weiße Blätter, geboren, und alles ist noch möglich. Im Laufe der Zeit schränken wir, ohne es zu bemerken, unser großes Potential, unsere phantastischen Möglichkeiten, immer mehr ein. Wir tun das durch unsere Überzeugungen und Vermutungen, unser angehäuftes Wissen und das, was wir für wahr oder richtig halten.«

»Und irgendwann ist dann das Blatt völlig vollgekritzelt, so dass nichts mehr draufpasst. Und das sind dann die Erwachsenen, die ständig meckern, dass nichts Neues und Aufregendes mehr in ihrem Leben geschieht. Aber sie sind auch nicht bereit, mal was wegzuradieren oder mal ein paar alte Möbel aus ihrer Wohnung rauszuwerfen.«

»Genau, Momoko, sie kleben an ihren Erinnerungen fest und sind dann gefesselt wie die Fliegen auf dem Honigfliegenfänger. Gleichzeitig haben aber alle die große Sehnsucht nach dem vollkommenen Glück. Tief im Inneren wären sie gerne wunschlos glücklich, wie wir ja mittlerweile wissen, doch das ist ihnen meistens nicht bewusst.«

»Eine ganz schön verdrehte Welt ist das, Paps, aber vielleicht könnten wir das ja ein wenig gerade rücken, indem wir in den Erinnerungen so weit zurückkreisen, bis wir wieder Kinder sind. Dann müsste eigentlich jeder spüren, dass da was nicht mehr stimmt, oder? Wir sollten uns einfach gegenseitig erinnern!«

»Ja, ich glaube, dass dies die Kinder auf der ganzen Welt auf ihre Art ständig versuchen, in dem sie einfach so sind, wie Kinder eben sind und uns allen die Leichtigkeit des Seins vorleben. Wir müssen nur hinschauen und uns in ihnen selbst erkennen. Du, Momoko, hast Mika und mich, seit du geboren bist, schon so einige Male daran erinnert, wie einfach alles sein kann. Ich glaube, du bist auch für andere eine gute Botschafterin, denn du gehst auf die Menschen zu und bietest ihnen deine Freundschaft und Lebensfreude als Geschenk an. Wenn sie das annehmen können, ist ihre Tür schon ein wenig geöffnet, und der Glücksvirus, wie du ihn gerne nennst, erwacht und kann sich in ihnen vermehren.«

Nick lehnte sich zurück, während sein Blick aus dem Fenster hinaus in die verschneite Landschaft schweifte.

»Ich glaube, du musst jetzt aber langsam los, wenn du den Tag für deinen Ausflug noch nutzen willst. Vielleicht setzen wir unser Gespräch dann besser ein anderes Mal fort.«

Momoko nickte zustimmend und streckte sich noch einmal in ihrem bequemen Sessel, bevor sie aufstand und auf ihr Zimmer ging, um ihre dicken Wintersachen zu holen. Als sie wieder mit allen wichtigen Utensilien zurück war, verließ Nick ebenfalls seinen warmen Platz am Kamin und ging auf sie zu. Er legte seinen Arm um ihre Schultern und drückte ihr einen dicken Kuss auf die Backe.

»Das war wirklich eine schöne Unterhaltung«, meinte er lächelnd und zog sie mit sich in die Küche, wo bereits das komplette Frühstück stand, das Tante Elfriede wohl in weiser Voraussicht vorbereitet hatte. Nick nahm das große Tablett mit in den Gastraum, und Momoko suchte sich etwas Leckeres heraus um es gleich darauf in ihrem Rucksack verschwinden zu lassen.

»Das wird sicher ein köstliches Freiluftfrühstück«, meinte Nick, schnappte sich Momokos Rucksack und begleitete sie noch hinunter zum Schuhraum, wo sie auf Onkel Gust trafen, der gerade vom Schneeräumen vor dem Haus hereinkam.

»Grüß Gott, ihr zwoa!«, sagte er und rieb dabei seine roten Hände, die er gerade aus den Handschuhen befreit hatte. »Na, Momoko, wo soll's denn hingehn heut' in der Früh? Loss mi rotn – bestimmt wida zu dei'm Stammplatzl in d' Höll – hob i Recht?«

Momoko nickte, und Onkel Gust lächelte verschmitzt, während er die dicken Bergstiefel auszog und seine bequemen Filzpantinen hervorholte.

»Ja, donn wünsch i dia an wundarschenen Tog, kloane Gams. Du kennst di ja inzwischn recht guat herobn aus und findst g'wiß den Pfod. Da Schnee is ja fest gnug, und kolt ist's auch. Trotzdem – sicha ist sicha«, murmelte er und steckte ihr einen Lawinenpiepser in die Jackentasche, »pfiat di, und pass guat auf di auf!« Onkel Gust, der erfahrene alte Bergsteiger, verabschiedete Momoko daraufhin mit einem festen Händedruck, und Nick kniff sie leicht in die Wange, bevor die beiden wieder hinauf in die Gaststube gingen.

Draußen vor dem Berghaus schnallte Momoko ihre Schneeschuhe an, nahm die Stöcke und ihren Rucksack mit etwas Proviant und stapfte durch den Schnee in Richtung Höll. Sie wollte den Fußstapfen ihrer gemeinsamen Wanderung vom Vortag nachgehen, hin zu ihrem Lieblingsort, einem kleinen Aussichtsplatz oberhalb der Schwarzlake, von dem man einen wunderschönen Blick auf den Quellsee und den umliegenden Wald hatte.

Die Schneemassen des Winters und die heftigen Stürme vor einigen Wochen hatten aus dem Märchenwald eine bizarre Landschaft gezaubert, die völlig anders aussah als zu den trockenen Jahreszeiten. Die Lärchen standen fast kahl neben den schneebedeckten Tannen, und die Eiskristalle des unberührten Schnees glitzerten wie Millionen kleiner Strass-Steinchen im Sonnenlicht. Die sonst etwas düstere und schattige Landschaft erschien plötzlich in einem merkwürdigen Zwielicht. Es war, als ob neben der Sonne auch der weiße Waldboden eine eigene Leuchtkraft besäße.

Momoko genoss das Alleinsein, und sie hörte außer dem Knirschen ihrer Schritte kaum ein Geräusch. Sie folgte den alten Spuren, die noch gut sichtbare Abdrücke im Schnee zeigten, auf ihrem verschlungenen Pfad durch die Bäume und Felsen. Als sie endlich unten an der Quelle angekommen war, lag die Schwarzlake zugefroren vor ihr. Trotzdem plätscherte immer noch ein kleines Rinnsal aus dem Berg. Auf ihrem Aussichtsfelsen über dem kleinen See baute Momoko sich einen bequemen Platz zur Rast. Bis auf das leichte Säuseln des Windes herrschte an diesem Ort heute absolute Stille. Aus ihrem Rucksack zauberte Momoko eine leckere Banane und ein Käsebrot und goss sich eine heiße Tasse Chai-Tee aus der

Thermosflasche ein. Ihr kleines Picknick im Schnee machte ihr sichtlich Freude.

Plötzlich hatte sie einen kleinen Gast neben sich, der frech eine Brotkrume zerhackte, die vom Käsebrot heruntergefallen war. Ihr kleiner Freund, der in seinem dichten Winterkleid wie ein pummliger Federknäuel aussah, nahm dankbar und hungrig auch weitere Stückchen an und piepte lustig vor sich hin. Obwohl es schon beinahe acht Jahre her war, musste Momoko unweigerlich an Joys kleinen Sperling vom Beerensee denken, und auch Maya und all die alten Geschichten kamen ihr wieder in den Sinn. Dabei wurde sie ein bisschen sentimental, und Traurigkeit legte sich bedrückend auf ihr Herz.

Mit ihren Möglichkeiten hatte Momoko ja schon so einiges getan, um dem vollkommenen Glück den Weg auf die Erde zu bereiten, doch manchmal hatte sie das Gefühl, dass alles umsonst sei. Die meisten Menschen hielten doch viel stärker an ihren alten Überzeugungen und Zweifeln fest, als Momoko dies je für möglich gehalten hätte.

Als sie so in Gedanken versunken dem kleinen Sperling beim Picken zusah, blickte dieser sie auf einmal an und kniff mehrmals hintereinander seine kleinen Äuglein zu, als ob er sie auffordern wollte, es ihm gleichzutun. Ohne zu zögern folgte sie diesem intuitiven Gefühl, und jedes Mal sah sie mit geschlossenen Augen den See wieder vor sich, jedoch ohne Schnee und mit blühenden Blumen am Ufer, wie zur Frühlingszeit. Sie konnte schließlich ihre Augen nicht mehr öffnen, da irgendetwas in dieser anderen Welt sie völlig in seinen Bann schlug.

»Momoko, du hast mich gesucht?«, fragte plötzlich eine freundliche Stimme direkt neben ihr.

»M...Maya!« Mehr brachte Momoko zuerst nicht über die

Lippen. Sie hatte dieses Gesicht und die Stimme aus ihren längst vergangenen Träumen sofort wiedererkannt.

»Schön, dich mal persönlich kennenzulernen. Du bist ja inzwischen schon beinahe eine junge Frau geworden.«

»A...aber woher kennst du meinen Namen und ü...überhaupt – wie kommst du bloß hierher?« Momoko musste erst ihre Sprache wiederfinden, so sehr traf sie diese Überraschung.

»Willkommen in meiner Welt«, Maya streckte ihr die Hände zur Begrüßung entgegen, »aber du hast doch nicht wirklich geglaubt, dass ich an irgendeinen speziellen Ort gebunden bin, oder? Und die Namen der Menschen und noch vieles mehr sind mir und meinen Freunden sehr wohl bekannt.«

»Wie, es gibt noch mehr von deiner Sorte?« Momoko war die Verwunderung deutlich anzuhören.

»Aber selbstverständlich, meine Liebe. Ich hätte keine Lust, die ganze Arbeit mit euch Menschen völlig allein zu bewerkstelligen. Meine Freunde und ich stehen allen, die zu uns finden, jederzeit mit Rat und Tat zur Seite. Dabei sind wir sehr flexibel und berücksichtigen durchaus die Wünsche und Vorstellungen der Leute. So spielen wir für die einen das Engelspiel, für die anderen sind wir aufgestiegene Meister oder gute Geister. Wieder anderen erscheinen wir einfach als Eingebungen und Geistesblitze. Du siehst, unsere Verwandlungskunst ist wirklich unbegrenzt. Für dich und deinen Freund Joy haben wir bisher ›der Baum und die alte Frau‹ gespielt, hahaha.«

»Wie, soll das etwa heißen, du und Borki, ihr beide steckt unter einer Decke?« Momoko konnte wirklich nicht fassen, was sie da unverblümt zu hören bekam.

»Gut beobachtet, du hast es erraten«, lachte Maya mit einer hellen Stimme, die eigentlich ein wenig zu jung klang für ihr

Alter, und nur innerhalb eines Augenzwinkerns saß neben Momoko eine wunderschöne junge Frau mit wallenden langen Haaren, die wie rotes Gold in der Sonne schimmerten.

»Wow, ich glaub es nicht, Maya. Ist das etwa deine wahre Gestalt?«

»Momoko, glaubst du, dein Körper ist deine wahre Gestalt? Hast du dich jemals gefragt, wer oder was du eigentlich wirklich bist?«

Momoko blickte etwas verunsichert in die tiefen Augen von Maya, die ihr ohne zu blinzeln antworteten.

»Ich gebe ehrlich zu, dass ich mir diese Frage noch nie so richtig gestellt habe, obwohl die Antwort sicher interessant wäre. Papa Charly hat mal was vom See des Bewusstseins erzählt, und wir haben darin in unserer Phantasie alle zusammen gebadet. Am Ende waren wir, obwohl wir unsere Körper noch hatten, völlig eins mit dem See, der Quelle – im Grunde eins mit allem. Ist es vielleicht das, was du meinst?«

»Sehr gut, Momoko, ich sehe, du hast nichts vergessen, und dein Gespräch heute morgen mit deinem Vater hat dir sicher gezeigt, das auch eure Wissenschaftler auf ihre Weise dieser Frage nachgehen und schon ganz dicht an der Antwort sind.«

»Ja wie? Soll das bedeuten, du hast uns heimlich belauscht?«

Maya lächelte nur und machte dabei eine beschwichtigende Handbewegung.

»Ich kann dir nur sagen, dass ich mit den Menschen immer in Verbindung bin und bei einigen, die mich besonders interessieren, kann ich deutlich spüren, wenn eine neue Erkenntnis in ihnen an die Oberfläche kommt. Heute Morgen habt ihr beiden die Wirklichkeit eurer Existenz betrachtet. Ihr habt einen Blick gewagt in das, was wir alle wirklich sind, einen

Blick in die Leere. Verstehst du, was ich meine?«

»Hmm ..., zum Teil schon, aber andererseits dreht sich mir dabei auch ein bisschen der Kopf.«

»Das ist nicht weiter schlimm, denn dein Kopf wird dir letztlich nicht weiterhelfen. Dein Herz aber weiß ganz genau, von was ich spreche! Erinnerst du dich eigentlich noch an die Traumgeschichte von dem Jungen Joy, die dir Borki vor vielen Jahren erzählt hat?«

»Meinst du etwa, als er dem vollkommenen Glück und dem Leid begegnet ist?«

»Ganz genau, meine Liebe, Joy hat mit mir damals herausgefunden, dass die Menschen automatisch zufrieden und wunschlos glücklich sind, wenn sie ihre Wünsche *los* sind!«

»Oh ja, das war wirklich genial, das ganze Geheimnis ist bereits in den Worten *Wunsch-los Glücklich-sein* verborgen, aber die wenigsten bemerken das.«

»Ja, das stimmt leider, Momoko, doch ist dir eigentlich schon aufgefallen, was die Wunschlosigkeit in Wirklichkeit bedeutet, nach allem, was du bis jetzt gehört und erfahren hast?«

»Maya, darf ich ehrlich sein? Ich warte noch immer, dass es bei mir Klick macht.«

»Dann blick mal in dich hinein, denn die Antwort liegt so nah auf der Hand, dass man sie fast übersehen könnte.«

Es verging eine ganze Weile, in der Momoko ihre Hände ganz nah vor ihr Gesicht hielt, als ob sie in ihnen ein altes Geheimnis ergründen wollte.

Plötzlich sprang sie auf und rief ganz aufgeregt: »Ja, das ist es! Die Wunschlosigkeit ist die Leere! Wunschlos-Glücklichsein bedeutet, in die Leere, in die Stille zu gehen. Aber Maya, das sind wir doch sowieso schon, das ist doch unsere Natur! Wollen wirklich alle Menschen einfach nur das erfahren, was sie schon längst sind?«

»Du sagst es. Alle Menschen zieht es mit einer magischen Kraft zum Ursprung zurück. Sie wollen alle im tiefsten Herzen einfach nur nach Hause kommen. Sie möchten in die unendliche Leere zurückkehren, die sie bereits selbst sind und schon immer waren. Dort werden sie all das finden, was sie vergeblich im Erreichen von Wünschen und Zielen gesucht haben: Sich selbst in Zufriedenheit, Glück und Stille. Das ist es, was das Wort Glückseligkeit ursprünglich beschreibt.«

»Maya, das ist wirklich wunderbar!«

Momoko konnte nicht anders, sie musste ihre neue Freundin einfach umarmen, und so saßen sie Arm in Arm schweigend auf dem Felsen und lauschten dem Plätschern des Wassers und den Geräuschen des Waldes. Es verging einige Zeit, bis Momoko auf einmal anfing, leise zu kichern.

»Tut mir Leid Maya, aber manchmal kommen mir in stillen Momenten wie diesem die verrücktesten Ideen. Ich weiß auch nicht, woran das liegt. Gerade fällt mir ein alter Witz ein, den ich fast vergessen hatte und den ich bis jetzt noch gar nicht in seiner ganzen Tragweite verstanden habe, aber irgendwie passt er genau zu unserem Thema.«

»Na dann leg mal los, für etwas Lustiges bin ich immer zu haben.«

»Also – treffen sich zwei Wellen im Ozean. Sagt die eine zu ihrer Nachbarwelle:

›Oh, liebe Nachbarin, Sie haben aber heute eine besonders schicke Schaumkrone.‹

›Danke für das Kompliment‹, erwidert die andere, ›aber ihre neue Sturmfrisur kann sich ebenfalls sehen lassen – sie be-

wahrt sie sicher vor jeder Flaute. Tja, es geht doch nichts über eine gepflegte Dauerwelle, nicht wahr?‹
›Natürlich, natürlich, meine Verehrteste. Aber wissen Sie – das muss ich ihnen einfach erzählen – gestern Nacht hatte ich doch wieder diesen merkwürdigen Traum, der mich schon jahrelang verfolgt. Dann überkommt mich plötzlich dieses tiefe Sehnen, das mich immer ganz traurig macht. Es ist die Sehnsucht nach dem Meer, und ich weiß einfach nicht, was ich tun soll, um endlich dorthin zu kommen – man hat einfach keine Zeit, finden Sie nicht?‹
›Ach ja, wem sagen sie das, meine Liebe. Das geht mir ganz genauso. Ich habe ja schon etliche Bücher und Magazine über das Meer gelesen und bin immer wieder ganz fasziniert davon. Aber ich sage Ihnen, irgendwann – koste es, was es wolle – werden wir es schaffen und dorthin gelangen, da bin ich mir ganz sicher!‹
Der große Ozean aber konnte sich nur wundern über diese verrückten Wellen auf seiner Oberfläche und ihr einfältiges Gerede. Hatten sie wirklich keine Ahnung, wie nah er ihnen war? Wenn er so etwas wie einen Kopf hätte, würde er ihn sicher heftig schütteln angesichts solcher Blindheit.«
»Ein wirklich guter Vergleich«, meinte Maya zustimmend und lachte herzhaft. »Der Ozean hört nicht auf, Ozean zu sein, nur weil ein paar dumme Wellen sich unbedingt getrennt von ihm sehen wollen. Genauso wie Alles-Was-Ist nicht aufhört, Alles zu sein, bloß weil ein paar Menschlein das Trennungsspiel spielen wollen und jeder sich als eine *Individu-Welle* oder etwas ganz Besonderes sehen will, haha.«
»Die Idee, dass das alles nur ein Spiel ist, gefällt mir gut. Aber Maya, irgendwie muss dieses Trennungsspiel doch einen Sinn

für uns und den Ozean haben, auch wenn sich der bisher vor uns versteckt hält, oder?«

»Momoko, vielleicht erfährt der große Ozean, die Leere, ja über die Spielchen seiner Wellen etwas über sich selbst. Er entfaltet auf diese Weise sein Potential, ohne dass uns das bewusst ist, so ähnlich wie es dein Vater mit dem weißen Blatt Papier heute Morgen beschrieben hat.«

»Hmm …, ich glaube, das wäre schon möglich.« Momoko setzte dabei ihr schönstes Grübelgesicht auf und legte ihre Stirn in kleine Falten.

»Weißt du, Maya, ich stell mir gerade vor, Gott oder Alles-Was-Ist wäre ein grooßes Erdnussbutterbrötchen, kurz Ebubrö genannt – mmh … wie lecker! Wenn nun Ebubrö das einzige wäre, was es gibt, dann hätte es sicher erhebliche Schwierigkeiten, sich jemals selbst zu schmieren, zu schmecken und aus vollem Herzen zu genießen. Es sei denn, Ebubrö wäre gleichzeitig der mächtigste Zauberer der Welt. Dann könnte es sich doch, einfach nur so zum Spaß, in verschiedene Erdnuss-Menschlein verwandeln und durch sie die tollsten Abenteuer erleben. Ich denke dabei zum Beispiel an ein Erdnusscremebad, in das man reinhüpfen und sich ständig die klebrigen Finger mit der köstlichen Erdnussbutter abschlecken kann. Das und vieles andere wäre doch sicher viel aufregender, als einfach nur Ebubrö zu sein – obwohl sich daran, dass Alles-Was-Ist in Wirklichkeit nur ein großes Erdnussbutterbrötchen ist, nichts geändert hat.«

Maya schüttelte nur den Kopf, doch Momoko ließ sich auf ihrer phantastischen Reise ins Erdnussbutterland durch nichts aufhalten.

»Nun gibt es in diesem genialen Spiel Menschen, die steif

und fest behaupten: ›Ich bin doch keine Erdnuss, und schon gar nicht Teil eines Ebubrös! Ich fühle mich vielmehr als eine Schokobohne, und daher ist Gott ganz sicher ein Schokobrö, ein Schokoladencremebrötchen!‹ Und da in diesem Spiel der Glaube Berge und Brötchen versetzen kann, sieht die Welt der Schokobohnen natürlich dementsprechend viel mehr nach Schokohaselnusscreme aus als nach Erdnussbutter! Der große Zauberer aber amüsiert sich währenddessen köstlich über sich selbst und seine Menschlein, die sich als Erdnüsse oder Schokobohnen durch die Welt schlagen, und fragt sich bestimmt, wann wohl der Erste die Wahrheit über das große Spiel herausfindet. Auf jeden Fall ist ihm sicher nicht mehr so langweilig wie früher.«

»Ich muss schon sagen, Momoko, deine Phantasie ist im wahrsten Sinne köstlich. Ich finde die Vorstellung, dass sich Gott aus purem Spieltrieb, ganz ohne ernste Absichten, in alle potentiellen Erlebnismöglichkeiten seiner selbst verwandelt haben könnte, wirklich wundervoll – Erdnüsse und Schokobohnen eingeschlossen. Wie ich sehe, sind auch in deiner Geschichte die Menschen tagein, tagaus damit beschäftigt, ihr Selbstbewusstsein durch die Abgrenzung von anderen zu stärken und zu sichern. Doch auch hier wird sich eines Tages jemand fragen, wer er *wirklich* ist. Ob es wirklich der Weisheit letzter Schluss ist, sich als Erdnuss oder Schokobohne zu sehen, oder ob sich irgendwo möglicherweise ein großer Zauberer hinter allem verbirgt?

Ich kenne übrigens auch noch eine schöne Geschichte, die deine Frage nach dem möglichen Sinn des Trennungsspiels noch etwas erhellen könnte. Vielleicht zeigt sie dir sogar den Sinn des Lebens.«

»Da bin ich aber gespannt Maya, was du jetzt noch aus deiner großen Märchenkiste holst?«

»Nun ja, ein Märchen ist das nicht gerade, aber beantworte mir zuerst mal eine einfache Frage: Hast du eigentlich schon mal mit dir selbst im Chor gesungen?«

»Wie kommst du jetzt darauf? Aber das geht doch nicht! Jedes Kind weiß doch, dass man für einen Chor mehrere Stimmen braucht. M...oment mal, ich glaube, ich verstehe, auf was du hinauswillst. Wir Menschen können mehrstimmig im Chor singen, weil wir getrennt voneinander in verschiedenen Körpern wohnen und jeder seine eigene Stimme hat.«

»Genau, Momoko, und es geht noch darüber hinaus. Wenn man mit anderen im Chor singen möchte, muss man zuerst seine eigene Stimme finden und kennen. Als zweiten Schritt singt man dann meistens mit anderen Sängern zusammen die gleiche Stimme. Bliebe es dabei, wäre das allerdings auf Dauer im wahrsten Sinne des Wortes ziemlich eintönig. Ist man jedoch schon etwas sicherer in seiner Stimme, kann man auch ohne umzukippen die anderen Stimmlagen neben sich hören. Der absolute Höhepunkt für einen Chorsänger aber ist es, wenn er sich und die anderen in Harmonie und Rhythmus zusammen wahrnimmt. Er hört sich selbst und ist sich gleichzeitig aller anderen Stimmen gewahr. Dann erlebt er die Faszination des ganzen Musikstücks, er hört das Gesamtkunstwerk in seiner grandiosen Fülle und Größe.«

»Oh Maya, das ist wahrhaftig eine schöne Idee für den Sinn unseres Lebens. So habe ich das noch nie betrachtet.«

»Ein großartiges, dynamisches Kunstwerk, dessen Harmonie und Rhythmus sich demjenigen erschließt, der sich im völligen Gewahrsein befindet. Die Welle nimmt sich gleichzeitig als Welle und als Ozean wahr.«

»Ja, das ist wirklich ein Wunder und ein Mysterium zugleich, Maya!«

»Nicht wahr, kleine Freundin? Aber ich glaube, du wirst jetzt sicher eine kleine Verdauungspause für diese üppige Geistesnahrung brauchen, und es wird auch langsam Zeit für dich, aufzubrechen, selbst wenn ich in der Zwischenwelt ein wenig an der Uhrzeit drehen kann. Es hat wirklich Spaß gemacht, mit dir zu plaudern.«

»Maya«, meinte Momoko etwas traurig, »sag mir noch, wie kann ich dich erreichen, wenn ich mal deinen Rat brauche? Und außerdem würde ich sooo gerne wissen, wie ich diesen netten Jungen Joy mal treffen kann. Schließlich gehört er doch auch, ob er es weiß oder nicht, zu den Glückskindern dazu, oder?«

»Gewiss, gewiss, aber glaube mir, es liegt nicht in meiner Hand, euch direkt zusammenzuführen. Hab etwas mehr Vertrauen in den Ozean. Wenn es sein soll, finden die passenden Wellen schon zum richtigen Zeitpunkt zueinander – das war schon immer so! Was mich angeht, so hast du meinen kleinen Botschafter ja schon kennengelernt – nicht wahr, Matz?«

»Der kleine sprechende Sperling, der mit den Augen zwinkern kann und den auch Joy schon getroffen hat?«

»Piep, ganz genau, das bin ich und immer zur Stelle, kleine Lady!« Matz kam wie aus dem Nichts angeflattert und hüpfte auf Mayas Schulter. »Und denk ja nicht, ich wäre immer so schweigsam, aber ich wollte euer wichtiges Frauengespräch nicht stören. Da bin ich doch voll der Gentleman, piep.«

»Ich glaube, du bist eher ein Gentlebird, mein kleiner Freund.« Maya strich sanft mit ihrem Zeigefinger über sein weiches

Köpfchen und wandte sich dann wieder an Momoko.
»Du musst wissen, Matz ist Wandler zwischen den Welten und absolut vertrauenswürdig. Ruf ihn einfach, und er wird dich sicher überall finden – und nun leb wohl.«
Vor Momokos Augen verschwamm plötzlich alles, bis sie wieder die verschneite Landschaft um sich herum wahrnahm. Sie spürte jetzt auch wieder die Kälte um sich herum, die während der ganzen Zeit mit Maya wie weggeblasen gewesen war. Es war zwar immer noch hell genug, aber sie wusste, dass sie sich schleunigst auf den Weg machen sollte, um im Berghaus niemanden zu beunruhigen. Matz begleitete sie noch bis zum Ausgang der Höll und verabschiedete sich dann mit einem freundlichen »Piiiiep, und bleib cool, kleine Lady!«

Schließlich kam Momoko etwas durchgefroren wieder im Berghaus an und freute sich schon auf ihren Lieblingsplatz am warmen Kamin und eine heiße Tasse Tee. Es war schön zu wissen, dass Onkel Gust und auch ihre Eltern so viel Vertrauen in sie setzten, dass sich keiner unnötig Sorgen gemacht hatte. Trotzdem freuten sich alle über ihre wohlbehaltene Rückkehr.
An diesem Abend ging Momoko früh zu Bett, denn sie hatte noch mit jemandem ein Hühnchen zu rupfen.
»Borki, du alter Verschwörer, das hätte ich wirklich nicht von dir gedacht. So ein raffinierter alter Holzklotz aber auch. Führt mich all die Jahre an der Nase herum. Aber du errätst bestimmt nicht, wen ich heute Nachmittag getroffen habe?«
Im Halbschlaf erzählte Momoko ihrem alten Freund von ihrer Begegnung mit Maya, wohl wissend, dass der alte Schlawiner wahrscheinlich sowieso schon alles aus erster Quelle wusste.

Aber es war ihr irgendwie ein Bedürfnis, mit ihm zu sprechen und so das Erlebte noch einmal vorbeiziehen zu lassen und nichts davon zu vergessen. Diesem Umstand aber war es zu verdanken, dass weit weg an einem anderen Ort jemand ihre Träume belauschen konnte und der unbekannte Besucher wieder einmal an ihren neuesten Erlebnissen teilhatte.

Joys Traum

Joy lag mit offenen Augen auf seinem Bett und schaute auf den sich langsam drehenden Ventilator an der Decke. Er musste kurz eingedöst sein, doch etwas wirklich Aufregendes, mit dem er schon gar nicht mehr gerechnet hatte, hatte ihn wieder aus seinem Tagtraum herausgerissen. Kleine Schweißperlen standen auf seiner Stirn. Es war schwülheiß in diesem Sommer, und selbst nachts kühlte die Luft nicht richtig ab. Er genoss daher den kühlen Wind, der sanft von der Decke herabfiel, auf seiner Haut.
Wer war dieses Mädchen, das immer wieder in seinen Träumen auftauchte, seit er zehn Jahre alt gewesen war? Er sah sie noch deutlich vor sich: ihre schwarzen, geflochtenen Zöpfe, ihr drahtiger, beinahe gazellenhaft schlanker Körper, aber vor allem diese unwiderstehlichen Augen. Sie erweckten in Joy das Bild einer mongolischen Prinzessin. Vor fast genau zehn Jahren hatte er sie im Traum zum ersten Mal als Kind in ihrem Baumhaus gesehen und mit angehört, wie sie mit ihrem knorrigen alten Freund sprach. Irgendetwas Merkwürdiges ging da vor sich. Dieser sprechende Baum schien eine unsichtbare Brücke zwischen ihren Leben zu schlagen. Damals hatte Joy oft in ihre kleine Welt hineinhören dürfen und sich manchmal wie ihr geheimer Komplize gefühlt. Wusste sie auch von ihm? War das alles überhaupt möglich oder reine Phantasie und Träumerei? Tief im Herzen jedoch war er davon überzeugt, dass dies kein Hirngespinst war. Sie war irgendwo da draußen, seine Seelengefährtin, und sie war mittlerweile zu einem wunderschönen Mädchen herangewachsen. Lange hat-

te er nichts mehr von ihr in seinen Träumen erfahren können. Das letzte Mal hatte er sie in einer verschneiten Bergwelt gesehen, und sie hatte damals ihrem Baum von einer wichtigen Begegnung berichtet. Die Erinnerung an Einzelheiten verschwamm jedoch vor seinen Augen. Gleichzeitig hatte Joy das Gefühl, noch alles haargenau zu wissen, aber im Moment waren es nur Bildfetzen, die wie lose Puzzleteile in seinem Kopf herumflogen. Zu dumm! Jedes Mal, wenn er nach dem Träumen die Augen wieder aufgeschlagen hatte, war da dieser Schleier, hinter dem vor allem die Namen und Personen verschwanden. Nur dieses sonderbare Mädchen war ihm immer klar erkennbar ins Erwachen gefolgt, und nun, nach ungefähr zwei Jahren, war sie mit einem Mal wieder aufgetaucht. Joys Herz schlug immer noch schnell, und ein Gefühl von Nähe und doch unendlicher Ferne überkam ihn. All seine Bemühungen, sie einmal direkt in der Traumwelt zu erreichen, waren immer fehlgeschlagen. Sie musste ihren alten holzigen Freund wieder aufgesucht haben und war soeben dabei, ihm ein persönliches Geheimnis anzuvertrauen. Joy schloss wieder die Augen und versuchte, sich zu entspannen, bis sich auf einmal wieder das Fenster in diese andere Welt öffnete, wo er ihr kurz zuvor begegnet war. Wenn es ihm irgendwie gelingen sollte, wollte er diesmal so viel wie möglich vor dem Schleier des Vergessens bewahren.

Momoko hatte Tränen in den Augen, während sie liebevoll ihre Arme um den dicken, knorrigen Ast schlang, der die Reste ihres alten Baumhauses noch immer sicher auf seinem Rücken trug. Sie war über die klapprige Leiter, der mittlerweile ein paar Sprossen fehlten, nach oben in ihr einstiges Kinderreich geklettert und hatte sich in Omas Sofadecke gekuschelt. Der alte Perlenvorhang mit den Kirschkernen hing immer noch vor dem Eingang und klimperte noch genau so schön wie damals. Innen aber war es kahl und leer, bis auf einen kleinen Kinderhocker, der einsam vor dem Fenster stand. Ihre alte Einrichtung und vor allem die bunt bestickten, weichen Kissen waren schon vor langer Zeit in ihr Zimmer im Forsthaus gewandert.

»Ach, Borki«, seufzte sie, »wie konnte ich nur so blöd sein!«

»Ist das ein Feststellung oder eine Frage?«, bemerkte ihr alter Freund mit seiner tiefen, baumigen Stimme.

»Beides«, antwortete Momoko. »Ich hab mich irgendwie verrannt und frag mich immer wieder, wie ich so unglaublich dumm sein konnte!«

»Nun mal schön der Reihe nach. Wohin bist du gerannt, und warum sollte das denn so dumm gewesen sein?«

»Direkt in die Falle bin ich gerannt, und ich wusste es irgendwie die ganze Zeit. Ich wollte es nur nicht wahr haben, dass er mich enttäuschen würde. Und jetzt steh ich da wie eine blöde Gans!«

»Ahaaa …«, meinte Borki, »dann ist das wohl jetzt das Ende der Täuschung. Das klingt doch gar nicht schlecht. Dann bist du aber eher eine schlaue Gans, nicht wahr?«

»Ach, ich weiß nicht, aber es tut noch so weh!«

»Hast du dich irgendwie verletzt?«, fragte Borki besorgt.

»Nein, nicht was *du* denkst, aber es ist beinahe so, als ob ein Stück aus meinem Herz gerissen wurde.«

»Und wer hat dieses Stück Herz jetzt? Das solltest du dir aber schleunigst zurückholen!«

»Ach, Borki, als Baum kannst du das natürlich nicht verstehen. Natürlich schlägt mein ganzes Herz immer noch in meiner Brust. Aber man sagt das eben so, wenn man Liebeskummer hat.«

»Meine liebe Momoko, ich habe über zweihundert Sommer und Winter gesehen. Glaubst du, ich wüsste nicht ganz genau, von was du hier redest? Aber euch Menschen muss man manchmal mit der Nase auf das stoßen, was ihr so daherredet. Eure Worte sagen oft ganz genau, was ihr wirklich fühlt. Dein Herz ist ein schönes Symbol für deine Ganzheit, deine Vollständigkeit. Wenn du das Gefühl hast, dass dieser junge Mann, der dich verlassen hat, ein Teil von dir war, der nun verloren ist, dann bist auch du einer der dümmsten und ältesten Illusionen der Menschheit anheim gefallen. Hmmm ..., ich glaube, ich werde dir dazu mal eine kleine Geschichte erzählen. Vielleicht vertreibt das ja ein wenig deinen Kummer. Was meinst du?«

»Das ist sehr lieb von dir Borki. Ich hab sowieso momentan keine große Lust drauf, zu reden. Also hör ich dir gerne zu. Allein deine Stimme beruhigt und tröstet mich.«

»Das ist ein schönes Kompliment, aber bevor ich damit beginne, Momoko, möchte ich dich bitten, deine Hände vor dich zu halten und zu zwei Fäusten zu ballen, die sich anschauen. Seeehr gut – nun öffne nur die Zeigefinger und Daumen so weit, dass sie sich wie die Hälften eines Kreises gegenüber stehen. Und jetzt bring die Fingerspitzen aneinander. Siehst du, der Kreis ist nun geschlossen. Allerdings müssen deine Hände immer schöööön stillhalten, sonst fällt der Kreis wieder auseinander, nicht wahr? Und genau darum geht es in der folgenden Geschichte.«

Halbkreis sucht Halbkreis

Herr Unvollständig war schon lange auf der Suche nach seiner Traumfrau. Sie sollte natürlich die Erfüllung all seiner Wünsche sein, kurzum die perfekte Ergänzung. Natürlich musste sie auch optisch zu ihm passen, denn er gehörte zum Volk der Halbkreise, die genauso aussahen, wie sie hießen: hinten rund und vorne flach wie ein Flunder. Das Allergrößte im Leben der Halbkreise war es, einen anderen Halbkreis zu finden, mit dem man sich zu einem vollständig runden Kreis verbinden konnte. Die Leute begrüßten sich nicht mit Händedruck wie bei uns, sondern sie erhoben die linke Hand und bildeten mit Zeigefinger und Daumen genau das Symbol des Halbmondes, wie ich es dir vorhin gezeigt habe, Momoko.
Eines Tages traf Herr Unvollständig die Frau, die er immer gesucht hatte. Sie schienen perfekt zusammenzupassen und feierten schließlich Hochzeit. Natürlich hießen sie beide nach der Hochzeit Herr und Frau Unvollständig, doch das störte sie nicht weiter, denn sie küssten und umarmten sich oft und pressten ihre flachen Seiten aneinander, so dass jeder Beobachter einen wunderschön runden Kreis vor sich sah. Viele Halbkreise beneideten die beiden um ihr junges Glück.
Doch nach einiger Zeit fühlte sich Herr Unvollständig irgendwie unwohl in seiner Haut. Er war nicht zufrieden mit seinem Leben, obwohl er doch scheinbar alles hatte, was er immer gesucht hatte. Er redete darüber mit seiner jungen Frau, doch die schüttelte nur völlig verständnislos den Kopf über seine Hirngespinste von der eigenen Vollkommenheit. Im Gegenteil, sie fühlte sich von seinen Ideen regelrecht bedroht, denn

er entfernte sich in ihren Augen immer mehr von ihr, und sie fühlte sich einsam und verlassen, obwohl er ihr ständig versicherte, dass er sie jetzt viel inniger, aber eben anders lieben würde als zuvor. Alles, was sie je gewollt hatte, begann langsam wegzubröckeln: einen Mann, der ihr Sicherheit und Wohlstand bieten konnte und der sie so liebte, wie Halbkreise das eben tun. Wenn das so weiterginge, würde sie sich einen anderen suchen müssen, der dieses schreckliche Gefühl der Unvollständigkeit und Machtlosigkeit in ihr wieder besänftigen würde. Oh ja – sie hatte schreckliche Angst vor dem Alleinsein.

Herr Unvollständig jedoch suchte das Alleinsein immer mehr, denn er hatte gelesen, dass man auch ohne andere Menschen eins mit allem sein konnte. Diese Idee fand er mehr als anziehend. Er wollte das scheinbar Unmögliche wagen – er wollte ohne jemand anderen oder etwas anderes seinen Kreis schließen, er wollte vollständig sein. Symbolisch hob er bei diesem Gedanken seine linke Hand wie zum Halbmondgruß, krümmte dann die Fingerspitzen seines Zeigefingers und Daumens immer weiter und brachte sie schließlich aufeinander. Bei dieser Berührung spürte er, wie eine tiefes Erkennen in ihm aufstieg und eine wohlige Gänsehaut sich über seinen ganzen Körper ausbreitete: Alles-Was-Ist, das Universum, Gott, war ein unvorstellbar großes Ganzes. Es brauchte keine Ergänzung, kein Hinzufügen.

Er hob seine beiden Arme in die Luft, fasste seine Hände und umschlang damit einen großen unsichtbaren Ball. Dann löste er die Hände, führte wieder wie kurz zuvor die Fingerspitzen zusammen und erkannte, dass dieser kleine Kreis nichts anderes war als eine Miniatur des großen Ganzen. In diesem

Augenblick liefen ihm Tränen über die Wangen. Das kleine runde Fingersymbol nannte er von diesem Tag an den Sonnengruß, denn es war die Sonne, die täglich in ihrer ganzen Fülle und Kraft am Himmel erschien und Licht und Leben in die Welt brachte. Und noch etwas Entscheidendes unterschied sie vom Mond: Die Sonne hatte im Gegensatz zu ihm ihr eigenes Licht. Der Mond hatte es im Grunde nur von ihr ausgeliehen.

Herr Unvollständig verstand natürlich, warum seine Frau sich so schrecklich fühlte, als ob ihr das Herz bräche. Er versuchte, ihr seine neuen Erkenntnisse zu erklären und versicherte ihr nochmals seine Liebe und Freundschaft. Doch es half ihr nicht wirklich, denn alles, was sie fühlen konnte, war Schmerz und Angst. Ihr Mann aber wollte das alte Ergänzungsspiel nicht mehr weiterspielen, denn es erschien ihm als pure Illusion, in der die Menschen sich gegenseitig gefangen hielten.

So kam es, dass sich die beiden schließlich trennten. Frau Unvollständig fand sehr bald einen anderen Halbkreis, der fühlte und dachte wie sie. Nach außen schien sie über ihre neue Beziehung auch ganz glücklich, doch sie hatte ständig Angst, verlassen zu werden, und die Krankheit der Eifersucht nahm oft von ihr Besitz. Ihr neuer Mann war sehr wohlhabend, und so besänftigte sie ihre Angst mit ständig neuen Kostbarkeiten und materiellen Gütern. Leider wurde sie damit nicht zufriedener, sondern eher ärgerlich und krank. Ab und zu musste sie an ihren ehemaligen Mann mit seinen verrückten Ideen und Geschichten denken, doch Stolz und Angst versperrten ihr diese Tür.

Herr Unvollständig aber hatte inzwischen seinen Namen geändert und hieß jetzt Vollständig. Er grüßte jeden auf der Straße mit seinem Sonnengruß, als ob er so seine Veränderung öffentlich kundtun wollte. Die Leute erkannten den kleinen Unterschied in seiner Fingerstellung meist gar nicht, doch immer öfter traf er auch auf Menschen, die ihn lächelnd genauso zurückgrüßten. Schließlich lernte er auch einige von ihnen persönlich kennen und durfte erfahren, dass er bei weitem nicht der einzige war mit seinen verrückten Ansichten über das Leben und die Welt.

Eines Tages begegnete er dann einer jungen Frau, die ihn genauso bedingungslos lieben konnte wie er sie. Sie entschieden sich, nicht zu heiraten, sondern stattdessen jeden Tag aufs Neue ihre Liebe zu feiern. Herr Vollständig begann bald auch anderen interessierten Menschen von seiner Geschichte zu erzählen, und wenn er auf seine neue große Liebe zu sprechen kam, führte er symbolisch seine beiden Hände mit den Fingern zum Sonnengruß geschlossen aufeinander zu, bis die beiden Fingerkreise sich trafen und wie zwei Kettenglieder ineinander griffen. Es war das Zeichen der liegenden Acht – das Symbol der Unendlichkeit.

»Oh, Borki, das war aber eine schöne Geschichte! Ich danke dir herzlich für deine freundliche Hilfe. Irgendwie ist mir jetzt viel leichter. Und dabei wusste ich die ganze Zeit, welche Krankheit mich da befallen hatte. Schon vor Jahren hat Papa Charly über diese Dinge gesprochen. Er hat sogar die gleichen Symbole benutzt, und nun hast du mich wieder daran erinnert. Wie heißt es so schön: ›Den Balken im eigenen Auge sieht man nicht!‹

Papa Charly hat uns damals noch ein Geheimnis verraten. Als er uns das Symbol für Unvollständigkeit gezeigt hat – du hast es in deiner Geschichte den Halbmondgruß genannt –, hat er schließlich seine Hand gedreht und den gekrümmten Daumen und Zeigefinger wieder gerade gestreckt, so dass sie den Buchstaben „V" bildeten.

›Wisst ihr eigentlich, für was dieses „V" steht?‹, fragte er uns. ›Es ist der Anfangsbuchstabe von Verstand. Der Halbkreis, das Gefühl, nicht ganz oder unvollständig zu sein, rührt von der Identifikation mit eurem Verstand her. Der ewig unzufriedene Denker hält euch in der Illusion gefangen, dass ihr all diese wichtigen Dinge im Leben braucht, um endlich heil und ganz zu werden. Ihr seid wie besessen von der Idee, dass es niemals genug gibt oder etwas in eurem Leben fehlt. Daher braucht ihr ständig neue Ziele, Erfolg, materielle Güter oder auch spirituellen Fortschritt, um am Ende das zu finden, was ihr schon längst seid. Der Verstand, der ein hervorragendes Werkzeug für die praktischen Dinge des Lebens sein könnte, hat die Herrschaft über euch gewonnen und benutzt euch nun wie einen Spielball. Zwar werdet ihr dabei ständig getreten und geschubst – ihr kennt es schließlich nicht anders –, aber das ist für euch ganz normal. Und da ihr ab und an auch mal ins Tor fliegt, hat dadurch euer Leben scheinbar einen Sinn. Verglichen mit eurem wirklichen Potential aber ist dieses Spiel wirklich armselig.‹ Genau das waren Papa Charlys Worte, Borki, und ich hatte sie beinahe wieder vergessen.«

»Nuuun ... anscheinend doch nicht ganz, denn sonst hättest du meine Geschichte nicht so wunderbar ergänzen können. Ruh dich einfach noch ein wenig in meinen Ästen aus und dann freu dich wieder des Lebens, das dir der Augenblick schenkt. Ich bin ganz sicher, dass dir eines Tages, so wie Herrn Unvollständig nach seiner wunderbaren Verwandlung, ein toller Mensch begegnen wird, der mit dir jeden Tag eure Liebe feiern wird.«

Momoko seufzte tief und erleichtert, als sei eine große Last von ihr abgefallen. Ihr Herz schlug ruhig und geheilt in ihrer Brust, während sie wie in alten Zeiten unter Borkis schattigem Laubdach einschlief.

Joy hatte alles mit angehört, was Momoko und Borki gesprochen hatten, und er war hellwach aus seinem Tagtraum zurückgekehrt. Er schloss noch einmal die Augen, um das Bild dieses Mädchens nicht zu verlieren. Er spürte längst, dass er sich zu ihr, wie durch unsichtbare Bande verbunden, hingezogen fühlte. Wie gerne würde er sie jetzt in seinen Armen halten und ihr sagen, wie sehr sie ihm aus dem Herzen gesprochen hatte. Vor nicht allzu langer Zeit hatte er fast die gleichen Erfahrungen in der Liebe gemacht und damals seiner weisen Freundin Maya sein trauriges Herz ausgeschüttet. Mit ganz ähnlichen Worten wie Borki und Papa Charly hatte sie Joy getröstet und auch ihm zu tieferen Einsichten und neuen Erkenntnissen verholfen. Mit Dankbarkeit dachte er jetzt daran zurück.

Völlig unerwartet sprang Joy plötzlich aus dem Bett, rannte hinüber zu seinem Schreibtisch und zog die Schublade auf, um nach Papier und einem Stift zu suchen. Aufgeregt und ein wenig zitternd begann er sodann, mit großen Buchstaben drei Namen auf das Blatt vor ihm zu schreiben: BORKI, PAPA CHARLY und … MOMOKO!

Noch niemals vorher hatte er sich bisher nach seinen Träumen an irgendwelche Namen erinnern können, so sehr er es auch versucht hatte. Jetzt aber war mit einem Mal alles anders. Er

konnte es noch nicht richtig fassen und wiederholte stumm immer wieder diesen Namen:
MOMOKO. Ja, er würde Momoko suchen, und wenn es sein ganzes Leben dauern würde, und er wusste auch schon, wer ihm bei der Suche behilflich sein würde!

Die Suche beginnt

Es hatte sich so einiges verändert am Beerensee während all der Jahre. Joy war zwar immer wieder einmal zu diesem geheimen Platz seiner Kindheit zurückgekehrt, aber in letzter Zeit galt sein Interesse doch vermehrt anderen Dingen. Ein bisschen tat es ihm immer leid, dass er nicht öfter hierher kam. Vor allem, wenn er dann die Stille und Abgeschiedenheit dieses Ortes wieder spürte und sichtlich genoss. Aber er hatte inzwischen auch gelernt, dass jeder Ort, an dem er sich gerade befand, solch ein Platz der Kraft sein konnte. Er musste sich nur daran erinnern, dass es auf einer tieferen Ebene keinen Unterschied zwischen Orten und Dingen gab, auch wenn sie oberflächlich betrachtet sehr verschieden waren. Die Welt auf diese Weise mit anderen Augen zu sehen, hatte ihn Maya gelehrt, und er hatte in seinen persönlichen Erfahrungen immer wieder die tiefe Wahrheit ihrer Worte erleben dürfen. Sie war für ihn eine vertrauten Ratgeberin und Freundin geworden, die ihm immer wieder zeigte, dass die Antworten auf all seine Fragen schon längst in ihm selbst verborgen waren, und sie half ihm ein wenig dabei, diese Schätze zu bergen.

Der Schatz, den Joy diesmal finden wollte, war allerdings sehr menschlich, und als er in der Zwischenwelt der Tagträumer angekommen war, konnte er es kaum erwarten, Maya zu sehen. Diesmal überraschte sie ihn mitten zwischen den Ästen der alten Weide.

»Na, was für ein fescher junger Bursche mit wallendem Haar hat sich denn hier im Wald verirrt? Matz, was meinst du? Wenn das mal nicht Joy Grünauge ist!«

»Piep, Mister Joy sieht heute wirklich gut aus – ein bisschen wie Robin Hood in blond, piep.«

»Matz, du solltest unseren alten Freund wirklich etwas netter begrüßen nach so langer Zeit. Nun, junger Mann, kommen Sie herauf, hier oben ist die Aussicht viel besser als da unten. Mal sehen, ob du die Astlöcher und Tritte in der alten Weide noch findest, du seltener Besucher.«

»Maya, du bist wirklich immer wieder für eine Überraschung gut, aber ich werde den Weg nach oben schon noch finden.«

Joy sprang in die Höhe, packte mit sicherem Griff einen der unteren Äste und schwang sich elegant nach oben. Nach zwei weiteren Zügen saß er direkt neben seiner alten Freundin und drückte ihr grinsend einen dicken Kuss auf die Backe.

»Wie du siehst, habe ich die alten Tritte heute mal ausgelassen und was anderes ausprobiert. Was meinst du?«

»Nicht schlecht mein Lieber, für dein Alter«, lachte sie, schlug dabei einen Salto rückwärts und flog mit einem gewaltigen Schwung nach oben, um direkt auf dem Ast über ihm zu landen. Schelmisch tippte sie ihm mit ihren Füßen auf den Kopf.

»Und wie war das?«, meinte sie lässig.

»Wow, das war ja wirklich zirkusreif! Kannst du mir das beibringen?«

»Ich fürchte, das würde dir etwas zu lange dauern, wo du doch zur Zeit etwas oder besser jemand ganz anderen suchst, nicht wahr?«

Während Joy zu ihr nach oben kletterte, seufzte er. »Ach Maya, ich vergaß mal wieder, dass dir wirklich nichts verborgen bleibt in der Welt. Willst du mir denn bei der Suche nach diesem Mädchen behilflich sein?«

»Momoko ist wirklich ein außergewöhnliches Menschengeschöpf, und wir kennen sie sehr gut, genau wie auch dich, Joy. Vielleicht erinnerst du dich ja mittlerweile daran, dass sie mich vor einiger Zeit in den Bergen getroffen hat. Es war wirklich ein interessantes Gespräch.«

»Du warst das also? Langsam dämmert es mir. Aber wen meinst du mit *wir*? Soll das etwa heißen – dieser Baum und du ...?«

»Nicht schlecht geraten. Momokos alter Baumfreund Borki und ich waren, wenn ich das mal ganz menschlich ausdrücken darf, sozusagen zusammen im Kindergarten und kennen uns bereits seit geraumer Zeit. Ich muss dir auch gestehen, dass wir nicht ganz unbeteiligt daran waren, dass ihr beide eine Traumverbindung zueinander bekommen habt.«

» Maya, soll das etwa heißen, dass Momoko auch von mir weiß?«, fragte Joy aufgeregt.

»Ja natürlich, mein Freund, und ich darf dir ein kleines Geheimnis verraten: Auch Momoko ist als Botschafterin für das vollkommene Glück unterwegs, so wie du und noch viele andere auf der Erde.«

»Weißt du, Maya«, Joy klang etwas betroffen, »das vollkommene Glück hatte ich schon beinahe vergessen vor lauter ... – ich weiß auch nicht.«

»Unwichtigkeiten – meintest du das etwa?«

»Durchaus passendes Wort. Aber sag mir, Maya, wo finde ich sie? Lebt sie denn wirklich als realer Mensch jetzt auf der Erde, oder ist sie nur eine Traumfigur?«

»Du darfst beruhigt sein, mein Junge, sie lebt genauso real wie du in Fleisch und Blut jetzt in deiner Raumzeitwelt, wenn du verstehst, was ich meine.«

»Ich kapiere schon – schließlich hast du mir genug über die Illusion der Zeit erzählt, und ich gebe zu, dass es mich trotzdem freut, sie vielleicht auch persönlich mal kennenzulernen. Ich finde mein Körperfahrzeug nämlich durchaus cool. Also, wie steht's mit Telefon, Adresse und E-Mail?«

»Cool findest du deinen Körper also? Seltsame Sprache«, meinte Maya kopfschüttelnd. »Aber ich muss dich enttäuschen, mein Lieber. Ich bin leider kein Adressbuch und auch keine Heiratsvermittlung.«

»Wer redet denn von Heiraten?«, antwortete Joy etwas enttäuscht. »Erst zeigt ihr mir den leckeren Kuchen, und dann darf ich nicht wissen, bei welchem Bäcker ich ihn kriegen kann. Das ist wirklich gemein!«

»Lieber Freund, es ist keine böse Absicht, doch wir dürfen euch nur indirekt helfen. Glaub mir, wenn es wirklich euer beider Wunsch ist, euch in diesem Leben zu treffen, dann werdet ihr den Weg zueinander finden. Borki und ich als eure Freunde werden euch auf unsere Weise sicher behilflich sein. Sei ein wenig geduldig und hab Vertrauen in das, was uns alle miteinander verbindet. Dort wirst du auch deine wahre Liebe finden. Bedenke immer, dass es bei allem darum geht, wunschlos glücklich zu sein, zufrieden zu sein. Erinnerst du dich noch daran?«

Joy fühlte sich, als ob ihm plötzlich ein Schleier von den Augen fiele. Wie konnte er nur so dumm sein und das Wichtigste vergessen? Beinahe wäre er in die gleiche Falle getappt wie Herr Unvollständig in Borkis Geschichte. Wenn er nicht die Vollständigkeit, die Wunschlosigkeit oder Leere, wie Maya es nannte, in sich entdeckte, würden ihm letztlich alle Momokos dieser Welt nicht helfen können, nach Hause zu sich selbst zu

kommen. Vielleicht war dies sogar der Schlüssel. Erst wenn sie beide, jeder für sich, den Kreis geschlossen hätten und in diesem Bewusstsein leben könnten, dann würden sich ihre Wege kreuzen.
»So sei es!« Maya nickte Joy verständnisvoll zu und warf ihm einen Kussmund hinüber, bevor sie ins Unsichtbare verschwand.

Trotzdem gingen Joy auf dem Nachhauseweg vom See noch einige Gedanken durch den Kopf, wie er Momoko ein wenig näher kommen könnte. Was wusste er über sie? Irgendwie hatten es Maya und Borki fertig gebracht, dass bisher in all seinen Träumen sämtliche Namen und Hinweise auf Menschen und Orte nach dem Erwachen irgendwie gelöscht waren, obwohl er genau wusste, dass Momoko diese Namen ausgesprochen haben musste. Einzig die Namen von Borki, dem Baum, und Papa Charly hatten beim letzten Mal diesen Filter passiert – und Momokos Name natürlich auch. Joy war ratlos, und ihm war klar, dass er so nicht weiterkommen würde. Schweren Herzens nahm er Mayas Rat an, richtete seine Aufmerksamkeit nach innen auf sich selbst und versuchte, wach im Augenblick zu bleiben. Er musste an die Geschichte mit dem Meer denken, die Maya Momoko bei ihrer Begegnung in den Bergen erzählt hatte. Demnach lag die einzige wirkliche Barriere zwischen ihnen auf der Ebene der Wellen, der Oberfläche. Durch den großen Ozean waren sie schon längst miteinander verbunden und eins.

Momokos Geburtstag

Momoko saß mit übereinandergeschlagenen Beinen wie ein alter Yogi am Ufer ihres geliebten Badesees und schaute auf die glitzernden Wellen. Mitte September hatte es die Sonne schon etwas schwerer, die kühle Morgenluft zu erwärmen, und so hatte sich Momoko noch eine kuschelige Decke über die Schultern gehängt. Ab und zu schloss sie für eine Weile die Augen und fühlte, wie der frische Wind, der über die bewegte Wasseroberfläche heranwehte, mit ihren Haaren spielte und ihr sanft ins Gesicht blies. Der Strand war um diese Zeit noch völlig leer, und die ersten Badegäste würden sicher erst um die Mittagszeit, wenn es wärmer würde, hier auftauchen. Ihr war das durchaus recht, denn sie wollte heute, an ihrem sechzehnten Geburtstag, ganz für sich allein sein. Nicht dass sie auf irgendjemanden sauer oder gar böse gewesen wäre. Sie wollte lediglich zur Ruhe kommen, und der See war ein guter Platz dafür. Ihren Freunden und der Familie hatte sie mitgeteilt, dass sie diesmal nicht feiern wollte und wahrscheinlich gar nicht zu Hause sein würde. Die meisten hatten wohl bemerkt, dass irgendetwas mit ihr gerade nicht stimmte, aber sie hatten verständnisvoll geschwiegen. Sie kannten Momoko gut genug und wussten, dass sie jetzt nicht reden wollte.

Seit ihrem letzten Besuch bei Borki war über ein Monat vergangen, und irgendwie hatte dieses Gespräch einen Stein bei ihr ins Rollen gebracht. Die Geschichte mit dem Jungen, der sie verlassen hatte, war längst vergessen, aber seitdem war nichts mehr wie vorher. In ihrem Kopf stapelten sich Fragezeichen. Was war nur in all den Jahren seit ihrer Kindheit mit ihr geschehen? Wo waren die Schönheitsstrahlen geblieben, die sie früher, als sie klein gewesen war, ständig gesehen hatte? Das Leuchten der Blumen und Bäume, der Gegenstände, ja von allem um sie herum – wo war es geblieben?

Momoko versuchte sich zu erinnern, wie das damals gewesen war. Es waren schöne Bilder, die da in ihr auftauchten, doch gleichzeitig wurde sie dabei unendlich traurig – ja, es stieg sogar ein Gefühl von Angst in ihr hoch. Es war die Angst, all das für immer verloren zu haben. Sie hatte wohl, ohne es zu bemerken, nun ebenfalls diese Brille auf der Nase, durch die man Schönheitsstrahlen nicht mehr sehen konnte, genau wie die vielen Erwachsenen, die sie als Kind gar nicht hatte verstehen können und nur ungläubig und kopfschüttelnd bedauert hatte.

Nun war es nicht so, dass es in ihrem Leben gar keine lichten Momente mehr gab. Ab und zu, wenn es ihr richtig gut ging, kam für kurze Zeit wieder alles zurück, und es war dann wie früher. Sehr bald jedoch rutschte sie wieder hinein in diese alltagsgraue, völlig normale Düsterkeit.

Das Schlimmste war, dass sie diese schleichende Krankheit lange gar nicht bemerkt hatte. Papa Charly hatte einige Male versucht, sie ein wenig aufzumuntern, aber auch er konnte dieses ständig wiederkehrende Auf und Ab in ihrem Leben nicht verhindern – das konnte nur sie selbst. Sie wusste nur, dass sie so nicht ewig weiterleben wollte. Das jedenfalls war ihr nach dem Gespräch mit Borki klar geworden. Seitdem hatte sie sich sehr in sich zurückgezogen und versuchte der Spur zu folgen, die ihr alter Baumfreund für sie gelegt hatte.

In ihrer freien Zeit nach der Schule war sie oft in den Wald hinter dem Forsthaus gegangen, um allein zu sein und nachzudenken. Sie spürte aber auch, dass es genau diese ständige Grübelei war, dies sie nur noch verrückter machte. Manchmal hatte sie dann wütend in den Wald hinausgeschrien, bis sie völlig heiser war. Oh ja, sie hatte ja sooo viel Wissen in ihrem Kopf gesammelt in all den Jahren und es sogar anderen Menschen weitergegeben. Borki, Papa Charly, Maya – sie alle hatten ihr weise Dinge gesagt, die sie beherzigen und nicht vergessen wollte, doch wie sollte sie jemals wunschlos glücklich sein, wenn sie all diese schlauen Ideen und Vorstellungen, die ständig in ihrem Kopf kreisten, nicht los würde?

Nun aber saß Momoko in ihre warme Decke gehüllt am See, und ihr Blick schweifte hinüber zum anderen Ufer – und weiter über den Horizont zu den Wolken, die ständig ihre Formen veränderten, sich scheinbar immer schneller näherten und dann über ihren Kopf hinwegzogen. Ihre kleinen Verzweiflungsanfälle der letzten Zeit hatten sich mittlerweile größtenteils gelegt, und sie war irgendwie nur noch müde.
»Ich kann mir doch nicht wünschen, wunschlos glücklich zu sein? So ein Blödsinn!«, murmelte sie vor sich hin.
»Was grummelst du denn da für schlaue Sachen in deinen Bart, der dir glücklicherweise bis jetzt noch nicht gewachsen ist, piep?«
»Mein Gott, Matz, wo kommst du denn auf einmal her?«
»Ach, ich hatte gerade geschäftlich in der Nähe zu tun, und da dachte ich mir, ich schau mal kurz vorbei, piep, piep.« Matz schien seine Antwort sichtlich zu amüsieren und er schlug vor Vergnügen einen kleinen Purzelbaum. Auch Momoko konnte ihr Lachen kaum zurückhalten.

»Nun lass es schon raus, dein süßes Lachen, und zeig deine weißen Beißerchen – ja, so siehst du schon viel besser aus, piep! Die kleine Lady sitzt hier rum und starrt Löcher ins Wasser. Was sollen denn die dicken Karpfen hier von einem solchen Glückskind halten?«

»Ach Matz, das war ich vielleicht mal, aber jetzt bin ich wohl eher eine Heulsuse.« Momokos Lachen war nahtlos in ein lachendes Schluchzen übergegangen, und ihr flossen die Tränen über das Gesicht, als ob all die aufgestauten Gefühle in ihr einen Damm durchbrochen hätten. Matz setzte sich liebevoll auf ihre Schulter und wartete geduldig, bis die kleinen salzigen Wasserfälle wieder versiegt waren und ihr Atem etwas ruhiger ging.

»Sorry, hab leider kein Taschentuch in deiner Größe dabei, aber wie wär's mit einem kleinen Erfrischungsbad im See? Ich würde auch kurz mit reinkommen!«

Momoko zögerte ein wenig, denn sie hatte ursprünglich gar nicht vor gehabt, an diesem Tag zu schwimmen. Aber sie brauchte nicht allzu lange zu überlegen. Matzens Vorschlag versprach durchaus eine willkommene Abwechslung. Da sie es nicht mochte, wie manche Leute zentimeterweise zitternd ins Wasser zu steigen, rannte sie wie üblich mit Anlauf in den See und stürzte sich nackt und wild um sich spritzend in die Fluten. Im ersten Moment hatte sie das Gefühl, sie würde in Eiswürfeln baden. Mit kräftigen Armzügen versuchte sie die Wärme im Körper zu halten, doch die prickelnde Kälte kroch ihr bald unter die Haut. So fiel ihre Schwimmrunde diesmal etwas kürzer aus als sonst, und sie war bereits nach fünf Minuten wieder bei Matz am Ufer.

»Weißt du eigentlich, wie schweinekalt es hier drinnen ist?«

»Wieso, mir ist ganz wohl in meiner Haut«, piepte Matz vor sich hin, plantschte fröhlich im Wasser und schüttelte sich, dass die kleinen Tropfen nur so spritzten.
»Du hast ja auch noch deine sämtlichen Klamotten an, du Schelm. Hier ist ein Nacktbadestrand, und du hüpfst hier in deinem warmen Federkostüm im Wasser rum!«
»Ich würde mich ja liebend gerne für dich ausziehen, aber soll ich vielleicht rumlaufen wie ein gerupftes Huhn?« Matz versuchte dabei seinen kleinen Hals so lang zu strecken, wie es ging, und ahmte zuckend den Gang eines Huhns nach.
»Okay, du bist entschuldigt und kriegst eine Sondergenehmigung für schräge Vögel, aber mein persönlicher Erfrischungsbedarf ist jetzt mehr als gestillt.« Leicht zitternd kam Momoko aus dem Wasser, griff ihr großes Handtuch und rubbelte sich kräftig ab, bis ihre Haut eine gesunde, rosige Farbe zeigte. Langsam wurde ihr wieder etwas wärmer, und die Sonne half dabei freundlich mit. Glücklicherweise gab es da aber auch noch etwas Leckeres in ihrem Rucksack.
»Magst du auch etwas heißen Chai-Tee, Matz?« Momoko holte die Thermosflasche mit dem wärmenden Getränk hervor und goss sich einen dampfenden Becher ein.
»Nein danke, aber von deinem Rosinenbrötchen, das du noch ganz unten versteckt hast, würde ich mir gerne ein paar Häppchen ausleihen, wenn's recht ist, piep.«
»Du kleiner Gauner kannst wohl durch Wände sehen, wie?«
»Das auch, aber ich hab auch eine recht gute Nase für Leckereien, wie zum Beispiel Rosinenbrötchen.«
Schweigsam genossen sie daraufhin ihr kleines Mahl, und die Sonne trocknete langsam Matzens Gefieder und Momokos Haare.

»Und – hat das Wasser auch dein Gehirn etwas gewaschen? Was meinst du?«
»Kann schon sein, Matz. Jedenfalls fühle ich mich schon um einiges besser. Es ist aber auch deine nette Gesellschaft, die mir wirklich gut tut.«
»Danke, piep, ganz meinerseits – und wie du siehst, liebe Freundin, sind auch die Schönheitsstrahlen wieder zurückgekehrt, oder wie sieht die Welt um dich herum gerade aus?«
Momoko ließ ihren Blick langsam über die Umgebung schweifen, und ein zartes Lächeln überzog ihr Gesicht.
»Ja, sie sind wieder da – und ich könnte schon wieder heulen!« Eine kleine Träne suchte sich gerade einen Weg über ihre Wange, aber diesmal war es eine Freudenträne.
»Siehst du, du kannst es nicht verlieren – niemals! Du kannst es höchstens vergessen, piep!«
»Aber wie ist das möglich, Matz? Hast du etwa damit was zu tun?«
»Spatzenehrenwort! Absolut gar nichts! Aber um dir ein wenig auf die Sprünge zu helfen, stelle ich dir auch mal eine Frage. Was hast du in der letzten halben Stunde getan und gedacht?«
»Also, ich bin geschwommen, hab gefroren, geheult und gelacht – und was Leckeres gegessen.«
»Und nix dabei gedacht?«
»Nichts, was ich jetzt noch wüsste.«
»Aha ...!«
»Okay, Matz, du brauchst jetzt nichts mehr zu sagen – ich hab zufälligerweise mit dem Denken aufgehört, und das genügt anscheinend, um die Schönheit der Welt wieder wahrzunehmen. Das ist mir nicht ganz unbekannt – aber was ist, wenn

das Ganze wieder von vorn anfängt?«

»Keine Panik, junge Frau! Du bist schon auf der richtigen Fährte. Das Denken ist aber nicht der Hauptpunkt, es ist vielmehr das Geheimnis des Augenblicks, das die Lösung in sich birgt. Du hast dich doch sicher schon öfters gefragt, was du als Kind so anders gemacht hast, um ständig in diesem glücklichen Zustand zu leben? 'tschuldigung – das war eine Fangfrage. Du hast damals natürlich gar nichts Spezielles gemacht oder getan, um die Schönheitsstrahlen – wie du sie immer nennst – zu sehen. Nein, du warst vor allem an dem interessiert, was im Moment geschah, hast es mit deinen Sinnen wahrgenommen und darauf spontan reagiert. So wie gerade vorhin!«

»Ja, das stimmt, die Zeit stand irgendwie still – jedenfalls in meinem Empfinden. Oh mein Gott, das erinnert mich an eine alte Geschichte, die ich mir als Kind mal ausgedacht hatte und mit Nick und Mika durchgespielt habe. Da standen plötzlich alle Uhren still, und die normale Welt brach völlig zusammen. Nichts funktionierte mehr, und man konnte sich nur noch auf seine Sinne verlassen.«

»Und dort, wo es keine Uhren gibt und Zeit im üblichen Sinne keine Rolle spielt, sind die Menschen oft viel zufriedener und glücklicher, nicht wahr?«

»Ja, Matz, genau darauf sind wir damals auch gekommen, und ich hatte das schon beinahe wieder vergessen.«

»Keine Zeit – kein Problem, piep! Wenn du im Augenblick lebst, so wie als Kind, dann regeln sich alle Dinge, auch die schwierigen, immer jetzt oder im nächsten Moment. Du bist mit deinen Sinnen auf das konzentriert, was gerade ist. Die Gedanken kommen und gehen. Du brauchst nicht extra zu versuchen, sie abzustellen. Du bist einfach nicht an ihnen

interessiert, weil du keine Zeit für sie hast, piep, piep!«
Matz schlug wieder einen seiner lustigen Purzelbäume, und Momoko tat es ihm gleich.
Wie einfach erschien ihr mit einem Mal wieder die ganze Welt, und der dicke Kloß in ihrem Magen, den sie die ganze Zeit nicht hatte verdauen können, war verschwunden. Alles war wieder an seinem richtigen Platz, und auch ihre Erinnerungen an das, was sie bisher erlebt und erfahren hatte, waren wieder da, wie ein stilles Wissen, das sie in sich trug – etwas, an das sie nicht mehr denken musste, um es erkennen.
»Weißt du, Matz, es ist wirklich ein unbeschreibliches Gefühl, sich wieder leicht wie eine Feder zu fühlen!«
»Wem sagst du das? Ich bin schließlich der Federexperte.«
»Nein, wirklich, alles in mir hat überhaupt kein Gewicht mehr, weder die schönen noch die traurigen Erinnerungen, ebenso wie die Gedanken, die vorbeiziehen. Sie sind einfach da und spielen gleichzeitig keine Rolle für das, was gerade geschieht. Aber all das ist ja nichts Neues für mich, Matz. Ich frage mich also, wie ich das nur vergessen konnte – so was Blödes aber auch!«
»Ja, reg dich auf, kleine Lady, das ist völlig normal! Du bist nicht hier, um perfekt zu sein. Perfekt ist stinklangweilig. Stell dir vor, der Ozean hätte nicht mal den Hauch einer Welle auf seiner Oberfläche – das wäre perfekt. Aber wo wäre dann alles Lebendige? Was hätte unsere Existenz dann noch für einen Sinn? Perfekt ist der Tod. Für das Leben ist das Unperfekte perfekt, yeah! Also stürz dich hinein, mach Fehler, vergiss alles, erinnere dich wieder, lache, weine, sei still oder schreie! Nun, wie wär's mit noch ein paar Purzelbäumen?«
Was sich im nächsten Moment da unten am Strand des Bade-

sees abspielte, war nun wirklich reif für den Zirkus. Momoko und Matz purzelten durch den Sand und schlugen mit den Flügeln beziehungsweise Armen wie zwei Pelikane vor dem Start. Schließlich waren die beiden so gut eingestaubt, dass sie sich kopfüber ins Wasser stürzten und sich dort spritzend putzten und wuschen. Völlig außer Atem kam Momoko zu ihrer Decke zurück, schlang das Handtuch zum Turban um ihre nassen Haare und legte sich mit geschlossenen Augen auf den Bauch. Die Sonne schien mittlerweile beinahe mit sommerlicher Wärme auf sie herab, und so fiel sie friedlich in einen kleinen Mittagsschlaf, während Matz in aller Ruhe seine nassen Federn trocknete und es sich dann auf ihrem Kopfschmuck gemütlich machte.

Momoko hatte bestimmt über eine Stunde so vor sich hin gedöst, als ihr kleiner Freund sie am Ohr zupfte.

»Hey, kleine Lady, dreh dich mal um, sonst wird aus deinem Rücken noch ein angebrannter Pfannkuchen, piep.«

Momoko setzte sich langsam auf und streckte die Arme, auf denen sie die ganze Zeit gelegen hatte, zum Himmel.

»Die sind schon ganz taub, und ein bisschen matschig fühle ich mich auch. Puh, die Sonne hat immer noch ganz schön Power um die Mittagszeit.« Mit den Händen fühlte sie nach hinten auf ihren Rücken und drehte den Kopf über die Schulter.

»Danke, Matz, du bist echt ein guter Koch und hast mich noch rechtzeitig gewendet. Meine Haut ist noch immer goldgelb und nicht angebrutzelt, aber ich denke, für heute reicht's erst mal. Weißt du was? Wir schwingen uns auf mein Fahrrad und besuchen zur Feier des Tages einen guten alten Freund. Kommst du mit?«

»Piep, hab nichts Besseres vor heute, aber ich rufe vorher noch mal im Büro an und sag meiner Sekretärin Bescheid.«
Momoko packte lachend ihre kleine Picknickdecke zusammen und verstaute alles im Rucksack. Nur das nasse Handtuch machte sie mit einem Gürtel außen fest. Während ihrer rasanten Fahrt über das freie Feld saß Matz oben auf dem Rucksack und surfte mit ausgebreiteten Flügeln im Wind. Im Städtchen flatterte er dann ab und zu hoch zu den Dächern und in die Bäume hinauf, um zwitschernd ein paar Sperlingsfreunde zu grüßen. Dann sauste er wieder im Sturzflug zu seiner radelnden Freundin zurück und landete zielgenau auf seinem Mitfahrerplatz.
Am Forsthaus benutzte Momoko die versteckte Tür zum Wald, um unbemerkt von hinten in den Garten zu gelangen. Sie wollte noch ein Weilchen ungestört mit ihren beiden Freunden verbringen.
»Hier oben warst du bestimmt noch nicht, oder?« Momoko zeigte Matz stolz ihr altes Baumhaus. »Sieht leider alles nicht mehr ganz so frisch und aufgeräumt aus.«
»Sorry, ich möchte dein Gedächtnis nicht beleidigen, aber der Platz ist mir wohlbekannt, auch wenn ich zugegebenermaßen schon lange nicht mehr hier war. Na komm schon, erinnere dich mal – wer, denkst du hat dich damals geweckt, als Borki dir zum ersten Mal von dem Jungen Joy erzählt hat? – Hey, Borki, alter Holzwurm, wie geht's denn so?«
Ein Rascheln ging durch den Blätterwald der alten Eiche, und es schien beinahe, als ob sich Stamm und Äste leicht bewegten.
»Borki meint, ich solle nicht so frech sein, sonst würde er mir eine Eichel auf den Kopf werfen. Er freut sich aber aufrichtig,

uns auf seinen Ästen tragen zu dürfen und bedauert es, dass er leider gerade einen Dolmetscher braucht, um sich mitzuteilen. Moment – ach ja, er gratuliert dir natürlich aufs Herzlichste zum Geburtstag und wünscht dir eine dicke Rinde und viele Eicheln. 'tschuldigung, er meint wohl eher ein langes Leben und Gesundheit. Aaach, noch was – mein Gott, wie kann man nur so langsam reden! – So schön das für ihn wäre, solltest du dennoch mal in Kürze deinen süßen Hintern ins Forsthaus bewegen. Dort gäbe es nämlich eine kleine Überraschung für dich. Und du, Matz, bleibst noch ein bisschen bei mir und leistest mir Gesellschaft, wenn du schon mal da bist, kleiner Gernegroß. Oh …, ich glaube, die letzte Message war wohl für mich.«

Momoko blieb trotzdem noch eine kleine Weile mit Matz oben im Baumhaus, und als sie schließlich die wackeligen Sprossen wieder heruntergeklettert war, nahm sie Matz auf den Finger und küsste seinen kleinen Schnabel.

»Danke für alles von ganzem Herzen.«

»Ich glaube, jetzt bin ich unter meinen Federn echt rot geworden, kleine Lady. Pass gut auf dich auf und halte alle Augen immer offen, piep.« Matz flatterte wieder nach oben und schaute von einem Ast herunter. Er sah noch, wie Momoko Borkis Stamm umarmte und einen dicken Kuss auf seine Rinde drückte. Dann nahm sie ihr Fahrrad und den Rucksack und lief durch den Garten nach vorne zum Forsthaus.

Mir etwas eingezogenem Kopf klopfte sie an Omas Tür. Sie wollte wenigstens Hallo sagen, wenn sie schon zu Hause war. Leider gab es dieses Jahr wohl keinen Kuchen, und niemand würde auf sie warten. Das hatte sie sich leider selbst eingebrockt. Dann ging die Tür, auf und Momoko traute ihren Augen und Ohren nicht.

»Zum Geburtstag viel Glück, zum Geburtstag viel Glück, alles Gute, liebe Momoko, zum Geburtstag viel Glück!«

»Oh mein Gott – was macht ihr denn alle hier!?«

Oma Louise, Opa Mut, Mika, Nick, Papa Charly, Lucy, Chris, Stefanie und Tante Marion waren zur Begrüßung zur Tür geeilt und strahlten Momoko entgegen. Schon wieder liefen ihr die Tränen auf beiden Seiten herunter, und ihr war klar, dass dieser Tag als »Heulsusengeburtstag« in ihr Tagebuch eingehen würde.

Oma Louise war im Nu wieder in der Küche verschwunden und kam nur wenig später mit einem Schokoladennusskuchen und sechzehn brennenden Kerzen wieder heraus. Nachdem Momoko alle Kerzen unter großem Beifall ausgepustet hatte, musste sie sich erst einmal von diesem wunderbaren Schock erholen und fiel in Opa Muts alten Ohrensessel.

»Wir dachten, dass wir uns in deiner Abwesenheit die Bäuche mit Omas leckerem Kuchen vollschlagen könnten, und nun bist du leider mitten in unsere kleine Geheimfeier geplatzt!« Opa Mut schlug sich prustend auf die lederbehosten Schenkel, und alle mussten herzlich mitlachen.

»Ich gebe zu, so ein bisschen ist das wohl meine Schuld, dass hier alle versammelt sind«, meinte Mika mit vorgehaltener Hand. »Bitte entschuldige, dass ich dir mit meinen Einladungen möglicherweise in den Rücken gefallen bin, aber irgendwie sagte mir mein Gefühl, dass du dich wahrscheinlich doch ein wenig freuen würdest, all deine Freunde hier anzutreffen – oder liege ich da etwa falsch?«

»Mensch, Mama!« Momoko nahm Mika lachend und weinend zugleich in die Arme und begrüßte danach liebevoll alle, die gekommen waren. Niemand fragte sie, wie es ihr ging, denn alle konnten deutlich sehen und fühlen, dass sie sich wieder gefangen hatte und jeder von ihnen herzlich willkommen war.

Später dann, nachdem Omas Kuchen und Mikas Käsetorte ratzeputz aufgegessen waren, erzählte Momoko ihren staunenden Freunden von ihrem aufregenden Vormittag am See und ihrer Begegnung mit Matz. Dass sie ihrem kleinen gefiederten Freund jedoch heimlich das Kuchentablett mit den leckeren Bröseln und einem Stück Schokonusskuchen, das sie unbemerkt zur Seite geschafft hatte, vors Küchenfenster gestellt hatte, blieb ihr kleines Geheimnis. Matz war diese Aufmerksamkeit jedoch nicht entgangen, und so feierte er draußen auf der Fensterbank zusammen mit ein paar Meisen und Rotkehlchen aus der Nachbarschaft ebenfalls Momokos Geburtstag.

Das Experiment

Es waren schon über zwei Jahre vergangen seit Joys letzter Begegnung mit Maya. Die Suche nach Momoko hatte er zwar nicht aufgegeben, aber er wusste einfach nicht, wo er hätte beginnen sollen. Was er brauchte, war ein kleines Wunder, ein Fingerzeig, doch nichts dergleichen geschah. Seine neugierigen Fragen an die Welt waren nicht weniger geworden, und so hatte er unter anderem sein altes Interesse für die Natur und die Wissenschaft wiederentdeckt und damit begonnen, Biologie und Physik zu studieren. Dort schien es viele Antworten zu geben, und es machte ihm Spaß, sich mit diesen Dingen zu beschäftigen.

Leider hatte das aber dazu geführt, dass ihm immer weniger Zeit blieb, sich seiner ersten großen Liebe, der Musik, zu widmen und Klavier zu spielen. Ab und zu stimmte ihn das etwas traurig. Dennoch war er überzeugt davon, das Richtige zu tun, und so fuhr er während des Semesters jeden Tag mit der Bahn in die Stadt und radelte mit dem alten Fahrrad seines Vaters, das er dort am Bahnhof geparkt hatte, zur Universität.

Während dieser Zeit gab es nur wenige Menschen aus seinem alten Freundeskreis im Dorf, zu denen er noch regelmäßigen Kontakt pflegte. Aber es war schön, dass Gabi wieder da war. Nun, sie war im Grunde nie weg gewesen, doch ihre Lebenspfade hatten sie auch in der Vergangenheit schon öfters zusammen- und wieder auseinander geführt. Jetzt aber war sie wieder aufgetaucht, und so verbrachten die alten Freunde wie früher in ihrer Kindheit fast jede freie Minute miteinander und sprachen über Gott und die Welt.

»Ich werde es tun!«, sagte Joy mit fester Stimme, während er seine nassen Schuhe auszog und auf die Treppenstufen stellte.
»Was wirst du tun?« Gabi stand im Bademantel und einem Handtuchturban in der Wohnungstür und legte die Stirn in Falten. »Komm erst mal rein und wärm dich etwas auf. Mich friert's ja schon vom Hinsehen.«
Joy hängte seine tropfende Jacke ins Bad und klopfte die Schneereste aus seiner Wollmütze in die Wanne.
»Hast du vielleicht noch ein paar dicke Socken für mich? Heißer Tee wäre auch nicht schlecht.«
»Langsam, langsam, du Frostbeule, lass dich erst mal umarmen. Den Rest gibt's dann hinterher.«
Gabi verpasste ihrem besten Freund noch ein liebevolles Küsschen und verschwand gleich darauf in ihrer kleinen Küche. Kurz darauf kam sie mit einem Tablett mit Tassen, Milch und Honig und einer dampfenden Kanne wieder zurück ins Zimmer.
»Vorsicht, heiß! Ich weiß, dass du dir gerne die Zunge verbrennst. Also lass es erst ein wenig abkühlen.«
»Danke für den Tipp, Gabili.« Joy nahm eine zweite Tasse und schüttete den Tee mehrmals hin und her, bevor er schlürfend einen großen Schluck nahm. Die Wärme von innen tat wirklich gut. Seine kalte Nase wurde langsam rot, und auch die Hände, die er wie zum Beten um die Tasse gefaltet hatte, fühlten sich wieder lebendig an. Gabi rubbelte noch ihre feuchten Haare trocken und schüttelte sie dann mit dem Kopf nach unten wie ein kleiner Hund. Mit einem Schwung flogen sie plötzlich nach oben, und ihr blonder Bubikopf mit dem

lustigen Pony saß sogleich wieder perfekt. Diese Frisur passte wirklich gut zu ihrem Gesicht mit der süßen Stupsnase und den schon etwas verblassten Sommersprossen. Nachdem sie es sich im neu bezogenen, purpurroten Sessel ihrer Urgroßmutter bequem gemacht hatte, fragte sie Joy erneut:
»Also, was ist los mit dir?«
»Ich höre auf mit Essen und Trinken!«
»Und wann – wenn ich fragen darf?«
»Ab morgen.«
Gabi goss sich ebenfalls eine Tasse ein und zog es vor, erst einmal zu schweigen.
»Du sagst ja gar nichts?«
»Würde das etwas ändern? Du klangst eben ziemlich entschlossen, und ich weiß, dass dir das mit der Lichtnahrung schon einige Zeit im Kopf rumspukt. Also, was kann ich dabei tun?«
»Du kannst mich begleiten. Ich meine nicht, dass du ebenfalls mit Essen aufhören sollst – einfach da sein und es nicht weitererzählen, verstehst du?«
»Ich denke schon – und wie geht das dann alles vor sich?«
»Im Grunde ganz einfach. Ich hab heute schon mal damit begonnen, feste Nahrung wegzulassen und nur zu trinken. Hier in meinem Bauch ist es also schon relativ leer. Du weißt ja sicher vom Fasten, dass der Hunger meistens verschwindet, sobald der Darm leer ist. Ja, und ab morgen werde ich dann sieben Tage auch noch mit dem Trinken aufhören und dabei schauen, wie's mir geht.«
»Mensch, Joy, ich muss schon sagen, ich finde das ganz schön mutig. Ich weiß nicht, ob ich mich das trauen würde – eine ganze Woche nichts essen und nichts trinken. Hast du keine

Angst, dass du deiner Gesundheit damit ernsthaft schadest? Okay, ich hab ja auch alles Mögliche über diesen Prozess gelesen – aber zugegeben, ich esse wohl auch zu gern.«

»Na ja, im Grunde würde ich das von mir auch behaupten, aber manchmal habe ich den Eindruck, dass ich das zwar sage, aber meistens etwas zwischen Tür und Angel in mich reinstopfe und schon kurz darauf nicht mehr weiß, wie es eigentlich geschmeckt hat.«

»Du bist also ein Genussschlinger!«

»Das ist gar kein schlechter Ausdruck für meine bisherigen Essgewohnheiten. So gesehen ist es also sicher nicht wirklich ein Verlust, wenn ich damit mal aufhöre. Außerdem will ich einfach am eigenen Leib erfahren, wie schon Tausende vor mir, ob mein Körper auch ohne Essen leben kann und was sich dadurch für mich verändert.«

»Bitte, Joy, versprich mir nur eins: Spiel ja nicht den Helden, und wenn das Ganze außer Kontrolle gerät, dann hörst du damit auf, okay?«

»Ist klar, Gabili, ich bin doch kein Kamikazeflieger. Wenn das Ganze mir Schmerzen oder Unbehagen bereitet, dann weiß ich, wo der nächste Pizzaservice ist. Nein, im Ernst – ich habe nicht vor, irgendwie zu leiden und mir davon dann irgendwas Tolles zu versprechen. Das alles soll ein Spaziergang mit abenteuerlichen Erfahrungen werden, die mir vielleicht neue Erkenntnisse über mich selbst verschaffen können. Aber mal was anderes: Wie sieht's eigentlich mit deiner Zeit aus? Ich hab schließlich Semesterferien.«

»Kein Problem bei mir, ich bin die meiste Zeit hier zu Hause und schreibe an einer Übersetzung. Wissen deine Oldies eigentlich Bescheid?«

»Im Grunde schon. Meine Eltern haben selbst schon ein paar Mal gefastet, und so ähnlich habe ich ihnen das mit der Lichtnahrung auch erklärt. Den Pizzaservice hab ich natürlich ebenfalls erwähnt. Mama ist nur etwas beunruhigt wegen der Trinkerei, aber sie will mich nicht damit nerven und stattdessen lieber beobachten, wie es mir dabei geht und ob ich mich wohl fühle. Ist doch cool, oder? Papa meinte nur, ob ich jetzt versuchen wollte, wie eine Pflanze zu leben, und hat mir eine Tageslichtlampe aus dem Wintergarten angeboten.«

»Wow, ich wüsste nicht, ob meine Mutter so gelassen reagieren würde, aber deine Oldies waren ja schon immer etwas abenteuerlustig. Der Apfel fällt also auch diesmal nicht weit vom Stamm. Und du meinst wirklich, dass dein Körper sich auf die Ernährung durch Prana, oder wie das heißt, umstellen wird?«

»Davon bin ich fest überzeugt! Prana oder Chi ist der indische beziehungsweise chinesische Name für das, was man die universelle Lebensenergie nennen könnte, aus der Alles-Was-Ist – also auch du und ich – besteht. Nach der Überzeugung der alten Yogis ist es ausschließlich Prana, das uns ernährt, und das hat mit Nahrung im herkömmlichen Sinn erst mal nichts zu tun.«

»Okay, mein Lieber, dann stürze ich mich als treue Begleiterin mit in dieses Abenteuer und trinke mit dir auf dein Wohl noch ein Schlückchen Tee. Es stört dich hoffentlich nicht, wenn ich dazu vor deinen Augen ein Stück vom leckeren Christstollen meiner Oma vernasche, oder?«

»Nur zu, Gabili, merkwürdigerweise hab ich im Moment nicht das geringste Verlangen. Aber lass mich mal daran riechen – mmh – liegt wirklich gut in der Nase.«

An diesem Tag saßen die beiden Freunde noch lange in Gabis warmer Stube zusammen und plauderten bis in die späten Abendstunden. Es war schon nach Mitternacht, als Joy sich schließlich verabschiedete und durch den knirschenden Schnee stapfend auf den Nachhauseweg machte.

Von nun an trafen sich die beiden beinahe täglich und machten lange Spaziergänge. Joy erzählte Gabi von seinen Empfindungen und merkwürdigen Träumen, doch die meiste Zeit wanderten sie schweigend durch die Winterlandschaft des Januars, der in diesem Jahr wirklich ziemlich kalt war.

Joys Gesundheit schien sich durch den Nahrungsverzicht allen Befürchtungen zum Trotz ganz und gar nicht zu verschlechtern. Im Gegenteil genoss er die Leichtigkeit und die gesteigerte Wahrnehmungsfähigkeit, die ihn – im Gegensatz zu sonst – nun gar nicht mehr verließen. Gabi durfte sich auch täglich von seinen körperlichen Kräften überzeugen, die er ihr immer mit kleinen sportlichen Kunststücken unter Beweis stellte. Am siebten Tag empfing er sie mit den Fingerspitzen am Türrahmen hängend und machte vor ihren Augen zehn Klimmzüge.

Das Einzige, was Joy störte, waren seine kalten Hände und Füße, die sich außer in der heißen Badewanne und unter der Bettdecke nicht so recht erwärmen wollten. Nach einer Weile hatte er sich aber auch daran gewöhnt und genoss ansonsten das neue Körpergefühl.

Am achten Tag feierte er mit Gabi und seiner Mutter, die er extra geweckt hatte, um zwölf Uhr Mitternacht den ersten Schluck Flüssigkeit – stark verdünnter Orangensaft, der ihn wie eine Bombe traf. So intensiv hatte er noch nie zuvor einen Geschmack wahrgenommen. Von nun an war das neben Was-

ser für eine Weile sein einziges Getränk. *Nur* Wasser hätte es sicher auch getan, doch Joy freute sich immer über eine kleine geschmackliche Abwechslung auf seiner Zunge.
Schließlich probierte er auch noch verschiedene Tees aus, und zum Mischen mit Wasser hatte er sich bald eine kleine Fruchtsaftbibliothek angelegt. Hunger verspürte er die ganze Zeit über nur ein einziges Mal, als er eines Nachts von Spaghetti aglio e olio geträumt hatte.
So verging mehr als ein Monat voller kleiner Wunder. Joy schlief nur noch etwa vier bis fünf Stunden in der Nacht, machte Yoga, las viel, und neben seinen Spaziergängen mit Gabi saß er auch wieder oft am Klavier und spielte, was ihm sein Herz eingab. Er wusste schon immer, dass er mit Musik Dinge zum Ausdruck bringen konnte, die er mit Worten niemals hätte beschreiben können, aber noch nie zuvor war er sich selbst so nah gewesen wie jetzt. Manchmal hatte er beinahe das Gefühl, als ob er selbst das Instrument sei und eine unsichtbare Kraft sich durch ihn in Musik verwandelte. Draußen in der Natur war der Schnee mittlerweile verschwunden und die Tage wurden wieder länger. Es war schon Anfang Februar, als er eines Abends wieder mit Gabi zusammen in ihrer kleinen Wohnung saß.

»Weißt du, Gabili, ich glaube, ich könnte ewig so weiterleben. Es gibt schon einige Leute, die das über mehrere Jahre machen. Aber auf der anderen Seite merke ich erst jetzt, was mir möglicherweise während meiner Essenszeit an Köstlichkeiten entgangen ist. Ich habe damals einfach gegessen, aber nur wenig wirklich genossen – ich meine so richtig mit allen Sinnen, verstehst du?«

»Ich glaube, ich weiß, was du meinst, aber heißt das, du willst wieder anfangen?«

»Ich muss es einfach probieren, aber ich gebe zu, dass ich davor irgendwie mehr Angst habe als vor einem Monat beim Aufhören. Die ganze Verdauung wird wieder anfangen – ich muss dann wieder öfter aufs Klo und, und, und ... Ich würde es sicher hassen, wieder mit vollem Bauch rumzulaufen und nur deshalb müde zu sein.«

»Nun mach aber mal halblang, Joy, du bist doch nicht magersüchtig geworden, oder?«

»Nee, sicher nicht, aber vielleicht lichtsüchtig oder so was Ähnliches. Gabi, du kennst mich doch nun schon ziemlich lange, und ich weiß, dass ich dir manchmal mit meinem spirituellen Gequatsche auf die Nerven gegangen bin. Trotzdem hast du immer zugehört. Deshalb will ich dir auch die Wahrheit sagen, warum ich wieder anfangen werde, mit Essen herumzuexperimentieren. Dieser Lichtnahrungsprozess, das Leben von Prana, war und ist für mich der körperlich erlebbarer Beweis, dass die Verbindung mit der Leere, der Ursprungsquelle, uns sogar von der üblichen Nahrung unabhängig machen kann. Schließlich sind wir ja auch nur ein Teil dieser Ursubstanz. Natürlich weiß ich, dass solche Beweise nicht unbedingt nötig sind, aber für meinen Verstand war diese Radikalkur genau das Richtige und hat meine Glaubenssätze kräftig durcheinander gewirbelt. Dem großen Ozean, wenn du weißt, was ich damit meine, sind solche Experimente und Spiele natürlich völlig wurscht, aber für die kleine Welle, die sich Joy nennt, fängt das Abenteuer jetzt erst richtig an – jetzt, wo kein Stein mehr fest auf dem anderen steht und alles um mich herum völlig offen und voller Fragezeichen ist.

Ach ja, ich habe übrigens in alten Yogaschriften gelesen, dass neben unserer Nase auch die Geschmacksknospen Aufnahmeorgane für Prana sind. Ist das nicht interessant? Ich werde also am kommenden Wochenende alle, die von meinem Experiment wissen, zu einer kleinen Wanderung und später bei uns zu Hause zu Kaffee und Kuchen einladen.«

»Na, das ist ja wirklich eine nette Neuigkeit, Joy. Mal sehen, ob ich zu diesem Anlass für meinen kleinen Lichtkrieger nicht auch eine Überraschung zaubern kann.« Gabi streckte ihre Nase wichtigtuerisch nach oben und kniff gleichzeitig das linke Auge zu.

Neben seinen Eltern und Gabi hatte Joy noch ein paar Freunde zu seiner Sonntagswanderung eingeladen. Er führte sie durch eine malerische Schlucht wie aus dem Bilderbuch, mit plätscherndem Wildbach und einem Hexenhäuschen mitten im Wald. Dies war einer seiner Lieblingsplätze, gar nicht weit von seinem derzeitigen Heimatort entfernt – ein Platz, zu dem er immer wieder zurückkehrte und dessen Schönheit er gerne mit anderen teilte.

Den Anlass für diesen kleinen Ausflug hatte Joy natürlich allen bekannt gegeben, doch die brennenden Fragen seiner Mitwanderer wies er freundlich zurück und erklärte ihnen, dass er später allen ganz genau von seinem Experiment berichten wollte. Besonders Tim und Fabian, die mit ihm zusammen studierten, konnten es kaum erwarten, etwas von seinem abenteuerlichen Selbstversuch zu hören.

Am späten Nachmittag dann, als es sich alle bei Joy zu Hause gemütlich gemacht hatten, gab es Omas leckeren Nusskuchen mit Schokoladenstückchen. Das war der Anfang vom Ende des Lichtnahrungsprozesses. Allerdings hielt Joys Magen nach drei Stück Kuchen ein großes Schild heraus mit der Aufschrift: Wegen Überfüllung geschlossen! Bei diesem überwältigenden Geschmack hatte er sich nur schwer zurückhalten können. Die Verdauung bedankte sich für so viel Unvernunft prompt mit Streik und Bauchschmerzen.

Joy erkannte, dass er nach so langer Zeit ohne feste Nahrung wohl ein wenig behutsamer mit seinem Körper umgehen sollte, doch nach einer kleinen Ruhepause auf dem Sofa ging es ihm bald schon besser. Schließlich kehrte auch seine gesunde Gesichtsfarbe wieder zurück, und nachdem er sich wieder aufgerichtet hatte begann er lächelnd zu seinen Freunden zu sprechen.

»Also, ihr Lieben, ihr habt es jetzt ja mit eigenen Augen gesehen – ich habe was gegessen! Und wenn mein Magen durchhält, bleibt es auch drin und kommt hinten wieder raus. Ich weiß genau, dass einige von euch, nachdem sie von meinem Experiment erfahren hatten, angesichts solcher Verrücktheit den Kopf geschüttelt haben. Trotzdem habt ihr mich, so gut es ging, unterstützt und nicht blöd angemacht. Das war wirklich sehr nett und hat mir echt geholfen. Mama und Paps, auch euch möchte ich herzlich danken. Ihr wart zwar am Anfang etwas skeptisch, aber ihr habt auch gleichzeitig liebevoll und neugierig beobachtet, was euer Sohnemann da wohl wieder anstellt. Vor allem aber möchte ich dir, allerliebste Gabili, für deine supertolle, freundschaftliche Begleitung während dieser Zeit ein dickes Bussi verpassen.«

Joy nahm seine beste Freundin in die Arme, und nach einem zärtlichen Küsschen wischte er ihr dann ein paar Tränen von den Wangen, noch bevor sie heruntertropfen konnten.

»Nun, da ich mich in letzter Zeit ziemlich zurückgezogen habe, möchte ich allen, die es interessiert, mal eine kleine Zusammenfassung meiner Erfahrungen mit dieser Lichtesserei geben.«

Alle mussten lachen, als Joy die kleine Taschenlampe an seinem Schlüsselbund anknipste, damit in seinen Mund leuchtete und schmatzende Geräusche von sich gab.

»Fabian und Tim, ihr alten Forscherkollegen – wie ich euch kenne, wollt ihr sicher etwas genauer wissen, was ich da veranstaltet habe.

Also, wie ihr vielleicht wisst, war der Verzicht auf Essen und Trinken schon im alten Ägypten als Einweihungsritual bekannt. Allerdings gab es dort eine siebenjährige spirituelle und körperliche Vorbereitungszeit für die Schüler der Priester in den Pyramiden. Heutzutage ist dieser Lichtnahrungsprozess auf wissenschaftlich-medizinischer Seite natürlich sehr umstritten, denn man verzichtet die ersten sieben Tage völlig auf Essen und Trinken und fängt danach lediglich wieder an, Flüssigkeit zu sich zu nehmen. Diesen Prozess, der nicht mit einer Fastenkur verwechselt werden sollte, haben allerdings bereits Tausende von Menschen unbeschadet durchschritten. Das zeigt uns deutlich, dass in dieser Beziehung wissenschaftlicher Erklärungsnotstand herrscht, denn eigentlich hätten all diese Menschen längst tot sein sollen oder zumindest körperliche Schäden davontragen müssen.

Glücklicherweise gibt uns die Forschung über die sogenannten Biophotonen da ein paar Anhaltspunkte. Dieses Licht in unseren Zellen ist möglicherweise eine Erklärung dafür, dass der Körper wohl in der Lage ist, sich unter gewissen Umständen, alles, was er zum Leben braucht, selbst herzustellen – so ungewöhnlich das auch klingen mag. Ihr könnt euch sicher vorstellen, dass das meinen Forscherdrang ziemlich herausgefordert hat. Aber dieser Erklärungsversuch ist nur ein Teil der Wahrheit, sozusagen für Skeptiker und Wissenschaftsgläubige.

Wieso sterben dann aber immer noch so viele Menschen an Unterernährung? Diese berechtigte Frage bleibt unbeantwortet. Es gibt dazu meiner Meinung nach eine wichtige Beobachtung aus der Abteilung ›Glaube versetzt Berge‹. Man könnte denken, dass wirklich der Glaube und die Überzeugung, dass dies alles möglich ist, die entscheidenden Faktoren dafür sind, dass dieses Wunder bisher tausendfach geschehen konnte, während tragischerweise an anderer Stelle auf der Erde gleichzeitig Menschen verhungern. Es scheint eine Frage der Einstellung und des Bewusstseins zu sein, die hier über Leben oder Tod entscheidet. Ist das nicht tragisch und faszinierend zugleich? Für alle, die sich auf dieses Experiment bisher eingelassen haben und mit denen ich sprechen konnte, brachte der Prozess ganz unterschiedliche persönliche Erlebnisse und Erkenntnisse hervor. Einige bleiben dabei, auf Essen völlig zu verzichten, denn sie genießen die Freiheit und Leichtigkeit eines Lebens ohne Einkaufen, Kochen, Essen und Verdauen. Viele kehren aber mit dem Wissen von Unabhängigkeit wieder zum Erlebnis des Essens zurück und entdecken die sinnliche Freude am Schmecken völlig neu. Zu ihnen gehöre wohl auch ich, und wisst ihr was? Ich habe mir vorgenommen, in Zukunft ein absoluter Feinschmecker und Genießer zu sein! Omas Nusskuchen war doch schon ein guter Anfang. Nur langsam essen und kauen muss ich wohl noch ein bisschen üben.«

Joy hatte schon wieder ein Stück von seinem Lieblingskuchen in der Hand und kaute diesmal mit geschlossenen Augen langsam und genüsslich bestimmt über eine Minute auf seinem Bissen herum, bevor er zu schlucken begann.
»Ja, ich glaube, so ist's richtig. Schmeckt besser und länger und macht schneller satt.« Joy grinste und machte ein zufriedenes Gesicht. »Ach ja, zum Schluss möchte ich euch noch Folgendes sagen:
Glaubt mir bitte – kein Mensch muss so ein Experiment mit sich selbst machen, um sich spirituell oder anderswie weiterzuentwickeln! Das ist mir während dieser Zeit wirklich klar geworden. Letztlich war dieses Abenteuer auch nur einer von tausend Methoden und Wegen, die Menschen beschreiten, um zum vollkommenen Glück zu gelangen. Dorthin kommen wir auf diese Weise aber nicht! Das Glücklichsein braucht keine Umwege. Im Gegenteil – so habe ich jetzt den Eindruck – verschieben alle Methoden, Vorgehensweisen und Disziplinen diesen ersehnten Zustand immer weiter in die Zukunft, die niemals kommen wird. Also: Jetzt oder Nie!«
Joy hatte seine kleine Ansprache beendet, und Gabi lächelte ihm freundlich zu. Für ihn selbst hatte sein Experiment jedoch noch eine weitere Auswirkung: Die Unabhängigkeit vom Essen hatte seinen Verstand schwer erschüttert. Mit dem alten Glaubenssatz »Friss oder stirb« waren auch noch andere Überzeugungen verschwunden oder ins Wanken geraten. Alles, was er bisher geglaubt und für richtig und wichtig im Leben gehalten hatte, war vom Gesetz zur Variablen geworden. Seine Gedankenwelt war erschüttert, und das war gut so. Der Verstand, der Wächter vor der Tür, hatte einen gewaltigen Schlag auf seinen Dickkopf bekommen.

Nicht jeder von seinen Gästen hatte Joys Rede voll und ganz verstanden, doch alle schienen irgendwie angetan davon, und so saßen sie noch bis spät in die Nacht zusammen und genossen ihre gesellige Runde. Die verrückte Lichtnahrungsgeschichte gab noch einigen Gesprächsstoff her, und um Mitternacht erzählte Joy seinen Freunden sozusagen als Betthupferl das Märchen vom vollkommenen Glück und vom Leid. Woher diese Geschichte allerdings ursprünglich kam – daraus machte er ein kleines Geheimnis.

Ein wunderbarer Tag ging damit langsam zu Ende, und als schließlich alle gegangen waren, nahm sich Joy endlich die Zeit, die kleinen Geschenke, die seine Gäste ihm mitgebracht hatten, zu bestaunen. Dabei fiel ihm sofort ein besonders schöner, von Hand bemalter Umschlag ins Auge.

»Von Deiner Sandkastenfreundin Gabi« stand in geschwungenen Buchstaben darauf, und innen befanden sich zwei Eintrittskarten. Als Joy die Aufschrift las, wurde es ihm gleichzeitig heiß und kalt:

»Wie verlieren wir unseren Verstand – Vortragsabend mit dem spirituellen Lehrer Papa Charly aus Kenia«

Wie verlieren wir unseren Verstand?

Sandkastenfreundin war wirklich die richtige Bezeichnung für Gabi. Mit diesem Mädchen war Joy schon in den Waldkindergarten gegangen, und was die beiden verband, war weit mehr als eine normale Freundschaft. Sie war über lange Zeit seine Vertraute und er immer ihr bester Zuhörer gewesen. Man konnte meinen, die beiden wären irgendwie Geschwister, und genau so fühlten sie sich auch oft.

Merkwürdigerweise hatten sie sich jedoch nie ineinander verliebt, obwohl sie zu manchen Zeiten zusammenklebten wie die Kletten und sich fast jeden Tag sahen. Wenn sich einer von ihnen dann mal so richtig verknallt hatte, dauerte es meist nicht lange, bis der andere die ganze Geschichte noch ofenfrisch auf den Tisch bekam. Dieses vertraute Verhältnis zwischen ihnen hatte allerdings manchmal schon zu unbegründeten Eifersüchteleien in ihren verschiedenen Beziehungen geführt. Ihre langjährige Freundschaft wurde dadurch jedoch niemals berührt oder gar gefährdet.

Joy hatte noch in der gleichen Nacht, kurz nachdem er die Eintrittskarten entdeckt hatte, bei Gabi angerufen und zwei Stunden mit ihr über diese seltsame Fügung geredet. Natürlich wusste sie von seinen Traumbegegnungen mit dem Mädchen Momoko, und von Papa Charly, Maya und Borki hatte sie auch schon gehört. So freute sie sich herzlich über diese gelungene Überraschung und war schon gespannt, wie das nun alles weitergehen würde. Allerdings mussten die beiden noch über drei Monate bis zu diesem bedeutenden Ereignis ausharren.

Zwei Tage nach Joys 21. Geburtstag, an einem Freitagnachmittag, saßen Gabi und er zusammen in der S-Bahn und waren auf dem Weg in die große Stadt. Die Fahrt führte sie durch die verschiedenen Dörfer ihrer Gegend, die in den letzten Jahren immer dichter zusammengewachsen waren und irgendwann sicher ein großes Ganzes bilden würden. Noch aber konnte man kleine Wälder, Wiesen und Ackerflächen zwischen den Stationen sehen, bis schließlich die ländliche Umgebung fließend in die Großstadt überging. Wie in einem Zeitrafferfilm wurden die grünen Lücken immer spärlicher, die Häuser wuchsen in die Höhe, der Verkehr wurde dichter, und ihre Bahn verschwand plötzlich ins Dunkel unter die Erde.
Die halbstündige Fahrt war wie im Flug vergangen und nach einigen hell erleuchteten unterirdischen Haltestellen waren sie schließlich im Stadtzentrum angelangt. Mitten in diesem wuselnden Ameisenhaufen mit seinem turbulenten Treiben schwebten sie förmlich auf der Rolltreppe aus dem U-Bahnhof wieder hinauf ans Tageslicht. Die Maisonne hatte die Menschen schon in zahlreiche Straßencafés gelockt und erfreute auch die beiden Freunde mit der Aussicht auf ein warmes, frühlingshaftes Wochenende.
Ihr kleiner Stadtbummel war vor allem für Gabi, die schon lange nicht mehr in diese schillernde Welt hineingetaucht war, eine wunderbare Abwechslung. Gemütlich schlenderten sie durch die Straßen, bestaunten die faszinierende bunte Vielfalt in den Schaufenstern der Ladengalerien und reckten die Köpfe, um an den blitzenden Marmor- und Glasfassaden der hoch aufragenden Gebäude des Bankenviertels emporzuschauen. Schließlich gelangten sie am Ende ihres Spazier-

gangs zum großen Park der Universität. Inmitten weitläufiger Grünanlagen lag Joys Lieblingscafé, wo sie im Schatten der alten Kastanienbäume genüsslich leckeren Käsekuchen aßen. Dazu gab es für jeden einen großen Milchkaffee. In dieser Gegend kannte sich Joy gut aus, denn schließlich studierte er seit etwa einem Jahr fast täglich während des Semesters nicht weit von hier.

»Nun gib es schon zu!« Gabi grinste ihn an, während sie ihre Tasse abstellte und ihren kleinen Milchbart abwischte.
»Was soll ich zugeben?«
»Dass du wahrscheinlich die meiste Zeit deines Studiums hier in diesem netten Café verbringst und dich mit fremden Frauen triffst.«
»Wie kommst du denn jetzt darauf?«
»Na, sei doch mal ehrlich – Biologie, Physik, Chemie, Mathe und das ganze Zeug – das ist doch auf Dauer nichts für dich. Jedenfalls nicht das, was du immer gesucht hast. Joy, der große Wissenschaftler! Und wo bleibt deine wunderbare Musik? Du kommst doch während des Semesters kaum mehr zum Singen und Klavierspielen, oder?«
Joy kratzte sich verlegen am Kopf und schwieg erst einmal.
»Hey, ich wollte dir nicht auf den Schlips treten, aber so richtig glücklich bist du mir in letzter Zeit nicht gerade vorgekommen, wenn du von deiner Studiererei erzählt hast. Dagegen warst du während deiner kleinen Lichtpause viel gelassener und lebendiger, oder lieg ich da falsch?«
»Na ja, irgendwie hast du ja recht, aber ich habe auch das Gefühl, dass ich wenigstens einmal im Leben etwas auch abschließen sollte, was ich angefangen habe, und außerdem

interessieren mich diese Dinge im Grunde schon.«
»Das weiß ich doch, du Naturkind. Du hast ja schon früher jeden Käfer und jede Blume im Wald persönlich und mit Namen gekannt, aber hast du mir nicht selbst mal gesagt, dass wir uns vor allem den Dingen zuwenden sollten, die unser Herz zum Singen bringen? Hör doch mal, ob es gerade singt! Und außerdem, was soll das denn heißen: etwas abschließen? Eine Tür kann man abschließen – dann ist sie zu, bums! Alles andere ist ständig in Bewegung, und das ist doch auch gut so, oder?«
»Oh du meine grausame, unerbittliche Seelenklempnerin! Du bohrst mir noch den Schädel auf und wäschst mir mein Gehirn!« Joy hielt sich mit beiden Händen den Kopf und ließ sich mit gespieltem Jammern zur Seite in Gabis Schoß fallen.
»Das hat sich ja fast gereimt. Ach du armer schwarzer Kater, was sollen wir bloß mit dir machen?«
»Wir machen uns jetzt erst mal aus dem Staub, finde ich, damit wir rechtzeitig zu Papa Charlys Vortrag kommen.« Joy richtete sich wieder auf und winkte der Bedienung zum Bezahlen.
»Jawoll, mein Lieber, und danach irren wir dann ohne Verstand durch den Park und heulen wie Wölfe hinaus die Nacht, bis uns die Polizei aufgreift!«
Kurz nachdem Joy für seine freundliche Einladung zu Kaffee und Kuchen ein liebevolles Küsschen von Gabi kassiert hatte, schlenderten die beiden lachend Arm in Arm durch den Park und machten sich auf den Weg zum Hörsaal der Psychologen, wo sie bald darauf zusammen mit etwa hundert Zuhörern auf Papa Charly warteten.
»Ich finde es schon irgendwie lustig, dass ausgerechnet die

Psychoheinis so einen Abend veranstalten, findest du nicht?«, flüsterte Gabi Joy ins Ohr.

»Hmm – vor allem wären sie dann bald arbeitslos, wenn alle ihren Verstand verlieren würden.«

Die beiden kicherten noch leise vor sich hin, als Papa Charly aus einer Seitentür kam und vor sein Publikum trat. Freundlich wanderte sein Blick über die Menschen im Saal, und mit einem Mal überzog ein breites Lächeln sein Gesicht.

»Liebe Freunde«, begann er mit einem leichten Kopfschütteln, »dieser Hörsaal und ich hier vorne wie ein alter Professor – irgendwie finde ich das schon lustig. Ich stelle mir gerade vor, wie es wäre, wenn ihr jetzt alle herunterkämt, um hier unten Lehrer zu spielen, und ich als einziger Schüler nach oben in die Bank ginge.«

Papa Charly machte eine kleine Pause und genoss sichtlich die fragenden Gesichter, die ihn von oben anschauten.

»Habt ihr schon einmal den Satz gehört: ›Lehrer haben Schüler und Meister haben Meister?‹ Klingt vielleicht zunächst etwas ungewöhnlich, aber genau in diesem Sinne möchte ich euch alle heute hier als *Meister* herzlich willkommen heißen!«

Papa Charly ging daraufhin nach vorne vor die erste Reihe und begrüßte die Leute, die er direkt erreichen konnte, mit freundlichem Händedruck. Danach nahm er den für ihn aufgebauten Stuhl als Stufe, schwang sich leichtfüßig nach oben und setzte sich im Schneidersitz direkt auf den großen Professorentisch vor der breiten Schultafel, der zur Feier des Tages mit einer weißen Decke und ein paar darübergestreuten Blüten geschmückt war.

»Das wollte ich seit meiner Schulzeit schon immer mal tun – den Lehrern aufs Pult steigen«, meinte er schmunzelnd, und

seine Zuhörer lachten amüsiert mit ihm.
»Ja, was hat es wohl mit diesem Satz von den Lehrern und Meistern auf sich? Wisst ihr, in Handwerksberufen beispielsweise hat der Meister das Privileg, Lehrlinge ausbilden zu dürfen, und der Titel ›Meisterbetrieb‹ steht dort für solide Qualität und fachliche Kompetenz. Auf dieser praktischen Ebene gibt es offensichtlich so einiges, was ein Meisterschüler erlernen kann. Wie sieht das aber aus mit dem Menschsein? Was brauchen wir denn dafür eigentlich? Irgendwelche besonderen Werkzeuge, eine spezielle Ausbildung oder jahrelange Berufserfahrung? Im Grunde tragen wird doch schon alles, was dafür nötig ist, in uns, sozusagen als Grundausstattung für den Kinderwagen. Natürlich gibt es da noch die Altersunterschiede und unsere unterschiedlichen Erfahrungen. Aber hat ein Erwachsener automatisch eine größere Kompetenz im Menschsein als ein kleines Kind? Bei manchen Leuten erscheint es mir eher umgekehrt.
Wie viele Jahre, denkt ihr, muss ein Mensch leben, um das Menschsein und das Leben zu erfahren? Die Antwort liegt doch auf der Hand: Vom Moment der Geburt an birgt jeder Augenblick im Leben diese grandiose Erfahrung in sich, und es braucht da sicher nichts erlernt zu werden.
Für das Menschsein gibt es meiner Meinung nach in diesem Sinne nichts ›mehr zu lernen, und die Unterscheidung zwischen Meister und Schüler wird damit überflüssig. Dem Vogel braucht niemand das Vogelsein zu erklären, damit er Vogel ist. Er ist es einfach! Wir menschlichen Vögel haben da allerdings so unsere Eigenheiten. Bei uns glauben doch die meisten Vögel tatsächlich, sie müssten mit dem Fallschirm aus dem Flugzeug springen, um zu fliegen. Und wirklich, wir

armen Vögel würden ohne dieses Hilfsmittel zu Tode stürzen. Dabei wäre es so einfach, doch niemand hat uns je gesagt oder gezeigt, dass man dazu die Flügel benutzen kann. Mit etwas Glück finden manche das irgendwann auch selbst heraus, doch für viele von uns wäre es sicher leichter, wenn sie einfach jemandem mal beim Fliegen zuschauen könnten.

Was ich soeben über das Mensch- oder Meistersein erzählt habe, soll natürlich nicht heißen, dass es nichts mehr zu entdecken gibt für uns alle hier. Im Gegenteil, es steckt noch so manches Geheimnis unter der Decke. Also, liebe Meister – lasst uns schauen, was darunter verborgen liegt, lasst uns auf Entdeckungsreise gehen. Dabei kann ich euch vielleicht ein wenig behilflich sein, denn im Entdecken und Schätzebergen bin ich recht gut. Das Motto dieses Abends müsste daher eigentlich sinngemäß lauten: Wie verlieren wir unsere Decke, oder was steckt darunter? Aber ich befürchte, dann wäre der Saal hier nur halb so voll.«

Alle mussten lachen, als Papa Charly sich in diesem Augenblick zur Seite fallen ließ, eine Ecke der Tischdecke ergriff und sie sich demonstrativ mitsamt den Blumen über den Kopf zog.

»Diese Decke, die alles versteckt hält und uns oft im Dunkeln stehen lässt, ist natürlich nichts anderes als unser Verstand mit seinem unablässigen Denken!«

Seine Stimme klang etwas dumpf, doch dann kam Papa Charly langsam wieder mit ein paar Blüten im Haar unter der Tischdecke hervor und verdrehte lustig die Augen.

»Ich hoffe, liebe Freunde, der Eindruck einer seriösen Veranstaltung ist hiermit endgültig vom Tisch, aber ich wollte euch auch veranschaulichen, dass die Frage ›Wie verlieren wir unseren Verstand?‹ schon ganz gut ins Schwarze trifft. Natürlich ist das nur eine Redewendung, denn ihr müsst euren Verstand nicht wirklich verlieren, sondern lediglich für das benutzen, wozu er euch dienlich ist. So wie ihr einem Hammer benutzt, um den Nagel in die Wand zu kriegen. Danach landet er wieder im Werkzeugkasten und wartet auf den nächsten praktischen Einsatz. Ihr rennt doch nicht die ganze Zeit herum und behauptet überall: ›Ich bin der Hammer, ich bin der Hammer!‹ Na ja – manche denken das vielleicht wirklich von sich!

Wisst ihr, es ist die Identifikation mit dem Verstand, womit wir uns selbst die Decke über den Kopf ziehen. Darunter können wir keine echten Beziehungen zur Welt entwickeln, da alles durch einen dunklen Schleier aus Gedanken, Vorstellungen und Konzepten getrübt ist. So leben wir in der Illusion der Trennung zwischen uns und allem anderen.

Und wie zieht uns der Verstand in seinen Bann? Indem er unablässig und pausenlos rattert! Wir sind ständig mit Denken beschäftigt. Das ist für die meisten von uns ganz normal, so sieht unser Alltag aus.

Stellt euch vor, es ist Wochenende und ihr habt am Montagmorgen einen wichtigen Termin bei der Bank. Es geht dabei wirklich um eine Menge Geld, und der neue Filialleiter soll angeblich ein ziemlich harter Brocken sein. Was aber könnt ihr jetzt am Samstagnachmittag, zur schönsten Kaffee- und Kuchenzeit, für diese Geschichte tun? Absolut gar nichts! Die nötigen Papiere liegen schon auf dem Schreibtisch, ihr habt euch über eure wichtigsten Fragen ein paar Notizen gemacht, und das Benzin im Tank reicht locker bis Mitte nächster Woche. Also, wo ist *jetzt* das Problem?

Tja, wenn das so einfach wäre, alles im Kopf zur Seite zu schieben und beim netten Kaffeekränzchen über Gott und die Welt zu plaudern. Nein, das gelingt euch nicht! Ihr habt nur ein Thema im Kopf – Banktermin – und käut es bei jeder Gelegenheit wieder wie eine Kuh, doch im Gegensatz zur Kuh wird es bei euch dadurch nicht leichter verdaulich. Ganz im Gegenteil! Es liegt euch immer schwerer im Magen, so dass ihr irgendwann auch noch Kopfschmerzen bekommt und euch ins Bett legt, um dort munter weiterzugrübeln. Ihr findet einfach den Knopf zum Abschalten nicht – das Wochenende ist im Eimer!

Das zwanghafte Denken, wie ich es gerade beschrieben habe, ist wie ein Karussell in unserem Kopf, von dem niemand loslässt und abspringen mag. Zwar ist den meisten schon längst langweilig geworden, und sie sind es leid, immer wieder von einem Pferd aufs nächste zu springen, wo man doch so gerne mal etwas Aufregendes erleben möchte, wie etwa Schiffschaukel fahren – aber die Angst ist zu groß, um den Absprung zu wagen.

Zudem gilt man als völlig verrückt und nicht ganz normal, wenn man in der Öffentlichkeit solche Gedanken äußert. Es sei doch alles in Ordnung auf dem Karussell, und wer will schon ernsthaft diese Sicherheit aufs Spiel setzen und sich ins Ungewisse stürzen. Und so bleibt alles beim Alten. Das Gedankenkarussell dreht sich weiter und wir hüpfen darauf herum wie Besessene, die dieser Krankheit nicht entkommen können, oder sagen wir besser, gar nicht entkommen wollen. Da fast jeder unter dieser Erkrankung leidet, fällt man höchstens als Gesunder aus der Reihe.

Allerdings gibt es da auch eine wachsende Zahl von Karussellfahrern, die die Nase gestrichen voll haben und zuerst vielleicht etwas zögerlich, dann aber mit wachsender Begeisterung hinunter auf den großen Rummelplatz hüpfen und ihre Freiheit genießen. Glücklicherweise kommen ab und zu einige dieser Ausreißer zu Besuch auf das Karussell zurück, um von ihren Abenteuern zu berichten. So ähnlich sehe ich mich heute Abend auch selbst und ich hoffe, dass ich mit meinen Geschichten den einen oder anderen dazu ermutigen kann, auch selbst einmal den Absprung zu wagen. Den Verstand lassen wir dazu am besten im Werkzeugkasten oder versuchen, sein ängstliches Geplapper einfach mal zu ignorieren. Ach ja, ich habe euch zu diesem Thema ein kleines Zitat mitgebracht.«

Papa Charly kramte in seiner Jackentasche und zog einen gefalteten Zettel hervor.

»Ich möchte mich hier den Worten des großen Weisheitsbotschafters Eckhart Tolle anschließen, der da schreibt: ›Die Freiheit beginnt mit der Erkenntnis, dass du nicht der Denker bist. In dem Augenblick, in dem du den Denker zu beobachten beginnst, wird eine höhere Bewusstseinsebene aktiviert. Du erkennst, dass es einen unendlichen Intelligenzbereich jenseits des Denkens gibt, von dem das Denken nur ein winziger Bruchteil ist. Du erkennst ferner, dass alles, was wirklich von Bedeutung ist – Schönheit, Liebe, Kreativität, Freude, innerer Frieden – seinen Ursprung jenseits des Verstandes hat. Du beginnst zu erwachen.‹

Ist das nicht wunderbar ausgedrückt? Allen, die mich schon länger kennen, ist sicher klar, was mit diesem Intelligenzbereich jenseits des Denkens gemeint ist. Es ist die Leere, die unendliche Weite, die Quelle und der Ozean zugleich, der sich uns erschließt, wenn wir das Gedankenkarussell verlassen oder es sogar anhält. Wir begegnen uns selbst in Allem-Was-Ist, und fühlen uns von nichts mehr getrennt. Dieser Seinszustand ist das wunschlose Glücklichsein oder das vollkommene Glück, wie ich es manchmal nenne – obwohl es sich im Gunde jeder Bezeichnung und Beschreibung entzieht.

Ich erinnere mich noch gerne daran, wie ich vor ein paar Jahren meine heutige Frau kennengelernt habe. Damals war ich seit vielen Jahren allein oder solo, wie man hier wohl sagt, und diese Begegnung traf mich wirklich aus heiterem Himmel. Es war Liebe auf den zweiten Blick, denn meine Blickrichtung war zu dieser Zeit auf alles gerichtet, nur nicht auf die Vorstellung, dass diese Frau meine große Liebe sein könnte, von der ich als Teenager so oft geträumt hatte. Beinahe hätte mich mein Verstand mit seinen dummen Ratschlägen in die Irre geführt:

›Meinst du wirklich, dass sie die Richtige ist? Sei bloß vorsichtig, mein Lieber! Lass dir Zeit, beobachte erst mal, ob sie wirklich die ist, die du meinst, dass sie ist, und stürz dich nicht kopfüber in irgendwelche Abenteuer. Nur so kannst du dich vor einer möglichen Enttäuschung bewahren. Denk erst mal nach, bevor du wieder Dummheiten machst.‹

So ging dieses Geplapper die ganze Zeit in meinem Kopf herum, bis mir glücklicherweise ein wunderbares Buch in die Hände fiel und ich dort den passenden Hinweis für mich las, der sinngemäß etwa so lautete: ›Wenn ihr immer wieder das Gleiche im Leben in verschiedener Verkleidung erleben wollt, dann hört ruhig auf euren ewig nörgelnden Verstand. Da er ständig mit Vergangenheit und Zukunft beschäftigt ist, wird er mit Sicherheit dafür sorgen, dass ihr auf keinen Fall etwas

Neues, etwas Abenteuerliches erleben werdet. Viel zu gefährlich! Alles bleibt besser beim Alten. Es wird nur umdekoriert. Wer aber sein höchstes Potential entfalten möchte und das Leben wirklich immer wieder neu entdecken will, so wie es kleine Kinder tun, der hört besser auf sein intuitives Gefühl und wagt es einmal, den Verstand zu verlieren!‹

Dieser gute Rat kam mir damals wie gerufen, und ich beschloss, mich in dieses Liebesabenteuer ohne Vorbehalte hineinzustürzen und den Verstand auf Urlaub zu schicken. Es war und ist vor allem die Hingabe an den Augenblick, die Lucy und mir bis heute die schönsten und intensivsten Momente beschert hat. Der Verstand hat sich zumindest aus unserer Liebesbeziehung bisher herausgehalten, und wir haben auch weiterhin nicht vor, ihn in unser Schlafzimmer hineinzulassen. Ich glaube, er hat das Schild gelesen, das wir an die Tür gehängt haben. Ihr wisst schon ... diese netten Schilder für Hunde vor der Metzgerei mit der Aufschrift: ›Wir müssen draußen bleiben!‹

Seht ihr, in Liebesdingen, vor allem für frisch Verliebte, klingt das ja alles noch akzeptabel – zumindest für eine gewisse Zeit. Doch wer schon ist auch auf allen anderen Gebieten des Lebens so weit, den nimmermüden Denker zu ignorieren und sich beispielsweise seiner Büroarbeit mit der gleichen Hingabe zu widmen wie einer Geliebten? Aber glaubt mir, die unglaubliche Kraft, mit der Verliebte das scheinbar Unmögliche wagen und manchmal Berge versetzen, kommt nicht von ungefähr. Sie zapfen mit ihrer wunderbaren Kopflosigkeit, meist ohne es zu wissen, direkt die Quelle unseres Seins an, und deren Potential ist wirklich unerschöpflich. Genau das ist die berühmte rosa Wolke Nummer sieben.

Stellt euch mal vor, wir würden diese Kraft der unbegrenzten Möglichkeiten bewusst in unser Leben holen. Was für ein herrliches Abenteuer könnte es dann wieder sein! Deshalb möchte ich euch dazu ermutigen, künftig in allen Bereichen wie Verliebte den Verstand zu verlieren und euch dem Jetzt mit echter Hingabe zu widmen. Ihr werdet ihn sicherlich zwischendurch immer noch für einige praktische Dinge des Lebens benutzen, aber nach Gebrauch kommt der Hammer eben wieder zurück in die Werkzeugkiste, wo er hingehört – so einfach ist das!

Wie können wir aber nun das zwanghafte Denken beenden, damit es uns nicht ständig dazwischenredet? Dazu ist die Beobachtung des Denkers wirklich ein guter erster Schritt, denn der Dieb, dem man beim Stehlen auf die Finger schaut, mag das nicht besonders. Er liebt die Dunkelheit und meidet das Licht unserer Aufmerksamkeit.

Mir ist natürlich bewusst, dass jeder von euch, der den Freiheitsentzug durch diesen Räuber entdeckt und verspürt hat, am liebsten eine Art Bedienungsanleitung hätte, wie er den Verstand ein für alle Mal in die Wüste schicken kann. Dieser Abend soll aber keine Patentrezepte liefern, sondern euch den Zustand, in dem ihr bisher gelebt habt, vor Augen führen. Probiert mal das Beobachten und die Hingabe an den Augenblick im täglichen Leben aus. Ihr werdet sehen, dass ihr mit der Zeit immer achtsamer werdet, und damit beginnt ihr, den riesigen Eisberg eurer Vorstellungen und Glaubenssätze, dessen Spitze ich euch heute gezeigt habe, in wärmere Gewässer zu ziehen. Er schmilzt ganz von selbst, ohne dass ihr dass vielleicht anfangs bemerkt.

Diese Hinweise sollten erst mal genügen. Ja, und wer von

euch mit mir und anderen Polarforschern gerne noch etwas tiefer tauchen möchte, um sich seinen Eisklotz sozusagen auch von unten anzuschauen – den lade ich herzlich ein, mal ein Wochenende oder vielleicht sogar einen ganzen Urlaub zusammen zu verbringen. So wie an diesem heutigen Abend, möchte ich auch bei diesen Gelegenheiten alles, was ich persönlich dazu beitrage, den Teilnehmern zum Geschenk machen.«

Ein Murmeln ging durch die Bänke, und überall, auch zwischen Joy und Gabi, wurden verwunderte und überraschte Blicke getauscht.

»Ja, ihr habt ganz richtig gehört, das sollte kein Scherz sein!« Papa Charly lachte fröhlich. »Ich könnte euch über die Philosophie des Schenkens sicher einen ganzen weiteren Abend berichten, aber für jetzt solltet ihr einfach wissen, dass die beglückende Erfahrung von Großzügigkeit in allen Dingen mein eigenes Leben aufs Schönste verändert hat. Und davon möchte ich euch allen eine dicke Scheibe abgeben. Wenn euch diese Idee gefällt und anzieht, dann habt ihr ja die Gelegenheit, bald etwas mehr darüber zu erfahren.

So, und nun möchte ich euch gerne die Möglichkeit geben, vielleicht noch ein paar Fragen an mich zu richten, die euch schon die ganze Zeit auf dem Herzen liegen.«

Im Publikum winkte in diesem Moment eine junge Frau mit der Hand. Papa Charly ging zu ihr nach oben und ermutigte sie mit einer Handbewegung, zu sprechen.

»Sie sehen so aus, als ob Ihnen eine dringende Frage auf den Lippen brennt, und die sollte nun aber schleunigst heraus.«

»Ja, das ist richtig – also, Papa Charly, ich würde wirklich gerne wissen, wie Sie selbst reagieren, wenn eine problematische

Situation in Ihrem Leben auftaucht. Wie verhalten Sie sich in so einem Moment?«

»Nun – ich versuche als Erstes, die Lebenssituation, in der ich mich gerade befinde, nicht mit dem Sein zu verwechseln. Zweitens kann auch ich, wie wir alle, letztlich nur das nahe Liegende tun – nämlich das, was im Moment möglich ist und mir angemessen erscheint. Wenn aber keine unmittelbare Lösung in Sicht ist, ziehe ich es vor, alles erst mal so zu lassen, wie es ist, und wende mich anderen Dingen zu. Ich grüble nicht herum und mache mir keine Gedanken über ungelegte Eier.

Wir sollten uns, gerade wenn es schwierig wird, immer bewusst sein, dass sich alle Probleme von Zeit ernähren. Sie brauchen Vergangenheit und Zukunft, um zu existieren. Nur dann kann der Verstand sich mit ihnen beschäftigen und auf ihnen herumkauen. Im Jetzt aber können sie nicht überleben.

Wisst ihr, für mich haben sich solche Situationen oft so angefühlt, als ob ich auf einer Felsenklippe ohne Rückweg stünde. Früher bin ich dort oben meist stunden-, ja tagelang herumgeirrt, um dann letztlich doch nicht zu springen. Mittlerweile aber habe ich absolutes Vertrauen in die Kraft der Gegenwart, und so stürze ich mich heute noch im selben Moment, in dem ein scheinbares Problem auftaucht, von dieser Klippe direkt hinein ins Jetzt und lande wunderbarerweise völlig unbeschadet direkt im großen Ozean des Seins. Es gibt keinen Aufprall auf der Wasseroberfläche, sondern nur ein sanftes Hindurchgleiten hinein in die unendliche Weite des Meeres. Die problematische Situation ist natürlich geblieben, aber es gibt *jetzt* für mich kein Problem – versteht ihr das?

Hmm – ich sehe noch immer Fragezeichen in einigen Gesichtern. Nun, das was ich meine, die Kraft der Gegenwart, haben schon viele Menschen, vielleicht auch welche unter euch, bereits einmal erlebt, allerdings ohne sich dessen bewusst zu sein. Ich wähle mal ein extremes Beispiel: Ein Mann, der kein Blut sehen kann, wird Zeuge eines schweren Verkehrsunfalls. Er handelt, ohne nachzudenken, hilft den Verletzten, alarmiert die Rettungskräfte und erinnert sich an seinen Erste-Hilfe-Kurs vor über 30 Jahren. Erst als alles vorbei ist und er das Blut an seiner Kleidung sieht, wird ihm schlecht und er übergibt sich.

Was ist hier geschehen? – Es gab für den Mann zu keinem Zeitpunkt ein Problem! Dafür war gar keine Zeit. Er konnte nur tun, was im Augenblick möglich war, und er hat nicht gezögert oder nachgedacht. Stellt euch mal vor, wir könnten jederzeit ganz bewusst so handeln, wenn es bei uns mal wieder *problematisch* wird. Wisst ihr, die Hingabe an das, was uns der jetzige Augenblick offenbart, führt uns in einen gedankenfreien Raum, der jenseits von Vergangenheit und Zukunft, der jenseits von Zeit existiert. Dort erfahren wir die kleinen und großen Wunder, die Geistesblitze, die genialen Eingebungen, unsere ungeahnten Kräfte. Dort entfaltet sich ständig auf wunderbare Weise unser wahres Potential.

Nun, liebe Freunde, da ich bei einigen von euch schon Rauch über den Köpfen sehe, werden wir nun eine kleine Pause einlegen, und danach will ich euch noch eine kleine Geschichte erzählen, in der es ebenfalls um Entfaltung geht – nämlich um die Entfaltung der künstlerischen Fähigkeiten und wie schwer es manchmal ist, sich dafür den nötigen Freiraum zu schaffen.«

Papa Charly verbeugte sich mit aufeinandergelegten Handflächen vor seinem Publikum und verschwand unter freundlichem Beifall lächelnd in einem Raum hinter dem Hörsaal.

»Puh – nach so viel Geistesnahrung brauch ich jetzt dringend Drogen!« Gabi kramte in ihrem kleinen Rucksack herum und zog schließlich eine Tafel bittere Schokolade hervor.
»Über 70 Prozent Schoko – darunter geht bei mir nichts mehr!«
»Du bist ja ein echter Junkie, Gabili – komm, gib schon rüber. Ich kann nicht mit ansehen, wie du dieses bittersüße Gift alleine verdrückst.«
»Ich weiß deine Freundschaft und Nächstenliebe echt zu schätzen, aber ich will dich da nicht mit reinziehen!« Gabi brach sich ein großes Stück ab und schickte sich an, den Rest wieder diebstahlsicher zu verstauen.
»Oh nein, bitte nicht! Ich geb's ja zu, ich geb's ja zu, aber jetzt kann ich nicht mehr schweigen! Jahrelang hab ich versucht, meine Sucht vor dir zu verbergen, Liebste. Bitte verzeih mir und verrate mich nicht bei meinen Eltern! – Nun rück schon die Schoki raus, siehst du nicht, wie ich leide?«
»Na gut, jetzt, wo du endlich ehrlich zu mir warst, will ich dich nicht länger foltern! Aber pass auf deinen lichtverwöhnten Magen auf – ich sage nur: Omas Nusskuchen!«
Kichernd brachen die beiden den Rest der Tafel in kleine Stücke und ließen es sich schmecken. Da in den oberen Bänken noch genügend Platz war, konnten sie sich gemütlich darauf ausstrecken und etwas ausspannen. Nach einer Viertelstunde etwa wurde es langsam still im Saal, und als Joy und Gabi wieder auftauchten, sahen sie, dass Papa Charly bereits den Raum

betreten hatte und sich gerade wieder auf den Tisch setzte.
»So, meine lieben Freunde. Ich wollte nicht zu lange warten mit meiner Geschichte – sonst seid ihr am Ende so entspannt, dass ihr hier noch einschlaft. Und es wäre doch jammerschade, wenn ihr das Sandmännchen heute verpassen würdet. Nun, liebe Kinder, gebt fein acht – ich hab euch etwas mitgebracht!«

Der Meisterdieb

Es war einmal ein kleiner Junge mit einer großen Begabung für die Musik. Seine Eltern erlaubten ihm daher im Alter von zehn Jahren, Klavier zu lernen. Zu seinem Leidwesen nahm jedoch niemand in seiner Umgebung den Wunsch richtig ernst, sein Leben mit Musik zu verbringen. »Brotlose Künste« hieß es da nur, denn schon immer waren alle Menschen in seiner Familie, der Verwandtschaft, ja im ganzen Land, Diebe gewesen. Sich mit etwas anderem als Stehlen zu beschäftigen, galt höchstenfalls als verrücktes Hobby. Jeder identifizierte sich voll und ganz von Kindesbeinen an mit seiner Rolle als Dieb, und es war völlig normal, dass sich alle Menschen ständig gegenseitig beklauten.

So hatte auch unser kleiner Freund von seinen Eltern gelernt, wie er möglichst unbeobachtet den anderen alles aus der Tasche ziehen konnte. Lustigerweise galt das Stehlen zwar als völlig normal, aber keiner mochte es gerne, wenn er selbst beklaut wurde, denn Besitz und Eigentum war den Leuten sehr wichtig. Und so klauten alle weiter, was das Zeug hielt, meistens mit der Begründung, sich nur das zurückzuholen, was ihnen eigentlich zustand.

Da unser Junge keinen Weg sah, sein musikalisches Hobby zum Beruf zu machen, beschloss er stattdessen, ein Meisterdieb zu werden. Dazu verschlang er die ganze Literatur, die das Stehlen, seine Geschichte und seine Techniken wissenschaftlich untersuchte. Ja, er begann sogar ein Studium für professionelles Klauen, das er schließlich mit Bestnoten abschloss.

Es gab da aber etwas Merkwürdiges, fast wie ein zweites Wesen tief in ihm, das bei jedem gelungenen Diebstahl zu weinen begann. Irgendwann konnte er seine Tränen nicht mehr zurückhalten, und er fand keine richtige Freude mehr an seinen perfekten Verbrechen. Die Familie war natürlich stolz auf ihn, und er genoss überall hohes Ansehen. Heimlich aber begann er, sich wieder mit Musik zu beschäftigen und Klavier zu spielen. In diesen Momenten schien sich sein Herz zu öffnen, die Finger flogen wie durch Magie über die Tasten, und herrliche Musik entstand. Die Improvisationen entlockten ihm immer neue Melodien. Irgendwie fühlte er deutlich, dass hier etwas Wahres und Echtes aus ihm hervorsprudelte, oder besser ausgedrückt, ihn durchströmte.

Er bemerkte, dass dieses wunderbare Erleben seiner eigenen Kreativität immer an den Augenblick gebunden war, und so konnte und wollte er diese Momente auch nie konservieren oder festhalten. Wozu auch, denn immer, wenn er die Tasten berührte und die Welt um sich vergaß, floss es aus dieser schier unerschöpflichen Quelle heraus direkt in seine Finger. Dagegen verblasste der fahle Geschmack von Erfolg bei einem gelungenen Raubzug völlig. Das Stehlen war wie eine Verkleidung seiner selbst, die ihm keine wirkliche Freude bereitete. Ja, im Grunde war es schon immer eine künstliche Scheinwelt gewesen, die er bisher nur nie in Frage gestellt hatte.

Er konnte nicht verhindern, dass er sich immer mehr selbst beobachtete und beim Klauen auf die Finger schaute. In solchen Augenblicken begannen ihm plötzlich die Hände zu zittern, und er konnte nicht mehr bedenkenlos zugreifen. Eine innere Stimme sagte ihm, wie verrückt diese Welt doch sei, in der sich alle bestahlen, statt sich zu beschenken. Niemand würde mehr leiden, wenn sich statt des ständigen, allgegenwärtigen Denkens an den Mangel und das, was man noch haben wollte, das Gefühl von Fülle und Großzügigkeit unter den Menschen verbreiten würde. Wenn sie bemerken würden, dass sie sich mit jedem Diebstahl selbst bestahlen, würden sicher einige, wie auch er, von diesem überflüssigen Tun ablassen wollen. So jedenfalls dachte er bei sich, und die Vorstellung an eine solche Welt erfreute sein Herz.

Ihm war natürlich klar, dass er nicht mit der Tür ins Haus fallen konnte und allen Menschen die Unsinnigkeit ihrer Stehlerei ins Gesicht schleudern durfte. Er wollte ein kluger Botschafter sein und kein Lehrmeister. So beschloss er im Stillen, ganz für sich allein, seine Diebeslaufbahn zu beenden. Stattdessen begann er, wo immer sich die Gelegenheit bot, die Menschen mit seinem Klavierspiel zu erfreuen.

Dass er dafür auch etwas zurückbekam, empfand er als großes Geschenk. Damit hatte er gar nicht gerechnet. Seine Musik öffnete die Herzen und Ohren seiner Zuhörer, und so wagte er es schließlich im Kreis von Interessierten, auch immer öfter von seinen Selbstbeobachtungen und Erfahrungen zu erzählen. Zu seiner großen Freude und Überraschung war er mit seinen Ansichten über die Welt gar nicht so allein, wie er immer dachte. Und so wurde der Kreis von Menschen immer größer, die das Stehlen mit dem Schenken vertauschten. Unser Meisterdieb war zum Meisterschenker geworden.

Eine wunderbare Begegnung

Papa Charly wollte die Geschichte vom Meisterdieb weder kommentieren noch erklären. Jeder sollte selbst erspüren, ob er sich angesprochen fühlte, und das mitnehmen, was er gebrauchen konnte. Er erzählte im weiteren Verlauf seines Vortrags noch so einiges über den Verstand und seine raffinierten Tricks, vom Habenwollen und über das kreative Potential jedes Einzelnen. Doch da gab es jemanden, der ihm den Rest des Abends kaum noch Gehör schenken konnte. Irgendwie hatte Joy die Geschichte mit dem Meisterdieb tief im Herzen berührt und aufgewühlt, als ob sie nur für ihn erzählt worden wäre, und er sah sich ständig selbst in der Rolle dieses Diebes.

»Ich will da raus!«, flüsterte er plötzlich ziemlich laut direkt in Gabis Ohr, die ihn mit einem verständnislosen Blick anschaute.

»Wie, was, warum? Ist dir vielleicht schlecht?«, meinte sie besorgt.

»Nein, sorry! Ach mir geht diese Diebesgeschichte die ganze Zeit im Kopf herum, und ich hab keine Lust, meine Musik irgendeiner Wissenschaftskarriere zu opfern, verstehst du?«

»Natürlich, das sag ich doch schon immer, aber du hörst mir ja nicht zu. Häng dein komisches Studium an den Nagel und tu das, was du eh am liebsten magst. Spiel und schreib deine Musik! Aber jetzt lass uns noch die letzten Worte von Papa Charly hören, bevor du deine Welt auf den Kopf stellst, ist das okay?«

Joy nickte und wandte sich wieder dem Vortrag zu.

»Nun, meine lieben Freunde und Meister! Ich hoffe, dass ihr alle künftig zu aufmerksamen Beobachtern eures Verstandes werdet und immer mehr aus der Zeitfalle heraustretet, die euch im Denken gefangen hält. Ihr müsst mir das nicht glauben, aber ihr könnt mit euren Sinnen gar nichts anderes erfahren: euer Leben findet *immer* im Jetzt statt. Das ist der magische Eingang in die Welt der Wunder, das Auge des Hurrikans, die Stille, die der wirbelnde Verstand niemals erfassen und begreifen kann. Also hört auf damit, immer wieder zu versuchen, euer Leben in den Griff zu kriegen. Nehmt stattdessen an, was es euch in jedem Augenblick an Erfahrungen bietet. Das ist, was ich mit Hingabe meine. Verwechselt es aber bitte nicht mit Schicksalsgläubigkeit, denn da ist niemand, der die Fäden bereits gesponnen hat. Ihr seid all das selbst! Ihr seid Welle und Ozean zugleich! Werdet euch dessen bewusst und genießt die unglaubliche Freiheit eures Seins. In diesem Sinne lasst uns alle zum Schluss noch ein paar Minuten in Stille zusammen verweilen. Legt bitte währenddessen eurem rechten Sitznachbarn die Hand auf die Schulter und berührt den Menschen vor euch mit der linken Hand sanft am Kopf. Schließt eure Augen und fühlt, wie ihr euch dabei selbst berührt und mit dem Ozean eins werdet. Versucht dabei, die Grenzen eures Körpers immer weiter auszudehnen. Nicht ihr bewohnt euren Körper – euer Körper bewohnt euch!«

Niemand wusste so recht, wie lange es gedauert hatte, bis alle im Raum wie abgesprochen langsam die Augen öffneten und Papa Charly sich lächelnd, mit aufeinander gelegten Händen, vor seinem Publikum verneigte.
Nach dieser wunderbaren Erfahrung wollten sich viele noch

persönlich bei ihm bedanken, und er nahm sich für diese Besucher freundlich noch ein wenig Zeit. Joy wartete geduldig, bis er schließlich als Letzter in der Reihe Papa Charly gegenüberstand, der ihn freundlich anlächelte und tief in die Augen schaute.

»Das ist ja wirklich eine große und freudige Überraschung, dich endlich persönlich kennenzulernen«, meinte Papa Charly nach einem Augenblick des Schweigens und streckte ihm beide Hände entgegen. »Wenn mich nicht alles täuscht, bist *du* der Junge aus Momokos Träumen – Joy, so heißt du doch, nicht wahr?«

Joy blieb vor Überraschung die Stimme weg, und er schaute sich ungläubig nach Gabi um, die nur lachend den Kopf schüttelte.

»Das gibt's doch nicht, woher wissen Sie das? Gabi, hast du etwa …?« Joy blickte die beiden nacheinander hilfesuchend an.

»*Ich* bin völlig unschuldig!«, beteuerte Gabi und legte die Hand aufs Herz.

»Das kann ich bestätigen, junger Freund. Deine Freundin hat damit wirklich nichts zu tun. Aber es ist der Ozean, der alle seine Wellen kennt und auch ihre Geheimnisse. Manchmal ist er so freundlich und flüstert mir etwas zu.«

Papa Charlys Augen hatten irgendwie etwas magisch Leuchtendes, und Joy musste unwillkürlich an eine lächelnde Buddha-Figur denken.

»Dann ist es also wahr, dass es Momoko wirklich gibt, und sie ist kein Hirngespinst?« Joy wurde langsam aufgeregt bei dem Gedanken, dass sie jetzt im Grunde noch einmal in Fleisch und Blut in seine Welt geboren wurde.

»Ganz bestimmt kein Hirngespinst, das kann ich dir versichern. Dafür war sie bei unserer letzten Begegnung etwas zu lebendig.«

»Aber was meinten Sie mit ›der Junge aus ihren Träumen?‹ Ich dachte immer, sie wäre nur in meinen Träumen aufgetaucht.«

»Ganz ehrlich, Joy, das wusste ich bisher auch nicht. Ich hatte allenfalls so etwas vermutet, als Momoko mir von ihren Traumgeschichten mit dir erzählte. Wie du vielleicht heute Abend mitbekommen hast, gibt es im Grunde keine Trennung zwischen Allem-Was-Ist. In der Traumwelt finden diese unsichtbaren Verbindungen und Vernetzungen immer wieder ihre bildhaften Entsprechungen, so wie kleine Spielfilme. Leider hat unser Verstand ebenfalls Zugang zu dieser Welt und spielt dort zu gerne den verrückten Regisseur. Er dreht seine eigenen Filme und Szenarien und vermischt sie mit den klaren Bildern aus unserem Inneren, die uns meist im traumlosen Schlaf erreichen. So sind normalerweise unsere Träume oft sehr verwirrend und undurchsichtig. In eurem Fall aber hattet ihr wohl einen freien, ungestörten Kanal, und ihr konntet euch sogar wie Tagträumer später noch an alles erinnern. Oder liege ich da etwa falsch?«

»Nein, das ist ganz richtig, meine Träume waren immer ganz klar und deutlich. Nur die Orte und Namen waren nach dem Erwachen immer wie weggeblasen. Das änderte sich erst vor etwa zwei Jahren, als plötzlich die Namen Momoko, Borki, und Ihr Name, Herr Charly, diese Nebelwand durchdrungen hatten.«

»Du brauchst nicht so höflich zu sein, Joy. Nenn mich ruhig Papa Charly, wie alle meine Freunde und vergiss das *Sie*. Du

bist schließlich auch kein kleiner Junge mehr, sondern ein stattlicher junger Mann. Doch was diesen merkwürdigen Schleier betrifft, der auch bei Momoko alles außer deinem Namen weggefiltert hat, fehlt auch mir eine plausible Erklärung. Vielleicht ist da aber noch ein weiteres Spiel im Gange, das wir nur ergründen können, wenn wir nicht wie üblich nach logischen Regeln suchen.«
»Ich bin sicher, dass dabei Maya und Borki und ihre Kollegen aus der Zwischenwelt ihre Finger mit im Spiel haben.« Joy klang sehr überzeugt, doch Gabi runzelte ein wenig die Stirn. Sie war ja schon einiges von Joy gewohnt, doch manchmal klang ihr das alles doch zu abgedreht.
»Ich glaube, wir haben deine Freundin wohl ein wenig erschreckt. Aber Zwischenwelt hin oder her – ›Momoko und Joy‹ – diese Geschichte klingt wirklich schon leicht nach einem Roman.
Aber sagt mal, ihr beiden hier, was haltet ihr eigentlich davon, wenn wir unser Gespräch an einem anderen Ort fortsetzen? Ich habe nämlich ehrlich gesagt schrecklichen Kohldampf.«
»Kein Problem, ich hatte Gabi eh versprochen, sie noch in eine gemütliche Studentenkneipe hier ganz in der Nähe auszuführen, bevor wir nach Hause fahren. Dort finden wir sicher noch ein ruhiges Plätzchen, und das Essen ist auch sehr lecker.«
Die drei gingen noch kurz ins Hinterzimmer des Hörsaals, um Papa Charlys Sachen zu holen, als sie plötzlich eine helle Stimme draußen im Saal hörten.
»Hallo, ist noch wer da?«
»Oh, da ist ja schon meine geliebte Lucy«, meinte Papa Charly freudig. »Sie hat heute Abend eine alte Freundin besucht und

wollte mich hier abholen. – Lucy, wir sind hier hinten!«
Kurz darauf tauchte ein roter Lockenkopf in der Türöffnung auf und schaute neugierig in den Raum. Lucy kam lächelnd auf ihren Mann zu, um ihn, wie frisch verliebt, in die Arme zu schließen. Dann begrüßte sie freundlich Joy und Gabi.
Das ist also Papa Charlys große Liebe, von der er im Vortrag erzählt hat, dachte sich Joy. Lucy war eine junge Frau um die dreißig, und ihre schneeweiße Haut bildete einen wunderschönen Kontrast zu Papa Charly – wie Milch und Schokolade.

Auf dem Weg zum Restaurant stellte Papa Charly seiner Frau seine neuen Freunde noch etwas genauer vor. Lucy kannte die Traumgeschichten von Momoko bereits und schien gar nicht allzu erstaunt über diese Begegnung.
»Wisst ihr, was hier gerade geschieht, erinnert mich sehr an die Zeit, bevor ich Simon in natura getroffen habe. Er war mir vorher einige Male in meinen Träumen begegnet. Ich fühlte dabei sein ganzes warmherziges Wesen mit all seinen Charaktereigenschaften. Allerdings konnte ich mich nie an sein Gesicht erinnern, wenn ich schließlich aufwachte. Als wir uns dann aber tatsächlich begegneten, wusste ich augenblicklich, dass *er* es war. Ich hatte das gleiche Gefühl wie in den Träumen oder besser, ich wusste intuitiv, dass du es warst, Schatz.«
Sie lächelte ihren Mann an, bemerkte aber dann die verdutzten Gesichter von Gabi und Joy.
»Wieso nennst du Papa Charly *Simon* – ist das etwa so was wie ein Künstlername?«, fragte Joy etwas verwirrt. Lucy und Papa Charly mussten herzhaft lachen.
»Künstlername klingt gar nicht schlecht«, meinte Papa Charly

amüsiert, »wenn man meinen ältesten Sohn Charles als eine Art Kunstwerk ansieht. Nun aber im Ernst – mein richtiger Name ist wirklich Simon, aber bei uns in Kenia werden Männer und Frauen nach der Geburt ihres ersten Kindes sozusagen Papa und Mama Kindername genannt. Deine Mutter hieße bei uns also Mama Joy, falls du keine älteren Geschwister hast, verstehst du? Und das, ihr Lieben, ist die wahre Geschichte hinter meinem Namen. Ihr könnt mich also nach Belieben auch Simon nennen.«

Nach dem kurzen Spaziergang durch die frische Abendluft kamen sie schließlich zu der kleinen Kneipe, von der Joy unterwegs schon geschwärmt hatte. Um diese Zeit war es hier nicht mehr ganz so voll, und man konnte schon vom Eingang aus einige freie Plätze sehen. Der Wirt, ein rundlicher Franzose, kam hinter der Bar hervor und begrüßte die neuen Gäste persönlich, um sie dann in den hinteren Gastraum zu führen. Es sah dort aus wie in einem kleinen, unaufgeräumten Museum. Alles war vollgestellt mit Antiquitäten: alte Sofas, Stühle und Tische für die Gäste und üppige Gemälde und Gobelins an den Wänden. In der Luft mischte sich der altertümliche Geruch mit dem Duft aus der Küche und etwas Tabakrauch, der von der Bar herüberzog. Im Hintergrund erklang eine der alten Jazzplatten von Monsieur Henri, der nun mit ausgestrecktem Arm auf die rechte hintere Ecke des Raumes deutete.

»Voilà Monsieur Joy, deine Lieblingssofa is noch frei! Macht es eusch bequem. Isch komme sofort mit die Speisekarte. Ihr 'abt doch sicher ein wenig 'unger, wenn isch richtig vermute?«

Joy und seine Freunde schlängelten sich zwischen einigen besetzten Tischen hindurch bis zu der gemütlichen Sitzecke mit dem halbrunden, weinroten Plüschsofa und zwei braunen Clubsesseln aus Leder. Dazwischen stand ein ovaler Couchtisch aus dunklem, altem Eichenholz.

»Das Sofa ist für unser Liebespaar.« Joy sah Lucy und Papa Charly mit einem verschmitzten Lächeln an und ließ sich selbst in einen der Sessel fallen.

Die Kochkünste von Monsieur Henris Frau waren wirklich umwerfend. Joy hatte nicht zuviel versprochen, und so genossen sie zusammen eine große Vorspeisenplatte mit Meeresfrüchten und frischem Salat. Danach versanken sie alle angenehm gesättigt in den großen Kuschelkissen, die überall auf den Sitzmöbeln verteilt lagen. Gabi und Lucy waren in ein angeregtes Gespräch vertieft, als sich Papa Charly zu Joy herüberbeugte und ihm geheimnisvoll etwas ins Ohr flüsterte.

»Joy, ich muss dich sicher nicht fragen, ob du Momoko gerne mal treffen würdest, oder? Weißt du, es gibt bald wirklich eine wunderbare Gelegenheit, daraus eine schöne kleine Überraschung zu machen. Was meinst du – würde dir das Spaß machen?«

Joys Augen wurden größer, und er nickte, beinahe etwas verlegen, zustimmend mit dem Kopf.

»Siehst du, wir wollen diesen Sommer eine Seminarreise nach Hawaii unternehmen. Dort werden wir alte Freunde treffen und die schönsten Plätze der Insel besuchen. Nebenbei will ich versuchen, unseren Gästen so einiges über das vollkommene Glück, das wunschlose Glücklichsein, näherzubringen. Dieser paradiesische Platz ist dafür natürlich wie geschaffen. Wir haben vor, dort für zwei Wochen während der Sommerferien zu bleiben, so dass auch Eltern mit Kindern, die zur Schule gehen, mitkommen können. Und nun rate mal, wer

mir neben meiner Frau Lucy diesmal assistieren wird?«
»Momoko?«
Papa Charlys lachende Augen verrieten alles, und Joys Herz machte einen Hüpfer bei dem Gedanken, seiner Seelengefährtin auf einer Trauminsel wie Hawaii zu begegnen und sie endlich kennenzulernen. Er hatte schon viel von diesem magischen Ort gehört und sich durchaus vorgestellt, eines Tages einmal dorthin zu reisen. Nun aber schien dies in greifbare Nähe zu rücken.
»Ich glaube, man müsste mich schon an einem dicken Baum wie Borki festbinden, um mich von einem so verlockenden Angebot zurückzuhalten. Außerdem täte mir ein Tapetenwechsel zurzeit sicher ganz gut. Dein Vortrag heute Abend hat bei mir nämlich so einiges ins Rollen gebracht, und ich bin mir fast sicher, dass ich mein Studium hier wohl an den Nagel hängen werde.«
»Aha – dann ist deine Welt ja heute so richtig aus den Fugen geraten?«
»Das kann man wohl sagen. Aus den Fugen, um sich neu zu fügen.«
»Das klingt wirklich gut! Nun, Glücksritter Joy, es sind noch knapp zwei Monate bis zu unserer Reise, und mir kommt gerade eine spontane Idee. Was hältst du davon, quasi als Geheimagent mit uns zu reisen und uns ein wenig zu unterstützen? Für den Anfang wüssten allerdings nur Lucy und ich, dass du sozusagen under cover mit zum Team gehörst. Offiziell wärst du einer der Teilnehmer. Hmm – vielleicht könntest du dir zu deiner Tarnung noch eine Art Künstlernamen ausdenken, mit dem wir dich vorstellen können. Das wäre doch eine geniale Überraschung!«

»Und du bist dir wirklich sicher, dass das eine gute Idee ist? Ich will Momoko doch nicht belügen.«
»Du kennst Momoko noch nicht richtig. Normalerweise kommt *sie* auf solche Ideen. Seit ich sie kenne, hat sie mir schon so einige lustige Streiche gespielt, und dies wäre eine wunderbare Gelegenheit zu einem netten Gegenzug.«
Papa Charly machte dabei ein schelmisches Gesicht, und Joy schüttelte lachend den Kopf.
»So was hätte ich dir echt nicht zugetraut, Papa Charly, aber ich glaube, ich werde dir zuliebe diese kleine Komödie mitspielen und hoffe nur, dass wir dieses Geheimnis auch lange genug für uns behalten können.«
Zwischen den beiden Männern entstand ein Augenblick verschwörerischer Stille.
»Weißt du, dass deine Geschichte mit dem Meisterdieb beinahe ein Teil *meines* Lebens sein könnte? Direkt nachdem ich sie gehört hatte, sagte ich zu Gabi, dass ich da raus will. Ich meinte damit die verzwickte Situation mit meinem Studium, das mir fast keine Zeit mehr für die Musik lässt. Du hast da genau meinen wunden Punkt getroffen, und ich hab mich auf einmal genauso unzufrieden und unglücklich gefühlt wie dein Meisterdieb. Der Entschluss, das Ganze einfach sausen zu lassen, ist wohl genau in dem Augenblick tief in meinem Herzen schon gefallen. Nur mein Verstand versucht noch, diese Entscheidung etwas aufzuschieben und kleine Zweifel zu säen. Aber damit kommt er nicht durch – ich lass ihn einfach plappern.
Ja, und damit ist jetzt der Himmel wieder weit offen für alles, was kommen mag, und wie ich sehe, sind schon ein paar echte Abenteuer im Anmarsch. Ich denke, dass das alles wohl

dazu dient, die letzten Hindernisse wegzuräumen, die dem vollkommenen Glück bei mir noch im Wege stehen.«
»Das geht nicht nur dir so, Joy«, sagte plötzlich Lucy verständnisvoll.
Gabi und sie hatten ihre kleine Unterhaltung wohl beendet und lauschten schon seit ein paar Sätzen, was die beiden Männer da zu bereden hatten. »Aber weißt du, es werden immer mehr Menschen, die ihren Verstand aufmerksam beobachten und sich mit Hingabe den Dingen widmen, die ihnen das Jetzt ins Leben ruft. Es ist gewissermaßen schon großartig, dem vollkommenen Glück auf den Weg zu helfen, nicht wahr?«
»Wie eine kleine Pioniertruppe«, meinte Gabi ganz begeistert. »Und außerdem möchte ich hiermit offiziell bekannt geben, dass ich bei eurer Glückskinderei, trotz leichter Skepsis in bestimmten Dingen, gerne mitmachen würde. Das Gespräch mit Lucy eben hat mir das noch mal klar gemacht. Es gibt dabei nichts von wirklichem Wert zu verlieren. Am Ende können alle nur gewinnen – sich selbst nämlich, oder? Und deshalb werde ich euch ebenfalls nach Hawaii begleiten, ihr Geheimniskrämer!«
Alle mussten lachen, denn Gabi war am Ende richtig in Fahrt gekommen, und ihre Stimme klang laut und bestimmt.

Nachdem sie noch über einige Details ihrer Reise gesprochen hatten, bemerkten die vier neuen Freunde, dass außer ihnen niemand mehr in der Kneipe war und Monsieur Henri schon damit begonnen hatte, die Bar aufzuräumen und sauber zu machen.
»Mein Gott Joy ... die letzte S-Bahn!«
»Kein Grund zur Aufregung, Gabi«, meinte Lucy daraufhin,

»wir sind mit dem Wagen hier, und wie ich dir bereits vorhin sagte, wohnen wir gar nicht so weit weg von eurem schönen Dorf.« Sie warf ihrem Mann ein Lächeln zu. »Selbstverständlich fahren wir euch heute nach Hause, nicht wahr, Simon?«
»Hakuna Matata – kein Problem!«
Monsieur Henri hatte die Rechnung schon vorbereitet und verabschiedete seine letzten Gäste mit einem freundlichen »Au revoir Mesdames et Messieurs, et bonne nuit! Komm gut nach 'ause, Monsieur Joy!«
Nach Mitternacht war es im Universitätsviertel beinahe so ruhig und beschaulich wie in ihrem Dorf. Nur die hell erleuchteten Straßen und der Nachhall ihrer Schritte zwischen den Häusern verrieten die große Stadt. Draußen war es recht kühl und frisch. Sie hatten sich alle durch das sonnige Wetter zu sommerlicher Bekleidung verführen lassen, die nun des Nachts eindeutig zu leicht war und sie frösteln ließ. Nur Papa Charly, der eigentlich immer etwas wärmer als die meisten Leute hierzulande angezogen war, konnte Lucy seine dicke, warme Strickjacke überziehen. Nach einem kleinen Dauerlauf gelangten sie schließlich zu Papa Charlys Auto und fuhren aneinander gekuschelt und mit laufender Heizung hinaus aus der Stadt.

Joy und Gabi hatten einen schönen Tag und einen aufregenden Abend hinter sich, als sie schließlich wieder zu Hause waren und die vertraute Landluft schnupperten. Die Fahrt über hatten sie alle kaum gesprochen, aber ihre Herzen waren voller Freude über die neue Freundschaft. Als sie sich vor Gabis Wohnung alle vier zum Abschied umarmten, klopfte Joys Herz etwas schneller als sonst, denn mit einer solchen

Wendung in seinem Leben hatte er wirklich nicht gerechnet. Nachdem Papa Charly und Lucy abgefahren waren, drehte er sich zu seiner besten Freundin um.

»Gabili – sag mal – wenn's dir recht ist, möchte ich heute bei dir übernachten … Irgendwie bin ich gerade so anlehnungsbedürftig.«

»Geht schon klar – ich kann sicher auch nicht so schnell einschlafen. Also komm schon, junger Romeo. An deiner Stelle hätte ich sicher schon längst rosarote Sternchen im Kopf!«

Lachend schleppte Gabi ihn mit nach oben, und es vergingen noch ein paar Plauderstunden, bis die beiden in dieser Nacht ins Land der Träume wanderten.

Die Reise nach Hawaii

In den folgenden Wochen telefonierte Joy noch des Öfteren mit Lucy und Papa Charly wegen der Reiseplanung. Er konnte es kaum erwarten, in die Ferne zu fliegen. Gabi hatte ihm währenddessen hoch und heilig versprochen, dass sie sich nicht verplappern und die kleine Komödie für Momoko und die anderen Teilnehmer mitspielen werde. Schließlich war sie Joys beste Freundin und freute sich mit ihm, dass er nun bald das Mädchen seiner Träume kennenlernen würde. Manchmal war sie richtig aufgeregt bei dem Gedanken an das, was nun kommen würde. Sie hatte dann selbst dieses Kribbeln im Bauch und bewunderte Joy, wie er denn so geduldig und cool bleiben konnte. Jedenfalls war sie sich schon jetzt sicher, dass sie, nach allem, was sie bisher gehört hatte, Momoko in ihr Herz schließen würde und bestimmt eine schöne Freundschaft entstehen könnte.

Auch Momoko freute sich riesig auf die Hawaiireise. Dies würde ihr erster großer Trip ohne ihre Eltern sein. Trotzdem war sie froh, ein paar vertraute Menschen wie Lucy und vor allem ihren alten Freund Papa Charly bei sich zu haben. Die weite Reise, beinahe auf die andere Seite der Erde, machte ihr keine Angst, denn sie war schon viel herumgekommen in der Welt. Schon als Kind hatte sie ja mit ihren Eltern diese wundervollen Inseln besucht, und es gab dort bereits viele Freunde, die sich auf ein Wiedersehen mit ihr freuten. Zudem war da noch die tolle Möglichkeit, Papa Charly bei seiner Arbeit zu helfen, obwohl »Arbeit« sicher nicht ganz das treffende Wort war. Sie würden gemeinsam den Teilnehmern dieser Reise die Idee vom wunschlosen Glücklichsein näherbringen. Diese Botschaft übertrug sich am besten, wenn man es einfach vorlebte, und das hatte mit Arbeit im herkömmlichen Sinne nun wirklich nichts zu tun. Momoko musste dabei an die Yequana-Indianer in Südamerika denken, von denen sie gelesen hatte, dass es in ihrer Sprache gar keinen Begriff für Arbeit gab. Sie benannten lediglich die Tätigkeiten, die sie verübten. Dieser Stamm war im Übrigen dafür bekannt geworden, dass dort besonders glückliche Menschen lebten, die weder Gewalt noch Aggression kannten. Man führte dies unter anderem darauf zurück, dass sie ihre Babys ständig bei sich am Körper trugen, bis sie krabbeln konnten. Außerdem verrichteten sie fast alle Dinge, die zu tun waren, immer gemeinschaftlich, freiwillig und offensichtlich mit viel Spaß und Freude. Es war schön zu wissen, dass es auf der Welt Gemeinschaften gab, bei denen das vollkommene Glück schon zu Hause war oder zumindest sehr oft zu Besuch kam. So etwas konnte sich Momoko auch für ihren Besuch auf der Insel vorstellen, die sie so sehr liebte.

Hawaii oder Big Island, wie sie die Amerikaner genannt hatten, war die größte und jüngste der acht hawaiianischen Vulkaninseln mitten im Pazifischen Ozean. An diesem magischen Ort, wo die Erde täglich aus ihrem Innern neues Land erschuf, würde es Papa Charlys Seminarurlaubern bestimmt leichter fallen als zu Hause, ihr Gedankenkarussell für einige Zeit anzuhalten. Dieses Phänomen hatte Momoko selbst schon des Öfteren erleben dürfen. Vielleicht war es einfach die ergreifende Ursprünglichkeit und Schönheit mancher Plätze auf der Welt, die einem nicht allein den Atem, sondern auch

das Denken stocken ließ. In solchen Augenblicken wurde gewissermaßen die Welt angehalten. Es waren diese No-Mind-Zustände, wie sie bereits viele Weisheitslehrer beschrieben hatten, die einen Zugang zur inneren Quelle freilegten.
Hoffnungsvoll und mit Vertrauen in die Intelligenz des Augenblicks richtete Momoko ihre Wahrnehmung wieder auf die wenigen Dinge, die sie noch vor der Reise erledigen musste. Sie hatte sich diesmal ganz bewusst keinen Plan gemacht und darauf verzichtet, alles aufzuschreiben, so wie sie das früher immer getan hatte. Obwohl es noch einiges zu tun gab, vertraute sie darauf, dass ihr alles im passenden Moment direkt vor die Füße fallen würde, und sie wusste irgendwie, dass am Ende alle Dinge ganz ohne Hektik und Stress pünktlich erledigt sein würden.

Am letzten Abend vor dem Abflug feierte Momoko mit ihren Eltern und einigen Freunden noch eine kleine Abschiedsparty. Papa Charly und Lucy waren ebenfalls gekommen und würden am folgenden Morgen zusammen mit ihr zum Flughafen fahren. Nun aber feierten sie alle noch einmal ausgelassen und genossen das leckere Büffet mit afrikanischen Spezialitäten, die Papa Charly und Lucy mitgebracht hatten. Später tanzten sie zu afrikanischer und hawaiianischer Musik – eine wunderbare exotische Mischung für eine ausgelassene Nacht und ein Vorgeschmack auf die nächsten Wochen, die sie erwarteten.

Momoko und ihre Freunde hatten kaum geschlafen. Trotzdem kamen sie relativ fit und vor allem gut gelaunt am Flughafen an. Der Morgenhimmel war grau und bedeckt. So würde ihnen

der Abschied sicher nicht allzu schwer fallen. Die fünfzehn Teilnehmer der Reisegruppe kamen vor allem aus Deutschland. Aber auch aus der Schweiz und Österreich reisten ein paar Freunde an, die Momoko vorher schon einmal auf der Wurzeralm beim Bergwandern kennengelernt hatte. So gab es am Terminal ein freudiges Begrüßen alter und neuer Freunde. Besonders die vier Kinder Joyce, Emma, Finn und Mikko, die auf diese Reise mitkommen würden, wurden gleich von allen ins Herz geschlossen. Obwohl sie sich noch nicht kannten, tollten die kleinen Wilden im Alter zwischen fünf und neun wie alte Freunde ausgelassen zwischen den Koffern herum und spielten Fangen.
Unter den neuen Gästen waren auch Gabi und ihr Freund Leonardo. Momoko kannte die beiden zwar noch nicht, aber Papa Charly stellte sie als zwei alte Bekannte und liebe Freunde vor. Alle, auch die Neulinge, begrüßten sich mit einer herzlichen Umarmung, wie dies bei Papa Charly so üblich war.
Die Umarmung mit Leonardo allerdings war für Momoko eine unerwartete Überraschung. Als sie sich aus seinen Armen löste, waren ihre Wangen leicht gerötet. Irgendetwas hatte sie auf eine Weise berührt, das sie nicht mit Worten beschreiben konnte. Es war, als ob sie sich selbst umarmt hätte. Sie hatte plötzlich das Gefühl, dass alle ihr diese Erregung ansehen könnten, und sie erwiderte Leonardos Lächeln etwas verlegen. Und diese grünen Augen? Schnell suchte sie Papa Charlys Blick, der ihr in diesem Moment irgendwie Halt versprach. Trotzdem hatte sie das dringende Bedürfnis, erst einmal irgendwohin zu verschwinden und sich wieder zu beruhigen. Als sie wenig später auf der Toilette in den Spiegel sah, konnte sie ihren Ärger kaum zurückhalten.

»Du hast dich benommen wie eine pubertierende blöde Gans«, sprach sie zu ihrem Spiegelbild und tippte sich dabei an die Stirn. »Was ist bloß los mit dir? Seit wann rennst du eigentlich weg, wenn dir ein Junge gefällt?«
Aber das hier war irgendwie anders. Hier war etwas Merkwürdiges im Gange, und das hatte mit Gefallen und sonstigen Äußerlichkeiten nicht das Geringste zu tun. Nun, sie würde zwei Wochen Gelegenheit haben, diesem Gefühl auf die Spur zu kommen.
Momoko war gerade im Begriff, die Toilette zu verlassen, als sie in der Tür beinahe mit Gabi zusammenstieß, die gerade hereinkam. Nach einer kurzen Schrecksekunde brachen beide in herzhaftes Lachen aus. Die ist wirklich nett, dachte sich Momoko, und ihre Gelassenheit kehrte langsam wieder zu ihr zurück.

Während des Fluges, der sie mit Zwischenstop in San Francisco schließlich nach Honolulu führte, hatten sich alle eine Menge zu erzählen, und da sie als Reisegruppe nahe beieinander saßen, wechselten die Sitznachbarn des Öfteren die Plätze. So wurde die lange Reise ausgefüllt mit vielen interessanten Gesprächen und Begegnungen. Momoko kam so ziemlich überall herum, doch irgendwie vermied sie es, mit Gabi und Leonardo ins Gespräch zu kommen. Sie wusste auch nicht recht, wieso sie dieser Begegnung noch aus dem Weg ging, doch merkwürdigerweise war sie sichtlich erleichtert, als sie von einem der anderen erfuhr, dass Gabi nicht Leonardos feste Freundin war. Obwohl sie im Grunde neugierig war, hielt sie sich dennoch zurück, bei den anderen zu viel über die beiden nachzufragen.

So vergingen die Stunden, und wer konnte, versuchte irgendwann ein wenig zu schlafen. Doch nicht jeder fand dazu während des Fluges die nötige Ruhe, und die enorme Zeitverschiebung tat ein Übriges, um den Schlafrhythmus kräftig durcheinanderzuwirbeln.
Von der Hauptstadt Honolulu auf der Insel Oahu ging es dann nochmals mit einer hawaiianischen Fluggesellschaft auf die letzte Etappe nach Big Island. Aus dem Flugzeug konnten sie während des Anflugs auf Hawaii – was im Übrigen der ursprüngliche Name von Big Island ist – die mächtigen Berge der Insel aus der Ferne bestaunen. Lucy las dazu einigen Teilnehmern aus einem Reiseführer vor:
»Der Mauna Loa im Süden und der Mauna Kea im Norden überragen beide über 4000 Meter den Meeresspiegel und reichen darunter noch einmal etwa 5000 Meter in die Tiefsee hinab. Damit sind sie, vom Meeresgrund gemessen, die höchsten Erhebungen der Erde. Durch die Berge wird die Insel auch in zwei Hauptklimazonen geteilt, da sie sämtliche aus Nordosten kommenden Wolken von der Westküste fernhalten und im Gegenzug dem östlichen Teil mehr Regenfälle und ein subtropisches Klima verschaffen. Und so kommt es wohl, wie ihr gerade sehen könnt, dass die mächtigen Gipfel auch heute in gleißendem Sonnenlicht über dem Wolkenmeer thronen.«

Noch im erhabenen Anblick der großen Vulkane begann Papa Charly seinen neuen und alten Freunden die Geschichte von Pele zu erzählen, der wunderschönen Tochter von Haumea, der Mutter Erde, und Wakea, dem Vater Himmel. Um durch die Fenster auf der rechten Seite zu schauen, hatten viele ihre Sitzplätze verlassen und drängten sich nun um Lucy und Papa

Charly. Die Logenplätze auf Papa Charlys Schoß aber hatten Emma und Mikko, die Kleinsten, eingenommen, während sich die beiden anderen Kinder Lucys Platz teilten, die freundlich für sie aufgestanden war.

»Wisst ihr, die Lieder und Tänze der Ureinwohnern erzählen seit Jahrhunderten von Pele, der hawaiianischen Göttin des Feuers, die die Berge erbaut, den Stein schmilzt, die Wälder frisst und das Land verbrennt. Sie erschafft und zerstört zugleich. Pele, so geht die Sage, floh vor langer Zeit auf die Inseln, um ihrer älteren Schwester Na Maka o Kahai, der Göttin des Meeres, zu entkommen. Pele kam zuerst auf die kleine Insel Niihau und grub sich mit ihrem Stock ein Loch, um sich zu verstecken. Aber Na Maka fand sie und zerstörte die Höhle. Auf Kauai grub sie sich tiefer ein und wurde abermals entdeckt. Pele rannte weiter, von Oahu nach Molokai, von Lanai nach Kahoolawe, von Molokini nach Maui, aber Na Maka verfolgte sie unablässig. Bis Pele schließlich zu Halemauau, dem feuerspeienden Berg auf Big Island, kam und das tiefste Loch von allen grub. Dort sitzt sie heute noch, und jedes Mal, wenn Na Maka ihr zu nahe kommen will, spuckt sie Feuer und Asche und vertreibt sie.

Die Menschen, die diese Sage bis heute in ihrer Religion überliefert haben, sind die Nachfahren der Polynesier, die um das vierte Jahrhundert nach Christus mit ihren Auslegerkanus aus der Südsee über den Äquator segelten und seitdem als die Ur-Hawaiianer gelten.«

Momoko waren diese alten Überlieferungen und Geschichten sehr wohl bekannt, doch sie hörte sie immer wieder gern. Sie freute sich schon, ihren Freunden die vielen wunderschönen Plätze auf dieser ungewöhnlichen Insel zu zeigen, die diese Vorstellungswelt der alten Hawaiianer bildhaft werden ließen.

Bei ihrer Landung in Hilo, der Hauptstadt Big Islands im Südosten der Insel, sah man noch die Pfützen der warmen morgendlichen Regenschauer auf der Landebahn. In dieser Gegend regnete es vor allem nachts und in den Morgenstunden. Auf fruchtbarem Lavaboden und in dem feuchtwarmen Klima wuchs eine üppige Vegetation tropischer Pflanzen: von Orchideen, Bougainvilleen und Hibiskus bis zu leckeren exotischen Früchten wie Guaven, Ananas, Papayas, Mangos und Bananen. Dies war die Inselseite des Regenwaldes und der Wasserfälle, aber auch der schwarzen Stränden und heißen Quellen, die auf die immer gegenwärtige Nähe der aktiven Vulkane hinwiesen.

Am Flughafen warteten zwei alte Bekannte, Graham und Eric, mit zwei Vans auf die Reisegruppe aus dem fernen Europa, und die Wiedersehensfreude war riesengroß. Die beiden staunten nicht schlecht, wie sich die kleine Momoko während all der Jahre in eine sportliche junge Frau verwandelt hatte. Auch Papa Charly kannten Graham und Eric schon von seinen früheren Reisen, und sie begrüßten ihren alten Freund und Lucy herzlich.

Grahams wilder Wuschelkopf von früher war inzwischen etwas ziviler geworden, aber seine Vorliebe für bunte Kopfbedeckungen schien unverändert und zeigte sich diesmal in einer dunkelblauen Mütze mit goldenen Sternchen. Zwischen den Haaren seines lustigen Rauschebartes, den er mittlerweile trug, erstrahlte wie eh und je dieses immer vergnügte Lächeln, und die blitzenden, wachen Augen waren noch genauso lebendig wie früher.

Eric, der schlanke Beachboy von einst, sah mit Dreitagebart und der alten Kapitänsmütze seines Freundes Hap wie ein echter Skipper aus. Zu Momokos Bedauern hatte er sich leider von seiner wallenden Mähne verabschiedet, wegen der freien Sicht bei Rückenwind, wie er behauptete.
Nach über zwanzig Stunden Flugzeit und einer Zeitverschiebung von genau einem halben Tag waren sie nun beinahe am Ziel. Von hier aus fuhren sie noch etwa eine halbe Stunde nach Süden direkt in den Puna-Distrikt, vorbei an dem Städtchen Pahoa hinunter zur Küstenstraße und dann am Meer entlang zu ihrem Domizil für die nächsten Wochen: Kalani Honua – die Harmonie von Himmel und Erde. Dieser wirklich paradiesische Platz bestand aus einigen wunderschönen Bungalows und vier Baumhäusern, einem Restaurant, der Cafélounge und verschiedenen Plätzen für Yoga und Tanz inmitten eines tropischen Waldes mit Garten.
Die grandiose Idee der beiden Gründer Richard und Gary war es gewesen, einen Platz zu schaffen, an dem sich Menschen unter dem wohltuenden Einfluss der Kräfte von Himmel und Erde treffen konnten, um Körper, Geist und Seele in Harmonie zu bringen. Dafür gab es hier ein reichhaltiges Angebot. Aus der ganzen Welt kamen die vielen freiwilligen Helfer von Jung bis Alt sowie einige Künstler, die alle ihre Zeit und ihre Fähigkeiten zur Verfügung stellten, um diese Vision zu verwirklichen. Hier hatte das Glück schon einen Stammplatz, und es sollte nicht schwer fallen, an diesem Ort allen Gästen den Zugang ins wunschlose Glücklichsein zu erleichtern.
Graham und Eric wohnten selbst nicht auf dem Gelände von Kalani, sondern lebten in der Nachbarschaft in Bellyacres, einer kleinen Künstlerkolonie mitten im Dschungel. Sie lie-

ferten daher ihre Freunde nur in Kalani ab und verabredeten sich für einen der nächsten Tage zum Abendessen im Lanai, dem Gartenrestaurant mit der großen Veranda.

Momoko hatte mit ihrer Familie schon früher bei Graham, dem Jongleur, und seinen Freunden gewohnt. Schon als Kind war sie von den fliegenden Bällen und Kegeln fasziniert gewesen und hatte sich von ihren wirbelnden Luftbildern verzaubern lassen. Fleißig übte sie immer mit den weichen, hirsebefüllten Übungsbällen, die ihr Graham geschenkt hatte. Er war ihr von Anfang an ein geduldiger und begeisternder Lehrer gewesen, und sie hatte diese Fertigkeit seitdem nie verlernt.

Grahams Hiccup-Kinderzirkus war inzwischen auf der ganzen Insel bekannt. Sein bester Freund Eric spielte zwar immer noch ab und zu auf seiner alten Gitarre, aber er war inzwischen ein echter Computerfreak geworden. Mit diesen Kenntnissen und einigen guten Aufträgen hatte er sich auch seinen großen Traum erfüllt: Eine alte Jacht, die er auf der anderen Seite der Insel liegen hatte und mit der sie sicher bald einmal einen kleinen Segeltörn unternehmen würden.

Für diesen Tag aber hatten die meisten aus Papa Charlys Reisegruppe eher ein gesteigertes Interesse an ihren Schlafmöglichkeiten, und so verschwanden beinahe alle sehr bald in ihren Zimmern und genossen dort die Stille und die Möglichkeit, sich auf den komfortablen Betten endlich richtig auszustrecken. Nur Papa Charly schien von all dem ziemlich unberührt und hielt mit Richard ein kleines nachmittägliches Plauderstündchen. Da sie vorhatten, die Insel von hier aus zu bereisen und auch einige Tage an anderen Plätzen zu bleiben, wollte Richard ihnen gerne mit seinen guten Kontakten und den neuesten Informationen helfen, so gut er konnte.

Joy und Gabi hatten ihren kleinen Bungalow auf der Anhöhe bereits bezogen und genossen die Ruhe der Natur. Natürlich gab es da die Geräusche des Dschungels, aber das war im Vergleich zum ständig dröhnenden Gebrumme der Düsentriebwerke wahrhaft Musik in ihren Ohren. Wie alle Bauwerke in Kalani war auch hier das meiste aus dem geschälten und gewachsten Holz des Waldes gefertigt. Auch die Möbel und die Inneneinrichtung waren zum größten Teil in Kalani gefertigt worden, und man konnte überall liebevolle Details und künstlerische Hände erkennen. Im Bad zierten Mosaiken aus gebrochenen Tonscherben und Kacheln die Wände, und der große Spiegel über dem Waschbecken hatte die Form einer Meeresschildkröte.

Auf der einen Seite des geräumigen Innenraums befand sich eine Schlafecke mit zwei bequemen Betten, die mit bunten, hawaiianisch bedruckten Stoffen bezogen waren und über denen wie ein Baldachin zwei große Moskitonetze schwebten. Die andere Seite des Zimmers war ein gemütlicher Wohnbereich mit einem großen Flickenteppich auf den knarrenden Holzdielen und einer kleinen Sitzecke am Fenster mit Holztisch und zwei Korbsesseln.

Durch eine Schiebetür kam man auf die überdachte Terrasse mit einem wunderbaren Ausblick hinunter zur Küste. Eine bequeme Liege und eine Hängematte waren jetzt genau das Richtige, um friedlich im Schatten zu dösen. Sehr schnell hatten die beiden Sandkastenfreunde ihre Lieblingsplätze gefunden. Gabi kuschelte sich in die Kissen, und Joy schaukelte in der leichten Brise, die vom nahen Meer aufs Land wehte und sehr bald sanken sie sanft in ihre Träume.

Joy konnte kaum glauben, was ihm in diesem Traum geschah. Kaum hatte er die Augen geschlossen, flog er mit atemberaubender Geschwindigkeit wie durch einen Zeittunnel in die Zwischenwelt, wo Maya ihn diesmal in Gestalt der wunderschönen Pele auf einer glutroten Lavablase erwartete.
»Komm da runter, Maya«, meinte Joy belustigt, »du verbrennst dir noch den Hintern! Ich will gar nicht wissen, wie du wieder hierher gekommen bist. Dir scheint der lange Flug ja wohl kaum etwas ausgemacht zu haben?«
Die beiden mussten herzhaft lachen und fielen sich in die Arme.
»Junger Mann, mein Flug war sicher bequemer als deiner und dauerte lediglich von jetzt bis gleich. Der Zeittunnel zu diesem Platz ist für unsereins immer offen. Wie du vielleicht bemerkt hast, ist auch dein Zugang in die Zwischenwelt hier um einiges schneller geworden. Das liegt daran, dass Gaia, die Erde, hier viele offene Stellen in ihrer Hülle hat und auch das normale Raum-Zeit-Gefüge hier verändert ist. Aber jetzt mal zu dem abgekarteten Spiel, das Charly und du euch da ausgedacht habt. So ganz die feine englische Art ist das aber auch nicht, wie ihr die arme Momoko da an der Nase herumführt, oder?«
»Maya, du hast im Grunde ja Recht. Mir ist auch nicht ganz wohl dabei, aber zu meiner Verteidigung möchte ich sagen, dass Leonardo wirklich mein zweiter Vorname ist, und ich verspreche hiermit hoch und heilig, dass ich mich immer offen und ehrlich Momoko gegenüber benehmen werde und sie nicht zu lange im Dunkeln tappen lasse – okay?«
»Mich brauchst du für solche Streiche nicht um Erlaubnis

zu bitten, Joy Grünauge, aber so wie ich Momoko kenne, hat sie genug Humor, eurer kleinen Verschwörung gelassen zu begegnen. Und – wie ist denn so der erste Eindruck von deiner Traumfrau in Fleisch und Blut, wenn du mir die Frage gestattest?«

»Kein Problem, Maya – ich bin mir nach unserer ersten Begegnung sicherer als je zuvor, dass *sie* das Mädchen ist, das ich immer gesucht habe, und weil ich sozusagen gerade in der Mitte des Flusses schwimme, werde ich mich jetzt einfach der Strömung überlassen.«

»Das ist sicher ein weiser Entschluss«, erwiderte Maya, »denn das Dümmste, was man in der Mitte des Stromes tun kann sind bekanntlich Schwimmbewegungen, nicht wahr, lieber Freund?«

»Ja, denn das ist reine Kraftverschwendung. Das hat mir jedenfalls schon vor langer Zeit mal eine weise Frau namens … – wie hieß sie doch nur? – nahegelegt. Aah – jetzt fällt es mir wieder ein: Ich glaube, ihr Name war Maya!«

»Wirklich sehr weise von ihr, und es freut mich, dass du dich noch daran erinnerst.«

»Weißt du, Maya, es ist wirklich schön zu wissen, dass der große Fluss selbst am besten weiß, an welches Ufer er mich spülen wird, obwohl es mir nicht immer leicht fällt, mich nicht wie bisher in sinnlosem Aktionismus zu verlieren, sondern die Dinge und Ereignisse auf mich zukommen zu lassen. Aber ich bin sicher, dass ich im richtigen Moment auch durch die Türen gehen werde, die sich vor mir öffnen.«

»Ich sehe schon, dass du mit offenen Augen den Überraschungen des Augenblicks begegnen wirst. Nun, du Glückspilz, meine Freunde und ich werden euch dann zu gegebenem

Zeitpunkt besuchen kommen, denn wir haben noch ein paar Kleinigkeiten mit euch zu besprechen. Bis dahin wünsche ich dir noch viel Vergnügen auf der Insel der Träume, lieber Freund.«
So schnell, wie sie aufgetaucht war, verschwand Maya wieder und Joy sank tiefer in einen erholsamen, traumlosen Schlaf.

Auch Momoko erhielt beim Mittagsschläfchen in ihrem Baumhauszimmer Besuch von einem lieben Bekannten. Im Inneren war sie immer noch ein wenig aufgewühlt, und ihr Herz schlug etwas schneller als normalerweise. Unruhig drehte sie sich mehrmals in ihrer Hängematte, bis sie schließlich eine bequeme Schlafposition gefunden hatte, doch es dauerte noch eine geraume Zeit, bis sich auch ihr Gedankenkarussell langsam genug drehte, um schließlich in die Traumwelt hinüberzuwechseln.
Dann aber ging überraschenderweise alles ganz schnell, und beinahe wie in einem Strudel zog es sie kraftvoll auf die andere Seite. Es war eine besondere Freude, als sie sah, wer sie dort erwartete und ohne große Vorrede mit seiner tiefen brummigen Stimme begrüßte.
»Hohooo … da bist du ja endlich. Du brauchst ja heute fast so lange wie ein junger Baum, um zu träumen, kleine Freundin. Ich warte hier schon seit etwa fünf Baumsekunden auf dich. Nun, was fehlt dir denn diesmal? Tut dir schon wieder dein Herzlein weh wie beim letzten Mal?«
»Ach, Borki – schön, dass du für mich Zeit hast!« Aus Momokos Kehle löste sich ein tiefer Seufzer. »Vielleicht bringst du ja etwas Licht in mein Gefühlschaos. Aber zu deiner Beruhigung – mein Herz ist völlig in Ordnung. Körperlich sitzt es diesmal

vielmehr in der Magengrube. Ich glaube, ich habe Angst, die Kontrolle zu verlieren, und das macht mich noch verrückt. Seit dieser Geschichte – na du weißt schon – sitzt irgendwas in mir, das furchtbare Angst hat, enttäuscht und verlassen zu werden. Obwohl ich ganz genau weiß, wie bescheuert das ist, kann ich gerade nichts dagegen machen!«
»Ihr Menschen seid wirklich grandios im Problemezaubern. Dabei könnte alles so einfach sein. Kannst du dem Onkel in deinem Kopf nicht sagen, er soll mal die Klappe halten?«
»Welcher Onkel, Borki? – Ach so, ich ahne schon, wen du damit meinst!«
»Gut geahnt, ganz genau *den* meine ich. Aber lass mich mal versuchen, dir die ganze Geschichte vom verrückten Onkel nachzuerzählen, so wie sie mir ein alter Freund und weiser Mann mit Namen Arjuna vor einiger Zeit vorgeträumt hat.

Der verrückte Onkel

Stell dir mal vor, du hättest einen alten Onkel im Irrenhaus. Eines Tages kommt dir die glorreiche Idee, den alten Kerl aus der Klapse zu holen und ihm ein wenig die Welt zu zeigen. Als du mit diesem Anliegen im Irrenhaus ankommst, zieht dich die Stationsschwester erst mal vertraulich zu Seite und erklärt dir mit eindringlichen Worten, dass du ihn wohl mitnehmen könntest, aber du solltest dir jederzeit darüber im Klaren sein, dass dieser alte Kerl wirklich verrückt sei und keine zwei klaren Gedanken hintereinander denken könne. Wahrscheinlich würde er dir ständig einreden, völlig idiotische Dinge zu tun. Mit dieser Warnung im Ohr nimmst du den Onkel schließlich mit nach Hause. Unterwegs willst du noch etwas einkaufen und gehst mit ihm in einen großen Supermarkt. Und schon geht das Theater los: »Gürkchen will ich essen, leckere eingelegte Salzgürkchen wie bei Großmutter, und stell dir bloß vor, gestern Nacht lag ein geräucherter Hering in meinem Bett. – Aber sag doch mal, gibt es eigentlich immer noch diese rosaroten Lutscher mit Kirschgeschmack? – Oh mein Gott, ich glaube, heute Nacht wird etwas Schreckliches geschehen. – Pass bloß auf, hier gibt es überall Monster mit Gewehren. Wir sollten schleunigst zusehen, dass wir hier wegkommen! – Ich glaube, heute Abend wird bestimmt ein Problem auftauchen. Oder spätestens morgen. – Lass uns lieber nach Hawaii auswandern. Dort sind wir vielleicht sicher. Aber vielleicht werden wir ja auch von der Lava verschlungen. – Ich frage mich immer wieder, warum ist eigentlich der Himmel so groß und diese Wolken hängen so tief, dass sie uns bestimmt irgendwann auf den Kopf fallen, wenn wir nicht bald in einem Bunker Schutz suchen!«

Und so geht das ununterbrochen und pausenlos. Aber du brauchst dich nicht zu wundern. Schließlich warst du es selbst, der diesen alten Quatschkopf aus dem Irrenhaus befreit hat. Man hat dich vorgewarnt. Er ist verrückt! Du kannst natürlich versuchen, mit ihm zu reden und ihn zu beruhigen, aber es steht dir glücklicherweise auch völlig frei, deine Ohren auf Durchzug zu stellen und ihm einfach nicht zuzuhören. Vorerst jedenfalls wird er nicht freiwillig die Klappe halten.

Wie aber erkennst du, dass er es ist, der zu dir spricht? Das magische Wort heißt: Denken! Denn das Denken selbst ist der verrückte Onkel. Alles, was nach einem Glauben oder einer Vorstellung schmeckt, alles, was nach einer Aussage über die Vergangenheit oder die Zukunft schmeckt, alles, was nach einem Wunsch oder einer Befürchtung schmeckt – all das ist dein Onkel.

Was aber bleibt übrig, wenn du diesem verrückten Kerl einfach keine Beachtung mehr schenkst?

Köstliches Leben! Köstliches, amüsantes, humorvolles, lebendiges Leben bleibt. Gutes Essen bleibt. Schöne, liebevolle Menschen bleiben. Herrliche Natur bleibt. Ein Leben voller Wunder bleibt da für dich zu genießen – wenn du nicht auf deinen verrückten Onkel hörst.

Ich bin mir sicher, es gibt bereits Zeiten, in denen dein Onkel friedlich in der Ecke liegt und pennt. In manchen Nächten, wenn du ohne Grübelei schlafen kannst oder ihn einfach ignorierst, weil du zu müde bist – dann genießt du einen friedvollen, onkellosen Schlaf. In intensiven Momenten des Lebens, wenn du wirklich in das, was da im Augenblick geschieht, vertieft bist, macht dein Onkel einen Spaziergang. Wenn du zum Beispiel eine wirklich köstliche Mahlzeit verspeist, so lecker, dass du zu denken und zu reden aufhörst, ist dein Onkel auf dem Klo und liest Zeitung. Beim Liebemachen bringst du hoffentlich nicht deinen Onkel mit ins Bett! Du lässt ihn besser draußen vor der Tür und vergnügst dich. Und glaube mir, je weniger du auf das Denken hörst, desto mehr lässt es dich in Ruhe. Je weniger du auf deinen Onkel hörst, desto wahrscheinlicher wird es, dass er ganz einfach einen anderen findet, dem er auf die Nerven gehen kann.

»Das war aber eine wirklich schöne Geschichte, Borki«, meinte Momoko lachend. »Ich glaube, mein verrückter Onkel hat mir da die letzten Tage ganz schöne Dummheiten ins Ohr getextet. Sag mal, kannst du dich nicht als Palme verkleiden und vor unsere Hütte stellen? Ich bin sicher, dass auch die anderen Teilnehmer hier deine Ratschläge gut gebrauchen könnten.«
»Hohooo … eine wirklich verlockende Idee, aber ich glaube, ich hab mich zu sehr an mein altes Eichenkostüm gewöhnt, und mir ist es hier auf Dauer ein bisschen zu heiß. Aber du kannst mich doch sicher würdig vertreten?«
»Na gut, ich will mein Bestes versuchen und den Leuten ein wenig dabei helfen, gute Onkelspürnasen zu entwickeln, um ihn dann einfach nicht mehr zu beachten.«
»Das klingt doch schon sehr zuversichtlich, Momoko. Jajaaa … das Beobachten und Ignorieren des Gedankenkarussells ist ein wichtiger und hilfreicher Schritt in die richtige Richtung«, brummte ihr alter knorriger Freund vergnügt, »aber es gibt durchaus noch ein paar weitere Möglichkeiten, den Verstand zu verlieren. Hmmm … ich bin sicher, dazu

wirst du in nächster Zeit noch ein paar gute Gelegenheiten bekommen.
Sooo ... ich werde nun aber wieder verduften, meine Liebe, und möchte dich noch einmal ermutigen, ganz in deine intuitiven Fähigkeiten zu vertrauen und dem Impuls des Augenblicks zu folgen. Lebe wohl, kleine Freundin!«
Langsam wurden Borkis Äste immer durchsichtiger, bis sich seine ganze Gestalt vor Momokos Augen aufgelöst hatte und verschwunden war. Sie blinzelte mit den Augen und kam wieder zurück in ihre Hängematte. Ihr war nicht ganz klar, was Borki mit diesen anderen Möglichkeiten gemeint hatte. So musste sie sich vorerst damit zufrieden geben, was sie bereits wusste, und beschloss, sich einfach vom Leben überraschen zu lassen. Sie fühlte sich jedenfalls nach diesem Traumausflug quicklebendig und um einiges wohler, so als ob sie wieder nach Hause gekommen wäre, nachdem sie für einige Zeit »außer sich« gewesen war.

Matz

Am Abend ihres ersten Tages auf der Insel kamen die meisten recht verschlafen und zerknittert zum Essen ins Dining Lanai im Herzen von Kalani. Der Blick von der Veranda auf die wunderschöne Anlage, die mit Lampions zart beleuchtet war, ließ jedoch alle ihre Müdigkeit schnell vergessen, und voller Vorfreude auf die kommenden Abenteuer genossen sie ihr erstes hawaiianisches Dinner:
Coconut squash soup, seared ahi with pineapple salsa, baked tempeh, quinoa with sunflower seeds, broccoli stirfry, cucumber salad, lemon ginger cake.
Papa Charly nahm sich als alter Feinschmecker die Freiheit und übersetzte die Speisefolge für alle, die nicht so gut Englisch sprachen:
Kokosnuss-Kürbis-Suppe, gebratener Tunfisch mit Ananas-Salsa, gebackenes Tempeh, Quinoa mit Sonnenblumenkernen, gebratene Brokkoli aus dem Wok, Gurkensalat und als Nachtisch noch Zitronen-Ingwer-Kuchen.
Momoko, die nach ihrem Gespräch mit Borki wieder ganz bei sich war, wie sie selbst meinte, verordnete sich gleich an diesem ersten Abend eine praktische Übung, indem sie sich zum Essen an Leonardos und Gabis Tisch setzte. Natürlich war sie aufgeregt, und ihr verrückter Onkel plapperte in ihrem Ohr und erteilte kluge Ratschläge – doch sie hörte ihm einfach nicht zu.
In der lustigen Runde verflog ihre Anspannung sehr bald, und das köstliche Essen tat ein Übriges. Ihr ganzes heiteres Wesen war wieder zurückgekehrt, und sie genoss Leonardos Blicke,

der sich redlich Mühe gab, sie nicht ständig anzustarren.
Nach dem üppigen Menü nahm Papa Charly seine kleine Gruppe noch mit auf die Wiese vor der Veranda, wo es sich jeder bequem machte und die Kinder herumtollen und auf Entdeckungsreise gehen konnten. Die Eltern der kleinen Racker waren sehr entspannt und genossen es sichtlich, hier so viele Mitbetreuer um sich zu haben.
»Ich hoffe, ich habe euch nicht zu viel versprochen? Was das Essen betrifft, habt ihr ja sicher geschmeckt, was es heißt, mit *Aloha* zu kochen. Ja, ihr habt richtig gehört – *Aloha* heißt nicht nur Willkommen und auf Wiedersehen, sondern es bedeutet vor allem auch Liebe.
Ein alter Huna-Meister hat mich einmal auf die tiefere Bedeutung dieses Wortes hingewiesen:
›Das freudige Teilen von Lebensenergie in der Gegenwart – das ist der *Aloha Spirit*‹, meinte er.
Die Silben von *Aloha* haben dabei mehr als nur eine Bedeutung. *Alo* heißt auf hawaiianisch teilen, und *oha* bedeutet freudig, aber gleichzeitig steht *Alo* auch für die Gegenwart, und *ha* ist das Wort für Lebensenergie.
Nun, ihr werdet hier in den nächsten Tage sicher noch einige hawaiianische Ausdrücke lernen. Und wisst ihr, was das hier bedeutet?«
Papa Charly streckte seine linke Hand mit gespreizten Fingern sichtbar nach oben, dann legte er die mittleren drei Finger flach an die Innenhand und ließ den abgespreizten Daumen und den kleinen Finger stehen.
Nur wenige Meter entfernt versuchte Joyce, ihrer kleinen Schwester Emma die Finger passend zurechtzubiegen, bis auch sie es nachmachen konnte.

»Wenn ich euch den Handrücken zuwende, seht ihr gleichzeitig ein kleines *h* und ein großes *L* – könnt ihr das alle erkennen? Das ist ein alter Surfergruß, der euch überall auf diesen gastfreundlichen Inseln begegnen wird. *Hang loose* – das bedeutet so viel wie: Immer schön locker bleiben! Nun seid ihr schon beinahe richtige Insider und könnt euch allein auf Hawaii durchschlagen, wenn ihr der Lava nicht zu nahe kommt und das Temperament des Meeres nicht unterschätzt.

Was gibt es außerdem noch Wichtiges für euch zu wissen? Nun, da mich die meisten von euch bereits kennen, wisst ihr auch, dass dies kein Stubenhocker-Seminar werden wird. Alles, was mit dem Wunschlos-Glücklichsein zusammenhängt, kann am besten im täglichen Leben erfahren werden. Lucy, Momoko und ich werden euch dazu in den kommenden Tagen bei unseren gemeinsamen Aktivitäten auch kleine Spiele und Übungen zeigen. Jeden Abend vor dem Essen wollen wir dann hier an diesem Platz zusammenkommen und über die verschiedensten Dinge sprechen, die wir erfahren haben und die uns noch beschäftigen.

So ganz nebenbei werden wir euch natürlich gerne die schönsten Plätze von Hawaii zeigen und auch für einige Tage an die Westküste fahren, die Kona-Seite, wo das Wetter eher heiß und trocken ist. Ansonsten stehen wir drei euch jederzeit für Fragen zur Verfügung, nicht wahr, Momoko?«

Momoko lächelte in die Runde und hob ihre Hand mit deutlich sichtbarem *h-L*. Nach einer Weile wandte sie sich ihren beiden neuen Freunden zu.

»Ich kenne einen guten Platz zum Abhängen, und außerdem möchte ich euch meinen verrückten Onkel vorstellen. Kommt ihr mit?«

Gabi und Leonardo hatten sogleich bemerkt, dass dies keine echte Frage, sondern eine Aufforderung war, und folgten ihr ohne Widerrede. Die drei gingen ein kurzes Stück über das Gelände, bis sie schließlich zum Aloha-Café kamen, das direkt neben dem Büro und dem kleinen Geschenkeladen lag. Dort suchten sie sich ein stilles und gemütliches Eckchen zum Plaudern und schlürften dazu leckeren indischen Chai-Tee. Leonardo war schon gespannt darauf, was Momoko über diesen komischen Onkel zu erzählen hatte. Er fand es schön, ihr zuzuhören und freute sich, dass sie endlich aufgetaut war.
»Haltet euch fest! Ihr werdet nicht glauben, was mir heute Nachmittag mein alter Freund Borki im Schlaf erzählt hat. Wisst ihr ... ähm ... Borki ist ein Baum – nein, genauer gesagt ein Märchenbaum. – Oh mein Gott, ihr denkt jetzt sicher, ich ticke nicht richtig? Ich glaube, ich sollte lieber die Klappe halten!«
»Hey, Momoko, du kannst uns damit bestimmt nicht schocken. Ich bin von Leonardo schon einiges gewöhnt. Der hat auch ständig Kontakte ins Jenseits ... oder so ähnlich.«
Leonardo musste über Gabis Grimasse lachen und ermutigte Momoko dann aber mit einer Handbewegung, zu sprechen. Sie erzählte den beiden die ganze Geschichte vom verrückten Onkel und wunderte sich nur, dass sie sich noch an alles bis ins letzte Detail erinnerte. Borki wäre sicher stolz auf sie gewesen. Am Ende vertraute sie ihren beiden Freunden sogar etwas an, worüber sie bisher noch mit niemandem außer Borki gesprochen hatte. Sie sprach über das traurige Ende ihrer letzten Beziehung, und dass ihr Onkel seitdem versuchte, ihr mit seinen Befürchtungen ständig Angst zu machen.
»Ich weiß nicht, ob ich mich trauen würde, über meine Lei-

chen im Keller so frei zu sprechen wie du, aber vielleicht täte mir das auch mal ganz gut. Danke für dein Vertrauen!« Gabi musste ihre neue Freundin einfach in den Arm nehmen.
»Komm, Leonardo«, meinte Gabi, »sitz nicht so stumm rum! Du darfst Momoko ruhig zeigen, dass dich das auch berührt hat. – Männer sind manchmal echt emotional gehemmt!«
Leonardo zögerte noch ein wenig, doch dann schloss auch er von der anderen Seite die beiden Mädchen in die Arme.
»Glaubt mir, ihr Frauen seid echt privilegiert. Ihr könnt euch ohne Verfolgungsangst zu jeder Zeit herzen und umarmen. Als Mann musst du dafür normalerweise nach Russland auswandern.« Die drei mussten herzhaft lachen.
»Aber ehrlich gesagt, Momoko, kenne ich diese Gefühle nur zu gut. Mir ist fast haargenau das Gleiche wie dir vor einiger Zeit passiert. Gabis Kummerkasten stand damals leider auch nicht zur Verfügung. So eine enttäuschende Liebesgeschichte hängt einem noch lange nach, wenn man nicht, wie du eben, diese Ängste ans Licht bringt und damit die Täuschung wirklich beendet. Damit rauben wir dem Verstand sozusagen den Verstand!«
»Wisst ihr was, die Story vom verrückten Onkel erinnert mich irgendwie an Papa Charlys Erzählung vom Meisterdieb, findet ihr nicht?« Gabi schaute fragend in die Runde.
»Ja, die kenne ich auch«, meinte Momoko leicht zögernd, »und wisst ihr, was wirklich komisch und fast ein bisschen traurig ist? Ich hatte sie beinahe vergessen, bis du mich eben daran erinnert hast, Gabi.«
»Tja«, warf Gabi ein, »Leonardo vergisst diese Geschichte wohl auch sein ganzes Leben nicht, oder? Aber so wie ich es damals verstanden habe, hatte der klavierspielende Meister-

dieb wohl einen äußerst mächtigen Onkel, beziehungsweise war es nicht nur sein eigener, der ihm da ständig reinredete und seine Kunst vermieste. Nein, die Onkels und Tanten aller Menschen in dieser Diebesgesellschaft arbeiteten Hand in Hand zusammen, so dass es fast keinen Ausweg mehr für den armen Kerl gab.«

»Du hast ganz recht Gabi, du und der Meisterdieb, ihr beide habt mich zum Klavierspielen zurückgebracht. Irgendwie glaube ich beinahe, dass es dieses Irrenhaus wirklich gibt, von dem Momoko in der Geschichte gerade erzählt hat. In bestimmten Dingen oder Situationen sind sich die verrückten Insassen auf einmal völlig einig und reden alle den gleichen Blödsinn. Das ist dann so, als ob ein kollektiver Geist von uns Besitz ergreift, auf dessen Worte und Behauptungen fast jeder hört und ihnen Folge leistet – eine Art Massenwahn.

Ich möchte mal ein Beispiel nennen: Unsere Einstellung zum Geld wird in unserer Gesellschaft doch von kaum jemandem in Frage gestellt. Viele, die ich kenne, stellen sich auf den Kopf und rennen sich tagtäglich die Hacken ab, um bescheidenen Wohlstand zu erlangen. Wenn sie dann endlich halbwegs erreicht haben, was sie wollten, müssen sie das ganze schöne Geld wieder ausgeben, um die Magengeschwüre behandeln zu lassen, die sie sich beim Zusammenraffen ihrer Habseligkeiten geholt haben.«

»Das klingt aber ganz schön krass, alter Freund. Es macht doch auch Spaß, sich mit schönen Dingen zu umgeben, und dafür zu arbeiten ist doch keine Schande, oder?«

»Gabi, das habe ich damit nicht gemeint. Das Problem beginnt, wenn wir glauben, dass uns diese Dinge glücklich machen könnten. Keiner hat eine böse Absicht, wenn er fröhlich vor sich hinkonsumiert. Doch die Grenzen zu einer Sucht sind wirklich fließend.«

»Wenn ich dich richtig verstanden habe, leben wir also selbst in so einer Art Diebesgesellschaft wie dieser Meisterdieb«, meinte Gabi. »Offene Habgier ist zwar verpönt, aber wenn man gewisse Spielregeln befolgt und sie hinter normalem Konsum versteckt, ist sie gut etabliert und bringt sogar gesellschaftliche Anerkennung.«

»Jetzt bist du aber krass, Gabili, aber so ähnlich habe ich das gemeint.«

»Wir könnten aber auch alles in Dankbarkeit annehmen, was uns der Augenblick zum Geschenk macht«, ergänzte Momoko, »und lustigerweise kommt dann alles, was wir brauchen, oft von selbst.«

»Tja, aus meiner eigenen Erfahrung mit dem Singen und der Klavierspielerei in letzter Zeit weiß ich, dass in dem Moment, als meine Kreativität wieder sprudelte, sich auch meine Blickrichtung verändert hat. Das liegt wohl in der Natur von Spielen, dass man währenddessen an nichts anderem richtig interessiert ist. Angesichts all der Onkels und Tanten, die noch frei rumlaufen, wäre es also gar nicht schlecht, die Menschen wieder zu ihrer Kreativität zurückzuführen. Die Freude am Spielen ist da sicher ein guter Türöffner, was meint ihr?«

»Leonardo, das ist genau, was Papa Charly, Lucy und ich die nächsten Tage vorhaben. Mal sehen, ob wir die Insel nicht in einen Garten für große und kleine Spielkinder verwandeln können.«

»Eine wirklich schöne Vorstellung ... uaaah ... 'tschuldigung.« Gabi gähnte und rieb sich ihre Augen. »Ich glaube, ich bin jetzt wirklich reif für die Insel, und die ist jetzt in meinem

Kuschelbett. Ich werde mich wohl langsam auf den Weg machen. Ihr beide könnt ja noch ein wenig über Gott und die Welt plaudern. Irgendwie seht ihr noch ganz fit aus.«
Gabi stand langsam auf, umarmte ihre neue Freundin und drückte dann Leonardo ein Bussi auf die Backe, während sie ihm unauffällig in die Hüfte zwickte. Dann verschwand sie in Richtung Bungalow in die laue Nacht.
Ohne Gabi wurde es erst einmal still, denn Momoko und Leonardo hielten sich beide an ihren Teetassen fest und schwiegen für eine Weile.

»Weißt du, Leonardo, mein Kopf ist gerade so wunderbar leer. Wenn du Lust hast und noch nicht müde bist, dann lass uns doch vor zu den Klippen laufen und dem Meer zuhören.«
»Okay ... klingt gut ... Ich folge dir unauffällig.« Leonardo hatte schon wieder dieses wissende Lächeln im Gesicht, das Momoko ein bisschen nervös machte.
Nachdem sie ihre Chais ausgetrunken und gezahlt hatten, verschwanden die beiden in die Dunkelheit. Genauer gesagt gab es bis zur Einfahrt von Kalani ab und zu noch einen Lampion – dann aber wurde es wirklich schwarz vor ihren Augen. Es dauerte eine Weile, bis sie sich an die Dunkelheit gewöhnt hatten, und der mondlose Sternenhimmel ließ nur Umrisse und Konturen der Umgebung erkennen. Momoko aber bewegte sich sicher auf dem kleinen Pfad durch den Dschungel und über das Lavagestein, den ihr vor vielen Jahren einmal Graham gezeigt hatte. Die nahe Küste war zum Teil recht schroff und steil. Momoko drehte sich um.
»Pass jetzt gut auf, wo du hintrittst. Die Steine sind sehr scharfkantig. Hier ist in den letzten Jahrhunderten immer

wieder junge Lava über die alte hinweg ins Meer geflossen und dann verwittert oder von Na Maka geholt worden. Kannst du den Felsvorsprung da hinten erkennen?« Momoko deutete auf eine undeutliche Gesteinsformation auf der rechten Seite. »Von dort führt ein schmaler, steiler Weg um die Klippen herum, runter zu einem versteckten kleinen Strand mit schwarzem Sand. Aber den heben wir uns besser für einen den nächsten Tage auf, wenn die Sonne scheint.«
Die beiden kletterten vorsichtig weiter und gelangten schließlich zu dem wunderschönen Aussichtsplatz bei den Klippen, an die tosend der pazifische Ozean brandete. Hier wurde die Legende lebendig, die besagte, dass Na Maka, die Schwester Peles und Göttin des Meeres, unermüdlich versuchte, dieser wieder das Land abzuringen, das sie mit Feuer und Lava in ihr Reich geschüttet hatte.

Die sternenklare Nacht bot Momoko und Leonardo einen grandiosen Anblick. Nirgendwo sonst auf der Welt konnte man so ungetrübt und klar den Sternenhimmel der Nordhalbkugel betrachten. Unter ihnen wogte das Meer und erzählte mit mächtiger Stimme von nahen und fernen Küsten, die es schon bereist hatte. Die beiden saßen fasziniert und schweigend nebeneinander und lauschten andächtig den Klängen der Nacht. Doch da war noch etwas Magisches um sie herum, das ihre beiden Körper einhüllte und mit der unendlichen Weite, die sich vor ihnen ausbreitete, verband.
Momoko, die sich gerade bequem nach hinten lehnen wollte, zog plötzlich ihre rechte Hand nach vorne.
»Autsch … und ich erzähle gerade noch was von scharfkantig!«

»Zeig mal her.« Leonardo nahm sanft ihre Hand und steckte nach kurzer Untersuchung ihren kleinen Finger in seinen Mund.

»Blut …, aber nur ein kleiner Schnitt.« Er faltete ihre Hand zur Faust und nahm sie zwischen seine Hände. Momokos Herz begann zu klopfen.

»Werde ich jetzt auch ein Vampir wie du?«

»Ganz bestimmt, es gibt jetzt keinen Weg mehr zurück.«

Sie blickten lächelnd wieder hinaus aufs Meer. Momoko lehnte ihren Kopf liebevoll an Leonardos Schulter und legte ihre linke Hand über seine. Sie hatte das Gefühl, in einen warmen Strudel von Gefühlen hineinzufließen, die sie nicht mehr kontrollieren konnte und die sie unaufhaltsam immer weiter und tiefer in eine andere Welt trugen. Es schien ihr, als ob sie sich jeden Augenblick auflösen würde, wenn sie auch noch den letzten inneren Widerstand aufgäbe. Ihr Verstand versuchte, diese letzte Barriere mühsam mit ängstlichen Gedanken aufrecht zu halten, doch diese verstummten sofort, als Leonardos Hand über ihren Nacken in ihre weichen Haare glitt und sie sich im nächsten Augenblick in die schönste Umarmung ihres Lebens fallen ließ. Das tiefe Gefühl, mit diesem Jungen eins zu sein, machte ihr keine Angst mehr. Ihr Inneres wusste intuitiv, dass hier alles richtig und echt war. Sie war immer noch mit ihrem Körper verbunden, aber gleichzeitig auch außerhalb davon. An diesem Ort gab es keine Fragen mehr, denn es gab niemanden mehr, der sie stellte. Alles war unendliches Sein, eine grenzenlose Liebkosung. Sie badeten beide in der Quelle des Universums, in der Tiefe des Ozeans und brauchten sich um das Atmen nicht zu sorgen. Es atmete sie!

Während sie beide so mit halb geschlossenen Augen vor sich

hin träumten, flatterte plötzlich etwas durch die Luft und setzte sich direkt auf Leonardos Knie.

»Matz!«, entfuhr es ihnen beiden gleichzeitig. Momokos ungläubiger Blick begegnete Leonardos überraschten Augen, die sie fragend und zugleich verschmitzt lächelnd anfunkelten. Klick – es schoss ihr durch den Kopf – diese grün schimmernden Augen kannte sie irgendwoher! Es dauerte nur wenige Sekunden, dann platzte es aus ihr heraus: »Joy?«

»Was dachtest du denn?«, piepte ihr kleiner Freund belustigt und hüpfte amüsiert auf Joys Knie herum.

»Oh ihr gemeinen Schauspieler und Verschwörer!«, sprudelte es aus ihr halb wütend, halb lachend heraus. »Wie konntet ihr mich nur so an der Nase herumführen?«

»Momoko, bitte verzeih mir, aber ich bin ein bisschen unschuldiger, als es den Anschein hat. Mein zweiter Name ist wirklich Leonardo – aber ich gebe zu, dass ich Papa Charlys kleinen Streich ohne Widerrede mitgespielt habe.« Joy hatte seinen Kopf geneigt und zwischen die Schultern gezogen und schaute etwas betroffen auf den Boden. So richtig wohl war ihm gerade doch nicht in seiner Schauspielerhaut.

»Der alte Schurke soll mir bloß morgen früh unter die Augen kommen. Ich glaube, ich werde ihn zur Strafe zu Tode knutschen und total vollsabbern!«

Momoko war sichtlich gerührt, und Freudentränen standen in ihren Augen. Dieser Augenblick hatte ihr wirklich ein großes Geschenk gemacht. Ihr Glück ließ Gefühle wie etwa Ärger erst gar nicht aufkommen, und sie umfasste Joys Hand fester. Das Gefühl, das sich in ihr ausbreitete, war schwer zu beschreiben. Es war keine Emotion wie etwa Euphorie oder Ausgelassenheit – nein, es war vielmehr etwas Zufriedenes und mit allem Verbundenes. Es gab vor allem keine Wünsche und Ziele mehr in diesem Moment. Das vollkommene Glück hielt sie alle in seinen großen Armen umschlungen, und auch Joy atmete erleichtert auf, denn er konnte fühlen, dass Momoko ihm nicht wirklich böse war.

»Piep, piep – Joy Grünauge und die kleine ... äh ... große Lady Momoko! Das wurde aber auch Zeit! Ich soll euch dicke Küsse und liebe Grüße von Maya und Borki bestellen, die euch sicher bald selbst besuchen kommen. Borki wollte mir noch einen Sack Eicheln als Geschenk mitgeben, aber der war einfach nicht zu schleppen. Piep, ich habe gesprochen!«

»Matz, du alter Wunderspatz!« Joy saß kopfschüttelnd und lachend vor dem kleinen Vogel und streichelte sanft sein Federkleid. »Willst du uns denn nicht endlich verraten, wie du hierher kommst?«

»Piep – nun, das klingt jetzt vielleicht etwas ungewöhnlich, aber ich reise immer durch die Nullzeit. Genau das tun Maya, Borki und die anderen auch, wenn sie euch in euren Träumen treffen, aber als Botschafter kann ich auch mit meinem kompletten kleinen Körper zwischen den Welten hin- und hereisen. Könnt ihr euch mit dieser etwas simplen Erklärung vorerst zufrieden geben – piep?«

»Um ehrlich zu sein, erscheint mir das ein wenig dürftig, oder was meinst du dazu, Momoko?«

»Das finde ich eigentlich auch, Matz. Du tauchst hier einfach auf, so mir nichts, dir nichts, spielst Paradiesvogel und erzählst uns was von Reisen durch die Nullzeit. Es wundert dich hoffentlich nicht, dass uns das schon ein bisschen neugierig macht. Das Gleiche gilt natürlich auch für deine Freunde Maya und Borki, die uns immer wieder seit unserer Kindheit in der Traumwelt besuchen. Wieso sehen wir euch nicht ständig um uns herum? Wäre das überhaupt möglich? Also lass uns nicht als wandelnde Fragezeichen hier sitzen und hilf uns ein wenig auf die Sprünge, wenn es kein Geheimnis ist, das du unbedingt für dich behalten willst. Wir haben noch die ganze Nacht und sind kein bisschen müde.«

»Also, ihr zwei Fragezeichen, dann werde ich euch jetzt eine kleine Geschichte erzählen, die mir meine liebe Freundin Cora Tanou einmal erzählt hat. Vielleicht könnt ihr dann etwas besser verstehen, was dem Blick der meisten Menschen verborgen ist, aber dennoch existiert. Es ist die Geschichte der Familie Scharfblick, und sie hat etwas mit eurer Wahrnehmung der Welt zu tun.«

Familie Scharfblick

Matz hüpfte kurz entschlossen hinüber auf Momokos Schoß, kuschelte sich ein wenig in die Falten ihres Sommerkleides und begann dann zu erzählen:

»Angefangen von der Großmutter bis hin zum jüngsten Enkel – alle Mitglieder der Familie Scharfblick waren ein wenig verrückt. Man konnte sich gar nicht normal mit ihnen unterhalten, weil sie ständig Dinge sahen, die gar nicht vorhanden waren. Naja, im Grunde genommen waren sie aber harmlos, und weil sie so gerne Gäste hatten, ging Cora sie hin und wieder besuchen.
Eines Tages kam sie mal wieder vorbei und hörte schon von draußen, wie sich Mutter und Vater Scharfblick im Schlafzimmer stritten. Als Cora durch die offene Haustür in die Wohnung trat, wurde sie Zeuge einer außergewöhnlichen Szene.
Vater sah an der Decke eine rote Kugel, Mutter dagegen eine grüne. Weil sie sich gar nicht einigen konnten, hatten sie die Kinder und Großeltern ins Zimmer gerufen. Oliver jedoch sah einen gelben und Jasmin einen blauen Ball. Bei Großmutter schillerte die Kugel in allen Farben, und Großvater behauptete stock und steif, eine weiße Kugel zu sehen. Cora aber starrte mit suchendem Blick an die Decke und sah absolut gar nichts.
Bei einer anderen Gelegenheit bemerkte Oliver ein leuchtendes Pünktchen, das wie ein Glühwürmchen an der Decke schwebte, doch plötzlich fing Jasmin an zu schreien, weil eine leuchtende Kugel den halben Raum ausfüllte. Die herbeiei-

lende Großmutter aber sah ein Gebilde, dass wie ein leuchtender Wackelpudding in der Luft glibberte und flimmerte. Cora jedoch sah wie immer nichts.

Allmählich wurde ihr die Sache zu bunt. Eigentlich waren die Scharfseher ja ganz normal. Aber was konnte es nur sein, das sie zu sehen glaubten? So sehr Cora auch grübelte, sie kam nicht so recht weiter mit ihren Gedanken. Doch die Lösung des Problems ließ nicht lange auf sich warten. Als sie am kommenden Wochenende mit Freunden zum Tanzen in einer Diskothek war, sah sie plötzlich beim Flimmern der Stroboskoplichter all die roten und grünen Kugeln in der Luft, die in der Dunkelheit in den unterschiedlichsten Farben schillerten. Bei hellem Licht waren sie jedoch kaum zu erkennen.

»Ja, genau das ist es!«, platzte es plötzlich mitten auf der Tanzfläche laut und freudig aus ihr heraus, und alle Leute in ihrer Nähe sowie ihre Freunde drehten sich verwundert nach ihr um. Sie erklärte ihnen, dass alles okay mit ihr sei, aber sie müsse leider sofort gehen, und es sollte sich bitte niemand um sie sorgen.

Sie machte sich noch am gleichen Abend auf den Weg zur Familie Scharfblick, um mit ihnen ihre neue Erkenntnis zu teilen. Kaum dort angekommen, geriet Cora geradewegs wieder mitten in eine ihrer Streitereien.

Vater Scharfblick saß in seinem Sessel und war in den Anblick einer kleinen leuchtenden Kugel versunken. In diesem Moment kam Großmutter ins Wohnzimmer, zeigte wild mit den Armen fuchtelnd an die Decke und rief erschreckt: »Was habt ihr denn da für einen Wurm hängen?« Von Omas Geschrei herbeigerufen kam auch der Reste der Familie ins Zimmer gestürmt. Oliver sah wie Papa ebenfalls eine Kugel, aber in der entgegengesetzten Zimmerecke. Jasmin sah wie Oma einen Wurm, aber sie stritt mit ihr über die Länge. Mutter Scharfblick jedoch war der Meinung, da sei eine Gummischlange an der Decke, die von einer Ecke in die andere schnipste. Cora aber sah wieder einmal absolut nichts.

Vor lauter Zankerei hatten die Scharfblicks ihre Anwesenheit gar nicht bemerkt, doch sie waren erfreut, sie zu sehen. Cora wollte den ständigen Auseinandersetzungen in der Familie nun endgültig ein Ende machen und begann ihnen zu erklären, was sie heute Abend gesehen hatte. Beim Aufblitzen der Stroboskoplichter in der Disco war ihr alles sonnenklar gewesen, die Erklärung war ganz einfach. Jetzt aber merkte sie, dass sie es so ohne weiteres gar nicht mit Worten beschreiben konnte. Sie versuchte ihren Freunden klarzumachen, dass Menschen nicht kontinuierlich, also fortlaufend sehen. Sie nehmen von dem, was wirklich ist, nur Bruchteile wahr.

Eine Weile hörten ihr die Scharfblicks aufmerksam zu, aber dann begannen sie einen neuen Streit, weil jeder etwas anderes über die Geschwindigkeit des Sehens verstanden hatte.

Cora hatte inzwischen die Nase ziemlich voll von dem ständigen Hin und Her. So lud sie die ganze Familienbande in ihren Kombi und fuhr mit ihnen zur Disco. Es war schon ein seltsamer Anblick, als Oma und Opa sowie der Rest der Familie fasziniert auf der Tanzfläche standen und die Effekte bestaunten, die die Stroboskoplichter in den Raum zauberten. Plötzlich hatten sie alle verstanden, was Cora ihnen mühevoll zu erklären versucht hatte.

Als sie wenig später in etwas ruhigerer Umgebung zusammensaßen, fasste Oliver, der kleine Professor der Familie, noch einmal für alle die erhellenden Beobachtungen zusammen.

›Ist doch ganz einfach‹, begann er, ›es gab bei uns zu Hause oben an der Decke eigentlich nur drei verschiedene Objekte. Beim ersten Mal sahen wir alle eine Kugel, die sehr schnell ihre Farbe veränderte. Je nachdem, wann man hinschaute, sah man sie rot, grün, blau oder sogar schillernd. Beim zweiten Mal hatten wir dann dieses Glühwürmchen. Es konnte sich wohl sehr schnell aufblasen, um dann wieder schlagartig ganz zu klein werden. Oma hat wohl als Einzige die Formveränderung bemerkt und es als Glibbern bezeichnet. Und dann war da noch dieser leuchtende Gummiwurm, der sich sehr schnell ausdehnen und wieder zusammenziehen konnte. Gleichzeitig flitzte er von einer Ecke in die andere. Je nachdem, wie schnell man hinschaute und wann, sah man an verschiedenen Orten einen langen oder kurzen Wurm oder eine kleine Kugel, und Mama konnte ihn sogar hin- und herwabern sehen.
Nach unserem Disco-Besuch mit Tante Cora lässt sich das alles doch gut erklären: Jeder von uns hat sozusagen ein persönliches Stroboskop in seinen Augen. Wenn wir damit zufällig gleichzeitig und mit gleicher Geschwindigkeit die sichtbare Welt quasi anblitzen – dann sehen wir alle das Gleiche. Das ist aber leider nicht immer so, wie wir bei unseren Streitereien deutlich erfahren durften.‹

Piep – ja, meine Lieben, das ist doch eine interessante Geschichte, nicht wahr? Vielleicht kommt ihr ja selbst drauf, was all das mit Maya, Borki und mir zu tun haben könnte. Na, was meint ihr?«
»Nun ja«, begann Joy, »irgendwie taucht ihr ja meistens in unseren Träumen auf. Nur du, Matz, scheinst dich auf mysteriöse Art auch in unserer Normalwelt bewegen zu können.«

»Aber Borki hat auch einen Körper in der Normalwelt«, warf Momoko ein. »Er spricht dann allerdings nicht mit mir. Aber vielleicht höre ich ihn ja auch bloß nicht.«
»Also hängt das offensichtlich mit unserer Wahrnehmung zusammen, die sich wohl beim Träumen irgendwie verändert«, folgerte Joy. »In der Geschichte eben ging es ja vor allem um die Geschwindigkeit des Sehens innerhalb der Zeit. Was allerdings geschehen würde, falls die Zeit stillstünde, oder wenn es womöglich gar keine Zeit gäbe, wäre sicher auch eine interessante Frage. Dann fänden ja alle Ereignisse gewissermaßen gleichzeitig statt, oder?«
»Piep, piep – gar nicht schlecht, mein Junge, aber vielleicht hört ihr Coras Geschichte noch zu Ende an, und dann werden wir mal schauen, was passieren würde, wenn die Menschen aus der Zeitfalle herauskämen.

Also zurück zu Coras Erkenntnissen. In der Disco war ihr jedenfalls klar geworden, dass man beim Flimmern einer Stroboskoplampe immer nur etwas sieht, wenn es von den Blitzen erhellt wird. Wenn beispielsweise eine Kugel schnell von einer Zimmerecke in die andere rollt und wir ihre Position und Bewegung erkennen wollen, kommt es darauf an, wie schnell das Stroboskoplicht blitzt. Wenn es mit der Bewegung der Kugel synchronisiert ist, seht ihr diese vielleicht immer rechts oder auch links ganz ruhig liegen. Wenn das Licht aber einen anderen Rhythmus hat als die Kugel, dann springt sie für den Betrachter unmotiviert hin und her. Erst dann, wenn es ganz besonders schnell blitzt, wird ihre Bewegung erkennbar.
Aber auch bei normalem Licht sehen Menschen mit ihren Augen nur Bruchteile von dem, was ist, und ich glaube, das

gilt für alle Lebewesen – auch für normale Spatzen, außer mir natürlich, hihi, piep. Der Film, den ihr Leben nennt, erscheint euch als kontinuierlicher Ablauf. Aber das ist ein Irrtum. Im Grunde genommen seht ihr nur etwa 50 Einzelbilder pro Sekunde, deren Auflösung, verglichen mit vielen Tieren, sehr begrenzt ist. Euer Auge und das Gehirn benötigen Zeit, um das Licht, das auf die Netzhaut fällt, zu Bildern zusammenzusetzen, sie zu analysieren, zu erkennen und in Schubladen zu stecken. Sowohl die Interpretation des Gesehenen als auch das Schließen der Lücken zwischen den Bildern übernimmt euer Verstand. Zwischen zwei Bildern haben aber immer noch unendlich viele andere Bilder Platz. Ihr geht ganz selbstverständlich davon aus, dass diese allesamt zu eurem Film gehören und sich vom vorhergehenden Bild nur ganz wenig unterscheiden. Das könnt ihr aber in Wirklichkeit gar nicht beweisen. Vielleicht habt ihr Menschen eine gemeinsame Welt, weil ihr im gleichen Rhythmus seht. Vielleicht gibt es aber auch hier viel mehr, was euch verborgen bleibt, und das Eigentliche findet möglicherweise *zwischen* dem statt, was ihr seht.

Betrachten wir zum Beispiel einen Baum. Er scheint auf den ersten Blick ein solides und festes Gebilde zu sein. Wenn sich eure Wahrnehmung aber ein wenig beschleunigt, beginnt sich das Bild zu verändern. Zunächst beginnen die Blätter zu vibrieren. Es ist, als würden sie nicht aus festem Material, sondern eher aus Quecksilber bestehen. Sie bewegen sich nicht einfach – sie fließen in einem gewissen Maße. Auf diese Weise kann jeder schauen. Wenn ihr aufhört zu analysieren und euch ganz und gar auf die Sinneswahrnehmung konzentriert, geht das Sehen viel schneller vonstatten. Je länger ihr auf den Baum

schaut, desto mehr geht seine Dichte verloren. Er ist da, er ist materiell vorhanden, aber er verliert seine feste Struktur. Hin und wieder kann er auch vollkommen durchsichtig werden.
Wenn der Verstand weitestgehend abgeschaltet ist, wird der Wahrnehmungsprozess beschleunigt. Dann sehen die Dinge, die euch umgeben, vollkommen anders aus. Das kann jemanden, der dies zum ersten Mal erlebt, sehr verwirren. Alles verändert sich ständig. Es gibt keine festen Konturen mehr. Man hat den Eindruck, als würde die Welt, so wie man sie kennt, einfach zerfließen. Dem Verstand macht das Angst. In Wirklichkeit seht ihr aber viel klarer in solchen Momenten.
Ein Baum ist kein dichtes Gebilde. Er besteht aus Atomen, deren Bestandteile nicht dichter gepackt sind als unser Sonnensystem. Der größte Teil eines Baumes ist leer. Die Grenzen sind gar nicht so fest umrissen. Es findet ein ständiges Kommen und Gehen statt. Wahrnehmung hat also etwas mit Geschwindigkeit zu tun. Eure Welt ist so, wie sie ist, weil ihr so langsam schaut. Aber eigentlich ist das Geschaute Illusion.«

»Puh, mein lieber Matzlspatzl«, seufzte Momoko und streckte sich erst einmal in alle Richtungen, »das war aber wirklich starker Tobak für meine Gehirnwindungen um diese Zeit. Deine Freundin ist wohl eine begnadete Denksportlerin?«
»Cora ist vor allem Physikerin und kann solche eher trockenen Zusammenhänge in wunderbare Bilder und Geschichten verpacken, wie ihr seht, piep.«
»Daher erinnert mich diese Story auch so sehr an ein Gespräch mit Maya, in dem sie mir ganz ähnliche Dinge über die Natur der Materie erzählt hat und bei dem wir schließlich und endlich beim großen Potential der Leere ankamen.«

Joy hielt sich in diesem Augenblick noch ein wenig zurück. Er wollte nicht gleich mit der Tür ins Haus fallen und Momoko berichten, dass er viele ihrer Träume mit angesehen hatte. Jedoch war ihm diese Begegnung zwischen Maya und Momoko an der winterlich verschneiten Quelle in der Höll noch sehr präsent, und er wusste ja aus eigener Erfahrung, dass es für Maya ein Kinderspiel war, sowohl ihre Erscheinung als auch den Ort jederzeit zu wechseln.

»Das kommt mir auch irgendwie bekannt vor«, meinte er dann bescheiden zu Momoko und Matz. »Aber noch mal zurück zu dem Beispiel mit der Kugel, die im Raum hin- und herrollt. Wenn wir mal annehmen, dass es eine Dimension gäbe, in der es keine Zeit gibt oder wo ein Augenblick eine ganze Ewigkeit dauert, dann wäre die Bewegung der Kugel komplett und lückenlos erfassbar, und der Verstand könnte keine Interpretation anstellen oder zeitliche Lücken schließen, weil es diese schlicht nicht gäbe in dieser zeitlosen Welt.«

»Vielleicht ist es ja genau das, was gemeint ist, wenn vom ewigen Moment des Jetzt die Rede ist«, sinnierte Momoko. »Da gibt es auch weder Vergangenheit noch Zukunft und das ist für den Denker, den verrückten Onkel, absolut tödlich. Der scheint ja ganz versessen darauf zu sein, etwas in die Lücken zwischen den Bildern hineinzudenken – etwas, das es möglicherweise gar nicht gibt.«

»Piep, piep – ja, meine Lieben, der Verstand braucht die Zeit zwingend für seine diversen Spielchen. Die Geschichte mit den zeitlichen Lücken in eurer Wahrnehmung ist dafür nur ein weiteres Beispiel. Aber ehrlich gesagt ist es ja nicht wirklich schlimm, sondern eher praktisch, wenn ihr eure Welt scheinbar kontinuierlich und nicht in abgehackten Bildern

wahrnehmt. Es sollte nur jedem bewusst sein, dass es dahinter noch eine andere, verborgene Dimension gibt, die ihr durchaus erfahren könnt, wenn ihr eure Wahrnehmung verändert. Euer verrückter Onkel müsste dazu einfach seine Zeitspielchen mal sein lassen. Das aber wird er nicht freiwillig tun. Schließlich bezieht er seine ganze Identität aus der Beschäftigung mit der Zeit, vor allem mit Vergangenheit und Zukunft. Es gibt nur einen Ausweg aus diesem Schlamassel: das Jetzt!
Wer mit dem Denken identifiziert ist, der geht direkt in die Zeitfalle und lebt fast ausschließlich in Erinnerungen und Erwartungen. Es sind aber gerade die körperlichen Sinne, die uns bei näherer Betrachtung unentwegt in die Gegenwart schießen. Ja, das gilt auch für schräge Vögel wie mich, wenn ich hier bei euch in meinem Vogelkostüm unterwegs bin. Es gibt nämlich kein Sinnesorgan für Zeit. Sie ist ein Konstrukt des Verstandes, eine Interpretation. Sehen, Hören, Riechen, Schmecken und Fühlen sind absolut an den Augenblick gebunden. Alles, was in Coras Geschichte über die Geschwindigkeit des Sehens zu erfahren war, zeigt deutlich, dass wir es im Grunde immer mit einzelnen Bildern zu tun haben, die wir lediglich geschickt zusammenkleben. Wenn ihr mit geschlossenen Augen einmal kurz blinzelt, dann wisst ihr in etwa, was *Augenblick* wirklich bedeutet.
Noch ein anderes Beispiel: Ihr kennt sicher alle den mühsamen Versuch des Verstandes, leckeres Essen zu beschreiben, nur weil er es in Wahrheit niemals schmecken kann. Im Grunde kann er gar nichts sinnlich wahrnehmen. Daher redet er ununterbrochen davon. ›Oh, das sieht aber lecker aus – was ist denn da drin? – Ja, das riecht wirklich gut – letzte Woche hatten wir was Ähnliches – die Spaghetti bei Alberto

duften aber noch etwas würziger – mit Basilikum und frischen Tomaten wäre es bestimmt auch sehr lecker – und was gibt's morgen Abend Feines?‹ So geht es manchmal ununterbrochen. Die Nudeln sind mittlerweile kalt, und du hast noch keinen Bissen gekostet.«

»Ach, geliebter Matz«, murmelte Momoko etwas verschlafen und gähnte, »du sprichst mir direkt aus dem Herzen. Aber sei mir nicht böse, ich glaube, wir müssen unsere schöne Runde auf ein andermal vertagen. Mir fallen auf einmal wirklich fast die Augen zu, und ich höre schon aus der Ferne mein Bettchen rufen.«

»Gute Idee, Momoko«, meinte auch Joy und ließ sich von ihrem Gähnen sogleich anstecken, »ich glaube, die interessante Geschichte von Matzis Freundin Cora hat schon etwas Licht in die verborgenen Welten gebracht, und beim nächsten Treffen lüftest du hoffentlich das Geheimnis deiner ungewöhnlichen Reisemethode durch die Nullzeit. Irgendwie habe ich den Eindruck, wir sind da schon ganz nah dran. Oder was meinst du, Matz?«

»Piep – es ist direkt vor eurer Nase, Freunde.« Der kleine Sperling stellte sich auf ein Bein und kniff das linke Auge zu. »Aber jetzt mal was anderes – ich darf euch zum Abschied noch eine erfreuliche Mitteilung machen. Ganz in der Nachbarschaft von Kalani, nämlich bei euren Freunden Graham und Eric, habe ich eine bezaubernde hawaiianische Vogelprinzessin kennengelernt, eine wunderschöne rote Kardinalsfrau. So wie's aussieht, bin ich deshalb wohl in der nächsten Zeit öfter mal ganz in euerer Nähe, und wir werden sicher noch einige schöne Stunden zusammen verbringen.
Also dann, Aloha, ihr Glückskekse, und … hang loose!«

Matz, der spektakuläre Abgänge liebte, benutzte wieder einmal den Zeittunnel statt der Flügel und verschwand einfach von der Bildfläche. Momoko und Joy schauten staunend auf die Stelle, wo er gerade noch gesessen und gepiept hatte. Schließlich verabschiedeten sie sich vom Meer und begaben sich ebenfalls, allerdings etwas langsamer als ihr gefiederter Freund, Hand in Hand auf den Heimweg nach Kalani.

Vor Momokos Baumhaus wusste keiner von ihnen so recht, was er sagen sollte. Als sich ihre Blicke nicht voneinander lösen konnten, fingen sie auf einmal beide herzlich an zu lachen und fielen noch einmal in eine zärtliche Umarmung. Wie in Zeitlupe umfasste Joy langsam Momokos Kopf mit beiden Händen und mit geschlossenen Augen legte er seine Stirn an ihre. Auch sie schloss die Augen, und ihre Hände glitten zärtlich in seinen Nacken. Sie konnte seinen Atem im Gesicht spüren. Dann berührten sich zum ersten Mal ganz sanft ihre Lippen, und die Zeit blieb stehen. Nach einer kleinen Ewigkeit, mit einem Gefühl tiefer Verbundenheit und Freude in ihren Herzen, trennten sich die beiden Liebenden wortlos für die wenigen verbliebenen Stunden der Nacht und versanken bald in einen traumlosen, glückseligen Schlaf.

Ein tropisches Frühstück

Als Joy am nächsten Morgen noch etwas verschlafen auf die kleine Veranda des Bungalows trat, schaukelte Gabi schon bequem in der bunten Hängematte, die an zwei Dachstreben festgeknotet war und von der aus man einen wunderbaren Ausblick auf die Klippen und das Meer hatte. Während sich Joy gähnend in den Himmel reckte, tauchte Gabis Kopf, wie bei einem Kängurubaby, über dem Rand der Hängematte auf, und ein verschmitztes Grinsen zierte ihr hübsches, sommersprossiges Gesicht.

»Und? Sag schon, wie war's heute Nacht?«

»Was soll das heißen, wie war's?«

Joy grinste zurück, und eigentlich hätten die beiden Sandkastenfreunde gar nicht weiter reden müssen, aber Gabis Vorliebe für romantische Liebesgeschichten wollte befriedigt werden. So erzählte ihr Joy – nach ihrem Geschmack natürlich viel zu nüchtern – von seinem nächtlichen Abenteuer.

»Und? Wie geht's jetzt weiter?«, bohrte Gabi unnachgiebig.

»Muss ich dir wirklich alle Fäden einzeln aus dem Mund ziehen?«

»Es heißt: aus der Nase!«

»Welche Nase?«

»Du bist mal wieder unglaublich neugierig und willst mir die Fäden aus der Nase ziehen!«

»Ja, genau! Und was hängt nun dran am Faden? Nun komm schon raus damit!«

»Spatzl, nix wissen, nix denken – konkrete Überraschung!«, erwiderte Joy lächelnd, während er sich seine Yogamatte ausrollte, um mit dem Gruß an die Sonne den Tag willkommen zu heißen. Doch Gabi war nach Plaudern zumute, und so begann sie ihrerseits ein wenig zu erzählen.

»Weißt du was?«

»Nö«, antwortete Joy, beugte sich mit gestreckten Armen nach vorne und legte die Hände flach neben die Füße, um dann nach hinten wegzuspringen.

»Ich glaube, ich hab mich heute morgen verknallt.«

»Wie bitte?«

Eigentlich wollte Joy sich gerade aus dem Krokodil nach oben in die Position des aufschauenden Hundes drücken, da plumpste er vor Überraschung doch glatt flach auf den Boden.

»Verknallt!«, wiederholte Gabi etwas lauter. »Und heute Nachmittag werden wir uns wieder treffen und nach Hilo fahren, um sein Segelboot zu besichtigen, das er von der Konaküste rübergebracht hat.«

»Du bist ja echt die schnellste Maus von Mexiko. Wie und wo hast du denn so schnell einen echten Skipper aus dem Hut gezaubert?«

»Morgendstund hat Gold ... na, du weißt schon. Beim Joggen trifft man manchmal interessante Leute.«

»Das ist bestimmt dieser Eric! Stimmt's?«, entfuhr es Joy augenblicklich.

»Hmm ... vielleicht?«

»Wusste ich's doch – dieser alte hawaiianische Sunnyboy gräbt also hinter meinem Rücken meine besten Freundin an!«

»Ich muss zugeben, wenn hier einer gräbt, dann bin ich das.« Gabi setzte ein naives Unschuldslächeln auf, mit dem sie ein Kaufhaus hätte leerräumen können, ohne bemerkt zu werden.

»Ach, ist der schnuckelig! Genau die richtige Mischung aus

sensiblem Liebhaber und struppigem Seebärchen. Außerdem steh ich auf etwas reifere Männer, wie du weißt.«
»Ich glaub es nicht«, Joy schüttelte lachend den Kopf, »hier hat wohl der Liebesvirus zugeschlagen und uns alle heftig infiziert?«
Er stand auf, ging zur Hängematte und drückte Gabi einen dicken Schmatzer auf die Backe. »Das sind ja wirklich großartige Neuigkeiten. Ach ja, wenn ihr noch ein paar Anstandswauwaus braucht …? Momoko und ich kommen bestimmt gerne mit!«
»Hmm … das wäre strategisch vielleicht gar nicht so schlecht – genauer gesagt ist das eine sehr gute Idee. Wenn Eric so gegen ein Uhr hier aufkreuzt, könntet ihr ja rein zufällig hier rumhängen, oder?«
»Kein Problem, Gabili, das werden wir schon passend einfädeln. Aber sag mal, wollen wir nicht langsam mal zum Frühstück rübergehen zu den anderen?«
»Klingt gut – ich hüpf dann nur noch rasch unter die Dusche, bevor ich mich all den tropischen Früchtchen hingebe. Manche davon sollen ja eine aphrodisierende Wirkung haben.«
Gabi schälte sich aus ihrer Hängematte und verschwand im Zimmer, während Joy noch ein paar gesprungene Sonnengrüße auf die Matte legte. Seine Yogastunde hatte sich nun zwar ziemlich kurz gestaltet, aber dafür lockten das leckere Frühstück und natürlich … Momoko.

Eine Parade von Honigkuchenpferden hätte kaum lustiger dreinschauen können als die Schmunzelgesichter von Momoko, Joy, Gabi, Papa Charly und Lucy am Frühstückstisch. Ihre lachenden Blicke genügten völlig und sprachen Bände.

Nach einer Zeit genüsslichen Schweigens beugte sich Momoko über den Tisch und gab Papa Charly einen dicken Kuss.
»Du alter Halunke und Verschwörer«, flüsterte sie ihm gespielt vorwurfsvoll ins Ohr.
»Keine Ursache, meine Liebe, gern geschehen. Das war nur ein kleiner Ausgleich für deine zahllosen Streiche, die du mir in all den Jahren gespielt hast«, erwiderte Papa Charly mit breitem Lächeln, das alle seine strahlend weißen Zähne blitzen ließ.
»Liebe Freunde«, meinte er sodann, während er sich der restlichen Frühstückstafel zuwandte, »ich möchte euch heute morgen einen weiteren Assistenten vorstellen, den ich bis jetzt auf Grund einer kleinen Verschwörung geheim gehalten habe: Joy Leonardo oder kurz Joy, wie ihn seine Freunde nennen.«
Joy schaute etwas überrascht aus der Wäsche, stand dann aber auf und winkte etwas verlegen in die Runde. Papa Charly wollte seine Gäste nicht völlig im Unklaren lassen, und so fuhr er fort:
»Ich möchte nur so viel zur Erklärung beitragen, ohne indiskret zu werden. Joy und ich haben unserer Freundin Momoko einen kleinen Streich gespielt, den sie uns hoffentlich schon verziehen hat. Na ja, vielleicht werden die beiden bei Gelegenheit ja ihr Geheimnis für euch lüften. Ansonsten bekenne ich mich hiermit öffentlich als Rädelsführer und Anstifter in allen Punkten für schuldig.«
Worauf er kurz aufstand, um die Ecke des Tisches bog und Joy und Momoko beherzt an seine Brust drückte.
»So, jetzt genießen wir erst mal dieses herrliche tropische Frühstück und den freien Sonntag, den wir alle entspannt und ohne großes Programm verbringen wollen. Wer später am

Nachmittag Lust auf hawaiianischen Hulatanz hat, kann heute bei Richard in der Rainbowhall die ersten Schritte lernen. Vielleicht wage ich ja dort auch mal wieder ein Tänzchen, was meinst du, Lucy?« Papa Charly zeichnete mit beiden Händen das Dach eines kleinen Hauses in die Luft und sang dazu:

>»Pua Mana
> Ku'u home i Lahaina
> Me nâ pua 'ala onaona
> Ku'u home i aloha 'ia«

Vor seinen amüsierten Gästen machte er dazu ein paar typische Hula-Bewegungen wie ein alter Hawaiianer, und seine kleine Freundin Emma, die sich zum Essen wie selbstverständlich neben ihn gesetzt hatte, stellte sich auf ihren Stuhl und tanzte sogleich mit.
»Wartet nur ab, wie ihr dabei aussehen werdet. Es ist gar nicht so einfach, die Tanzschritte mit den Armen und Händen zu verbinden, so dass es fließend und anmutig aussieht – wie bei mir. Mehr über das kleine Haus in Lahaina mit den duftenden Blumen erfahrt ihr sicher später noch von Richard. Bevor wir uns aber jetzt gleich auf das Buffet stürzen, möchte ich euch noch eine Übung vorschlagen, die ihr gleich mal ausprobieren könnt.
Viele von euch sind ja schon etwas mit meinen Ideen vertraut, aber auch allen Neulingen möchte ich noch mal meine Absicht bekunden, dass ich schon vom ersten Tag an hier mit euch allen in einer Weise zusammenleben will, die für viele zumindest etwas gewöhnungsbedürftig ist. Dazu haben wir uns aber schließlich hier getroffen, nicht wahr? Wunschlos

glücklich zu sein kann man üben. Freunde und Liebende können sich dabei unterstützen. Aber das ist natürlich kein Üben im Sinne von Arbeiten, sondern es geht dabei ums Wachsein in jedem Augenblick. Gewahrsein im Hier und Jetzt, wie das so schön heißt, ist nicht anstrengend, sondern genau das Gegenteil von Machen und Tun. Es braucht dazu kein Wollen, Erwarten oder Bemühen – lediglich die Bereitschaft, etwas zu entdecken, was schon da ist.
Das aber geht unserem Verstand und seinen Gewohnheiten manchmal ganz schön auf die Nerven. Daher wollen wir etwas Wunderbares und Schönes nutzen, um uns einen leichteren Einstieg in diese Lebensweise zu ermöglichen. Und das ist unsere Sinnlichkeit! Die Sinne unseres Körpers zu schärfen ist eine wohltuende Übung, die uns sofort ins Jetzt katapultiert, wo auch immer wir gerade sind. Ihr braucht dazu nur ein paar Sinne abzuschalten oder anzuhalten und sofort werden die Übrigen in ihrer Wahrnehmungsfähigkeit gesteigert. Fangt heute einfach mal mit dem Essen an. Seid still und schließt die Augen, während ihr euer leckeres Mahl kaut und auf der Zunge zergehen lasst. Es ist nicht schwer, den Geschmackssinn auf diese Art zu schärfen. Ihr werdet dann feststellen, dass es unmöglich ist, bei so viel Hingabe noch herumzudenken. So einfach ist das! Wenn ihr mit den anderen Sinnen ebenso verfahrt, dann ist Gewahrsein im Augenblick der Normalzustand. Also los, stürzen wir uns hinein in dieses Abenteuer – und viel Vergnügen dabei!«
Momoko und Joy wussten natürlich aus eigener Erfahrung, wie leicht man sich trotz dieser einfachen Erkenntnis immer wieder in Alltäglichkeiten und Gewohnheiten verstricken konnte. Sie wollten aber gerne behilflich sein, wenn ihre neu-

en und alten Freunde allzu sehr in die Zeitfalle gerieten und die Beschäftigung mit »verlorenen und ungelegten Eiern«, wie Papa Charly das gerne ausdrückte, Überhand nehmen würde.

Vor ihnen waren so ziemlich alle fruchtigen Köstlichkeiten der Insel, wie Papayas, Mangos, Ananas und Bananen, kunstvoll auf einer Tafel angerichtet. Dazu gab es frisch gepresste Säfte von Orangen und Melonen sowie Mixgetränke mit Guava und Passionsfrucht, die zum Teil vorzüglich untereinander oder auch mit Gemüsesäften zu leckeren Cocktails gemixt werden konnten. Natürlich musste hier keiner seine heimischen Essgewohnheiten umstellen, aber das Angebot an frischer und vollwertiger Kost verführte so manchen, mal etwas anderes als die gewohnten Speisen zu probieren.
Beim Essen wurde tatsächlich erstaunlich wenig geredet, denn *wo* anders als hier an diesem Ort, unter Freunden und Gleichgesinnten, konnten Papa Charlys Freunde seine Ideen zu einem sinnlichen Leben besser ausprobieren? Und so brachte ihnen das genüssliche Schweigen beim Essen, das die Aufmerksamkeit besonders auf den Geschmackssinn lenkte, wieder eine Esskultur nahe, die die meisten längst vergessen hatten. An den herumtollenden Kindern störte sich die meiste Zeit über niemand, obwohl dies nicht jedem immer ganz leicht fiel. Die vier wilden Engelchen hatten schon ihr eigenes Trainingsprogramm für die Erwachsenen und deren verrückte Onkels und Tanten zusammengestellt.

Bellyacres

Nachdem Joy Momoko von Gabis Herzensangelegenheit berichtet hatte, machte sie den Vorschlag, Eric einfach auf Bellyacres zu überraschen und schon etwas früher dorthin zu gehen. Nach dem Frühstück verabschiedeten sich die drei vom Rest der Gemeinschaft mit den besten Wünschen für den restlichen Sonntag, den die meisten wohl am nahe gelegenen, schwarz besandeten Kehena-Beach mit Schnorcheln, Schwimmen und entspanntem Faulenzen verbringen würden.
Zu Fuß gingen sie über einen kleinen Schleichweg direkt von Kalani zum verwachsenen hinteren Eingang von Bellyacres. Die Farm, wie sie die Bewohner scherzhaft nannten, war ein kleiner Garten Eden, den Graham und seine Freunde vor vielen Jahren als ein Stück Dschungel erworben hatten. Um dieses Stückchen Land rankten sich geheimnisvolle Geschichten unter den Hawaiianern. Es sei ein *kipuka*, eine Öffnung inmitten eines riesigen Lavafeldes. Vor langer Zeit war es wie ein Eiland von einem Lavastrom umflossen und von der alles verbrennenden Glut verschont worden. So konnten die Hobbyfarmer inmitten einer Mondlandschaft ein Stück Urwald mit fruchtbarstem Boden für ihre kleine Künstlerkolonie urbar machen.
Inmitten des Dschungels zwischen großen, schattigen Bäumen und dichter, zum Teil üppig blühender Vegetation lagen natürlich angelegte Gärten mit Mango-, Papaya-, Orangen- und Zitronenbäumen. Auch einige Gemüsebeete und Gewürze sorgten für eine reichhaltige Auswahl zum vegetarischen Kochen. Der Duft von Frangipani und Orangenblüten lag über-

all in der Luft und stieg den drei Besuchern in die Nase. An einigen besonders schönen Plätzen hatten die Bewohner ihre sogenannten Jungalows in den Wald gebaut. Diese Dschungel-Bungalows waren Hütten und Häuser, die sich ganz natürlich in ihre wild wachsende Umgebung einfügten. Für Gäste gab es auf Bellyacres auch eine geräumige, öffentliche Küche mit Veranda.

Besonders beeindruckend aber war Grahams Jugglerhouse – ein Wohnhaus aus Holz mit einem ungewöhnlich offenen und hohen Wohnzimmer, in dem er und seine Freunde ihre täglichen Jonglierübungen praktizierten. Dabei zuzuschauen oder auch mitzumachen – dieses Vergnügen konnte Momoko kaum erwarten.

Einmal im Jahr, meistens im Februar, gab es auf Bellyacres ein besonderes Ereignis – das Jugglers-Festival. Dazu kamen aus der ganzen Welt jonglierende Freunde und Bekannte auf die Insel, um dort für mehrere Tage ein Fest ihrer Kunst zu feiern. Auf dem ganzen Gelände und rund um die Dschungelbühne entstand ein kleines Zeltdorf mit einer illustren Bevölkerung, die sich teilweise schon über viele Jahre kannte. Aber auch jeder neue Dorfbewohner wurde freudig in die Künstlergemeinschaft aufgenommen, genauso wie alle, die nur zum Zuschauen anreisten. Die meisten blieben für die ganze Festival-Woche, und täglich gab es mehrere Vorstellungen auf der Bühne sowie Musik und hawaiianische Tanzvorführungen befreundeter Hula-Gruppen.

Nun aber war es August, und es war ruhig und beschaulich auf der Farm. Nur Graham und Henrik mit ihren Familien sowie ihr Freund Eric lebten ständig hier. Ab und zu kamen

Freunde und Gäste zu Besuch und konnten gegen einen kleinen Beitrag in die Gemeinschaftskasse oder etwas Mithilfe auf der Farm in einem der leer stehenden Jungalows wohnen und die große Küche benutzen.

Eric wohnte fast das ganze Jahr im Haus von Fritz, einem Jongleur aus Deutschland, der etwa zweimal im Jahr die Insel und seine keulenschwingenden Freunde besuchte. Dieser Jungalow war ein echtes Einzimmerapartement mit kleiner Küche und Schlafwohnzimmer. Hinter dem Haus lag eine Naturwasserdusche, und für den Strom gab es einen kleinen Generator sowie einige Batterieblocks, die von Solarzellen auf dem Dach gespeist wurden. Mit Gaskühlschrank und Herd war dies ein durchaus luxuriöses Eigenheim, und Eric fühlte sich dort sichtlich wohl.

Als die Freunde auf dem Gelände ankamen, schauten sie aber zuerst bei Graham vorbei. Schon von weitem hörten sie Musik, und durch die Fenster der großen Wohnhalle sahen sie schon die Keulen im Rhythmus durch die Luft fliegen. Vor dem Hauseingang stand ein alter, roter Pickup mit aufgeklappter Motorhaube. Darunter schauten nur zwei braun gebrannte Beine hervor, aus denen, langsam hervorkriechend, schließlich ein ganzer Mensch wurde. Eric, der nicht wenig überrascht schien, wischte sich die öligen Finger mit einem Lappen ab und bat die drei Freunde freundlich zu Tee und Ginger-Cookies ins Haus. Graham übte gerade mit Henrik und Jerry, der zu Besuch aus San Francisco hier war, eine schwierige Dreierjonglage ein, die wirklich atemberaubend aussah. Momoko ließ es sich nicht nehmen, auf einmal wie eine Katze von hinten durch die Beine ihres alten Lehrers zu tauchen. Dann stellte sie sich aufrecht vor ihn, um seine Position zu übernehmen, während sie gleichzeitig seine Armbewegungen synchronisierte und perfekt die heranfliegenden Keulen aufnahm und an ihre Mitspieler zurückwarf. Das Ganze sah wie ein verwirrender Luftzirkus aus, bei dem die Keulen wie Hochseilartisten durch die Luft wirbelten.

Joy, Gabi und Eric starrten mit offenem Mund auf die flinken Arme und Hände ihrer Freundin, und Graham war ganz begeistert von seiner alten Schülerin, die all die Jahre ihrem Hobby immer treu geblieben war und auch zu Hause mit Freunden eifrig trainiert hatte.

»Sehr gut, Momoko!«, rief auch Henrik freudig aus. »Willkommen bei den Professionals!«

»Da hat Henrik wirklich recht«, meinte auch Graham, »mit dieser Nummer könnten wir wirklich in jeder Show in Las Vegas auftreten.«

»Aber wer will schon nach Las Vegas, wenn er in Grahams Casino auf Big Island auftreten darf!«, erwiderte Momoko lachend, und alle taten es ihr nach.

»Liebe Freunde«, begann sie dann ganz feierlich, »ich möchte aber vor lauter Jongliererei nicht vergessen, euch heute einen meiner ältesten Freunde vorzustellen, den ich aber erst gestern hier auf dieser magischen Insel quasi in Fleisch und Blut kennenlernen durfte: Mister Joy persönlich! Und direkt daneben meine neue Freundin: die bezaubernde Gabi!«

»Wow! Es ist uns wirklich eine Ehre, dich nach so vielen Jahren bei uns zu haben«, meinte Graham sichtlich erstaunt zu Joy. Das gilt natürlich ebenfalls für die junge Dame hier.«

»Aber woher …?«

»Woher wir dich kennen? Das wolltest du doch fragen?«, sprach jetzt auch Eric. »Deine Geschichten sind dir weit vo-

rausgeeilt, mein Freund. Momoko hat schon als Kind ganz fleißig über ihre Traumerlebnisse geplaudert, und so bist du auch für uns sozusagen ein alter Bekannter. Willkommen in Bellyacres, der geheimen Hauptstadt der Jongleure!«
Alle umarmten Joy freundschaftlich, und auch Gabi wurde herzlich begrüßt. Eric aber hielt sie ein wenig länger in seinen Armen, und es fiel ihr fast ein bisschen schwer, sich von ihm zu lösen.
»Sag mal, Eric«, meinte sie dann, »ich muss gestehen, dass ich heute morgen beim Frühstück mit Momoko und Joy ein wenig über unsere geplante Bootsbesichtigung gesprochen habe. Wäre es okay, wenn die beiden heute mitkommen würden?«
»Na klar, selbstverständlich könnt ihr mitkommen! Die Juggling Seagull wird sich sicher über euren Besuch freuen!«
Auf Erics Gesicht entstand ein verschmitztes Lächeln, und Gabi konnte noch nicht so recht einschätzen, wie sie das deuten sollte.
»Also dann eisen wir uns hier auch langsam los und hüpfen mal in den Pickup draußen. Es wird vorne vielleicht etwas eng auf der Bank, aber wir vier schmalen Heringe passen schon rein in die alte Blechkiste.«
Alle verabschiedeten sich von Graham, Henrik und dem schweigsamen Jerry, der nur selten etwas sagte. Dafür lächelte er fast immer und war ein begnadeter Jongleur.

Die Juggling Seagull

Entlang der Red Road, der schmalen Küstenstraße, die teilweise wie eine alte Allee durch lichtdurchflutete Tunnel aus tropischen Bäumen führte, fuhren sie zunächst nach Pahoa im Herzen des Puna-Distrikts. In dem alten Zuckerrohrstädtchen an der ehemaligen Eisenbahnstrecke schien die Zeit stehen geblieben zu sein. Die Häuserfront der Mainstreet sah aus wie aus einem alten Westernfilm. Nur die wenigen Menschen auf den hölzernen Gehsteigen waren offenbar neueren Datums. Bei genauerem Hinschauen aber konnte man meinen, dass auch bei den Bewohnern dieser Stadt ein anderer Film als gewöhnlich ablief. Es war, als ob ein paar Hippies, Farmer, Straßenkünstler und Gangster hier friedlich zusammenlebten und den Rest der Welt vergessen hatten. Im Natural Store kauften die vier Freunde ein paar Vorräte und Leckereien für ein kleines Bootspicknick ein und fuhren dann direkt weiter nach Hilo.

Die traditionsreiche alte hawaiianische Stadt mit den beiden Flüssen Weiluku und Weiloa, die hier ins Meer mündeten, hatte vieles gesehen: die Landung der Polynesier, König Kamehameha, die christlichen Missionare, Entdecker, Walfänger, Händler und die Zuckerrohrbarone. Alle waren gegangen und hatten ihre Spuren hinterlassen, so wie die großen Wellen, die Tsunamis, die über die Hilo Bay gestürzt waren und vieles unter sich begraben hatten.

Nicht weit von der Stelle, an der der Weiloa-River in die Bucht floss, lag die Juggling Seagull an einem verlassenen, etwas baufälligen Bootssteg. Diesen Liegeplatz hatte der alte Skipper

Hap seinem langjährigen Segelfreund Eric freundlicherweise überlassen.

Die Jacht war ein echtes Schmuckstück geworden, seit Eric vor einigen Jahren dieses betagte Segelschiff, das noch traditionell aus Holz gebaut war, in einem alten Bootsschuppen entdeckt hatte. Es war Liebe auf den ersten Blick gewesen und dank Haps Fürsprache und seiner guten Beziehungen war Eric diese Geliebte beinahe wie ein Geschenk des Himmels in die Arme gelegt worden. Sein Versprechen, die schlafende Schönheit wieder zum Leben zu erwecken, hatten den alten Besitzer schließlich bewogen, ihm das Schiff vertrauensvoll zu überlassen. In liebevoller Kleinarbeit hatte Eric die Jacht restauriert und wieder seetüchtig gemacht, und nun lag sie in ihrer ganzen Pracht vor ihnen im Wasser. Mit freudigem Klimpern der Fallen an den beiden Masten hieß die Juggling Seagull ihre neuen Freunde willkommen.

An Bord sah es wirklich einladend und aufgeräumt aus. In der Kajüte gab es eine kleine Kochstelle mit Esstisch und fünf Kojen. Besonders gemütlich und geräumig war es vorne im Bug, wo man auch problemlos zu zweit unter die Decke kriechen konnte. Nachdem Eric seinen Freunden das ganze Boot gezeigt hatte und die Vorräte unter Deck verstaut waren, streckte er prüfend den Arm in die Luft und deutete dann in Richtung Flussmündung und offenes Meer.

»Wind von Süd, Südost – das ist sehr gut! Wie wär's denn mit einer kleinen Schnupperfahrt, ihr Landratten? Momoko, du bist doch eine erfahrene Seglerin, komm lass uns in See stechen und die Juggling Seagull aufs Meer hinausbringen!«

»Aye, aye, Käptn!«, kam es wie aus einem Mund, allerdings – von Gabi und Joy. Eric und Momoko schauten etwas über-

rascht und verwundert drein, als die beiden anderen wie ein eingespieltes Team plötzlich losliefen und die Jacht seeklar machten.
»Luken dicht ... Leinen los!«
Gabi ging noch einmal hinüber auf den Bootssteg, löste die Taue von den Pfählen und warf sie an Bord, wo Joy sie auffing und fachmännisch zusammenrollte. Dann sprang sie behände zurück an Deck und holte mit Joy die Fender ein. Nachdem sie in der Buxkiste verstaut waren, stellten sich die beiden stramm vor Momoko und Eric auf, die mit staunenden Gesichtern dem munteren Treiben zugeschaut hatten.
»Leichtmatrosen Joy und Gabi zur Stelle, alles klar zum Ablegen! Na ihr beiden, worauf wartet ihr denn noch? Startet den Außenborder und manövriert den Kahn raus in die Bay!«
Joy lachte seine alte Segelgefährtin mit einem Augenzwinkern an. »Wie es aussieht, haben wir nichts verlernt, oder was meinst du, Gabili?«
Gabi grinste nur, aber mehr gab es vorerst von den beiden zu ihren Segelkünsten nicht zu erfahren. Eine halbe Stunde später lag die Juggling Seagull unter vollen Segeln und gesetztem Spinnaker vor dem Wind und flog in rasanter Fahrt über die Wellen. Die vier Freunde segelten auf ihr wie erfahrene alte Seebären und genossen die spritzende Gischt in ihren Gesichtern. Ihr Weg führte sie zuerst nach Norden auf den offenen Pazifik und dann eine ganze Weile parallel zur Nordostküste von Big Island, der schroffen und steinigen Hamakua Coast mit ihren grünen Schluchten und Steilufern. Es waren die zerklüfteten Ausläufer des großen alten Vulkans von Hawaii, des Mauna Kea, des weißen Berges, die hier vor langer Zeit das Meer berührt hatten. Na Maka hatte im Laufe der Zeit mit

den Zähnen ihrer Brandung schon wieder einen beachtlichen Teil aus der Küste herausgebissen, und Wind und Regen halfen ihr dabei.

Schließlich steuerte Eric wieder näher an die Insel heran. Der stärkere Wind der offenen See ließ glücklicherweise in Landnähe etwas nach, und so begannen sie gemeinsam die Segel einzuholen und die Juggling Seagull zum Ankern vorzubereiten.

Kaum lag das Schiff ruhig im Wasser, fingen Joy und Gabi sogleich geschäftig damit an, die Vorräte nach oben zu holen, um ein leckeres Picknick an zu Deck machen.

»'tschuldigung, ihr beiden!«, meinte Eric mit gespielter Demut. »Die Landratten nehme ich natürlich gerne zurück, okay?«

»Alles klar, Skipper«, erwiderte Joy mit Unschuldsmiene, »von unseren Segelurlauben als Teenies in Cornwall auf der irischen See konntet ihr ja nichts wissen. Da kann es auch ganz schön rau werden – aber jetzt lasst uns mal reinhauen ins leckere Futter, ich hab schon mächtigen Kohldampf!«

»Vielleicht wartet ihr Seebären damit noch einen kleinen Augenblick und nehmt mal die Köpfe aus der Kajüte. Habt ihr bei so viel Hunger und Aktionismus überhaupt schon mal an Land geschaut?«

Momoko stand schon die ganze Zeit bewegungslos an der Reling, und als auch die Blicke der anderen sich zum Ufer wandten, wurden sie alle ganz still. Ein saftig grünes Tal lag vor ihnen, völlig unberührt und umsäumt von hohen Felswänden, aus denen einige Wasserfälle herabfielen und sich als Bäche in einem kleinen Fluss vereinten, der sich schließlich friedlich ins Meer ergoss. Zu beiden Seiten dieses Miniaturdeltas lag ein menschenleerer Strand, der die halbmondförmige Bucht mit seinem glänzenden, schwarzen Sand ausfüllte.

»Waipi'o Valley – das Tal der Könige«, sprach Eric ohne weitere Erklärungen, denn sie alle hatten Augen zum Sehen, Ohren zum Hören und Herzen zum Fühlen.

Die Schönheit dieses Ortes entzog sich jeder Beschreibung durch Worte, und so saßen sie alle in Stille an Deck und warteten noch ein wenig mit dem Essen. Als sie schließlich doch ihre Köstlichkeiten auspackten, hatte immer noch keiner so richtig das Bedürfnis zu reden, und sie genossen ihr Mahl in Stille. Vor ihnen lagen frische Karotten und Tomaten sowie Stangensellerie aus Henriks Garten mit leckeren, selbst gemachten Dips. Als Dessert zauberte Eric später noch ein paar dicke Blueberry-Muffins aus seiner Kühlbox und reichte dazu echten Konakaffee mit seinem einzigartigen Aroma. Joy und Momoko nahmen nur einen Anstandsschluck, denn sie waren keine echten Kaffeeliebhaber wie Gabi und Eric. Sie mixten stattdessen für alle ein paar Fruchtcocktails mit Ananas, Guava und Orangensaft.

»Schon Wakea, der Schöpfer der Inseln, hatte eine Vorliebe für dieses Tal. Auch Kane, der Gott der Schöpfung, und sein ständiger Begleiter Kanaloa, der Gott des Ozeans, hielten sich hier gerne auf. Sie tranken dann zusammen Awa. Das ist ein entspannendes und zugleich anregendes Getränk aus der Wurzel des Rauschpfeffers. Der Halbgott Maui soll der Sage nach hier sein Ende gefunden haben, als er versuchte, gebratene Bananen von den berauschten Göttern zu stehlen. Ja, so ähnlich hat mir diese Geschichten jedenfalls mal ein alter hawaiianischer Freund erzählt.

Wie ihr seht, haben schon andere vor uns an diesem Platz geschlemmt – aber sagt mal, was haltet ihr eigentlich davon, heute den Sonnenuntergang auf dem Meer zu erleben und erst morgen in der Frühe zurückzusegeln?«, meinte Eric ganz beiläufig, während er sich genüsslich auf einem der Liegekissen ausstreckte.

Joy grinste Gabi ebenso beiläufig an und sagte dann: »Hmm ..., ich weiß nicht, ob ich morgen frei kriege. Ich muss eigentlich pünktlich um sieben im Büro sein. Ich finde, ihr jungen Leute von heute macht euch das ein bisschen zu einfach!«

»Ach, Joymausi«, spielte Gabi sogleich mit, »lass doch einmal im Leben das blöde Büro sausen. Ich werde das mit deinem Chef schon auf meine Art regeln.« Dabei strich sie wie eine Katze um ihn herum und schnurrte verführerisch.

»Na, wenn das so ist, dann reiche ich hiermit die Kündigung ein und gehe jetzt baden!«

In Windeseile lagen seine Kleider am Boden, und wie der Herrgott ihn schuf, sprang Joy über die Reling ins Wasser. Die anderen ließen nicht lange auf sich warten und genossen ebenfalls die erfrischende Abkühlung.

Plötzlich rief Momoko aufgeregt ihren Freunden zu: »Sie kommen, sie kommen!«, während sie mit einem Arm aufs offene Meer deutete und mit dem anderen aufgeregt paddelte.

Kurze Zeit später sahen alle, was sie gemeint hatte. Wie zur Begrüßung ihrer menschlichen Spielkameraden sprangen die wilden Delfine mit großen Sätzen über die Wellen. Halb fliegend, halb schwimmend schossen sie schnell wie lebende Torpedos auf die Bucht zu und umkreisten die vier Freunde, die wie gebannt im Wasser schwammen. Eine Familie mit etwa fünfzehn Tieren, darunter auch einige Babys mit ihren

Müttern, schwamm neugierig um das Boot. Einige Tiere kamen ganz dicht heran, so dass man sie beinahe anfassen konnte. Besonders ein Männchen mit einem ovalen, weißen Fleck auf der Stirn schaute Momoko einmal direkt in die Augen, bevor es wieder die Gruppe anführte. Sie fühlte einen Schauer ihren Rücken hinaufsteigen. Es war wie eine Aufforderung zum Tanz. Ein Tanz durch ihre Welt, den weiten Ozean.
Die Delfine zogen ihre Kreise, tauchten auf und wieder ab, aber immer nur so schnell, dass ihre menschlichen Mitschwimmer noch mithalten konnten. Trotzdem wären jetzt Schwimmflossen eine große Erleichterung gewesen. So aber kamen die vier Wasserratten ganz schön außer Atem, wenn sie über längere Strecken mit ihren neuen Freunden zusammen schwimmen wollten. Dennoch konnten sie nicht damit aufhören, unterzutauchen und immer wieder zu versuchen, so nahe wie möglich an die Delfine heranzukommen. Die immer lächelnden Gesichtszüge mit den freundlichen Augen übten eine große Faszination und Anziehungskraft aus, und manchmal gab es sogar eine zarte Berührung. Die vier waren wie Kinder, die ausgelassen im Meer spielten und die Zeit vergaßen. Ein Hochgefühl hatte sie ergriffen, das ungeahnte Kräfte in ihnen mobilisierte, und es schien ihnen, als ob dieser Tanz ewig so weitergehen könnte.
Irgendwann aber wurden die Delfine dann allmählich immer schneller und verschwanden schließlich wieder mit akrobatischen Sprüngen aufs offene Meer. Zurück an Deck mussten alle erst einmal verschnaufen und ein wenig ausruhen, bis plötzlich Joy erstaunt ausrief:
»Das gibt's doch nicht! Wie lange, glaubt ihr, waren wir da draußen mit den Delfinen?«

»Vielleicht ein halbe Stunde?«, meinte Gabi.
»Eine Dreiviertelstunde maximal«, vermutete Eric.
»Keine Ahnung«, antwortete Momoko diplomatisch, obwohl sie schon so eine gewisse Vermutung hegte.
»Voll daneben, ihr Lieben«, kam Joy kopfschüttelnd auf die anderen zu, während er immer noch ungläubig auf seine Uhr starrte, »das waren volle zwei Stunden, ob ihr es glaubt oder nicht!«
Momoko schaute fragend hinauf zur Sonne. »Da hat bestimmt jemand mit einer Hand an deiner Uhr gedreht und gleichzeitig mit der anderen die Sonne ein Stück nach unten gezogen. Anders kann ich mir das nicht erklären.«
Sie lächelte verschmitzt in die Runde und sprach dann aber ganz ernst und sichtlich beeindruckt: »Jeder von uns kennt doch sicher so etwas wie Déjà vu oder andere merkwürdige Erlebnisse mit der Zeit. Meistens schieben wir solche Dinge in die Ecke und verdrängen sie wieder. Denn wenn so etwas an der Tagesordnung wäre, würde die Raum-Zeit-Illusion, auf die wir unser tägliches Leben stützen, ganz empfindlich gestört. Aber diese Wesen, denen wir heute begegnet sind, haben vielleicht noch ganz andere Möglichkeiten, die Illusion von Zeit zu beeinflussen, die ja letztlich nur in unseren Köpfen stattfindet. Vielleicht leben sie ja schon ganz bewusst im zeitlosen Universum des Jetzt und haben uns mit ihrem Tanz in diese Welt entführt?«
Die vier Freunde saßen still und sichtlich gerührt eng aneinandergekuschelt auf der Bank und sahen, wie langsam der glutrote Ball der Sonne hinter den steilen Felswänden von Waipi'o Valley versank. Der Himmel begann darauf in satten, purpurnen Tönen zu leuchten und veränderte sein Farben-

spiel, bis er unaufhaltsam in glitzernde Dunkelheit hinüberfloss. Die Sterne erschienen wie ein Vorhang blitzender Lichter und tauchten das Meer in ein seltsam anmutendes, schimmerndes Leuchten. Schließlich wiegte sie der Ozean in einen wohltuenden Schlaf. In warme Decken gehüllt lagen sie auf weichen Matratzen, die sie aus den Kojen nach oben geholt hatten, direkt unter dem Sternenzelt, während sie im Traum zusammen mit der Delfinfamilie durch die Weite des Meeres reisten.

Die Stadt der Delfine

Die Veränderung in ihrem Körper war offensichtlich, doch irgendwoher kannte Momoko dieses schwerelose Gefühl und ruhige Atmen unter Wasser bereits. Auf einmal wusste sie, wo sie zuletzt dieses unbeschreiblich leichte Dahinschweben gespürt hatte. Die Erinnerungsspur führte viele Jahre zurück zu einer Meditation mit Papa Charly, wo sie ebenfalls wie ein Fisch, ohne Luft zu holen, in einem klaren Bergsee geschwommen war und mit ungetrübtem Blick alles unter Wasser erkennen konnte. Nur diesmal schmeckte das Wasser salzig, und die Welt um sie herum war die Weite des Ozeans. Sie konnte hinter und neben sich ihre Freunde sehen, die genau wie sie mit beiden Händen die starke Rückenflosse eines Delfins umklammert hielten und pfeilschnell durch das Wasser glitten.

»Wie fühlt sich das an, Momoko Menschenkind?«, hörte sie deutlich diese freundliche Stimme, die allerdings nicht in ihren Ohren erklang, sondern beinahe wortlos wie ein lebendiges Bild direkt in ihrem Kopf entstand.

»Der kleine Ausritt auf meinem Rücken gefällt dir also«, kam sofort eine Antwort, obwohl sie doch noch gar nichts gesagt hatte. Momoko war ein wenig verwirrt. Dann aber bemerkte sie den weißen Fleck auf der Stirn ihres Delfins und erinnerte sich, dass er es war, der sie beim Schwimmen so tief und freundlich angeschaut hatte.

»Tut mir leid, das war vielleicht ein wenig zu schnell für den Anfang, aber daran wirst du dich sicher wieder gewöhnen. Wir Delfine verständigen uns immer auf diese Weise. Worte

und Gedanken sind uns ein bisschen zu langsam. Aber ihr Menschen konntet das als Kinder schließlich auch einmal, denn mit dieser Sprache wurdet ihr geboren. – Wer ich bin, fragst du? Diese Frage ist wirklich sehr menschlich, aber ich glaube, ich weiß, was du damit meinst. Du möchtest sicher so etwas wie meinen Namen wissen? Tut mir leid, wir Delfine benutzen keine persönlichen Namen, und trotzdem kennen wir jeden ganz genau, selbst wenn wir uns vorher noch nie begegnet sind. Aber ich werde mir einen für euch wählen. Nenn mich einfach Bahari, was in eurer Sprache so viel wie Ozean bedeutet.«
»Die Sprache kommt mir aber sehr bekannt vor«, dachte Momoko. »Das ist doch Swahili, wie es in Papa Charlys Heimat Kenia gesprochen wird?«
»Ich dachte mir, dass dir das sicher gefallen würde, Momoko«, erschien sofort Baharis Antwort in ihrem Kopf.
Diese Art der Kommunikation war unglaublich schnell. Um genau zu sein, lief dieser Austausch von Informationen völlig außerhalb von Zeit ab. Es war einfach da – unmittelbares Wissen, das wie ein Bild plötzlich auf der Mattscheibe erschien.
»Hallo, Momoko«, hörte sie plötzlich Joy, »tut mir leid, dass ich euere kleine Konversation mit angehört habe, aber irgendwie konnte ich genau verstehen, was ihr euch zu erzählen hattet. Es ist, als ob jemand euer Telefon auf Mithören geschaltet hätte.«
Joy tauchte mit seinem Delfinfreund neben ihr auf und warf ihr eine Kusshand zu, um sich dann sofort wieder beidhändig festzuhalten.
»Ich habe auch alles gehört!« – »Ich auch!«, erschienen die Stimmbilder von Gabi und Eric beinahe gleichzeitig.

»Meine lieben Freunde, verzeiht bitte diese Indiskretion, aber in unserer Welt gibt es keine Geheimnisse. Jeder kann, wenn er möchte, alles mithören, was es im weiten Ozean zu erfahren gibt. Man könnte das auch als eine erweiterte Form von Telepathie bezeichnen. Die Grundvoraussetzungen dafür sind seit jeher: Offenheit und Ehrlichkeit. Wer selbst etwas zu verbergen hat, ist viel zu sehr damit beschäftigt, seine Geheimnisse zu bewahren, und kann an unserer Art des Gedankenaustauschs nur sehr begrenzt teilhaben.

Damit wir diese kleine Unterhaltung aber etwas entspannter führen können, haben wir unsere Sprache ein wenig für euch angepasst und auch die Übertragungsgeschwindigkeit herabgesetzt, so dass ihr neben den Bildern auch Worte hören könnt. Wir selbst verzichten auf diesen Umweg, und wenn ihr wollt, könnt ihr ja ein wenig üben, indem ihr sozusagen euere inneren Ohren spitzt. Jetzt aber genießt eure kleine Reise mit meiner Familie, bis wir zu Hause in unserer Stadt angekommen sind. Ich glaube, dass dort noch einige Antworten auf euch warten.«

Auch Bahari und seine Freunde mussten in dieser Welt nicht mehr zum Atmen an die Oberfläche kommen, und so glitten sie ohne aufzutauchen unter dem Meeresspiegel dahin.

Langsam, aber stetig wurde das Tempo ihrer rasanten Unterwasserfahrt immer schneller. Momoko, Joy, Gabi und Eric schmiegten sich, so gut es ging, an die glatten Körper der Delfine und waren fasziniert von der einzigartigen Unterwasserlandschaft, die sie zu Gesicht bekamen. Berge, Täler und Schluchten zogen an ihnen vorbei, eingehüllt vom unendlich weiten Blau des Meeres, das wie ein zweiter Himmel über allem schwebte.

Keiner konnte einschätzen, wie lange sie schon unterwegs waren, als auf einmal alle Delfine mit ihren Reitern steil nach unten in die Tiefe schossen. Das Blau verdunkelte sich zusehends und wechselte schließlich über in die ewige Nacht der Tiefsee. Das Wasser wurde beinahe frostig kalt, als ihnen ganz unerwartet eine angenehm warme Strömung entgegenkam, in die sie hineintauchten. Es musste so etwas wie ein Tunnel sein, durch den sie schwammen. Ab und zu konnte man ein leichtes Schimmern an den Wänden erkennen – ansonsten aber war es stockfinster.

Die vermehrten Klick- und Pfeiflaute ließen vermuten, dass sie nicht allein hier unten waren. Auch andere Delfine mussten ganz in der Nähe sein. Was dann geschah, war einfach überwältigend. Schon von Weitem huschten verirrte Strahlen durch die Höhle, die dadurch langsam auch für menschliche Augen erkennbar wurde. Nein, dies war keine gewöhnliche Höhle – es war eine Unterwasserstraße mit regem Verkehr, die bisher in der Dunkelheit verborgen gewesen war. Als sie nach einer langen Biegung direkt auf den Ausgang zurasten, waren sie im ersten Augenblick alle völlig geblendet von taghellem Licht zwischen Gold und Blau, das aus einer unsichtbaren Quelle zu kommen schien, und schließlich, als ihre Augen wieder etwas erkennen konnten, den Blick freigab auf die faszinierendste Stadt, die sie wohl je zu Gesicht bekommen hatten – die Stadt der Delfine.

Die Stadt unter dem Ozean lag in einem riesigen Felsendom, der sich wie eine Kuppel über einen unterirdischen Meerwassersee spannte und von dessen Wänden dieses merkwürdige Licht ausging. Sie mussten sich im Inneren eines Tiefseegebirges befinden, das von thermalen Quellen gespeist wurde und dadurch einen Lebensraum ermöglichte, wie er sonst nur in tropischen Meeren zu finden war. Hunderte, ja Tausende von Delfinen der verschiedensten Gattungen waren hier versammelt, und doch hatte man den Eindruck, an einem Platz der Ruhe und Weitläufigkeit zu sein.

Der Raum zwischen Felsdecke und Seeoberfläche wurde von einer gewaltigen Luftblase ausgefüllt, und nur mit Mühe konnte man die gegenüberliegende Seite erkennen. Direkt unter dem Wasserspiegel schien sich, ohne ersichtliche Markierungen, ein Netz aus Unterwasserstraßen und Wegen über der Stadt auszubreiten. Manche Delfine sprangen und tanzten ausgelassen und verspielt auf der spiegelglatten Oberfläche und malten ihre Wellenmuster auf den See. Wenn man tiefer tauchte, erkannte man Korallenwälder, die wie Parks angelegt waren, und Gebiete mit kleinen Kratern, aus denen sprudelnd heißes Wasser emporquoll. Dann wiederum sah man Labyrinthe aus Höhlen und großzügigen, offenen Räumen. Fast alles war aus Korallen gewachsen und sah völlig natürlich aus. Erst bei näherer Betrachtung erkannte man den Unterschied zu einem normalen Riff. Geniale Baumeister mussten hier am Werk gewesen sein. Momoko und ihren Freunden erschien auf einmal das Bild, wie vor langer Zeit die Delfine die Korallen dazu anregten, die Stadt nach einer bestimmten Architektur zu bauen. Natürlich gab es in dieser Unterwasserwelt auch all die anderen bunten Bewohner eines Riffs, die diesen Platz zu einer farbenfrohen, lebendigen Welt machten. Allein das allgegenwärtige, merkwürdig schimmernde Licht erinnerte ein wenig an ein überdimensionales Meerwasseraquarium.

»Willkommen in unserer Stadt«, erklang nach langer Zeit wieder Baharis warmherzige Stimme. »Dies ist sozusagen

das, was ihr in eurer Sprache Heimat nennen würdet. Aber vielmehr ist es ein Platz zum Ausruhen und persönlichen Treffen von Familie und Freunden, denn zum Telepathieren braucht es, wie ihr sicher wisst, keine räumliche Nähe. Städte wie diese gibt es einige in den Meeren von Gaia, der Mutter Erde, und sie wurden schon vor vielen Generationen von unseren großen Baumeistern angelegt. Sie sind Teil eines uralten Netzwerkes verborgener Plätze auf diesem Planeten, die für euch Menschen nur unter besonderen Bedingungen erreichbar sind.
»Und welche Bedingungen sind das?«, wollte Joy wissen.
»Es sind die gleichen Voraussetzungen, die auch die Telepathie ermöglichen. Unsere australischen Menschenfreunde, die Aborigines, haben diese Geheimnisse glücklicherweise bis heute nicht vergessen. Sie sind Nachfahren der Bewohner des großen pazifischen Kontinents Lemuria, wo noch alle Menschen dieses Volkes die Kunst der Telepathie beherrschten.
Wie ich schon einmal erwähnt habe, sind Offenheit und Ehrlichkeit die Basis für eine erfolgreiche Kommunikation. Dann gilt es einen Kanal zu wählen, der keine Zeit kennt – das Jetzt! Und die Frequenz, mit der die Informationen übermittelt werden, ist die Grundschwingung des Ozeans – die Liebe. Dieser Ozean oder die Leere, wie man auch sagen kann, existiert jenseits von Raum und Zeit. Daher ist jede Übermittlung augenblicklich. Ich hoffe, das klang jetzt nicht zu technisch?
Wisst ihr, Liebende und kleine Kinder tauchen des Öfteren in diese Welt ein und können dieses Wunder dadurch erfahren. Leider geschieht das meist ganz unbewusst, und ihr vergesst es später wieder. Was bleibt, ist eure tiefe Sehnsucht, diese Leichtigkeit und tiefe Verbundenheit wieder erleben zu

können. Der Ozean, von dem hier bildhaft die Rede ist, existiert natürlich nicht getrennt von uns, sondern das sind wir schließlich selbst. Aber darüber wisst ihr ja bereits Bescheid, ihr Glückskinder, nicht wahr? Nun aber fürs Erste genug von diesem Thema, denn alte Freunde sollte man nicht zu lange warten lassen, oder?«

»Welche alten Freunde?«, wollte Momoko erstaunt wissen.

»Nun, das werdet ihr gleich erfahren, oder ahnt jemand von euch schon etwas?«

»Ich schon, aber ich verrate es nicht«, grinste Joy verschwörerisch.

»Na, dann lasst uns unverzüglich zu den Häusern der Gäste schwimmen, wo man euch schon freudig erwartet.«

Beinahe wie kleine, halb offene Bungalows sahen diese Gebäude von Weitem aus. Sie lagen inmitten eines wunderschönen Unterwasserparks mit Gärten und Korallenwäldchen sowie einer unbeschreiblichen Vielfalt an Meeresbewohnern, die zusammen eine malerische Komposition in den schillerndsten Farben darboten. Dieser Ort war der einzige in der Stadt der Delfine, der ganz offensichtlich auch auf Besuch aus der Menschenwelt eingerichtet war. Jeder Bungalow hatte seine eigene Formgebung und Farbenwelt. Auch hier war alles aus Korallen gewachsen und es fanden sich sogar lebendige Möbel, wie Riesenmuscheln und Seegrasbetten zum Sitzen und Liegen.

Überall schwammen farbenprächtige Korallenfische, von denen die meisten Arten zusammen mit den Seeigeln, Seewalzen, und Seesternen sozusagen die Vegetarier des Riffs waren und die Algen der Korallen, Seegraswiesen und Schwammbänke abweideten. In den Vertiefungen und Spalten lebten aber auch

zahlreiche Räuber wie Krebse, Lippfische, Muränen sowie die Feuerfische und großen Barsche. Nur Haie gab es hier unten nicht. Sie fühlten sich in der Nachbarschaft so vieler Delfine wohl nicht ganz so ungestört und behaglich.
»Seht her, dort vorne liegt der Platz, an dem euch eure Freunde erwarten – der blaue Pavillon, mitten im Garten der Anemonen. Interessiert ihr euch vielleicht für diese anmutigen Meeresbewohner?«, fragte Bahari, ohne auf eine Antwort zu warten. »Obwohl sie ja keine Pflanzen sind, hege und pflege ich meine kleinen Freunde seit jeher mit besonderer gärtnerischer Freude, wie ihr Menschen das wohl ausdrücken würdet.
Schaut sie euch nur an, diese herrliche, bunte Blumenwiese. Das hier sind Korkenzieheranemonen in braun, beige, grün und lila bis rosa, karibische Goldrosen mit ihren langen Tentakeln und hier die transparenten Ringelanemonen mit ihren durchscheinenden Nesselzellen. Besonders liebe ich die wunderschönen kleinen roten Erdbeeranemonen und die zierlichen Glasperlenanemonen. Und da vorne seht ihr die rosarote gefiederte Anemone oder Feueranemone, von der ihr euch besser fernhalten solltet, denn sie trägt ihren Namen nicht zu Unrecht. Im Pavillon findet ihr dann eine besondere Auswahl lilablauer Teppichanemonen zwischen Fächerkorallen und blauen Weichschwämmen.
Oh …! Ich befürchte, meine Begeisterung und Freude ist wohl ein wenig mit mir durchgegangen, aber wir sind ja inzwischen auch schon am Ziel angelangt.«
Inmitten der Pracht sich sanft bewegender Seeanemonen schwebten Hand in Hand, wie ein frisch verliebtes Paar, eine Meerjungfrau mit wallendem roten Haar und ein stattlicher Wassermann wie aus dem Bilderbuch. Einzig seine üppige

Haarpracht war etwas ungewöhnlich und erinnerte eher an einen wild gewachsenen Busch.

»Maya und Borki!«, riefen Momoko und Joy fast gleichzeitig aus, wenn man das unter Wasser überhaupt so nennen konnte. Sie ließen sich beide sogleich vom Rücken ihrer Delfine gleiten und schwammen ihren alten Freunden in die Arme. Dann stellten sie ihnen Gabi und Eric vor, die ebenfalls herzlich begrüßt wurden. Zwischen den Delfinen und den beiden Gästen wurden vertraute Blicke getauscht. Dabei schien es, als ob sich sehr alte Freunde wiedersehen würden.

»Maya, das ist ja wirklich eine tolle Gestalt, in der du uns heute begrüßt«, meinte Joy amüsiert, »aber wie fühlt sich das wohl an mit so einem fischigen Unterleib?«

»Sehr gut, sehr gut, mein Lieber. Hier unten ist das sogar äußerst praktisch, wie du dir sicher vorstellen kannst. Aber sag mal, du scheinst ja kein bisschen überrascht, uns hier anzutreffen, oder sollte mich mein Gefühl da etwa täuschen?«

»Du täuschst dich doch nie, Maya. Ich ahnte die ganze Zeit, dass ich dir hier begegnen würde. In dem Augenblick, als Bahari vorhin von Überraschungsgästen sprach, hatte ich sofort dein Bild vor Augen. Deine nette Begleitung konnte ich dabei aber nicht so genau zuordnen, obwohl er mir irgendwie bekannt vorkam. Wir sind uns allerdings bisher auch noch nie persönlich begegnet, lieber Borki, nicht wahr?«

»Das ist wooohl wahr, junger Freund, aber ich gebe ehrlich zu, dass ich auch nicht mehr ganz so reiselustig bin wie früher. Als Baumwesen gewöhnt man sich sehr ans Alleinsein, und unsereins lässt seine Baumhülle nur selten zurück. Dafür lasse ich mich aber besonders gerne von Freunden besuchen.«

»Ich gebe zu, dass es mir immer noch etwas schwerfällt, dich

in einem beweglichen Körper wie diesem hier zu sehen, auf dem ich nicht herumklettern kann«, meinte Momoko.
»Hmmm ..., aber du kannst auf mir herumklettern, liebste Freundin, wenn du willst«, brummte Borki vergnügt, während er zum Erstaunen aller seinen rechten Arm ausstreckte, der sich wie durch Zauberhand in einen stattlichen Ast verwandelte.
»Borki, jetzt machst du meinen Freunden aber ein bisschen Angst!« Momoko klang gespielt vorwurfsvoll, worauf der Ast sogleich wieder zu einem Arm mit Hand und Fingern wurde.
»Hohooo ... nur ein kleiner Scherz! Ich bitte um Vergebung! Hoffentlich habe ich niemanden erschreckt?«
»War nicht so schlimm«, meinte Gabi freundlich, »wir haben mittlerweile schon so einiges über dich und Maya gehört, und ich zumindest war schon auf ein paar Verrücktheiten gefasst, als ich eure Namen hörte. Aber jetzt bin ich doch ein klein wenig neugierig und würde gerne mal wissen, was euch denn hierher führt?«
»Oh ja, das würde ich auch gerne erfahren!«, entfuhr es Eric sichtlich aufgeregt. Er fühlte sich schon die ganze Zeit zwischen Faszination und leichter Anspannung hin- und hergerissen. »Ich bin ja schon so einiges gewohnt von Momoko und halte mich sonst eher zurück, aber all das hier ist wirklich etwas viel für mich! Vielleicht klärt mich mal jemand auf, was hier eigentlich mit uns geschieht!«
»Lieber Freund«, erschien Baharis Stimme, »bitte schenk uns noch ein wenig von deiner Geduld – dann werden sich deine brennenden Fragen in Kürze hoffentlich ganz von selbst beantworten. Aber bevor ihr euch hier in ein Gespräch vertieft und wie Korallen festwachst, lasst uns doch in den Pavillon

schwimmen, und macht es euch dort auf den Riesenmuscheln und Teppichschwämmen bequem.«

Sie folgten Bahari, und kurz darauf, nachdem jeder ein komfortables Plätzchen gefunden hatte, begann Maya mit ruhiger, freundlicher Stimme zu sprechen.

»Liebe Freunde, und ganz speziell ihr beiden, Eric und Gabi, der Grund eurer Traumreise in diese Welt und das Zusammentreffen mit uns liegt in euch selbst. Ihr seid gerade dabei, etwas freizulassen, das die ganze Zeit in euch geschlummert hat. Lange Zeit dachtet ihr vielleicht, ihr müsstet euch in irgendeiner Weise weiterentwickeln und verändern. Das, was ihr Entwicklung nennt, hat euch sicher auch einige Erkenntnisse und Erfahrungen gebracht, aber diese Phase eures Lebens geht gerade zu Ende. Es geschieht nämlich sehr schnell, dass man sich am einen Ende auswickelt und mit denselben Stricken auf der anderen Seite wieder einwickelt und erneut verstrickt. Wenn ihr dessen gewahr werdet, hört ihr vielleicht irgendwann eine innere Stimme sagen: Stopp! Und dann fragt ihr euch hoffentlich, was eigentlich geschieht, wenn ihr mit der ganzen Wicklerei aufhört? – Entfaltung! – Ja, genau das passiert, wenn man die Puppe des Schmetterlings in Ruhe lässt. Dann geschieht plötzlich das Wunder der Entfaltung, und die ehemals runzelige Raupe erblüht zu absoluter Schönheit. Jeder gut gemeinte Versuch, dem zarten Tier bei dieser Metamorphose zu helfen, würde es verstümmeln oder töten.«

Mayas Stimme wurde von wunderschönen Bildern begleitet, und alle sahen, wie Menschen, die noch kurz zuvor in graue Mäntel gehüllt waren, diese auf einmal abstreiften und wie Engel ihre Flügel entfalteten und sich lachend in die Luft schwangen.

»Wisst ihr«, fuhr Maya fort, »dieser wunderbare Prozess hat schon immer vereinzelt auf der Welt stattgefunden, aber noch nie zuvor gab es so viele Schmetterlinge im Puppenstadium, die kurz vor ihrer Entfaltung stehen. Es ist die Entfaltung eures Potentials, eurer kreativen, schöpferischen Fähigkeiten, um die es hier geht. Obwohl diesen Weg nur jeder für sich allein gehen kann, gibt es dennoch auch eine Auswirkung auf die Gemeinschaft. Lasst es mich einmal so ausdrücken:
Jeder, der diese unsichtbare Tür durchschreitet und bereit ist, das Trennungsbewusstsein aufzugeben – den Glauben daran, dass wir alle Einzelwesen und voneinander getrennt sind –, ermutigt damit jeden anderen in seiner Umgebung, diesen Schritt vielleicht selbst zu wagen. Ihr könnt euch gegenseitig wachküssen! Und genau das ist es, was ihr Glückskinder überall, wo ihr hingeht, euren Mitmenschen zum Geschenk macht. Das Erfahren eurer telepathischen Fähigkeiten ist nur eines von vielen äußeren Anzeichen, dass ihr auf dem Weg nach Hause seid.«

»Ja, und genau an diesem Punkt kommen *wir* ins Spiel, liebe Freunde«, ertönte der warmherzige Klang von Baharis Stimme. »Wo immer Menschen bereit sind, diese Schwelle zu überschreiten, werden sie von vielen sichtbaren und unsichtbaren Helfern unterstützt. Es gibt genügend Wesen im Universum, die diese Schritte schon vor langer Zeit gegangen sind oder auch, wenn man so sagen will, den großen Ozean nie verlassen haben, wie wir Delphine. Wir spüren und wissen ganz genau, wo auf der Welt jemand an die Tür zur Quelle des Bewusstseins anklopft, und reichen ihm freundlich die Hand, um herüberzukommen. Ich denke, ihr versteht, was ich mit diesen Bildern ausdrücken will. Momoko und Joy – das, was ihr beiden, als ihr noch sehr jung wart, mit eurer Glückskinderidee ins Leben gerufen habt, ist nur ein kleiner, aber wichtiger Teil eines weltweiten Prozesses, den auch wir mit Freude unterstützen.«

Bahari schwebte die ganze Zeit wie schwerelos in der Mitte des blauen Pavillons, der wie eine offene Pyramide über ihren Köpfen aufragte und eine ganz besondere Atmosphäre verströmte. Der goldene Anteil des Lichtes schien intensiver geworden zu sein und überstrahlte nun das Blau der Umgebung. Alles um sie herum erschien plastisch und glasklar. Wie beseelt sahen sich Momoko und Joy in die Augen, und als ob es aus ihr heraussprudeln würde, flossen Momokos Gedanken in den Raum:

»Das ist wirklich wunderschön und fühlt sich so warm und herzlich an, was ihr gerade gesagt habt. Aber ich glaube, dass es wichtig ist, zu wissen, dass wir auf keiner geheimen Mission sind, die ein bestimmtes Ziel verfolgt oder sich besonders wichtig nimmt. Für das Fortbestehen des Ozeans oder von Allem-Was-Ist, spielt es keine Rolle, ob sich seine Wellen der Existenz des Meeres bewusst sind oder nicht. Es macht nicht wirklich einen Unterschied. Für uns kleine Wellen aber verändert sich sehr viel in unserem Leben, wenn wir die Illusion der Trennung aufgeben. Dieses Gefühl, von uns selbst und der Welt um uns herum abgeschnitten zu sein, ist auch die Grundlage allen Leides.«

»Auch wenn es im Grunde unerheblich für das Ganze ist, gefällt mir eine Welt, in der wunschlos glückliche Menschen alles miteinander teilen, schon ziemlich gut«, meinte Joy. »Welche Erleichterung für unser Zusammenleben würde es bedeuten, wenn die Menschen vom Haben zum Sein hinüber-

wechseln könnten! Es gäbe keinen Streit mehr, denn keiner wollte mehr Recht haben. Es gäbe keine Angst vor Verlust mehr, denn niemand hätte mehr das Gefühl, sich an Besitztümern festhalten zu müssen, damit es ihm gut geht. Auch Eifersucht und Machtgier wären unbekannt. Jeder würde im anderen sich selbst erkennen und genauso mitfühlend handeln, wie er es umgekehrt auch selbst gerne erfahren möchte.«
»Gaaanz genau! Und wisst ihr, was das Schönste ist?«, fragte Borki, der die ganze Zeit auf seinem Muschelsitz, wohl aus alter Baumgewohnheit, langsam und sanft seinen Körper im Wasser schaukelte, »Es bedarf überhaupt keiner Anstrengung, in dieses veränderte Bewusstsein hinüberzuwechseln, denn es liegt in unser aller Natur. Es ist die Wirklichkeit, die es zu erkennen gilt. Euer oberflächliches Leben, wie es die meisten tagtäglich erfahren, ist eine Illusion, ein Film auf einer Leinwand. Der Leinwand ist es schnuppe, welches Drama gerade auf ihr gespielt wird – sie bleibt unverändert. Für diejenigen aber, die sich mit diesem Lebensfilm identifizieren, bleibt die Leinwand unerkannt, obwohl sie die ganze Zeit vor eurer Nase baumelt. Sie sind gezwungen, ihre Rolle, so schrecklich sie auch sein mag, bis zum Ende ihrer Tage weiterzuspielen. Dabei müssten sie nur von dieser Theaterbühne abtreten und einmal aus dem Publikum heraus zuschauen. Miiir, als altem Märchenbaum, fällt zum Thema Illusion gerade eine schöööne Geschichte ein, die ich euch gerne erzählen würde. Was haltet ihr davon?«
Die kleine Gemeinschaft rückte zur Antwort etwas näher an ihn heran, und alle richteten wie kleine Kinder vor der Märchenstunde ihre neugierigen Blicke auf den alten Erzähler. Beinahe unbemerkt hatten sich noch weitere Gäste eingefunden.

Alle Mitglieder der Delfinfamilie, auch die Jungen, hatten sich im Pavillon verteilt und schenkten Borki ihre Aufmerksamkeit. Wie bei einem riesigen Mobile ohne Fäden wiegten sich ihre Körper fast bewegungslos im Wasser.
Schließlich begann Borki auf seine unnachahmliche Weise eine Geschichte zu erzählen, die er, wie er kurz anmerkte, vor langer Zeit von einem alten Freund aus Indien, dem großen Lehrer Sri Poonjaji, erfahren hatte.

Von Löwen und Eseln

In Indien bringen viele Menschen auch heute noch ihre Wäsche auf Eseln zum Fluss, um sie dort zu waschen. Eines Tages hörte ein junger Mann, der mit seinen beladenen Eseln gerade auf dem Weg dorthin war, einen Schuss. Er schlich sich durchs Gras der Uferböschung und sah von Weitem, dass ein Jäger einen Löwen erschossen hatte. Der Jäger zog dem Tier das Fell ab und ging fort. Der Mann aber kannte die Löwin und wusste, dass sie schwanger gewesen war und ein kleines Löwenjunges zur Welt gebracht hatte, das sich nun sicher ängstlich in den Büschen nahe am Ufer versteckt hielt. Er fand das Löwenbaby, nahm es mit zu sich nach Hause und zog es auf. Als es groß genug war, ließ er es im Freien mit den Eseln spielen. Sehr bald lud er auch Wäsche auf den Rücken des jungen Löwen, um ihn gemeinsam mit den Eseln zum Fluss zu führen.

Eines Tages kam ein hungriger Löwe aus dem Dschungel und sah die Herde von Eseln am Flussufer. Er freute sich schon auf ein leckeres Mahl. Aber wie war das möglich? Mitten unter den Eseln war ein Löwe, der Gras fraß! Er sprang aus seinem Versteck hervor, um den kleinen Löwen einzufangen und ihn zu fragen, was er da treibe. Die Esel rannten in Panik davon. Der große Löwe aber erwischte den kleinen und hielt ihn fest in seinen Pranken.

»Oh bitte, Herr Löwe, fresst mich nicht!«, begann er ängstlich zu schreien. »Lasst mich zurückgehen zu meinen Brüdern, den anderen Eseln!«

Der große Löwe aber sprach: »Was redest du da für einen Unsinn? Du bist ein Löwe!«

»Nein, nein, Herr, ich bin ein Esel, bitte lasst mich gehen!«, flehte ihn der kleine Löwe an.

Da packte der große Löwe den kleinen am Nacken und trug ihn hinunter zum Fluss.

»Schau mal ins Wasser – siehst du unsere Gesichter?«

Der kleine Löwe blickte in den Wasserspiegel und sah zwei Löwen zurückschauen.

»Wir sind ja gleich!«, entfuhr es ihm erstaunt.

»Jetzt mach dein Maul auf und brülle!«

Und der kleine Löwe stand da und brüllte aus voller Kehle.

Also, liebe Freunde, wiiie viel Übung bedurfte es für den Kleinen, um ein Löwe zu sein? – Seht ihr, es ist ganz einfach! Es gibt nichts zu üben, und es gibt auch nichts zu transformieren. Du wirst nicht eines Tages zum Löwen werden. Es geht nur um die Bereitschaft, das Eseldasein aufzugeben. Das geschieht jedoch sehr selten, denn es ist ja so bequem bei den Eseln. Das haben uns schließlich unsere Eltern schon so beigebracht, sagen viele Menschen. Aber hier geht es ums Erwachen. Wenn du aufwachst, siehst du einfach, wie es ist. Es gibt da nichts, was kreiert werden kann. Wenn du vielmehr aufhörst zu kreieren und zu manifestieren, wenn du alles beendest, bleibt übrig, was schon hier ist. Freiheit bedeutet somit nur Freiheit von falscher Identität – Freiheit von der Identität als Esel. Und zu guter Letzt noch ein großes Geheimnis: Es gibt gar keine Esel! Ihr alle seid Löwen, die lediglich denken, dass sie Esel sind!«

»Bravo, bravo, alter Baumfreund, hang loose!«, erklang auf einmal eine zarte, fast piepsige Stimme aus Borkis Haarpracht.

Plötzlich erkannten alle ein kleines Seepferdchen, das – etwas ungewöhnlich für diese Meeresbewohner – wie ein kleiner Indianer eine rote Feder als Kopfschmuck trug.
»Tut mir leid, Freunde, aber ich hatte noch zu tun ... ähm ... genauer gesagt eine Herzensangelegenheit gewissermaßen ... piep ... habe mich daher etwas verspätet ... 'tschuldigung!«
»Matz, du hast uns wirklich noch gefehlt hier unten«, freute sich Momoko.
»Und deine gefiederte hawaiianische Herzensangelegenheit haben wir auf Bellyacres auch schon bewundern dürfen, oder sollte ich mich da getäuscht haben?«
»Nein, Mister Joy, das ist ganz richtig. Sieht sie nicht wundervoll aus in ihrem roten Federkleid, piep?!«
Eric schüttelte nur verwundert den Kopf. »Ein Seepferdchen, das wie ein Spatz piept und englisch-hawaiianischen Slang spricht, ein Baum, der Wassermann spielt, Meerjungfrauen und sprechende Delfine – das ist wirklich eine deftige Portion zur Verdauung, liebe Freunde!«
»Wir wollen dein Verdauungssystem auch nicht länger belasten, lieber Eric«, meinte Maya verständnisvoll. »Sei gewiss, dass alles, was du hier gehört und gesehen hast, dir gar nicht so fremd ist, wie es auf den ersten Blick erscheinen mag.«
Dann erhob sich Maya und schwamm in die Mitte des Pavillons zu Bahari und küsste ihn auf den weißen Fleck seiner Stirn. »Ich glaube, dass wir unsere kleine Versammlung für heute beenden können, und ich möchte meiner großen Freude über eure Anwesenheit noch einmal Ausdruck verleihen. Nun aber sollten die Menschenkinder sich langsam bereit machen für die Heimreise, denn euch erwarten sicher noch so einige Abenteuer auf der Oberfläche des Ozeans. Ich kann euch aber

schon jetzt versichern, dass ihr diese Begegnung nicht vergessen werdet, wenn ihr schließlich aus euren Träumen erwacht. Auch wenn sich unsere Wege hier fürs Erste trennen, werden wir uns sicher bald wiedersehen, ihr Lieben.«

Maya und Borki schlossen ihre Freunde nochmals in die Arme und versprachen, sie noch bis zum Ausgang der Stadt zu begleiten.

»Sag mal ... ähm ... Momoko«, piepte Matz, während er etwas unbeholfen mit seinem Seepferdchenkörper durchs Wasser hüpfte, »könnte ich möglicherweise bei dir mittrampen? Eine kleine Unterwasserreise könnte mir sicher gefallen.«

»Sehr gerne, kleiner Freund, aber ich habe leider kein Kleidungsstück an, wo ich dich verstecken könnte.«

»Ich will mich ja auch gar nicht verstecken, sondern die Reise in meinem neuen Körper richtig genießen. Aber ich hab da schon eine gute Idee.«

Matz wirbelte etwas unsicher mit seinen kleinen Flossen und schwamm auf die Höhe von Momokos Kopf. Dort machte er sich sodann an ihrem Haarband zu schaffen, mit dem sie ihren Zopf zusammengebunden hatte. Irgendwie schaffte er es, sich mit seiner kleinen Nase so in dem Band zu verheddern, dass er sicher verankert war.

»Es kann losgehen!«, piepte Matz, und als die ganze Gruppe sich schließlich langsam in Bewegung setzte, konnte man, wenn man genau hinsah, ein lustig hin- und herflatterndes Etwas an Momokos Zopfende entdecken. Das war Matz, das wildeste Seepferdchen des ganzen Meeres, auf seinem ersten Delfinritt.

Auf ihrer Heimreise sprach niemand ein Wort. Die faszinierenden Bilder der hell erleuchteten Stadt unter dem Meer, die

Reise durch den dunklen Tunnel hinaus aus dem Berg und hinauf ins große Blau des Ozeans – all das blieb für immer in ihren Herzen. Schließlich kamen sie wieder zurück in die Bucht von Waipi'o, wo sie sich mit der aufgehenden Sonne bei Bahari und seiner Familie für die aufregendste Reise ihres Lebens bedankten und schließlich Abschied nahmen.

»Piep, piep, ich hab euch lieb!«, ertönte die Stimme des kleinen Sperlings dicht über ihren Ohren. Matz versuchte lustig flatternd mit einem Bein auf der Reling zu balancieren, während seine Freunde langsam im dämmernden Morgenlicht aus dem Schlaf erwachten.
»Wo sind wir?« Gabis Stimme klang unsicher und verwirrt.
»Piep, piep, auf Erics Boot natürlich, wenn mich nicht alles täuscht«, erwiderte Matz wie aus der Pistole geschossen. »Los, aufwachen, ihr Träumer. Es wird Zeit zum Aufbruch!«
Matz schien das Kommandieren sichtlich Spaß zu machen. Ihm fehlte nur noch eine Kapitänsmütze zu seinem Seemannsglück. Die vier Freunde aber schauten sich alle etwas verstört an, als sie bemerkten, dass sie alle noch pudelnass waren und die warmen Decken, mit denen sie eingeschlafen waren, allesamt auf der Seite lagen.
»Nun schaut euch nicht so verdattert an! Ihr habt wohl etwas wild geträumt heute Nacht!«, piepte es lachend von der Reling. Momoko griff noch etwas verschlafen in ihr nasses Haar, das ziemlich zerzaust schien. Als sie gerade beginnen wollte, ihren Zopf neu zu flechten, fiel etwas Winziges und Leichtes auf den Boden. Sie bückte sich rasch, um es aufzuheben. Erstaunt blickte sie auf das, was sie da in der Hand hielt. Es war die kleine, noch feuchte rote Feder eines roten Kardinals.

Trauminsel und Inselträume

Die Kilauea Caldera war ein erhabener Anblick. Die Mondlandschaft dieses Kraterkessels, der einst voller Lava gebrodelt hatte und nun zu einer trügerisch festen Kruste erstarrt war, lag beeindruckend vor ihnen. Papa Charlys Gruppe hatte sich einen guten Platz gesucht, von dem aus alle diese urzeitliche Landschaft in ihrer ganzen Weite überblicken konnten. Überall begegneten sie hier der gewaltigen vulkanischen Kraft aus dem Inneren der Erde, die diese Inseln einst aus der Tiefe des Meeres emporgehoben hatte, und Pele, die Göttin des Feuers, war damit noch lange nicht am Ende. Vereinzelt traten Schwefeldämpfe aus Ritzen und Spalten empor, die entweder stechend oder nach faulen Eiern rochen und gelbe Ränder und Flecken auf dem schwarzen Gestein hinterließen. Es war offensichtlich, dass man hier auf dünnem Boden wandelte, denn die Haut des Vulkans war noch jung und konnte jederzeit wieder aufreißen. Auf der Crater Rim Road fuhr man mit dem Auto kilometerlang teilweise dicht am Rand entlang, und wer besonders nahe an das flüssige Innere der Erde herankommen wollte, für den war der Krater im Krater – Halema'uma'u – genau der richtige, feurig heiße Ort.

»Das hier ist das Reich von Pele, die den Kampf gegen ihre Schwester Na Maka noch immer fortsetzt, wie ihr hier sehen könnt. Zurzeit ruht sie sich ein wenig aus, um wieder Kraft aus dem Inneren von Honua, der Erde, zu schöpfen. Irgendwann wird sie dann von Neuem ihr flüssiges Gestein zum Meer hinunterschicken, um ihrer brausenden und tosenden Schwester wieder ein paar Meter abzutrotzen.«

Papa Charly führte seine interessierten Gäste noch weiter herum und erklärte ihnen noch einiges zum Vulkanismus der hawaiianischen Inseln.

Momoko, Joy, Gabi und Eric lösten sich an diesem Nachmittag gegenseitig ab mit Gähnen. Obwohl sie die nette Gesellschaft und das Wandern auf festem Boden genossen, blickten sie noch immer etwas müde aus den Augen und waren wohl manchmal in Gedanken noch tief unter dem Meeresspiegel. Sie waren erst am späten Morgen direkt von ihrer Anlegestelle in Hilo mit Erics Pickup zum Nationalpark gefahren, um dort die Reisegruppe mit den beiden Vans noch rechtzeitig am Volcano House zu treffen.

Papa Charly hatte beim Frühstück in Kalani schon einige besorgte Teilnehmer beruhigt und ihnen einen sicherlich spannenden Abenteuerbericht der vermissten Ausflügler in Aussicht gestellt. Er schien auch als Einziger gar nicht überrascht, die kleine Segeltruppe pünktlich am Eingang des Volcano National Park zu treffen, und begrüßte seine Freunde mit einem konspirativen Lächeln. Außer Lucy, die er schon eingeweiht hatte, konnte ja niemand ahnen, dass ihn in dieser Nacht sozusagen der Ozean selbst als stillen Beobachter eingeladen hatte. Schließlich war Bahari ein alter Freund, und Matz hatte ihm am Vorabend, nach einer interessanten Unterhaltung, noch einen kleinen Hinweis ins Ohr gepiept.

Nachdem die Reisegruppe einige Stunden in dieser faszinierenden, aber auch lebensfeindlichen Welt aus Schwefelbänken, Kratern und Lavafeldern verbracht hatte, waren sie schließlich an der letzten Station ihres Besuchs angelangt und erkundeten die Thurston Lava Tube, oder auch Nahuku, wie sie die Hawaiianer nannten, einen mehr als mannshohen

Tunnel – einst ein Lavastrom –, dessen Außenhülle schon erkaltet war, während im Inneren noch flüssige Lava abfloss und später eine schwarze Röhre zurückließ. Im hinteren, unbeleuchteten Teil machte Papa Charly eines seiner kleinen Experimente: Wer wollte, sollte mit einer Taschenlampe weiter in die Höhle eindringen und dann das Licht löschen. Es war die schwärzeste Dunkelheit, die man sich nur vorstellen konnte – wirklich absolutes Nichts!

Es war bereits dunkel, als die Gruppe wieder nach Kalani zurückkehrte, und viele wollten einfach erzählen, wie sie sich gefühlt und was sie empfunden hatten im Nichts – ohne Orientierung, in Dunkelheit und Stille, völlig auf das zurückgeworfen, was dann von ihnen übrig blieb.

Natürlich konnten sich auch die Segler nicht ohne Reisebericht zurückziehen. Das Erzählen machte Momoko und Joy wieder hellwach, und alles zog noch einmal an ihnen vorüber. Gabi und Eric allerdings hatten sich schon bald nach dem Abendessen verabschiedet und überließen augenzwinkernd den beiden anderen die Märchenstunde.

Die Geschichte von der Delfinstadt war noch tagelang Gesprächsstoff auf Kalani, und die Gefühle dazu reichten von ungläubigem Staunen bis zu offener Faszination. Immer wieder tauchten neugierige Fragen dazu auf, die Momoko und Joy zusammen mit Papa Charly gerne, so gut es ging, beantworteten. Ihre Freundin Gabi aber hielt sich die meiste Zeit in Bellyacres auf. Der Liebespfeil hatte Eric und sie wohl direkt ins Herz getroffen und so sah man die beiden nur ab und zu Arm in Arm auf Kalani, wenn sie mal wieder von einem Segelausflug zurückgekehrt waren. Gabis Verwandlung zu einer echten Seemannsbraut war offensichtlich, und ähnlich wie Momoko und Joy, die ihre junge Liebe täglich wie ein Wunder erlebten und sich daran erfreuten, genoss sie das Zusammensein mit Eric in jedem Augenbick, der ihr vergönnt war.

Nachdem diese Reise so turbulent begonnen hatte, kehrte etwas Ruhe und Beschaulichkeit auf Kalani ein, und in den nächsten Tagen erkundeten Papa Charlys Freunde vor allem die nähere Umgebung. Die vom Wasser verwöhnte Gegend bot ihren Besuchern an vielen Orten eine tropische Vegetation. Momoko liebte vor allem den botanischen Garten mit all seinen leuchtenden Farben und exotischen Gerüchen, prächtigen Orchideen und rauschenden Wasserfällen. Der wunderschöne Regenbogen der Rainbow Falls im durchscheinenden Sonnenlicht war ein besonderes Erlebnis, genauso wie die versteinerten schwarzen Lavabäume im Lava Tree State Monument, die wie bizarre Säulen einer antiken Ausgrabungsstätte in den Himmel ragten. Einer der Lieblingsplätze von Papa Charly aber waren die vulkanisch erwärmten Quellen von Ahalanui, wo süßes Quellwasser mit Meerwasser zusammenfloss und auf einer unterirdischen heißen Lavablase erhitzt wurde. Ein wunderbarer Ort zum entspannten Baden unter schattigen Palmen.
Die Teilnehmer konnten sich ihre Tage nach eigenen Vorlieben gestalten. Viele übten sich darin, nicht allzu viel zu planen, sondern intuitiv zu entscheiden und das anzunehmen, was gerade auf sie zukam. Oft waren da auch kleine Überraschungsgäste, wie Joyce, Emma und die Brüder Finn und Mikko, die meistens zusammen unterwegs waren und zwischen ihren Dschungelabenteuern gerne Leute in ihren Bunga-

lows besuchten. Wie junge, hungrige Waschbären interessierten sie sich vor allem für die Essensvorräte ihrer erwachsenen Freunde. Auch Momoko und Joy waren bei den Kindern sehr beliebt, denn bei ihnen konnten sie Jonglieren und Trommeln lernen. Besonders Finn war von den fliegenden Bällen wirklich begeistert, und er übte fast jeden Tag mit den weichen Hirsesäckchen, die ihm Momoko geschenkt hatte – dieselben, die *sie* einst von Graham bekommen hatte.

So hatte jeder tagtäglich seine ganz persönlichen Erlebnisse und Begegnungen mit dem vollkommenen Glück und manchmal auch mit seinem Gegenspieler, dem Leid. Abends, vor dem Essen, saßen sie dann immer zusammen und schütteten ihre gefüllten Herzen aus, egal, was sie am Tag an Gefühlen und Gedanken gesammelt hatten. Oft aber – gerade zum Ende ihres Aufenthalts hin – waren alle einfach still. Dann gab es keine Fragen mehr und niemanden, der etwas sagen wollte. Einmal, nachdem sie bestimmt eine halbe Stunde schweigend miteinander verbracht hatten, begann jemand ohne erfindlichen Grund aus vollem Herzen zu lachen. Wie ein Wirbelwind hatte das Lachen in Sekundenschnelle alle angesteckt. Sie hielten sich aneinander fest, hatten Tränen in den Augen, und manche kugelten sich ausgelassen auf dem Boden und schlugen Purzelbäume wie kleine Kinder.

Papa Charly, Lucy und ihre jungen Assistenten Momoko und Joy versuchten, mit ihren Freunden ein erfülltes und hingebungsvolles Leben im Augenblick zu leben. Damit dies für alle praktisch erfahrbar wurde und auch ein Teil des Alltags sein konnte, gaben sie Anstöße und Hinweise. Alle versuchten, sich gegenseitig dabei zu unterstützen, aufmerksam und im Gewahrsein zu bleiben. Ihre gemeinsamen Besuche und Aufenthalte an den schönsten Plätzen der Insel wurden zu Übungen, die jedem die Gelegenheit gaben, seine Sinne zu schärfen und die Welt um sich herum wieder mit den verwunderten Augen von Kindern zu sehen.

Wunder gab es hier genügend zu bestaunen, im Kleinen wie im Großen. Fast alle Vegetationszonen der Erde – von Wüste bis Regenwald – waren hier anzutreffen und lagen nur Stunden auseinander. Kraterlandschaften und grün überwucherte Steilküsten, die beiden gigantischen Hauptberge, riesige Rinderfarmen, ein aktiver Vulkan, Strände mit weißem, schwarzem oder grünem Sand – all das war nur die faszinierende Oberfläche dieser Insel.

Das lebendige, bunte Treiben innerhalb all dieser Lebensräume an Land und im Wasser musste jeden Betrachter tief im Herzen berühren. Dazu gehörten selbstverständlich auch die beinahe immer gut gelaunten Bewohner der Insel, die den Aloha Spirit auch im Alltag immer wachhielten.

Angesichts solcher Schöpferkraft und Schönheit waren alle von Dankbarkeit erfüllt, ein Teil dieser Welt zu sein. Besonders die Tage, die sie ohne zu Reden in Stille verbrachten, waren eine wunderbare Gelegenheit, das Beobachten zu üben, die Wahrnehmung auf das Jetzt zu lenken und alles so anzunehmen, wie es vor ihnen auftauchte, Gedanken und Emotionen eingeschlossen. An solchen Schweigetagen unternahmen sie oft ausgedehnte Wanderungen und Ausflüge in die Natur. Manche zogen es aber auch vor, einmal ganz für sich ein beschauliches Plätzchen zum Alleinsein aufzusuchen.

So vergingen die Tage im Paradies für alle Beteiligten viel zu schnell. Doch die gemeinsamen Erlebnisse und der freundliche und ehrliche Umgang miteinander verbanden sie alle wie eine kleine Familie, die schon einiges von dem, was zu Beginn ihrer Reise vielleicht als kluge Idee im Kopf existiert hatte, ins tägliche Zusammenleben gebracht hatte. Sie hatten in zwei Wochen so einiges von der Insel gesehen und überall nette Bewohner und Freunde kennenlernen dürfen. Das Gefühl und das tiefe Wissen, mit Allem verbunden zu sein, war gelebte Wirklichkeit geworden. Ob sie zusammen tanzten oder gemeinsam ihre Mahlzeiten genossen, ob sie schweigend am Meer saßen oder ausgelassen zusammen trommelten und sangen – es war, als wenn die Konturen, die Abgrenzungen zwischen ihnen und allem um sie herum verwischt worden wären. Gleichzeitig berichteten viele von diesem geheimnisvollen Leuchten, das in solchen Augenblicken alles umhüllte. Sie konnten dann, wie es Momoko schon als kleines Kind beschrieben hatte, die Welt sehen, wie sie in ihrem eigenen Licht ein Schönheitsbad nahm, und waren gleichzeitig selbst ein Teil davon.

Zwei Tage vor ihrem Rückflug war allen klar, dass sie einen Passagier weniger an Bord haben würden. Gabi hatte sich entschlossen, ihren Aufenthalt unbefristet zu verlängern, um sich mit Eric ins große Abenteuer der Liebe zu stürzen und mit ihm in seinem Jungalow auf Bellyacres zusammenzuleben. Sie wollten das Leben im Augenblick weiterhin genießen, und so ganz nebenbei würde es ihnen auf dieser Insel sicher nicht sehr schwer fallen, auch viele andere mit dem Glücksvirus zu infizieren. Zuvor wollten sie aber noch mit allen ein ausgelassenes Fest feiern, das ihren letzten gemeinsamen Tag krönen sollte.

Haben oder Sein

Am Vorabend des Abschiedsfestes versammelten sich noch einmal alle am Feuer, um mit Papa Charly zusammenzusitzen und die letzten noch offenen Fragen zu erörtern, die ihre Herzen bewegten.
»Wisst ihr, liebe Freude«, begann er zu sprechen, »die Art und Weise, wie wir hier schon des Öfteren zusammengekommen sind, um Klarheit zu finden im gemeinsamen Gespräch oder auch in Stille, findet sich durchaus in verschiedenen Traditionen auf der ganzen Welt. Ich möchte gerne zwei davon hier besonders erwähnen. In der indianischen Kultur kennt man seit jeher die Ratsversammlung, das Powwow. Bei diesen Zusammenkünften wird gekocht, gesungen, getanzt und miteinander gesprochen. Jedes Mitglied der Gemeinschaft kann dort seine Stimme erheben und beliebig lange und in aller Tiefe sein Thema ausführen. Es gilt als Tugend, geduldig und aufmerksam zuzuhören. Auch während des Gesprächs wird jede Pause, in der der Redner zum Beispiel nachdenkt, geachtet und niemand würde ihn unterbrechen, bevor er nicht ausgeredet hat. Die wahrhaft höfliche Art und Weise, ein Gespräch zu beginnen, ist eine Zeit gemeinsamen stillen Nachdenkens. Dem Schweigen misst man bei den Indianern eine größere Kraft bei, als dem Wort.
Auch in Indien gibt es eine lange Überlieferung, die Tradition des Satsang, was so viel heißt wie Zusammensein in Wahrheit oder im Sein. Obwohl dieses Wort als solches keine besondere Form festlegt, finden diese erleuchtenden Gespräche üblicherweise zwischen einem Lehrer, dem Guru, und seinen

Schülern statt. Da ihr meine Auffassung zu diesem Thema ja bereits kennt, wisst ihr natürlich, dass ich diese Unterscheidung nicht treffe. Für mich seid ihr alle Meister.

Wie ihr vielleicht schon mitbekommen habt, bin ich früher ein bisschen in der Welt herumgereist und habe einige weise, vielleicht sogar ein paar erleuchtete Menschen getroffen. Angesichts der vielfältigen Kulturen und Traditionen, aus denen heraus diese Frauen und Männer zu ihren Erkenntnissen gelangt sind, bin ich persönlich mittlerweile davon überzeugt, dass alle Formen und Vorgehensweisen gut und unwichtig zugleich sind, um nach Hause zu gelangen – wenn ihr wisst, was ich meine.

Dem Ozean ist es gleichgültig, wie und ob seine Wellen sich der Wirklichkeit dessen, wer oder was sie eigentlich sind, bewusst werden. Daher fühle ich mich selbst auch keiner Tradition und Weisheitslehre verpflichtet. Es macht mir im Gegenteil Freude, diese frei miteinander zu verbinden und zu kombinieren. Auf ihre dogmatischen und rituellen Teile verzichte ich jedoch liebend gerne und mache auch gelegentlich mal ein Witzchen darüber. Damit möchte ich natürlich niemanden beleidigen, sondern lediglich verhindern, dass wir uns alle zu ernst nehmen.

Wir haben hier miteinander eine neue Gesprächskultur geübt. Es ist vor allem das Zuhören, das Geschenk der ungeteilten Aufmerksamkeit, das uns wunderbare Erkenntnisse und eine Verbindung zur großen Intelligenz des Universums verschafft. Dies ist das Gegenteil von Diskussion oder Debatte – das Gegenteil von Auseinandersetzung. Es ist viel mehr Zusammensetzung, obwohl es diesen Ausdruck für ein konstruktives Gespräch bisher noch nicht gibt.«

»Papa Charly«, kam eine Frage aus der Runde, »ist es nicht so, dass, wenn wir uns gegenseitig Aufmerksamkeit schenken, wir nicht nur mit dem jeweiligen Thema viel weiter vorankommen, sondern gleichzeitig auch der Drang verschwindet, in einem Gespräch etwas gewinnen zu wollen?«

»Ganz richtig. Viele Gespräche sind tatsächlich eher Wortgefechte, bei denen versucht wird, mir Argumenten eine Art Kampf oder Wettstreit zu gewinnen. Dies ist nur eine der vielen Formen, wie Menschen, die völlig mit ihrem Denken identifiziert sind, ihre Gefühle von Unvollständigkeit oder Minderwertigkeit wettzumachen versuchen.

Ihr erinnert euch doch sicher noch an Momokos schöne Geschichte von Herrn Unvollständig, die sie uns vor einigen Tagen erzählt hat. Diese Parabel beschreibt wunderbar die Sucht unseres Verstandes, sich ständig mit neuen Dingen und Errungenschaften die Illusion von Ganzheit, von Heilsein zu verschaffen. Ich will diese Gelegenheit gerne nutzen, um noch einmal hervorzuheben, *wie* unser Verstand versucht, diese Lücke, den Halbkreis der Unvollständigkeit, zu schließen. Es ist das Haben in all seinen Erscheinungsformen, das uns Heil und Erlösung bringen soll. Ein ewiges leeres Versprechen – vielleicht die größte Lüge in der Geschichte der Menschheit. Und wer glaubt, es gehe hier nur darum, Dinge oder Besitz zu haben, die einem das Gefühl von Sicherheit vorgaukeln können, der hat das ganze Ausmaß dieses traurigen Spiels noch nicht erkannt. Darum lasst mich kurz noch einmal die wichtigsten Habens zusammenfassen:

Dinge haben, einen Mann, eine Frau oder Kinder haben, Liebe haben statt bedingungslos zu lieben, Angst haben, Probleme haben, Spaß und Vergnügen haben, Zeit haben oder auch keine, Mitleid haben statt mitfühlend zu handeln, Schmerz und Leid haben, Konsumieren, Wissen haben statt zu wissen, Autorität haben statt kompetent und authentisch zu sein, Glück haben statt glücklich zu sein und sicher noch vieles mehr.«

»Aber eines der heimtückischsten Habens«, warf Momoko ein, »ist das Rechthaben! Ihr glaubt gar nicht, wie oft wir damit beschäftigt sind, recht haben zu wollen.«

»Vermutungen zu haben, ist auch ziemlich zeitraubend«, meinte Joy ergänzend. »Manchmal bestehen ganze abendfüllende Gespräche aus bloßen Vermutungen, bei denen dann auch noch jeder recht haben will. Es ist schon ganz schön paradox. Auf der einen Seite wollen alle Zeit sparen, um sie danach totzuschlagen mit Überlegungen, die niemanden weiterbringen.«

»Ganz richtig, ihr Lieben. Es ist niemand anderes als euer verrückter Onkel, der dieses Theater veranstaltet. Er ernährt sich von all diesen Habens. Er frisst sie in sich hinein und wird doch niemals satt. Dabei spielt es keine Rolle, ob er sich mit Leid oder Vergnügen, Hass oder Spaß den Bauch vollschlägt. Die Illusion, dem vollkommenen Glück in dieser Weise etwas näher zu kommen, wird weiterhin aufrechterhalten. Ihr glaubt gar nicht, wie viele Menschen eine Hassliebe mit dem Leid eingegangen sind, nur weil sie sich davon mehr Zuwendung versprechen, als wenn es ihnen einfach gut ginge und sie gesund wären. Haben oder Sein ist wirklich eine Entscheidung mit gewaltigen Konsequenzen für unser Leben. Die endlose Beschäftigung unseres Verstandes mit Tausenden von Dingen, die wir uns mit einer Existenz im Haben aufbürden, macht uns krank und rückt uns weit weg von dem, was wir wirklich sind.

Daher empfehle ich euch: Nutzt die Erkenntnisse, die wir hier miteinander teilen konnten, und ihr könnt wahrhaftig ein Leben im Wunschlos-Glücklichsein verbringen. Denkt an den Löwen, der ein Esel war. Es ist wirklich ganz einfach, aber ihr müsst jetzt und in jedem folgenden Jetzt immer wach sein.

»Papa Charly«, meinte Joy nach einer kurzen Pause, »ich glaube, wir sollten uns bei all der Haberei noch mal deutlich machen, dass es hier natürlich um unser inneres Verhältnis zu den Dingen geht und nicht um die Gegenstände selbst. Die Idee, dass man sich von materiellen Sachen befreien und lossagen müsste, ist eben auch nur eine Vorstellung, die schnell zwanghaft werden kann. Wer zufrieden ist und nichts haben *muss*, um glücklich zu sein, der kann mit allem herumspielen, was ihm die Welt zu Füßen legt. Wenn Ziele und Vorhaben nicht mehr um jeden Preis erreicht werden müssen, dann gehen wir auch viel liebevoller und verantwortungsvoller mit allem um, was uns interessiert.
Ich habe zu diesem Thema noch eine hübsche, kurze Geschichte. Sie erzählt davon, wie die Einstellung zu den Dingen und zu dem was wir täglich tun, unsere Lebensqualität dramatisch verändern kann.

Die zwei Leben des Herrn Richie

Es war Montagmorgen, als um Punkt sieben Uhr der Wecker klingelte und Herr Richie aufwachte. Eilig sprang er aus dem Bett und erinnerte sich an die defekte Dusche, die letzten Freitagabend, bevor er übers Wochenende verreist war, nur kaltes Wasser hervorgebracht hatte.
»Wahrscheinlich werde ich mir jetzt gleich Frostbeulen holen, wenn das Ding immer noch kaputt ist«, murmelte er verdrießlich auf dem Weg zum Bad.
Unter der Dusche, die trotz seiner Befürchtungen angenehm warm war, dachte er an den beinahe leeren Kühlschrank, der übers Wochenende natürlich nicht voller geworden war, und malte sich schon sein karges Frühstück und den bevorstehenden Hungertod aus. Glücklicherweise fanden sich dann doch noch ein paar Brötchen zum Aufbacken, und die leckere Schokoladencreme war auch noch nicht ganz aufgebraucht. Doch während er so seinen Kaffee schlürfte und die beiden Brötchen im Stehen hinunterschlang, waren seine Gedanken schon beim allwöchentlichen Montagmorgenstau.
»Mein Gott, das wird bestimmt wieder Stunden dauern, bis ich heute im Büro bin.«
Mit dem letzten halben Brötchen in der Hand zog er sich den Mantel über und rannte eilig die Treppe hinunter, um das Auto aus der Garagen zu holen.
»Oh Mann, bestimmt muss ich jetzt auch noch tanken!«, dachte er beim Öffnen des Hoftores. Doch er hatte Glück, der Tank war noch gut ein Viertel gefüllt. Das würde problemlos bis morgen reichen.

Im allmontäglichen Stau auf der Autobahn trommelte Herr Richie wie üblich wie ein nervöser Pianist auf dem Lenkrad herum. »Wieder nur Idioten unterwegs heute!«, brummte er missmutig, während er aus dem Wagenfenster nach rechts schaute. Sein Nachbar war ebenfalls ein Lenkradtrommler. Auf der linken Seite allerdings schüttelte jemand ausgelassen seinen Kopf im Rhythmus irgendeiner Rockmusik, die aus dem Wagen drang. »Headbanger, Spinner!«, entfuhr es Herrn Richie sichtlich genervt.
»Ich ahne schon, was heute wieder im Büro los ist. Der Aktenberg von letzter Woche sitzt noch auf dem Schreibtisch, und wenn ich kaum zur Tür rein bin, bringt mir Frau Müller sicher schon eine neue Ladung vorbei.«
Im Büro angelangt, ging er erst mal zum Kaffeeautomaten, als ihm Frau Müller schon auf dem Gang begegnete.
»Liebe Frau Müller«, Herr Richie klang gereizt, »bleiben sie mir ja mit ihrem Aktenstapel vom Leib. Sie sehen doch, dass ich noch den Schreibtisch voll habe!«
Frau Müller legte mit einem leicht vorwurfsvollen »Guten Morgen, Herr Richie« die Akten auf die Ablage neben dem Schreibtisch und verschwand wieder aus dem Zimmer. Herr Richie wusste nicht, wo er anfangen sollte, und dann klingelte auch noch ständig das Telefon.
»In diesem Taubenschlag kommt man wirklich zu gar nichts, und außerdem hasse ich Fisch! Genau das werden sie heute nämlich wieder in der Kantine auftischen.«
In der Mittagspause würgte Herr Richie den Fisch hinunter, den er nicht mochte, und regte sich schon einmal vorsorglich über den Besucher auf, mit dem Frau Müller heute Nachmittag um 15 Uhr einen Termin vereinbart hatte.

»Diesen Kasnahaasznah versteht doch bestimmt wieder kein Mensch. Die sollen doch mal richtig Deutsch lernen. Was wird der wohl von mir wollen?«
Der Aktenberg hatte kaum abgenommen, als um 15 Uhr Herr Kasnahaasznah pünktlich in Herrn Richies Büro erschien. Da er hier geboren und aufgewachsen war, erklärte er Herrn Richie in akzentfreiem Deutsch sein Anliegen, verabschiedete sich nach kurzer Zeit wieder höflich und ließ den überraschten Mann wieder mit seinem Aktenberg allein.
Am frühen Abend, auf dem Weg nach Hause, stand Herr Richie dann wieder wie üblich im Stau und dachte besorgt an das heutige Fußballspiel seiner Lieblingsmannschaft im Abendprogramm. »Mal sehen, was sie heute wieder so zusammenkicken. Seine Bestform hat der Club in diesem Jahr leider noch nicht erreicht.« Herr Richie runzelte die Stirn, während er fingertrommelnd durch den Montagabendstau nach Hause rollte.
Am Abend verlor sein Club das wichtige Halbfinale, und Herr Richie war Zeuge eines 90-minütigen Dramas auf dem Fußballrasen. Als er schließlich ziemlich verärgert einschlief, saß er im Traum in seinen Aktenberg im Büro, der sich um und über ihm auftürmte und jederzeit zusammenstürzen konnte, um ihn unter sich zu begraben.

Als am Morgen pünktlich um sieben Uhr der Wecker klingelte, war es Montag, und Herr Richie erwachte sich räkelnd und streckend aus seinen Träumen. Auf dem Weg zum Bad schaute er in seiner kleinen Küche vorbei, um Kaffeewasser aufzusetzen. Angenehm überrascht stellte er fest, dass die kalte Dusche vom Freitag wieder heißes Wasser hervorbrachte, und so genoss er das warme, angenehm prickelnde Gefühl auf seiner Haut. Danach rubbelte er sich trocken und zog seinen kuscheligen Morgenmantel über.

Da er übers Wochenende verreist war, gab es im Kühlschrank keine allzu große Auswahl mehr, aber ein paar Brötchen zum Aufbacken und seine geliebte Schokoladencreme reichten für ein leckeres Frühstück, das er in aller Ruhe mit einer Tasse Kaffee genoss.

Der Tank seines Autos war noch gut ein Viertel voll. So konnte er ohne aufzufüllen in den üblichen Montagmorgenstau fahren und seinen Lieblingssender wählen. Rechts neben sich sah er einen missmutig dreinschauenden Lenkradfingertrommler, der still vor sich hinfluchte. Im Auto links neben ihm jedoch entdeckte er einen Mitfahrer, der im gleichen Rhythmus wie er seinen Kopf schüttelte. Nachdem auch er den wippenden Herrn Richie entdeckt hatte, hörten sie beide lachend bei geöffneten Fenstern »Stairway to Heaven« aus dem Radio, während sie langsam im Schritttempo dahinrollten.

Im Büro begegnete ihm auf dem Gang seine langjährige Mitarbeiterin. »Guten Morgen, Frau Müller, ich hoffe, sie hatten ein schönes Wochenende. Legen sie die neuen Akten ruhig auf die Ablage, ich kümmere mich schon darum.«

Herr Richie holte sich seinen Kaffee am Automaten und begann seine Arbeit. Er sortierte aus dem Stapel die dringendsten Fälle aus und legte die anderen erst einmal zur Seite. Wenn er freundlich ein Telefonat entgegennahm, unterbrach er seine Arbeit und widmete sich ganz dem Anrufer. Dann konzentrierte er sich wieder voller Hingabe auf das, was vor ihm lag. So hatte er trotz einiger Unterbrechungen bis zur Mittagspause schon die Hälfte des Stapels bearbeitet.

Der Fisch, den es heute als Hauptgericht in der Kantine gab, war nicht gerade seine Leibspeise. Daher nahm er stattdessen eine doppelte Portion Kartoffelsalat und genoss besonders den leckeren Schokoladenpudding als Nachtisch.

Herr Kasnahaasznah, mit dem er um 15 Uhr einen Termin hatte, war ein wirklich interessanter und gebildeter Mann, dem er interessiert zuhörte und seine volle Aufmerksamkeit schenkte. Das Gespräch war leider viel zu schnell beendet, aber dafür konnte Herr Richie kurz vor Feierabend alle liegen gebliebenen Akten der letzten Woche erledigt und zur Ablage an Frau Müller übergeben.

Den Stau auf dem Nachhauseweg nutzte er zur Entspannung und sang laut zu seiner Lieblings-CD im Auto »I wanna run to you ... huhu ...!«, während er langsam nach Hause rollte.

Seine Lieblingsmannschaft spielte am Abend wirklich so lausig, dass er den Fernseher kurzerhand ausschaltete und die Gelegenheit freudig nutzte, die spannende Lektüre, die er gerade gestern begonnen hatte, mit ins Bett zu nehmen – worauf er wie üblich nach drei Seiten Lesen mit dem Buch auf der Nase einschlief.

Erhellende Einsichten

»Ja, liebe Freunde, das war die Geschichte von Herrn Richie und seinen zwei Lebensmöglichkeiten«, beendete Joy lächelnd seine Erzählung, während alle lachten und applaudierten. Papa Charly schien ebenfalls sehr erfreut und hatte sich köstlich amüsiert über Joys schauspielerische Darstellung während seines Vortrags. Gerade in diesem Moment kam Gabi zusammen mit Eric etwas verspätet zum Feuer, und sie begrüßten ihre Freunde mit einer herzlichen Umarmung. Nachdem alle etwas auseinandergerückt waren und die beiden neben Joy und Momoko ein warmes Plätzchen gefunden hatten, wandte sich Papa Charly wieder der Runde zu.
»Es bedarf sicher keiner großen Phantasie, um sich nun vorzustellen, mit welcher Einstellung wir glücklicher und zufriedener leben können, unabhängig von der Situation, in der sich jeder von uns gerade befindet.
Herr Richie hatte sich jedenfalls in der ersten Geschichte, ohne es zu wissen, für eine Existenz im Haben entschieden und saß zugleich in der Zeitfalle seines Verstandes. Keine Zeit haben, keine Geduld haben, Befürchtungen haben, Vorurteile haben, immer in der Vergangenheit oder Zukunft herumdenken – damit war er ständig beschäftigt.
Im zweiten Fall aber hatte sich Herr Richie für das Sein entschieden und für ein Leben im Jetzt. Er erfreute sich an dem, was ihm seine Sinne an Erlebensmöglichkeiten boten: beim Duschen, Essen, Musikhören und allen anderen Aktivitäten. Er tat alles mit Hingabe, widmete sich den Dingen, die direkt vor ihm lagen, und traf seine Entscheidungen im Augenblick.

Man könnte diese Geschichte sogar noch etwas weiterspinnen. Die Natürlichkeit unseres zweiten Herrn Richie und sein echtes Interesse an anderen Menschen wird ihm möglicherweise nicht nur den Weg zu schönen Freundschaften eröffnen, sondern auch die Möglichkeiten schaffen, sein Potential, seine versteckten Fähigkeiten zu entdecken und zu entfalten. Herr Richie Nummer eins dürfte dazu vor lauter Stress und Hektik kaum Zeit haben.

Nun, wir haben hier auf der Insel ja alle schon ein wenig geübt, den Augenblick zu unserem besten Freund zu machen, aber vielleicht kann Momoko ja für uns alle noch einmal die wichtigsten Zugänge ins Jetzt zusammenfassen, damit wir sie auch wirklich nicht vergessen.«

»Okay, Papa Charly, ich werd's mal versuchen. Lasst mich mit unserem Körper und seinen Sinnen beginnen, die ja allesamt immer nur im jetzigen Augenblick aktiv sind. Wir können daher unsere Sinnlichkeit jederzeit nutzen, um uns ins Jetzt zu katapultieren. Das Jetzt ist unser Zugang zum unendlichen Ozean des Seins. Dort ist unser wirkliches Zuhause, dort sind wir immer wunschlos glücklich und zufrieden.

Wir besitzen außerdem die großartige Fähigkeit zur Hingabe. Was wir im Leben mit Hingabe tun, ob Lachen oder Weinen, Lieben oder die Steuererklärung machen, wird uns immer ins Hier und Jetzt bringen. Es ist dabei nicht wichtig, *was* wir tun, sondern *wie* wir es tun. Das hat uns Herr Richie ja soeben deutlich vor Augen geführt.

Es gibt da noch eine weitere Pforte ins Jetzt, die für die meisten von uns nicht so deutlich sichtbar ist – eine Tür, durch die wir nicht freiwillig gehen. Die Welt dahinter erscheint uns unannehmbar und macht uns schreckliche Angst. Ob ihr es glaubt oder nicht – auch Schmerz, Trauer und Zusammenbruch können uns manchmal direkt nach Hause führen. Menschen, die scheinbar alles verloren haben, sei es durch Unfall, persönliche Katastrophen oder andere Umstände, stehen plötzlich vor dem Nichts – vor der Leere. Solange sie noch mit dem Verstand identifiziert sind, werden sie früher oder später versuchen, das Verlorene wieder aufzubauen. Sie müssen, wie Frau Unvollständig, ihre Sicherheit durch all die Habens, wie wir sie bereits genannt haben, wieder herstellen. Ihr Verstand lässt sie glauben, dass sie sonst sterben müssten. Glaubt mir, so mancher hat sich schon in diesem Zustand von der Brücke gestürzt. Wer in solchen Momenten aber innehält und, völlig auf sich zurückgeworfen, das Potential dieser Leere erfährt, wird nie mehr so leben wie zuvor, sondern bereitwillig vom Haben zum Sein, von der Illusion zur Wirklichkeit hinüberwechseln. Viele Menschen, die von Nahtoderlebnissen berichtet haben, sind zu dieser Entscheidung gelangt.«

»Danke, Momoko, für diese schöne Auflistung«, fuhr Papa Charly fort. »Und glaubt mir, es gibt keine negativen Emotionen, gegen die ihr euch jemals wehren müsstet. Der Weisheitslehrer Eckhart Tolle hat es einmal sehr schön ausgedrückt: ›Emotionen oder Gefühle entstehen dort, wo Verstand und Körper zusammentreffen. Sie sind die Reaktion des Körpers auf den Verstand.‹ Wie ihr seht, ist Verstand in diesem erweiterten Sinne nicht nur Denken, sondern der Begriff, wie wir ihn benutzen wollen, beinhaltet auch unsere Emotionen und alle unbewussten geistig-emotionalen Reaktionsmuster.

Wenn ihr also das nächste Mal Ärger verspürt, versucht mal, euch gleichzeitig dabei zu beobachten und dieses Zusammenspiel zwischen Kopf und Bauch zu erkennen.

Aber wisst ihr, was das Erfreuliche ist? Ihr könnt all diese Gefühle auch nutzen, um sofort ins Jetzt zu kommen. Überlegt einmal genau, wann Wut, Euphorie, Ärger, Lust, Zorn, Traurigkeit oder Angst stattfinden. Ihr fühlt all das immer jetzt! Die Gründe für diese Emotionen mögen irgendwo in der Vergangenheit begraben sein, und ihr habt vielleicht Gott weiß welche Befürchtungen für die Zukunft. All das spielt aber keine Rolle, denn fühlen kann euer Körper diese Emotionen nur in diesem Moment. Geht hinein in das Gefühl und nutzt es als Durchgang. Lasst die Wolken vorbeiziehen und haltet sie nicht fest. Sind das nicht prächtige Wetteraussichten, liebe Freunde?«

»Aber Papa Charly, ich frage mich immer wieder, wie es dazu kommen konnte, dass wir Menschen dieses dumme Spiel des Getrenntseins mit all seinen Verstrickungen überhaupt jemals angefangen haben!«, kam eine weitere Frage aus dem Kreis um das Lagerfeuer.

»Ich befürchte, dass ich auf die Frage, wie und wann es dazu gekommen ist, keine genaue Antwort geben kann, denn das muss schon einige Leben zurückliegen.« Papa Charly lachte.

»Aber glücklicherweise gibt es auch heutzutage auf diesem Planeten noch einige wenige Gemeinschaften, die das Sein nie verlassen haben oder dorthin zurückkehren. Das zeigt mir zumindest, dass es sich tatsächlich um eine Lebensweise handelt, die wir wählen können. So gesehen ist das wirklich ein dummes Spiel. Aber wer sagt uns denn, dass wir es für immer und ewig spielen sollen und es auch noch unseren Kindern und Kindeskindern beibringen müssen?

Habt ihr jemals kleinen Kindern beim Spielen zugeschaut? Habt ihr einmal beobachtet, wie genau sie wirklich alles nachahmen, was wir ihnen vorleben? Sie kennen noch keine Einschränkung. Ganz natürlich machen sie auch jeden Unfug und Blödsinn nach. Manchmal finden wir das lustig, aber vielen Erwachsenen fällt das gar nicht so stark ins Auge, da sie mehr mit sich selbst beschäftigt sind. Es ist nicht nur unser äußeres Verhalten, das sie uns spiegeln, nein, auch unsere unbewussten und versteckten Überzeugungen und Glaubenssätze werden imitiert. Aber das alles ist nur ein großes Spiel für sie, eine Faschingsparty, bei der jeder die Verkleidung der Erwachsenen mal anprobiert.

Jetzt stellt euch aber mal vor, dass alle Erwachsenen ständig in eng anliegenden, blauen Kostümen herumliefen, auf die ein großes ›V‹ aufgestickt ist. Irgendwann zu Fasching bekommst du dann auch ein solches V-Man- oder V-Girl-Kostüm. Leider haben wir anscheinend alle vergessen, diese Verkleidung nach der Party wieder abzulegen. Wir rennen also immer noch in diesen Kostümen herum, die uns mittlerweile viel zu eng geworden sind und uns an allen möglichen Stellen zwicken und uns die Luft zum Atmen rauben. Keinem ist so richtig wohl in dieser Haut, aber niemand traut sich, das Kostüm endlich abzustreifen. Ihr könnt euch sicher schon denken, für was dieses große aufgestickte ›V‹ steht, nicht wahr?«

»Dieses ›V‹ steht sicher für Verstand«, bemerkte Gabi. »Und die Kostümträger sind letztlich wir alle, solange wir mit dem Verstand identifiziert sind.«

»Genau, liebe Gabi, und solange wir freiwillig in dieser Zwangsjacke stecken, bleibt uns nichts anderes übrig, als diese Faschingsparty bis zum Ende unserer Tage weiterzuspielen.«

»Papa Charly«, kam eine weitere Frage, »mich würde interessieren, was eigentlich mit dem verrückten Onkel in unserem

Kopf geschieht, wenn wir schlafen oder Drogen nehmen?«
»Eine wirklich interessante Frage. Soweit ich es beobachtet habe, arbeitet der Verstand beim Einschlafen und auch danach weiter an den Problemen, die er im Wachzustand konstruiert hat. Er ist wie ein Hund, der auf diesen alten Knochen selbst mit geschlossenen Augen noch herumkaut. Er ist ein echter Schlafräuber, und wenn ihr besonders grüblerisch seid, dann kommt ihr oft stundenlang nicht zur Ruhe. Wenn ihr einem müden Menschen also wirklich etwas Gutes wünschen wollt, dann wünscht ihm einen traumlosen, tiefen Schlaf. Dann geht ihr in die Stille, in die Leere. Dort seid ihr immer verbunden mit der Wirklichkeit eures Seins. Manchmal versorgt euch diese Intelligenz jenseits eures Verstandes mit Bildern und Hinweisen, die dann im Traum erscheinen. Leider vermischt euer Verstand, der alte Hobbyregisseur, diese wichtigen Bilder mit seinen Amateurvideos, und ihr könnt im Wachzustand dieses Kuddelmuddel nur schwer entwirren.
Und nun zur zweiten Hälfte der Frage. Viele Menschen sagen, dass sie unter Alkoholeinfluss oder mit anderen Drogen Zustände von Bewusstseinserweiterung erfahren würden. Ich wage das zu bezweifeln. Bewusstseinsveränderung vielleicht, aber jemand, der im Normalzustand völlig unbewusst ist – was kann er wirklich Nutzbringendes aus einer Drogenerfahrung mit in seinen Alltag bringen? Wenn er das Gefühl hat, dass die Droge ihm eine Tür geöffnet hat, die sonst verschlossen war, wird er wahrscheinlich immer wieder zur Droge greifen, um auf die andere Seite zu gelangen. Sein verrückter Onkel wird ihm sogar einreden, dass er die Droge braucht, um ihn, den Onkel, ruhigzustellen. Ziemlich verdreht, nicht wahr? Manche Drogen aber, wie beispielsweise Alkohol, bringen euren

Onkel erst richtig hervor. Er übernimmt dann komplett die Regie über euer Leben. In einem Moment seid ihr ausgelassen und euphorisch und im nächsten Augenblick packt euch die Angst oder Traurigkeit. Euer Körper wird zum Spielball eurer Emotionen, und damit seid ihr diesem Verrückten völlig ausgeliefert. Glaubt mir, nur weil ihr keine weißen Mäuse an der Wand seht, heißt das noch nicht, dass ihr normal und gesund seid, haha.« Papa Charly warf einen lustigen Blick in die Runde und setzte dann seine Ausführungen fort.
»Liebe Freunde, ich will euch zum Abschluss dieses wunderschönen Tages noch ein paar kleine Ratschläge meines schamanischen Freundes Don Miguel Ruiz mit auf den Weg geben, die euch bei der Lebensweise, die ihr hier zusammen gewählt habt, hilfreich unterstützen werden. Er und seine Familie stehen in der langen Tradition der Tolteken, einer uralten indianischen Hochkultur in Südmexiko, deren spirituelle Weisheiten bis heute überdauert haben. Die Überlieferung durch die Naguals, die Meister, hat dies über so lange Zeit möglich gemacht. Aus dieser Quelle stammen auch die folgenden vier Versprechen. Diese Vereinbarungen, die ihr mit euch selbst schließen könnt, beinhalten die folgenden Verhaltensweisen:

Sei integer mit dem, was du sprichst.
Nimm nichts persönlich.
Stelle keine Vermutungen an.
Gib immer dein Bestes.

Ich empfehle euch, diese Vorschläge im täglichen Leben einmal auszuprobieren und anzuwenden. Vielleicht stellt ihr dabei fest, dass es manchmal gar nicht so einfach ist, sie immer

zu beherzigen. Ihr glaubt aber gar nicht, wie viel Zeit uns für kreative Dinge bleibt, wenn wir allein auf all die Vermutungen verzichten würden und nur über Dinge redeten, die wir persönlich kennen oder erfahren haben. Ich weiß natürlich, dass wir über den tieferen Sinn dieser Weisheiten noch lange reden könnten. Doch lassen wir sie für heute einfach in unsere Herzen hinein und sich dort entfalten.
Wenn ihr einverstanden seid, wollen wir nun diesen Abend gemütlich am Feuer ausklingen lassen. Und morgen erwartet uns dann sicher ein schönes Fest mit vielen interessanten Darbietungen und leckerem Essen. Ihr seht, dass ich es bei der Aussicht auf kulinarische Genüsse manchmal dann doch nicht lassen kann, ein wenig in die Zukunft zu schweifen, haha.«
Papa Charly lehnte sich gemütlich zurück und legte seinen Kopf in Lucys Schoss. Nachdem nun alle still geworden waren, drangen die Geräusche des nächtlichen Dschungels wieder verstärkt an ihre Ohren. Hinter dem schwarzen Vorhang der Nacht lag eine Welt, die mit menschlichen Augen nicht zu ergründen war. Über ihren Köpfen konnten sie die hellsten Sterne des nächtlichen Himmels erkennen, deren Funkeln mühsam durch den Schein des Feuers drang, das alles in ihrer Nähe in ein glutrotes Licht tauchte. Auf den Gesichtern spiegelten sich die züngelnden Flammen, und viele Blicke waren in ihre hypnotisierenden Bewegungen vertieft. Manchmal sah es beinahe so aus, als ob die Göttin Pele selbst in ihnen tanzen würde.

Der folgende Tag war wirklich ein Fest der Freude und Freundschaft. Von überall her waren zahlreiche Bekannte und Freunde angereist, die sie teilweise während ihrer Ausflüge auf der Insel kennengelernt hatten. Neben zahlreichen tropischen Köstlichkeiten, die auf Palmblättern angerichtet waren und in bunter Vielfalt auf einem üppigen Büffet dargereicht wurden, gab es viel Musik, Hulatanz und eine sagenhafte Jongleursvorführung von Graham, Henrik und Jerry. Vor allem die spektakuläre Dreierjonglage mit Momoko als Gaststar sorgte am Abend für große Begeisterung.

Die fliegenden Keulen waren mit bunten, glitzernden Pailletten beklebt, die im Licht der Fackeln funkelten und glitzerten. Wie wirbelnde Glühwürmchen malten sie kleine leuchtende Spuren in die Dunkelheit. Ihre Bewegungen waren für menschliche Augen einfach zu schnell.

Beinahe genauso schnell ging auch diese Nacht zu Ende, und einige besonders eifrige Feierer und Tänzer hatten beschlossen, ohne Schlaf am frühen Morgen zum Flugplatz in Hilo aufzubrechen.

Der Abschied von Gabi und Eric, die noch bis zum Abflug mitgekommen waren, fiel Joy und Momoko besonders schwer, und auf beiden Seiten flossen beim herzlichen Umarmen ein paar Tränen. Doch gleichzeitig war ihnen und auch allen anderen, die jetzt in ihre Heimatorte zurückkehren würden, auch bewusst, dass das Ende dieser ereignisreichen Zeit auch der Beginn neuer Abenteuer und Begegnungen sein würde. Und so gingen sie alle mit einem Lächeln und einer Träne im Auge auf eine neue Reise. Das Wort »Aloha« war ihnen vielleicht erst jetzt in seiner ganzen Bedeutung ans Herz gewachsen.

Der Familienausflug

Momoko wusste mittlerweile, dass Joy viele ihrer Träume und Gespräche mit Borki gesehen und mit angehört hatte. Er war ihr immer nahe gewesen – viel näher, als sie das je hatte ahnen können. Sie hatte aber, immer wenn sie an ihn dachte, diese tiefe Verbundenheit und Freundschaft zu ihm gespürt, die sie jetzt ohne Einschränkung miteinander teilen konnten. Es war schon ein kleines Wunder, dass sie auch räumlich gar nicht so weit voneinander entfernt gelebt hatten und sich dennoch nie begegnet waren. Sogar Momokos geliebter Badesee war Joy durchaus bekannt. Beiden kam es ein wenig so vor, als ob noch ein anderer in ihrem bisherigen Leben seine Finger mit im Spiel gehabt hätte. Vielleicht war es auch ein kleines Versteckspiel, dass sie selbst auf einer anderen Ebene inszeniert hatten und bei dem Maya und ihre Freunde als unsichtbare Helfer ab und zu eingreifen durften.

Keiner von beiden hatte jedoch richtig Lust, sich über all dies zu viele Gedanken zu machen. Vielmehr genossen sie nun die glückliche Fügung ihres Zusammentreffens aus vollem Herzen und feierten ihre Liebe jeden Tag aufs Neue.

Die Reise nach Hawaii lag schon fast einen Monat zurück, und Momoko ging wieder zur Schule. Ihr 18. Geburtstag wurde in diesem Jahr ein rauschendes Fest mit vielen Freunden von nah und fern. Sie hatte es doch tatsächlich geschafft, ihren alten Freund, den Bademeister, zu überreden, an diesem besonderen Tag für sie und ihre Gäste die Tür zum See zu öffnen und eine kleine Feier am Nachmittag zu erlauben, obwohl das Strandbad ja schon offiziell geschlossen hatte. Später, als es im

Freien schon recht kühl geworden war, ging es dann bis tief in die Nacht mit viel Musik und Tanz im Forsthaus weiter.

Momoko hatte irgendwann den Überblick verloren, wer alles zu ihrer Party gekommen war, doch sie würde sicher niemals vergessen, wie Joy ihr um Mitternacht ein wunderschönes Liebeslied schenkte, das er nur für sie geschrieben hatte. Sie musste auf einmal daran zurückdenken, wie verzweifelt und verwirrt sie noch vor zwei Jahren mit Matz am Badesee gesessen hatte. Es war schon merkwürdig, wie schnell man solche Dinge vergessen konnte – vor allem, wenn sich das Leben so voll und ereignisreich zeigte wie gerade jetzt. Die Erinnerung machte sie aber auch empfindsam und mitfühlend für alle Menschen, die eine ähnliche Verwandlung durchmachten und für die *sie*, wie ihr Freund Matz, ein kleiner Glücksvogel und Botschafter der Freude sein konnte.

Es war Herbst geworden, und Joy hatte nach den Semesterferien den Entschluss, sein Studium nicht wieder aufzunehmen, in die Tat umgesetzt. Genug Fingerzeige hatten ihn auf einen neuen Weg hingewiesen, der sich nun offen vor ihm ausbreitete. Er wollte kein trauriger Meisterdieb werden, sondern sich wieder der Musik zuwenden. Eigentlich hatte er vorgehabt, sich eine Studentenbude in der Stadt zu suchen, doch nun gab es dafür keinen Grund mehr. Er würde stattdessen noch ein Weilchen im Haus seiner Eltern wohnen, die seiner Entscheidung zwar etwas ängstlich, aber dennoch mit freundschaftlichem Wohlwollen begegnet waren, besonders nachdem er ihnen die Geschichte vom Meisterdieb und seiner verlorenen Kunst erzählt hatte. Schließlich waren sie eine musikalische Familie, und Daniela und Luciano wollten ihrem Sohn keine

Hindernisse in den Weg legen, sondern ihn unterstützen, so gut sie es konnten.

Joy begann wieder, Musik zu schreiben und täglich am Klavier zu spielen und zu singen, wie er dies schon früher getan hatte. Nur diesmal waren da keine Ideen und Vorstellungen von Zukunft, keine Ziele in seinem Kopf, die ihn belasteten. Er fühlte sich völlig unbeschwert. An den Wochenenden, die er zumeist bei Momoko verbrachte, konnte er dann an Nicks Flügel seine neuesten Werke zur Freude aller vorführen.

»Joy«, meinte eines Tages Nick, der immer sehr interessiert dem Spiel seines jungen Freundes lauschte, »du weißt sicher, dass die Zeit langsam reif ist, diese wunderbaren Stücke auch mal für andere Ohren hörbar zu machen. Was hältst du denn von der Idee, ein kleines Konzert für all deine Freunde und Bekannten hier bei uns im Forsthaus zu geben?«

Joys Augen glänzten, und er begann zu schmunzeln. »Ich gebe zu, so was ist mir auch schon im Kopf herumgespukt. Vielleicht sollte ich so langsam den Sprung ins kalte Wasser wirklich wagen – obwohl es mich bei dem Gedanken daran schon ein bisschen fröstelt.«

»Na, so kalt wird das Wasser schon nicht sein«, meinte Mika mit einem Augenzwinkern, während sie gerade mit einer würzig duftenden Kanne Chai-Tee aus der Küche kam. »Wir werden dir das Wasser schon liebevoll vorwärmen, damit du gerne darin badest. Was hältst du eigentlich von Weihnachten?«

»Sagt mal, habt ihr das etwa alles schon vorgeplant – so ganz spontan, wie ihr gerade seid?« Joy schüttelte verwundert den Kopf, und alle mussten lachen.

»Nun sag schon Ja, du kannst die Stücke ja schon fast alle auswendig spielen!« Momoko setzte sich zu Joy auf die Klavierbank und schüttelte ihn ein wenig, während sie liebevoll ihre Arme um ihn schlang.

»Mir bleibt ja wohl nichts anderes mehr übrig, da ihr, wie ich euren Clan mittlerweile kenne, sicher schon alle Gäste eingeladen habt, oder?«

»Ganz so schlimm sind wir auch wieder nicht«, meinte Momoko verschmitzt. »Außer Opa Mut und Louise wissen es eigentlich nur deine Eltern, Papa Charly, Lucy und ein paar Bekannte vom Badesee.«

Joy ließ sich daraufhin mit gespielter Verzweiflung und einem lauten Seufzer von der Klavierbank gleiten. Die ihn immer noch umarmenden Momoko riss er dabei mit sich in die Tiefe und wälzte sich mit ihr zu einem Schaukampf auf dem Boden.

»Das ist wirklich die netteste Verschwörung, die mir je untergekommen ist, aber Rache ist Blutwurst!«

»Keine Ursache, nur eine kleine Revanche für dein Komplott mit Papa Charly auf Hawaii!«, lachte Momoko und streckte dann vorsorglich ihre Arme und Beine zur Kapitulation von sich.

»Okay, du starker Rächer, ich gebe auf!« Im nächsten Augenblick jedoch griff sie ihren siegessicheren Bezwinger mit einer raffinierten Kitzelattacke an und jagte darauf den um Erbarmen flehenden Flüchtenden durch die ganze Wohnung.

Nach diesem stürmischen Auftakt und einem ausgedehnten Frühstück fuhren die vier an diesem schönen Sonntag alle zusammen zu Joys Eltern. Momoko erinnerte sich noch an

die freudige Überraschung, als sie vor wenigen Wochen zum ersten Mal mit Joy zu ihm nach Hause gekommen war:
»*Danielas lebendiges Blumenlädchen*«
stand in geschwungener Schrift über dem Eingang. Im dem liebevoll dekorierten Schaufenster zur Straße konnte man die üppige Farbenpracht der verschiedensten blühenden Pflanzen bewundern. Was man jedoch nirgends entdecken konnte, waren abgeschnittene Blumen. Joys Mutter hatte es sich zum Prinzip gemacht, ihrer Liebe zu Blumen und Pflanzen dadurch Ausdruck zu verleihen, dass sie in ihrem kleinen Lädchen nur lebendige, in der Erde wachsende Pflanzen verkaufte. Daher gab es bei ihr auch keine Blumensträuße im herkömmlichen Sinne, aber was sie da an phantasievollen Blütenarrangements mit Ästen, Zweigen, Steinen und anderen Materialien zauberte, waren schon kleine Kunstwerke. Besonders ihre Miniatur-Bergwiesen, die wie bunte Blumenteppiche auf Steinen in eine Schale gepflanzt waren, erfreuten sich großer Beliebtheit.
Daniela und Joys Vater Luciano hatten sich über Momokos Besuch über alle Maßen gefreut, denn auch Joy hatte, wie Momoko ihrerseits, seinen Eltern ab und zu von diesen merkwürdigen Träumen erzählt. Kurz vor seiner Abreise nach Hawaii konnte er auch sein kleines Geheimnis mit Papa Charly nicht länger zurückhalten und hatte ihnen aufgeregt von seiner bevorstehenden Begegnung mit Momoko berichtet.

Joys Mutter war eine quirlige und emsige Person, die immer wie ein fleißiges Vögelchen beim Nestbau zwischen ihren Blumen und Pflanzen herumschwirrte, hier ein Zweiglein, dort eine bunte Feder, Moos, Borkenstücke und Steinchen zusammentrug, um sie dann zu ihren Kunstwerken zu ver-

arbeiten. Während sie mit ihren geschickten Händen alles zusammenfügte, pfiff sie ständig irgendwelche Lieder vor sich hin. Dabei hatte sie ihre langen blonden Haare immer zu einem Dutt hochgesteckt und meist unter einem ihrer schönen bunten Kopftücher versteckt.
Luciano, der zwar nicht viel größer war als seine zierliche Frau, hatte dafür das ausgleichende ruhigere Temperament. »Braunbärchen« nannte ihn Daniela oft liebevoll, und mit etwas Phantasie lag sie damit gar nicht so weit weg von seiner Erscheinung. Braun gebrannt sah seine Haut eigentlich immer aus, nur die gewellten Haare hatten sich im Laufe der Jahre fast alle von Dunkelbraun in Grau verwandelt.
»Kompakt, kraftvoll und dynamisch wie ein Berglöwe« – so beschrieb er sich selbst am liebsten, worauf seine Familie wie einstudiert immer mit einem bedauernden »ach du armer dicker Kater« antwortete. Luciano half seiner Frau ab und zu im Laden, aber die meiste Zeit des Jahres verbrachte er im Freien bei seinen geliebten Bachläufen. Vor einiger Zeit nämlich war aus seinem alten Hobby ein Beruf geworden. Es war der liebevoll gestaltete Bachlauf, der in Joys Elternhaus den kleinen Hang vor der Terrasse heruntergeplätscherte, mit dem alles angefangen hatte. Spaziergänger und Nachbarn hatten Luciano dabei beobachtet, wie er in seiner Freizeit einen ganzen Sommer lang Steine zusammentrug und zu einem kleinen Gebirge mit Schluchten und Wasserfällen zusammensetzte. So holte er sich ein wenig von seiner italienischen Bergheimat in den heimischen Garten zurück, wie er immer sagte. Als der Wildbach für Zwerge schließlich zu Tal floss, hatte Luciano schon verschiedene Anfragen einiger interessierter Bewunderer erhalten, die ihn für ihre eigenen

Gärten engagieren wollten. Unter der Bedingung, sich so viel Zeit nehmen zu können, wie er wollte, begann er von da an in aller Ruhe, jedes Jahr einen oder zwei Bachläufe für andere zu bauen, und genoss diese schöpferische Arbeit unter freiem Himmel immer noch genauso, als ob sie sein Hobby geblieben wäre. Seine feste Anstellung als Fotograf bei der Lokalzeitung hatte er aufgegeben, und als freier Mitarbeiter fühlte er sich seitdem viel ungebundener.

An diesem Sonntag wollte Joy die beiden Familien zu *dem* Ort führen, den sie alle schon so lange vom Erzählen her kannten.
Für Momoko sah der Beerensee wirklich haargenau so aus, wie er in ihrer Erinnerung gespeichert war. Borki hatte ihr damals wirklich ein perfektes Bild in ihre Traumwelt übermittelt. Der Moossessel war allerdings schon ein wenig morsch geworden über die Jahre. Trotzdem setzten sich die Joy und Momoko Arm in Arm auf sein weiches Polster und träumten ein wenig vor sich hin. Nick und Mika, die sich mit Daniela und Luciano blendend verstanden, hatten sich mit ihnen am Fuß der alten Weide niedergelassen und genossen ebenfalls die Strahlen der Herbstsonne, die durch das bunt gefärbte Blätterdach auf ihre Gesichter fiel.
»Piep und aloha! Schöne Grüße auch von Maya soll ich ausrichten. Sie freut sich sehr, dass ihr alle den Weg zu ihrem Stammplatz gefunden habt und diesen schönen Nachmittag hier verbringen wollt. Leider kann sie nicht wie ich so einfach hier erscheinen, aber ich versichere euch, sie ist dennoch ganz nah bei uns, piep.« Matz setzte sich auf Joys Schulter und wippte lustig mit seinem kleinen Kopf hin und her.

»Seht ihr«, meinte Momoko ganz stolz, »unsere Geschichten sind keine Erfindungen! Matzelspatzel, wie ich dich vermisst habe, alter Freund! Schaut nur her, er ist wirklich aus Fleisch und Blut!«

»Und Federn, junge Frau, wenn ich mir die Anmerkung erlauben darf.«

Matz sorgte mit seinem Auftritt gleichwohl für Erstaunen und Aufregung, wie man vor allem an den ungläubigen Gesichtern von Joys Eltern erkennen konnte. Doch auch Nick und Mika waren wirklich überrascht, denn der kleine Sperling war ihnen selbst bisher noch nie begegnet.

»Also, ich muss schon zugeben, dass ich seine Sprache nur mit viel Mühe verstehen kann«, flüsterte Daniela zögerlich Mika ins Ohr.

Matz flog piepend hinüber zu den anderen unter der Weide und setzte sich auf einen tief hängenden Ast direkt über ihren Köpfen.

»Ich will dir nicht zu nahe treten, Mama Joy, aber das kommt von den vielen Gedanken gerade in deinem Kopf, meine Teuerste, piep. Atme mal tief durch und genieße die Stille an diesem Ort – dann kannst du mich sicher besser hören und verstehen, piep.«

Daniela schaute den kleinen Spatz über sich verwundert und ein bisschen betroffen an, denn sie hatte seine Stimme gerade mehr aus dem Inneren ihres Kopfes wahrgenommen als über ihre Ohren.

»Ich glaube, da hast du nicht ganz Unrecht, mein Kleiner. Ich war tatsächlich die ganze Zeit über ein wenig am Rumgrübeln wegen irgendwelcher Dinge im Laden, die erst nächste Woche wichtig sind, und habe diesen schönen Platz noch gar nicht richtig wahrgenommen. Aber genau das werde ich jetzt und gleich nachholen.«

»Piep, eine blendende Idee, verehrte Frau der tausend Blumen. Und wie sieht es mit den Oldies von Lady Momoko aus? Könnt ihr mich gut genug verstehen?«

»Ich gewöhne mich langsam an die Stimme – deine Worte erklingen beinahe wie Gesang in mir«, meinte Mika höflich lächelnd.

»Oh Mylady, ihr macht mich wirklich verlegen, aber ich nehme euer Kompliment dankbar und mit Freuden an, piep. Wie ich an Nicks Grinsen und den lustigen Grübchen auf Papa Joys Wangen erkennen kann, haben auch die Herren der Schöpfung mich ganz gut verstanden, nicht wahr?«

»Ganz richtig, Matz – klar und deutlich«, sagte Nick, »und es wird immer besser, je mehr ich mich auf diesen herrlichen Platz einschwinge und aufhöre rumzudenken.«

»Na dann probiert doch mal aus, was geschieht, wenn ihr jetzt alle still seid und nur noch den Geräuschen des Waldes lauscht. Wollt ihr das versuchen?«

Auch Luciano nickte Matz zustimmend zu. Er schien aber gleichzeitig schon irgendwie abwesend zu sein. Ihm war so etwas bisher bewusst noch nie passiert. Sein Blickfeld begann sich auf merkwürdige Weise auszudehnen. Er nahm mit einem Mal Dinge wahr, die eigentlich hinter ihm lagen, die Farben schienen förmlich zu explodieren, und alles war zugleich in ein merkwürdig nebliges Leuchten gehüllt. Hilfe suchend drehte er sich zu den anderen um. Er wollte fragen, ob sie das Gleiche sehen konnten, doch das war nicht nötig. Die Antwort stand schon in ihren freudig strahlenden Gesichtern geschrieben.

»Nun, ihr Tagträumer, wie fühlt ihr euch gerade? Pssst – nicht sprechen – ihr braucht nicht zu antworten. Genießt die Stille, die Schönheit dieses Ortes, und habt keine Angst. Ich wollte euch nur in meiner Welt willkommen heißen.«
Am Fuße des Sees saß Maya in Gestalt der jungen Frau, wie sie Momoko schon einmal in den Bergen gesehen hatte, und badete ihre nackten Füße im Wasser.
»Verzeiht bitte, aber mir ist natürlich nicht so kühl wie euch an diesem Herbsttag, und ich mag das Glitschen der nassen Erde zwischen meinen Zehen so gerne. Matzl, komm, flieg zu mir, du hast unsere Gäste wirklich sehr schön vorbereitet und hierher geführt. Ich glaube, das hier ist für euch alle eine ganz neue Erfahrung, selbst für Momoko und Joy. Träumen kann man selbstverständlich auch mit offenen Augen. Als Kinder habt ihr das sicher öfter getan. Willst du es ihnen sagen, Matz?«
»Piep! Ladies und Gentlemen, Maya möchte sagen, das Geheimnis dieser veränderten Realität ist eure veränderte Wahrnehmung. Zugegeben, ich habe ein wenig mitgeholfen, eure Denkerei für ein Weilchen abzuschalten, aber ihr wart alle bereit dazu, den Augenblick und die ewige Schönheit, die ihm innewohnt, anzunehmen. So kommt es, dass ihr jetzt auch Maya sehen und hören könnt.«
»Ganz richtig, mein gefiederter Freund, im Jetzt verändert sich die Geschwindigkeit eurer Sinneswahrnehmung, und ihr könnt Dinge sehen, hören und fühlen, die normalerweise im Verborgenen liegen. Dieses Wissen ist uralt – trotzdem würde ich an eurer Stelle diese Neuigkeit nicht überall herumposaunen, nicht wahr Matz?«
»Piep, Posaunen gefällt mir wirklich gut. Ich schätze, Maya

meint wohl, dass so mancher Posaunist schon in euren sogenannten Irrenanstalten gelandet ist, weil er etwas zu laut musiziert hat!«
»Nun ja, ich wollte euch auch keinen langen Vortrag halten, liebe Freunde. Genießt noch die restlichen Sonnestrahlen. Wir sehen uns bestimmt bald wieder.«
Maya war so sanft entschwunden wie sie aufgetaucht war, und das neblige Leuchten zog sich langsam zurück. Alle konnten jedoch noch immer diese intensiven Farben sehen, die den ganzen Beerensee einhüllten.

Luciano begann als Erster wieder zu sprechen: »Ich weiß, dass ich eben nicht geträumt habe, oder doch? Mein Gott, wie soll ich es nur ausdrücken? Das war alles so echt! Ich glaube, ich flippe gleich aus! Und jetzt fängt auch die Grübelmaschine wieder an zu rattern. Wisst ihr, ich habe wahrscheinlich schon den größten Teil meines Lebens vergrübelt, und das macht mich ehrlich gesagt im Nachhinein etwas traurig.«
»Aber Papa Joy, jetzt beruhige dich erst mal und übertreibe nicht! Beim Bauen deiner schönen Bächlein hast du den Kopf doch sicher schon viel freier als früher im Büro, oder? Weißt du, immer wenn du ab jetzt deine Äuglein ein wenig aufmachst und deine Lauscher spitzt, wirst du sehen, dass die Welt plötzlich ganz anders aus der Wäsche schaut. Und wenn du mal wieder ausflippen könntest, wende dich ruhig mal an deinen netten Sohn, piep! Der hat nämlich schon so einiges von uns gelernt, nicht wahr, junger Mann?«
Alle mussten lachen über Matz und seine heitere Art, alles immer sofort auf den Punkt zu bringen. Luciano wunderte sich nur, woher er all die Dinge aus seinem Leben wusste.

»Weißt du, Papa«, meinte Joy kurz darauf, »ich glaube, jetzt wo ich wieder mehr zu Hause bin, werde ich dich wohl ab und zu mal in den Wald verschleppen, so wie du das früher mit mir immer gemacht hast, als ich noch ein kleiner Junge war. Das tut uns bestimmt beiden ganz gut. Und damit uns die Schönheit der Natur nicht völlig high macht, führen wir dann zwischendurch *echte* Männergespräche.«

»Bei Männergesprächen wäre ich auch gerne dabei«, meinte Nick interessiert und grinste. »Ihr dürft mir also gerne Bescheid geben, falls ihr mal wieder loszieht.«

»Und zum Ausgleich werden wir Frauen ein klassisches Kaffeekränzchen veranstalten und über wichtige Frauenthemen sprechen, wie beispielsweise Politik, Autos oder Fußball«, erwiderte Daniela belustigt.

Die Gäste des Beerensees fühlten sich trotz der aufregenden Begegnung sichtlich wohl an diesem Platz, und auch Matz hatte seine wahre Freude an dieser heiteren Gesellschaft und ihrer lustigen und ungezwungenen Lebensart.

Nach einer kleinen Stärkung mit Mikas selbst gebackenem Nusskuchen, von dessen Krümeln sich nicht nur Matz, sondern auch noch ein paar andere Vögel aus der Gegend die kleinen Bäuchlein vollschlugen, ging dieser herbstliche Sonnentag am See langsam in die Dämmerung über, und die Wanderer machten sich auf den Heimweg. Matz begleitete sie noch bis zum Waldrand und verabschiedete sich sodann von allen mit einem seiner spektakulären Abgänge, indem er von Joys Schulter aufflog und sich kurz darauf wie von Zauberhand in Luft auflöste. Es hätte nur noch ein Blitz mit Knall und Pulverdampf gefehlt – dann wäre es wirklich zirkusreif gewesen.

Momoko und Joy konnten sich das Lachen kaum verkneifen, als sie die verblüfften und beinahe erschrockenen Gesichter der anderen sahen – schließlich kannten sie Matz und seine kleinen Tricks schon etwas länger. Doch irgendwie waren die beiden auch froh, dass ihre Eltern heute Dinge erlebt hatten, die sie bisher nur aus den Erzählungen ihrer Kinder kannten. Die Welt von Matz, Borki, Maya und ihren Freunden lag im Grunde immer nur einen Augenaufschlag weit entfernt, obgleich sie für die meisten Menschen fast immer im Verborgenen blieb. Das jedenfalls hatten sie heute erfahren dürfen.
Auf dem Nachhauseweg fühlten sich alle ausgelassen und heiter. Der Aufenthalt am Beerensee und das Auftauchen des frechen kleinen Spatzes und seiner Freundin Maya hatten sie in eine besondere Stimmung versetzt, und Momoko und Joy hatten ihre Eltern selten so wunderbar albern und übermütig erlebt.

Die Sonne war schon eine Weile verschwunden, als sie die ersten Häuser am Dorfrand erreicht hatten. Von Weitem konnten sie sehen, wie gerade die Lichter im Schaufenster des Blumenlädchens angingen. Auch Oma Herthas kleine Dachwohnung war schon erleuchtet, und sicher hatte sie noch etwas Leckeres für die hungrigen Wanderer in ihrer Vorratskammer.
Nach dem süßen Imbiss im Wald waren eine würzige Kartoffelsuppe und herzhaftes Bauernbrot mit Butter genau das Richtige für alle. Oma Hertha schien nicht unvorbereitet und freute sich herzlich über den netten Besuch.
»Isch dacht schon, ihr habt eusch im Wald verirrt – kommt nei in die warm Stubb un macht's eusch bequem. Isch mach

nur noch korz die Supp heiß, un dann gibt's was Leckeres für die Waldläufer.«

Joys Großmutter verschwand wieder in der Küche, und Momoko musste unwillkürlich an Oma Louise denken. Wie ähnlich sich diese süßen Omis doch waren. Während die neugeborene Großfamilie vertieft war in Anekdoten und Geschichten und das Zusammensein genoss, hatte anscheinend niemand richtig bemerkt, dass Momoko schon seit dem Aufenthalt am See kein Wort mehr geredet hatte. Sie war zwar immer freundlich, lächelte zustimmend und lachte mit, wenn es besonders lustig wurde, doch sie schien gleichzeitig noch in einem anderen Film zu sein – einer Art Stummfilm. Nur Joy, der die ganze Zeit über ihre Hand hielt, spürte die Veränderung in ihr.

Später dann, nach dem Essen und einer gemütlichen Entspannungsrunde in Omas weichen Polstersesseln, begleitete Joy Momoko, Mika und Nick noch nach Hause. Als er mit Momoko endlich allein war in ihrem hübschen kleinen Zimmer unterm Dach, begann sie schließlich nach langer Zeit des Schweigens wieder zu sprechen. Joy kannte solche ruhigen Phasen bei seiner jungen Geliebten bereits und meistens genossen sie die Stille zusammen. Nur heute bei diesem Familienausflug war er etwas redseliger gewesen.

»Weißt du, Geliebter, irgendwie überkam mich nach dem Auftauchen von Matz am See auf einmal der Drang, einfach still zu sein. Die Begegnung mit Maya tat dann ihr Übriges. Deshalb habe ich mich ein wenig aus dem netten Familienklatsch ausgeklinkt. Früher hätte mich das wahrscheinlich gestört, aber diesmal war es vollkommen okay, euch alle gleichzeitig ganz gesprächig neben mir zu haben. Ich habe die ganze Zeit deutlich Maya bei mir gespürt, die mit mir zusammen geschwiegen hat und meine innere Ruhe noch bestärkte. Da war auch kein ›Seid doch mal alle still!‹ mehr in mir, sondern nur noch reines Dasein und eine wunderbare Verbundenheit mit euch allen und der ganzen Welt. Ich kann Papa Charly jetzt gut verstehen, wenn er manchmal morgens mit Lucy einfach schweigend durch den Wald geht. Stell dir mal vor, wie schön das wäre, wenn man öfter mit Freunden und aufgeschlossenen Menschen einfach ohne ein Wort zu reden zusammenkommen würde und dann genauso schweigsam wieder auseinanderginge. Das wäre bestimmt auch eine gute Übung für die Teilnehmer von Papa Charlys Seminaren, um die neuen Erkenntnisse besser ins tägliche Leben zu integrieren. Das Wunschlos-Glücklichsein ist schließlich nichts anderes als innere Stille.«

Joy nahm Momoko zärtlich in seine Arme und gab ihr seine Zustimmung wortlos und mit ganzem Herzen. Sie lagen noch eine kleine Ewigkeit mit geöffneten Augen auf ihrem Bett und lauschten Nicks Klavierspiel, das sanft durch das ganze Haus klang. Schließlich glitten die Liebenden in einen friedlichen, traumlosen Schlaf, um im stillen Ozean des Seins miteinander zu verschmelzen.

Das Konzert

Weihnachten stand vor der Tür und der Tag des Konzertes rückte immer näher. Joy hatte sich gut vorbereitet und viel Zeit am Klavier verbracht. Die große Dachwohnung von Nick und Mika würde sicher gut gefüllt sein, wenn am zweiten Weihnachtsfeiertag wirklich alle, die sie eingeladen hatten, ins Forsthaus kommen würden. Auch für Momoko sollte dieser Abend eine Premiere sein, denn sie hatte sich ein Geschenk für Joy ausgedacht, das er sicher nicht erwarten würde.
An diesem besonderen Abend gab es schon gleich zu Anfang eine weitere Überraschung, von der außer Papa Charly niemand etwas gewusst hatte. Während Joy versuchte, sich noch ein wenig in Momokos Zimmer zu entspannen, konnte man unten im großen Wohn- und Musikraum schon zahlreiche Gäste hören. Für alle lagen Decken und Sitzkissen auf dem Boden verteilt, und unzählige brennende Kerzen tauchten alles in ein warmes, freundliches Licht.
Plötzlich gab es ein großes Hallo und erstaunte Ausrufe. Erst als Joy schließlich die Wendeltreppe von der Galerie, auf der ebenfalls einige Leute standen, herunterstieg, konnte er sehen, wem dieser lautstarke Empfang gegolten hatte. Direkt vor dem Flügel, sozusagen in der ersten Reihe, saßen Papa Charly und Lucy, seine Eltern, Momoko und die Mitglieder ihrer Familie und – Joy konnte es kaum fassen – Gabi und Eric! Eilig, aber ganz leise, bahnte er sich einen Weg zwischen seinen Freunden hindurch und hielt sodann mit beiden Händen Gabi von hinten die Augen zu. Bei der folgenden Umarmung mit seiner Sandkastenfreundin liefen ihm Tränen übers Gesicht.

»Das ist ja wirklich ein guter Einstieg für meine kleine Premiere hier«, meinte Joy kurz darauf zu seinen Gästen, während er schon wieder lächelte und sich die feuchten Wangen abwischte. »Ich glaube, die Wiedersehenstränen haben mein Lampenfieber fast weggespült, auch wenn mein Puls immer noch etwas zu schnell geht. Wisst ihr, diese beiden lieben Menschen hier, Papa Charly und meine alte Freundin Gabi, haben auf ihre ganz spezielle Weise dazu beigetragen, dass ich heute Abend hier vor euch stehe. Also lassen wir uns alle mal überraschen, was da so aus mir herausfließen will.«
Joys Freunde ermunterten ihn mit einem warmen Applaus, und schließlich begann er zu spielen. Die anfängliche Aufregung fiel bald von ihm ab, und so konnte er mit seinen Liedern und Balladen schnell einen Weg von Herz zu Herz finden. Dabei verwob er seine Stimme mit eindrucksvollem Klavierspiel zu einem wohlklingenden Ganzen. Auch seine Ober- und Untertongesänge, die er schon als Junge geübt hatte, kamen zum Einsatz und erstaunten seine Zuhörer, von denen viele so etwas noch nie gehört hatten.
Joy war völlig in seine Musik vertieft, und so hatte er gar nicht bemerkt, dass Momoko vor dem Ende des Konzerts für eine Weile verschwunden war. Als er dann zum Finale eines seiner neuen Klavierstücke ankündigte – die Geschichte vom kleinen Adler, der das Fliegen lernt – ertönte von Weitem ein kleines Glöckchen. Wie abgesprochen erhoben sich in aller Ruhe seine Gäste, nahmen ihre Kissen und stellten sich mit den Kerzentellerchen in den Händen an die Wände, um einen großzügigen Raum um den Flügel zu öffnen, der in der Mitte stand und nun wie von einem Lichterband aus kleinen Flammen umgeben war. Viele Zuhörer stiegen auch hinauf auf die

Galerie, um von oben besser sehen zu können, was nun geschehen würde.

»Momoko!«, entfuhr es Joy erstaunt, und er sah verwundert auf seine bezaubernde Geliebte, die in einem mit grauweißen Federn besetzten Kostüm und adlerhaft geschminkten Augen auf ihn zuschritt und sich dann vor ihm wie in einem Nest auf die Erde kauerte. Damit hatte er nun wirklich nicht gerechnet, doch ihm war nun klar, warum sie so geheimnistuerische seine Musik ab und zu mit ihrem alten Kassettenrecorder aufgenommen hatte. Joy lächelte in sich hinein, und seine Finger berührten sanft die Tasten.

Ohne dass sie je zusammen geprobt hatten, ließ sich Momoko völlig in die Musik hineinfallen, und noch nie zuvor hatte Joy dieses Stück mit solcher Eindringlichkeit und Dynamik gespielt. Man konnte förmlich mitempfinden, wie es den kleinen Vogel hinauszog aus dem engen Nest. Neugierig und fasziniert von der Welt um ihn herum probierte er unbeholfen flatternd seine gefiederten Arme aus. Welch ein freudiger Moment, als er zum ersten Mal spürte, wie ihn die Luft unter seinen Schwingen emporhob. Schließlich breitete der kleine Adler seine Flügel aus und verließ das vertraute Nest, um die große weite Welt kennenzulernen. Getragen von den Klängen der Musik tanzte und flog Momoko an den Menschen mit ihren kleinen Lichtern in den Händen vorbei, und im ganzen Raum konnte man eine besondere Kraft spüren, die von den beiden jungen Künstlern auszugehen schien. Sie nahmen alle, die es zuließen, mit auf ihrem Flug durch die Lüfte hinein ins große bunte Abenteuer des Lebens. Nach dem furiosen Schlussakkord herrschte für einen Augenblick absolute Stille – bis die ersten zu klatschen begannen.

Der Applaus wollte gar nicht enden, doch Joy war wie benebelt. Er war körperlich anwesend, doch gleichzeitig schwebte er irgendwo über sich und dem Publikum und schaute der Szenerie aus einer anderen Perspektive zu. Er nahm die große Freude aller im Raum wahr, und das erfüllte sein Herz mit einer stillen Heiterkeit, doch gleichzeitig brachte er diese Begeisterung nicht mit seiner Person in Verbindung.

Erst als er Momoko in seinen Armen hielt, kehrte er teilweise wieder in seinen Körper zurück und konnte seine tiefe Bewegtheit mit ihr teilen. Irgendwie war er ohne zu träumen gleichzeitig in zwei Welten. Es dauerte eine ganze Weile, bis er in der Lage war, mit Worten auf die zahlreichen Glückwünsche und Fragen zu reagieren, die von außen auf ihn eindrangen.

Seine nahen Freunde fühlten irgendwie, was in ihm vorging und nahmen Joy einfach still in die Arme. Auch Momoko an seiner Seite spürte immer noch diese unglaubliche Kraft, die sich da durch ihren Körper Ausdruck verschafft hatte. Es hatte sie getanzt, und es hatte Joys Finger gespielt und seine Stimme benutzt. Das war die wunderbare Entfaltung ihres Potentials, die sich hier allen Anwesenden und auch ihnen selbst offenbart hatte. Die Schmetterlinge waren geschlüpft und hatten ihre prachtvollen Flügel ausgebreitet. Momoko und Joy hatten zu spüren bekommen, wie heilsam ihre Künste für sie selbst und andere sein konnten, und dies war der Keimling für eine wunderbare Pflanze, die weiter wachsen würde, wenn sie sie nicht daran hinderten.

Papa Charly, Lucy, Eric und Gabi blieben über Nacht, und so saßen sie noch spät zusammen, als schon alle anderen gegangen waren.

»Euch ist doch klar, was dieser Abend für euch und das vollkommene Glück bedeutet, oder?«, meinte Papa Charly mit ruhiger Stimme und schaute dabei Momoko und Joy tief in die Augen. »Ihr seid heilende Künstler! Eure Kunst kann Menschen für kurze Zeit zeigen, wie es sich anfühlt, ganz und vollständig zu sein. Dafür lieben sie euch. Und wenn ihr ihnen noch bewusst machen könnt, dass sie selbst es sind, die sich da heilen, dann kann eure Kunst wahrhaftig ein Katalysator für ihr eigenes kreatives Potential sein. Ohne diese Bewusstseinsveränderung jedoch werden sie diese schöne Erfahrung immer nur mit euch in Verbindung bringen und nicht mit sich selbst, und das wäre wirklich jammerschade.«

»Wir könnten den Menschen doch erzählen, was wirklich mit ihnen geschieht, wenn sie etwas Schönem begegnen – wie gerade eben. Dass sie sich selbst in uns begegnen und wir ein Teil von ihnen sind.« Momoko war immer noch hellwach, trotz der fortgeschrittenen Stunde. »Weißt du, Papa Charly, eigentlich wäre es doch eine schöne Idee, den Inhalt deiner Seminare mit unserer Kunst zu verbinden. So ähnlich wie auf Hawaii könnten wir noch dazu alle Zuhörer raus in die Natur schleppen. Das würde ihnen bestimmt dabei helfen, endlich aufzuwachen und ihre eigene Lebendigkeit wieder zu spüren.«

»Ja, wir werden sie aus ihrem Dornröschenschlaf wachküssen!«, rief Joy begeistert.

»Apropos Dornröschenschlaf«, Lucy konnte ihr Gähnen nur schwer zurückhalten, »was haltet ihr davon, wenn *wir* uns alle jetzt erst mal in den Schlaf küssen?«

»Na ja, ich gebe zu, dass ich noch ein bisschen aufgedreht bin, aber mein Körper spricht im Grunde eine deutliche Sprache

und sagt: ›Bring mich endlich ins Bett, Momoko!‹«
Auch sie ließ sich von Lucys Gähnen anstecken, und plötzlich schien in der kleinen Nachtgemeinschaft die Gähnkrankheit auszubrechen. Alle mussten sie darüber lachen, und so schlossen sie schließlich ihre kleine Runde und wünschten sich gegenseitig eine gute Nacht.

Über Nacht war tatsächlich Schnee gefallen, und die ganze Landschaft war in glitzerndes Weiß getaucht. Die Tage bis zum Jahreswechsel brachten weitere Schneefälle und klirrende Kälte. Die Freunde hatten beschlossen, Silvester zusammen im kleinen Kreis bei Nick und Mika zu feiern und genossen die Tage zwischen den Jahren mit langen Spaziergängen durch die verschneiten Wälder und Schlittschuhlaufen auf dem zugefrorenen Badesee. Einzig der alte Insulaner Eric, der die Sonne Hawaiis so lange nicht verlassen hatte, konnte sich an die Eiseskälte nur schwerlich gewöhnen. Bei seinen wackeligen, aber mutigen Laufversuchen auf Schlittschuhen wurde er von seine Freunden mit lautem Gejohle und Beifall unterstützt. Es war schön mitanzusehen, wie gut er und Gabi sich verstanden, und für Momoko und Joy waren die beiden eine weitere lebendige Bestätigung dafür, wie einfach und wunderbar die Liebe jeden Tag aufs Neue erblüht, wenn man sich für ein Leben im Jetzt entschieden hat.

Die Falle der Begeisterung

Das neue Jahr versprach für Momoko und ihre Freunde sehr spannend zu werden. Eric und Gabi fuhren noch ein wenig im Land herum, bevor sie wieder die lange Reise nach Hawaii antraten. Um für längere Zeit auf der Insel bleiben zu können, musste Gabi in ihrer alten Heimat auch noch so einiges regeln und in die Wege leiten. Vielleicht würden die beiden auch irgendwann heiraten – »so richtig schön hawaiianisch«, hatte Gabi einmal mit lachenden Augen Momoko verraten – doch all das lag noch in weiter Ferne.

Für Joy war das Leben sehr einfach geworden. Er widmete sich mit viel Freude seiner Musik und sprach mit Momoko und Papa Charly des Öfteren über die Vision, wie sie künftig mit all ihren Fähigkeiten dem vollkommenen Glück, dem Wunschlos-Glücklichsein, auf seinem Weg in die Herzen der Menschen behilflich sein könnten. Das Weihnachtskonzert hatte ihnen vielleicht schon eine mögliche Richtung aufgezeigt. Nun galt es nur noch, ihre künstlerische Sprache mit Papa Charlys Weisheiten zu verbinden, so dass all die Erkenntnisse immer mehr für jeden erlebbar würden. Auch die Kraft der Stille, wie sie Momoko bei ihrem Familieausflug zum Beerensee erlebt und an jenem Abend Joy beschrieben hatte, sollte dabei eine wichtige Rolle spielen.

Es war Anfang Februar, und wieder einmal waren die Glückskinder, wie sie sich selbst ab und zu nannten, bei Momoko zu Hause und saßen bei Tee, Kaffee und Mikas selbst gebackenem Käsekuchen mit Orangestückchen um den runden japanischen Tisch herum im großen Zimmer.

Nachdem er bereits sein zweites Stück mit genüsslich geschlossenen Augen und einem gemurmelten »Lecker, lecker« vernascht hatte, lehnte sich Papa Charly zufrieden schmunzelnd bequem in seine Kissen.

»Liebe Momoko, lieber Joy, ich wollte euch schon lange mal sagen, dass ich es wirklich schön finde, wie ihr beide gerade mit so viel Freude eure künstlerischen Fähigkeiten erlebt, wie ihr dieser Kraft Raum gebt, sich zu entfalten, und ich spüre, dass uns das alle irgendwie ansteckt. Stellt euch nur vor, Lucy und ich haben sogar unser altes gemeinsames Hobby ausgegraben und wieder zu malen begonnen. Ich hatte beinahe vergessen, wie viel Spaß das macht. Aus meiner eigenen Erfahrung möchte ich aber zu bedenken geben, dass wir uns stets aufmerksam beobachten sollten und nicht vor lauter Begeisterung plötzlich einen missionarischen Eifer entwickeln, die Menschheit zu beglücken, unter dem Vorwand, dem vollkommenen Glück damit einen Gefallen zu tun. Mit einem solchen Ziel vor Augen bewegen wir uns nämlich geradewegs wieder in die Gegenrichtung.«

»Wie meinst du das genau?«, fragte Joy, der jedoch die Antwort schon ahnte.

»Wisst ihr, wunschloses Glücklichsein, Zufriedenheit und Stille entstehen nicht durch Eifer und Ziele. Damit sitzen wir geradewegs in die Falle des Verstandes, der sich selbst wieder ins Spiel bringen will und durch das Handeln zu einem bestimmten Zweck unsere Aufmerksamkeit auf sich zieht. Davon könnt ihr beiden doch mittlerweile sicher auch ein Lied singen, nicht wahr? Joy, aus deinen Fingern würden doch nicht mit solcher Leichtigkeit diese wunderbaren Melodien entspringen – wie du es immer ausdrückst – wenn du die ganze Zeit dabei etwas erreichen wolltest. Das würde man dann doch eher ›sich etwas aus den Finger saugen‹ nennen?«

»Du hast ganz recht, Papa Charly, die schönste Musik fließt förmlich aus mir heraus, wenn ich völlig ohne besondere Absicht mit den Tasten herumspiele. Da brauche ich mir nichts Besonderes vorzunehmen. Natürlich habe ich auch schon mal etwas unter Zeitdruck für einen Auftraggeber komponiert. Das Ergebnis war durchaus okay, aber im Grunde hat das Arbeiten unter dieser Anspannung nicht wirklich Spaß gemacht. Die Bezahlung für diesen Job war eher so eine Art Schmerzensgeld.«

»Ich möchte nicht wissen, wie viele Menschen tagtäglich für ihre ungeliebte Arbeit gewissermaßen Schmerzensgeld beziehen …«, meinte daraufhin Momoko.

»Na ja, wenn ihr euch mal an die Geschichte von Herrn Richie erinnert, die Joy uns auf Hawaii erzählt hat, wisst ihr aber auch, dass die Einstellung zu den Dingen, die wir täglich tun, großen Einfluss auf unser Wohlbefinden und unsere Zufriedenheit hat. Damit meine ich nicht, dass jemand, wenn ihm seine Lebenssituation als nicht mehr annehmbar erscheint, darin verharren sollte. Nein zu sagen und ein Drama bewusst zu verlassen, mag zu Anfang Überwindung kosten, aber es gehört auch zu unseren schönsten Freiheiten.

Ich möchte aber noch einmal auf den Anfang unseres Gespräches zurückkommen – die Falle der Begeisterung. Freude und Begeisterung können wie Flügel sein, die uns zu immer neuen Horizonten tragen. Von ihnen geht eine große Anziehungskraft aus, weil sie in jedem von uns Heiterkeit und Lebendigkeit wecken. Zur Gefahr werden sie erst dann, wenn sich der Verstand ihrer bemächtigen will.«

»Bemächtigen ist wirklich genau das passende Wort, wenn ich das anmerken darf«, meinte Lucy zustimmend. »Da stecken nämlich *Macht* und *machen* drin. Und genau daran erkennen wir den Verstand, den alten Schurken. Er will uns unbedingt dazu verleiten, etwas zu tun, wo doch schon alles am Laufen ist. In eurem Fall, Momoko und Joy, könnte er euch beispielsweise einreden, dass ihr unbedingt etwas aus euren Begabungen machen müsst und sie zu etwas Sinnvollem gebrauchen sollt.«

»Und mein verrückter Onkel bestimmt dann natürlich, was das Sinnvollste ist!«, ergänzte Joy. »Netter Versuch, mich auszutricksen – aber glaubt mir, ich kenne das bereits sehr gut. Als ich das letzte Mal auf diesen Ratgeber gehört habe, hätte ich beinahe meine Kunst verraten und an den Nagel gehängt. Vielen Dank für den Hinweis.«

»Keine Ursache.« Papa Charly zeigte sein breites Lächeln. »Wir sollten vor allem auch nicht vergessen, dass wir Menschen letztendlich nur wunschlos glücklich sein wollen. Darum geht es schließlich die ganze Zeit, und das ist im Grunde doch so einfach. Lasst uns Wunschlosigkeit leben! Jetzt und jetzt und jetzt in jedem Moment. Dann steht die Zeit für uns still. Gedanken mögen kommen und gehen, aber sie berühren uns nicht. Wir schenken ihnen keine Aufmerksamkeit, weil uns das, was gerade ist, völlig genügt. Das ist Meditation. Selbst so zu leben, reicht vollkommen aus, um Menschen, die dafür offen sind, zu infizieren. Die Infektion entsteht durch die Erinnerung an unsere Wirklichkeit hinter dem Schein – unser Sein. Jedes Handeln aus diesem Seinszustand heraus ist liebevoll, kraftvoll und klar. Gefühle wie Begeisterung und Freude begleiten uns manchmal dabei, sie sind aber nicht Bedingung. Wenn jemand wissen möchte, was es mit all dem auf sich hat, können wir selbstverständlich auch versuchen, Worte zu finden, es bildhaft verständlich zu machen – aber unser eigenes Leben ist viel anziehender und überzeugender. Damit will ich deiner Vision von einer Bündelung unserer Fähigkeiten nicht widersprechen, Joy. Aber das wird ganz von selbst geschehen, wenn jeder von uns seiner Intuition folgt und das Naheliegende tut.«

»Ich glaube, Papa Charly, es sind unsere versteckten Erwartungen, mit denen uns der Verstand schnell wieder aufs Glatteis führt. Ich gebe zu, dass es mir manchmal immer noch schwerfällt, ganz auf Erwartungen und kleine Wünsche zu verzichten.« Momoko machte dabei ein gespielt verzweifeltes Gesicht.

»Aber meine Liebe, du musst auf gar nichts verzichten. Das habe ich auch nicht damit gemeint, wenn ich davon spreche, Wunschlosigkeit zu leben. Das ist doch kein Zölibat oder asketische Selbstbeschränkung. Im Gegenteil, es ist wirkliche grenzenlose innere Freiheit. Erinnere dich: Du bis wunschlos glücklich, wenn du den Wunsch los bist, und da wird nichts gemacht und getan, sondern das erscheint automatisch, wenn wir im Jetzt leben. Wünsche, Ziele und Erwartungen sind nichts weiter als Gedanken. Lass sie einfach kommen, die kleinen Kinder deines Onkels. Spiel mit ihnen, aber nimm sie nicht so ernst. Sie sind genau wie ihr verrückter Vater. Sie turnen auf und in dir herum und nehmen dich für eine gewisse Zeit in Beschlag. Erkenne sie als das, was sie sind und die kleinen Plagegeister verschwinden auch wieder.«

An diesem Nachmittag machten sie alle noch einen ausgedehnten Spaziergang durch den nahen Wald, obwohl Momoko eigentlich noch etwas für die Schule vorbereiten musste. Sie wusste aber schon aus Erfahrung, dass ihr dies nach einem Ausflug in frischer Luft und schöner Natur sicher viel leichter von der Hand gehen würde.
Der Wald hinter dem Forsthaus war etwas ganz Besonderes. Über Hunderte von Jahren hatten die Waldbauern hier immer nur wenige Bäume herausgenommen. Kaum jemand bemerkte die Lücken, und auch der Boden blieb unversehrt, wenn die Pferde im Winter die geschlagenen Stämme sanft durch den Schnee zogen. Die neuen Baumkinder pflanzten sich selbst. Opa Mut, der alte Förster wusste aus Erfahrung, dass diese wild gewachsenen Bäumchen, die sich selbst ihren Platz gewählt hatten, immer stark und widerstandsfähig wurden. Es gab ein ungeschriebenes Gesetz, dem sich alle Waldbesitzer aus Opa Muts Revier verpflichtet fühlten. Ihr Holz ging nur an Möbelschreiner, die daraus Tische, Stühle, Schränke und Betten bauten, die mindestens so lange hielten, wie ein neuer Baum brauchte, um zu voller Größe heranzuwachsen. Mit ihrer respektvollen Einstellung zur Natur hatten sie über Jahrhunderte das schönste und gesündeste Waldgebiet in der ganzen Region heranwachsen lassen, und mittlerweile folgten auch viele andere ihrem Beispiel.
Im Sommer bildeten die mächtigen alten Laubbäume ein geschlossenes Dach, in dessen Schatten eine vielfältige Tier- und Pflanzenwelt ihr Zuhause hatte. Aber auch jetzt, zu Beginn des Jahres, konnte man viele Vögel hören und beobachten, die hier überwintert hatten. Nachdem der Schnee bis auf wenige Reste geschmolzen war, fanden sie nun auch wieder genügend

Nahrung. Besonders die großen Schutzeichen am Waldrand, die den Forst vor Sturmschäden bewahrten, waren ein wahres Vogelparadies. Hier entlang führte Momoko auch ihre Freunde und zeigte ihnen ihre knorrigen Lieblingsbäume.

»Sie sind alle Verwandte und Bekannte von Borki, und wenn ihr eure Ohren spitzt, könnt ihr sie vielleicht bei ihren langsamen Plaudereien belauschen.« Momoko tänzelte lachend wie ein Kind vorneweg und riss Joy mit sich. Hinter ihnen liefen Nick und Papa Charly und mit etwas Abstand Lucy und Mika, die sich immer etwas Interessantes zu erzählen hatten. Schließlich waren sie, seit Papa Charly Lucy vor ein paar Jahren zum ersten Mal mit ins Forsthaus gebracht hatte, die besten Freundinnen. Die beiden freuten sich immer über jede Gelegenheit, sich zu treffen.

»Wir vertreiben uns die Zeit.« – »Und wenn sie nicht gehen will, schlagen wir sie tot!«, hatten sie einmal augenzwinkernd zu Papa Charly gesagt, als er neugierig wissen wollte, was sie denn so alles anstellten bei ihren geheimen Frauentreffen.

Die kleine Wanderung an diesem schönen Tag war für alle sicher ebenfalls ein guter Zeitvertreib, denn keiner hatte so richtig bemerkt, wie spät es schon geworden war. Schließlich, als sie gerade den Rückweg einschlagen wollten, sahen sie nicht weit von ihnen Opa Mut und Oma Louise, die etwas gemütlicher spazierten und gerade dabei waren, auf ihrer Lieblingsbank am Waldrand Platz zu nehmen.

»Na, wer hat sich denn da im Wald verirrt? Louise, wenn das mal nicht unser süßes Rehlein mit seiner ganzen Herde ist!« Opa Mut schwenkte seinen alten Jägerhut mit Gamsbart und begrüßte kurz darauf lachend Momoko und ihre Freunde. Die kleine Rast bei ihren Großeltern zog sich natürlich etwas länger hin, da Opa Mut trotz einiger Knuffe von Oma Louise mal wieder in aller Ausführlichkeit eine seiner Jägergeschichten zum Besten gab.

Nach einer Weile brachen sie aber alle gemeinsam in Richtung Forsthaus auf und durften sich noch an Opa Muts aufmerksamer Naturbeobachtung erfreuen. Dem alten Fuchs entging aber auch wirklich gar nichts. Hier ein Rascheln, dort eine Vogelstimme und dann wieder ein paar Spuren in der feuchten Erde. Währenddessen sammelte Oma Louise in ihrem Weidenkörbchen ein paar winterfeste Kräutlein vom Wegesrand für die Küche und die Hausapotheke. Es war wirklich ein besonderes Vergnügen, mit diesen beiden alten Naturfreunden durch Wald und Wiese zu streifen.

Das Märchen von Ursache und Wirkung

Nachdem sie mit Einbruch der Dunkelheit wieder ins Forsthaus zurückgekehrt waren, verabschiedete sich Momoko erst einmal bis zum Abendessen und zog sich in ihr Zimmer zurück. Joy spielte am Flügel seine neuesten Werke, und Papa Charly, Lucy, Nick und Mika hörten aus der Küche zu, während sie unter Mikas Anleitung japanisch kochen lernten.
Es machte ihnen sichtlich Freude, all die verschiedenen Zutaten vorzubereiten, und jeder hatte dazu eine kleine Aufgabe von der Chefköchin erhalten.
Am Ende hatten sie das Essen in den unterschiedlichsten Schälchen angerichtet, und alles war fertig für das Homesushi, wie es Mika nannte. Auch Joy und Momoko kamen an den großen Tisch, und sie eröffneten das Mahl mit einem gemeinsamen »Itadakimasu«, dem Wort, mit dem man in Japan eine Mahlzeit beginnt.
Als erstes gab es eine vorzüglich duftende Misosuppe mit Meeresalgen und Lauch. Dann durfte jeder am Tisch einmal zuschauen, wie Mika geschickt ein angeröstetes Seetangblatt auf den Handteller legte, darauf zuerst etwas von dem klebrigen Sushireis verteilte und dann aus verschiedenen Zutaten, wie rohem Fisch, Gurken- oder Avocadostückchen, etwas auswählte und oben auf dem Reis platzierte. Dann bestrich sie das Ganze noch mit einem Hauch Wasabi, dem scharfen grünen Meerrettich, um es dann vorsichtig zusammenzurollen. Auf ein kleines Tellerchen träufelte sie etwas Sojasoße, in die sie das Ende der Sushirolle kurz hineindippte, bevor sie genüsslich hineinbiss.

»So, jetzt seid ihr dran«, sagte sie freundlich lächelnd, und das köstliche Mahl konnte weitergehen. Ein schöner Nebeneffekt dieses handgemachten Essens war, dass es seine Zeit brauchte, bis wieder ein neues Röllchen zum Vernaschen fertig war, und so wurde man schön langsam und in aller Ruhe satt. Zum Nachtisch gab es dann noch die leckeren Mochi – Reisklößchen mit süßer Azukibohnenpaste – und dazu einen besonders edlen, pulverigen grünen Tee, den Mika stilgerecht mit einem kleinen handgeschnitzten Bambusbesen in das heiße, jedoch nicht mehr kochende Wasser hineinrührte.
Während des ganzen Essens hatten sie kaum geredet – nicht aus Prinzip, sondern weil sie das alle inzwischen sehr genossen. Nachdem sie fertig waren, begann Momoko nach einer Weile als erste wieder zu sprechen.
»Tut mir leid, dass ich unsere Ruhe unterbrechen muss, aber wenn ihr nichts dagegen habt, möchte ich heute Abend noch eure Hilfe in Anspruch nehmen. Es geht um eine Monatshausaufgabe in der Schule, die ich nächste Woche abgeben soll.«
Momokos fragendem Blick begegneten alle mit einem zustimmenden Nicken.
»Lasst uns aber vorher noch den Tisch abräumen, bevor du loslegst«, schlug Mika vor, und alle halfen mit, die Teller, Schalen und Stäbchen in die Küche zu tragen und zu spülen. Wie bei den Heinzelmännchen war in Windeseile alles blitzeblank, und die gemütliche Runde konnte weitergehen.

Nachdem alle bequem mit Kissen und Decken auf ihren Matten kuschelten, begann Momoko zu sprechen.
»Also, ich habe mir für diesen Aufsatz ein heißes Thema ausgewählt, das mich schon immer interessiert hat, nämlich Ur-

sache und Wirkung. Weißt du noch, Joy, als du mir von dieser Lichtnahrung erzählt hast und wie diese Erfahrung deine ganze Welt ins Wanken gebracht hat?«

»Was für eine Frage, das vergesse ich sicher nie. – Ah, ich verstehe! Du willst also auch ein bisschen an den Fundamenten des üblichen Weltbildes herumrütteln?«

»Stimmt genau. Immer dann, wenn unsere wirklich fundamentalen Glaubenssätze wackeln oder sogar zusammenbrechen – Glaubenssätze, von denen jeder glaubt, es wären gar keine Glaubenssätze, sondern felsenfeste Gesetze – dann haben wir die großartige Gelegenheit, die Wirklichkeit dahinter zu erkennen. Das Märchen von Ursache und Wirkung – so soll der Aufsatz heißen – gehört auch zu diesen Säulen unserer Gesellschaft.«

»Du bist ja ein richtig böses Mädchen!« Lucy musste schmunzeln. »Was hast du denn schon alles gesammelt?«

»Na ja, ich hab dazu schon eine ganze Menge Gedanken und Beobachtungen aufgeschrieben, aber ich würde mich echt freuen, zuerst mal von euch vielleicht noch etwas Inspirierendes zu hören. Natürlich werde ich gerne nachher mal meine gestammelten Weisheiten vorlesen.«

Irgendwie fühlten alle, dass Papa Charly etwas auf der Zunge lag, und so schenkten sie ihm ihre ganze Aufmerksamkeit und warteten darauf, was er zu sagen hatte. Er lehnte sich ein wenig zurück und nahm sich genügend Zeit, bevor er begann.

»Wisst ihr, auf der Oberfläche des Ozeans gibt es allerlei zu beobachten. Die großen und kleinen Wellen reden ständig übers Wetter, denn in ihm sehen sie den Hauptverursacher ihrer veränderten Zustände. Frischt der Wind auf, fühlen sie sich mächtig und energiegeladen, bei Flaute aber brechen sie in sich zusammen und dümpeln vor sich hin. Dann beklagen sie ihr Schicksal und leiden. In dieser Welt von Raum und Zeit gibt es natürlich das Phänomen von Ursache und Wirkung, das uns unweigerlich nach Gründen für alles Mögliche suchen und auch finden lässt. Aber in der Tiefe des Ozeans selbst, dort, wo es weder Wind noch Zeit gibt, verschwindet auch die Kausalität. An dem Ort, wo die Bewegung des Verstandes nicht mehr existiert, sondern nur die Stille des Seins, werden Fragen und Antworten sinnlos.«

»Das erinnert mich an eine Geschichte, die ich von dem indischen Lehrer Nisargadatta Maharaj gelesen habe«, sagte Nick. »Einmal fragte ihn ein besonders hartnäckiger Besucher nach den Ursachen für die Dinge dieser Welt. Ihm gefiel die Erklärung nicht so richtig, dass aus dem Blickwinkel des Seins weder die Welt noch die darin enthaltenen Dinge eine Ursache haben sollten. Maharaj versuchte ihm zu erklären, dass *er* selbst in gewisser Weise Schöpfer dieser Illusion sei, indem er sich eine Welt in Raum und Zeit geschaffen habe und damit auch die Kausalität. Er verglich diese Illusion mit den Bildern eines Films auf der Leinwand. Die Bilder sind nichts als Projektionen von Licht auf der unveränderlichen Leinwand des Lebens. Die Bewegung wird durch Unterbrechungen und Farbänderungen suggeriert, aber sie existiert nur im Kopf. Der Lebensfilm ist ein Produkt des Verstandes.«

Lucy schmunzelte. »Diese Geschichte kenne ich auch, und ich habe sie bestimmt dreimal lesen müssen, bevor sie bei mir reinrutschte. Dieser Mann darin wirkte auf mich beinahe etwas trotzig. Ich glaube fast, dass er Angst hatte um seine schöne erklärbare Welt. Er durfte daher nicht so einfach annehmen, was ihm Maharaj sagen wollte. Die meisten Menschen identifizieren sich mit den Bildern auf der Leinwand und bleiben in diesem Film ein Leben lang. Selbst wenn sie dann auf spirituellen Pfaden etwas über ihren Lebensfilm – die Projektionen und die Leinwand – erfahren, wollen sie gleich darauf wenigstens etwas über die Ursache des Films erfahren und die Schauspieler, den Regisseur, den Produzenten und so weiter mit ins Spiel bringen. So ganz ohne Kausalität und Verursacher schwimmt den meisten der Boden unter den Füßen weg, und das ist ja schon ein bisschen beängstigend.«

»Hier habe ich noch was für die Gehirnwindungen.« Nick war kurz aufgestanden und hatte ein Buch aus dem Regal geholt. »Einen Augenblick – gleich hab ich's. Maharaj hatte nämlich noch einen weiteren Versuch unternommen, diesem zweifelnden Besucher, der unbedingt einen Verursacher für seinen Film suchte, zu verdeutlichen, dass sie zwei unterschiedliche Sichtweisen hätten, und gab ihm daher ein Gleichnis:

› … Passen Sie auf, *Sie* handeln mit Goldschmuck und *ich* mit Gold. Zwischen den verschiedenen Schmuckstücken gibt es keinen ursächlichen Zusammenhang. Wenn Sie ein Schmuckstück einschmelzen, um ein anderes herzustellen, dann gibt es keinen kausalen Zusammenhang zwischen den beiden. Der gemeinsame Faktor ist zwar das Gold, aber sie können nicht sagen, dass Gold die Ursache für das Schmuckstück ist. Sie können es nicht eine Ursache nennen, denn es verursacht nichts durch sich selbst. Es wird im Verstand reflektiert, als *Ich bin*, als der bestimmte Name und die bestimmte Form des Schmuckstückes, und doch ist alles nur Gold. In derselben Weise ermöglicht die Realität alles, und doch kommt nichts, was eine Sache zu dem macht, was sie ist – nämlich der Name und ihre Form – von der Realität.‹

Ach ja – fürs Verständnis ist wohl wichtig, dass Maharaj mit ›Realität‹ nicht unsere übliche Illusion von Wirklichkeit meint, sondern das Sein, den Ozean oder wie auch immer man es nennen mag – die letztendliche Wirklichkeit.«

»Uaah, uah!« Momoko nahm ihre beiden Zöpfe und zog sie steil nach oben. »Mir stehen ja schon die Haare zu Berge, wie ihr seht. Müssen Männer sich immer so kompliziert ausdrücken, oder kommt das von der Übersetzung? Also noch mal langsam zum Mitschreiben – das Gold steht für die Wirklichkeit, den Ursprung, die Quelle. Die verschiedenen Schmuckstücke, Ringe, Ketten, Armreife, sind Formen und Namen, die wir ihnen gegeben haben. Das Gold hat sie möglich gemacht, aber nicht verursacht. Sie sind in unserem Geist entstanden und durch unsere Hände geformt worden. Sie sind und bleiben aber immer Gold. Ob wir sie als schön, wertvoll oder was weiß ich wie ansehen, ist das Produkt unserer Phantasie, unserer Vorstellung. Es entspricht letztendlich nicht der Wirklichkeit hinter der oberflächlichen Betrachtung.«

»Sehr gut, Momoko, das klang schon etwas leichter verdaulich«, meinte Lucy, »und dann ist da noch der kleine Hinweis, dass es da ja eigentlich um uns Menschen geht. Wenn wir uns selbst mit ›Ich‹ bezeichnen, dann ist das auch nur Name und Form, die aus dem Verstand geboren ist. Es entspricht ebenfalls nicht dem, was wir wirklich sind – dem Sein.«

»Bitte seid mir nicht böse«, Mika zögerte ein wenig, bevor sie weitersprach, »aber mir persönlich gefällt die Analogie mit dem Ozean und seinen Wellen am besten. Sie sind nicht so begrifflich und fest wie die Leinwand, der Film oder das Gold und der Schmuck. Ich habe das Gefühl, je mehr diese Beispiele – seien sie auch noch so plastisch – an Dinge aus dem Alltag erinnern, desto schwerer fällt es uns, hinter den Vorhang zu schauen. Die Bilder bleiben irgendwie im Kopf kleben und kommen nicht wirklich im Herzen an. Versteht ihr, was ich meine?«

»Ja, Mama, das ist genau, was ich vorhin empfunden habe. Trotzdem finde ich es gut, dass wir jetzt tiefer in dieses Thema gerutscht sind. Ich fühle mich schon ganz wie eine der Wellen aus dem Witz, wo sie sich beim Friseur treffen und das Meer suchen. Ich glaube, den kennt ihr ja schon alle. Okay, dann fasse ich das Ganze noch mal, sozusagen meeresbiologisch, zusammen: Wir alle sehen uns als Wellen, und der Ozean ist das, was dahintersteckt, unsere wahre Natur sozusagen. Zwischen Wellen und Ozean gibt es im Grunde gar keinen Unterschied. Sie sind nur Ausformungen des Ganzen. Zu Individu-Wellen werden wir in dem Moment, in dem wir uns als solche betrachten und bezeichnen. In Wirklichkeit sind wir immer nur Ozean und werden schon gar nicht von ihm verursacht. Es ist ein Trick unseres Verstandes, dass wir uns vom Ozean getrennt sehen. Nur so sind all die Spiele an der Oberfläche möglich. Raum und Zeit, Ursache und Wirkung finden somit nur oberflächlich betrachtet in unseren Köpfen, in unserem Verstand statt.«

Während Momoko sich einige Notizen auf ihrem Block machte, holte Nick noch heißes Wasser aus der Küche, um frischen Tee aufzugießen. Die kleine Pause tat allen gut, und sie streckten und räkelten sich oder vertraten sich ein wenig die Beine.

»So, das hab ich jetzt im Kasten, und nun werde ich euch gleich noch als Publikum missbrauchen, da ich meine Arbeit dann eh live vor der Klasse vortragen muss. Ich hoffe jetzt

schon, dass ich meine Mitschüler und den Philosophielehrer mit diesen Ideen nicht zu sehr ins Schwitzen bringe. Leider fehlt mir auch noch ein passender Schluss, aber da rechne ich fest mit einer zündenden Idee aus euren genialen Köpfchen.«
»Na dann leg mal los«, forderte sie Joy neugierig auf, und alle kuschelten sich wieder in ihre Kissen und Decken, während Momoko ihre Schulmappe mit den Aufzeichnungen aus ihrem Zimmer holte. Dann setzte sie sich im Lotussitz auf ihre Matte und begann vorzulesen:

»*Das Märchen von Ursache und Wirkung.*
Ich habe mich oft gefragt, wieso Menschen so interessiert an Ursache und Wirkung sind und habe dabei einige interessante Beobachtungen gemacht. Gleich zu Anfang möchte ich, um Missverständnissen vorzubeugen, meine große Vorliebe für Märchen und Geschichten aller Art bekunden. Da in Märchen bekanntermaßen oft auch interessante Erkenntnisse und Weisheiten verborgen liegen, ist die Überschrift durchaus bewusst gewählt. Eine gewichtige Rolle kommt natürlich dem Übermittler eines Märchens zu. Er sollte nicht nur ein guter Erzähler, sondern auch ein aufmerksamer Zuhörer sein, denn sonst kommt es vor, dass beim Überliefern und Weitererzählen im Laufe der Zeit oft einiges vom Original verloren geht und am Ende nur die halbe Wahrheit oder eine ganz andere bei uns ankommt.
Aber was bedeutet schon Wahrheit? Für mich hat Wahrheit sehr viel mit Wahrnehmen zu tun, und das tun wir bekanntlich mit unseren Sinnen. Was dann durch diverse Filter in unserem Kopf von der Welt übrig bleibt, erscheint uns als wahr, und das kann bei jedem völlig anders ausfallen. Ich halte mich

da gerne an den Satz des Physikers Ernst Schrödinger, einer der Väter der Quantenmechanik, der sehr treffend gesagt hat: ›Die Wahrheit liegt im Auge des Betrachters‹.
Also betrachten wir mal das sogenannte Gesetz von Ursache und Wirkung mit den Augen meines wirklich schlauen Cousins Chris, der mir schon vor einigen Jahren von diesem uralten Menschheitsglauben erzählt hat. Ich versuche es mal mit meinen Worten:

Wirf einen Ball ins Wasser – Platsch!
Wirf den gleichen Ball gegen eine Wand – Boing!
Wirf ihn mir an den Kopf – Aua!
Wirf ihn Herbert an den Kopf – haha – der lacht sich kaputt!
Oder hier die zwischenmenschliche Variante:
Stell mir eine Frage – du kriegst eine Antwort.
Stell die gleiche Frage Herbert – du kriegst keine Antwort!
Stell sie Mister X – komplett andere Antwort!
Stell sie dem Falschen – ruckzuck ist die Lippe dick!

Gleiche Ursache – unterschiedlichste Wirkungen! Was ist das für ein merkwürdiges Gesetz, wo bei gleicher Ursache laufend verschiedene Ergebnisse erzielt werden oder auch mal gar keine?
Oh, ich höre schon Herrn Wenzel, unseren Physiklehrer, in meinen Ohren: ›Das kannst du doch nicht machen, Momoko, Äpfel und Birnen vergleichen und dann noch zusammen in einen Topf werfen! Was soll denn dabei rauskommen?‹
Na ja, vielleicht wird's ja ein leckerer Ein-Topf oder Einheits-Brei. Diesen Brei kann ich dann entweder genüsslich löffeln oder aber meinen Kopf reinstecken und mich über die Dun-

kelheit beklagen, und damit liegt dann buchstäblich der Brei im Auge des Betrachters!

Glaubt mir, ich habe durchaus Respekt vor den Erkenntnissen der Wissenschaft, aber ich mag nicht alles immer so bierernst nehmen und will mich hier auch nicht in Details verstricken. Daher bleibe ich ab und zu bewusst für manchen etwas oberflächlich. Doch bisweilen ist die Oberfläche des einen ja wieder der Inhalt von etwas anderem.

Also, worauf will ich hinaus? Mir liegt nicht daran, das im praktischen Leben durchaus nützliche Prinzip von Ursache und Wirkung völlig zu demontieren. Ich möchte vielmehr unser menschliches Denken dahinter beleuchten. Im Ursache-Wirkungs-Spiel ist noch ein nicht im Geringsten unsichtbarer Dritter beteiligt, der von uns aber allzu gerne übersehen wird. Chris nannte ihn damals einfach den Widerstand. Ich möchte ihn den Mittler nennen, da er genau in der Mitte zwischen Ursache und Wirkung steht: Ursache-Mittler-Wirkung. Wenn wir schon in dieser kausalen Raum-Zeit-Welt spielen, die sich die meisten von uns als Spielplatz gewählt haben, dann ist es dort vor allem der Mittler, der die Wirkung bestimmt! Nicht etwa die Ursache! Im Grunde wissen wir das alle:

Das Wasser bestimmt das – Platsch!
Die Wand bestimmt das – Boing!
Ich selbst bestimme das – Aua!
Und Herbert sein – Haha!

Es ist niemals der Werfer des Balls, der allein die Wirkung bestimmt, auch wenn er das noch so gerne hätte. Er bestimmt zwar die Wurfrichtung und wie fest er wirft, aber eben nicht

das Bersten der Scheibe. Das ist Angelegenheit der Scheibe. Ist das Fenster aus einfachem Glas, dann platzt sie vielleicht. Bei Sicherheitsglas geschieht wahrscheinlich gar nichts. Ja, und zwischen uns Menschen ist das genauso. Der Antwortende bestimmt immer die Antwort und nicht der Frager, auch wenn dem das nicht wirklich gefällt.
Mir ist natürlich klar, dass am Platzen der Scheibe mehrere Faktoren beteiligt sind, aber mir ist neben der rein physikalischen Seite, über die sich streiten lässt, vielmehr die menschliche Absicht bei solchen Aktionen wichtig – das Bestimmenwollen, das Kontrollierenwollen!
Ich will damit sagen, dass wir zwar immer den Mittler mit einbeziehen, aber unser erstes Interesse im Ursache-Mittler-Wirkungs-Spiel gilt meist dem Erreichen eines bestimmten gewünschten oder vorgedachten Ergebnisses. Der Mittler wird gedanklich eliminiert. Wir schrauben so lange an einer Ursache herum, bis das gewünschte Resultat erfolgt, und bilden uns dann ein, wir hätten das Ergebnis bestimmt. Wir feilen so lange an der Fragestellung, bis uns die Antwort gefällt, und denken tatsächlich, wir könnten mit geschickter Rhetorik die Leute manipulieren. Diese Illusion wird selbstverständlich durch unsere Alltagserfahrung ständig genährt und somit von vielen als wahr empfunden, obwohl dieselben Menschen für sich in Anspruch nehmen würden, dass sie sehr wohl selbst darüber bestimmen, ob, wie oder was sie auf eine Frage antworten. Ist doch lustig, oder?«

Joy hatte die ganze Zeit sehr aufmerksam zugehört und gab Momoko ein kleines Zeichen, dass er etwas sagen wollte.
»Mir wird gerade klar, dass dieses Thema viel mit Angst und

Macht zu tun hat. Angst davor, dass wir auf bestimmte Dinge, die uns wichtig sind, keinen Einfluss haben. Es ist uns viel zu unsicher, den Dingen ihren freien Lauf zu lassen. Das Gefühl, ohne Macht zu sein, ohnmächtig zu sein, können viele nicht ertragen. Jeder würde am liebsten vorherbestimmen können, wie ein Resultat ausfällt. Vielleicht kommt daher auch dieser ewige Wunsch, zaubern zu können. Ich hab mal irgendwo gelesen, Macht sei der Ersatz für das verlorene Selbst. Dieser Satz wird mir in seiner Bedeutung langsam immer klarer. Der Wunsch, eine Antwort zu beeinflussen, erscheint mir fast harmlos angesichts all der übrigen Machenschaften in der Welt.

Aber zurück zu deinem Beispiel, Momoko. Vielleicht rennt ja der Antworter schon längst mit seiner Antwort rum und wartet nur auf denjenigen, der ihm die passende Frage stellt, um seine Antwort endlich loszuwerden. Dann gäbe ja es die Antwort schon vor der Frage, die Wirkung vor der Ursache, oder?«

»Na ja, streng genommen kann man das dann eigentlich nicht mehr Ursache und Wirkung nennen, aber genau dieser Geistesblitz ist mir auch schon gekommen, und ich hab dazu auch schon was geschrieben. Damit will ich mal unserem Denkmaschinchen noch einen kleinen Schlag versetzen und aus den Gehirnwindungen machen wir Spaghetti!

Also, was geschieht wohl, wenn wir diese Idee, nämlich dass die Antwort schon vor der Frage, die Wirkung vor der Ursache, vorhanden wäre, in die Welt der Physik übertragen? Lasst uns mal schauen, wie sich das dann anhört und anfühlt:

Das Platsch war schon da, bevor der Ball aufs Wasser trifft.

Die beiden haben sich quasi gesucht und gefunden. Mein Aua oder Schmerz war genauso wie Herberts Lachen schon vorher da und hat förmlich auf die Ursache, den Ball an den Kopf, nur gewartet, um sozusagen lebendig zu werden. Der Nagel ist schon in der Wand, bevor ihn der Hammer auf den Kopf trifft. Der Bösewicht hatte schon längst vor, den Nächsten, der ihm egal welche dumme oder gescheite Frage stellen würde, zu verprügeln.

Merkt ihr vielleicht auch, wie sich bei diesen Aussagen die Magengrube wahlweise mit der Großhirnrinde verheddert und dann wieder beruhigt? Unser Verstand und auch unsere Gefühle scheinen dabei ständig hin- und herzuspringen, jeweils in dem Maße, wie unser lineares Denken innerhalb von Raum und Zeit dabei berührt wird. Ereignisse, die einem Déjà vu gleichen und die Zeitachse in Frage stellen oder verdrehen, bringen uns schnell aus dem Lot und ins Schlingern. Was in unseren Träumen völlig normal ist, wird im Alltag zum Albtraum.

Und dennoch sagt uns interessanterweise auch die moderne Physik, dass Ursache und Wirkung letztlich nur Phänomene unserer Wahrnehmung sind. In den Gesetzen der Quantenphysik, die ja schließlich nach heutiger Auffassung die Grundlage unserer materiellen Welt beschreiben, gibt es so etwas wie Kausalität überhaupt nicht. Es gibt dort nur ein unendlich komplexes Netz veränderlicher Wahrscheinlichkeiten, die sich alle gegenseitig beeinflussen, unabhängig von einer bestimmten Zeitrichtung. Es ist wie ein Raum der unbegrenzten Möglichkeiten, in dem alles mit allem verbunden ist …

Tja, und das ist die Stelle, bis zu der ich jetzt gekommen bin.

Da fehlt aber noch ein runder Abschluss. Vielleicht fällt euch ja noch was Passendes dazu ein.« Momoko legte ihr Heft zur Seite und streckte sich erwartungsvoll auf ihrer Yogamatte aus.

Beinahe gleichzeitig richtete sich Papa Charly langsam aus seinem Kissenberg auf, den er inzwischen um sich gebaut hatte, und murmelte kurz etwas vor sich hin, bevor er zu sprechen begann.

»Ich glaube, ich weiß, was dir noch weiterhelfen könnte. Schließlich hast du am Anfang deines Aufsatzes gesagt, dass du das menschliche Denken hinter dem Ursache-Wirkungs-Prinzip aufdecken wolltest. Joy hat vorhin schon die richtige Spur verfolgt, die ich gerne noch einmal aufnehmen will. Der Grund nämlich, warum wir so hartnäckig an dem Prinzip der Kausalität über das Praktische hinaus festhalten, hängt nach meiner Beobachtung genau mit dem mächtigen Denker zusammen, unserem Verstand, den wir für uns selbst halten. Er ist es, der die Zeit so liebt. Fiele die Zeit weg, so rutschten Ursache und Wirkung zu einem einzigen momentanen Ereignis zusammen, das wir nur in diesem Augenblick erleben können. Kleine Kinder leben schließlich ständig in dieser zeitlosen Welt und sind dabei glücklich und zufrieden.

Der Wunsch, die Ursachen für etwas zu kennen, ist auch verbunden mit der Vorstellung, selbst etwas zu bewirken. Wir wollen sicher sein, dass ein von uns erwünschtes Ergebnis erzielt wird. Sicherheit, Einfluss, Kontrolle oder Macht zu haben, sind nur verschiedene Formen des Habenwollens. Das beziehen wir sowohl auf Dinge als auch auf andere Wesen und Menschen. All das ist das Königreich des Verstandes. Weil wir mit ihm identifiziert sind, fühlen wir uns tief im

Inneren ängstlich und unvollständig. Joy sprach vorhin vom verlorenen Selbst. Dieser schmerzliche Verlust, diese Lücke soll geschlossen werden. So ist es wieder einmal das Haben, von dem wir uns Rettung und Erfüllung versprechen.
In der Existenzweise des Seins sind es aber nicht die Dinge und Resultate, die uns interessieren, sondern das Erleben selbst. Das Spüren der eigenen Lebendigkeit, unserer Ausdrucksmöglichkeiten, ist uns wichtiger als flüchtige Erfolgserlebnisse. Die endlose Beschäftigung mit Ursachen und Wirkungen verliert an Bedeutung und wird schließlich unwichtig. Stattdessen finden wir im Sein unsere Kreativität und entdecken unser Potential, oder besser, es findet uns. Seine vielleicht schönsten Ausdrucksformen sind das Lieben, Teilen und Geben.«
»Oh Papa Charly, du hast es mal wieder auf den Punkt gebracht. Ich hoffe nur, ich kann das meinem Lehrer und den Mitschülern in dieser Form unterjubeln. Ach, was soll's, es ist einen Versuch wert, und die meisten kennen mich ja schon ein wenig. Vielleicht können sie sogar was damit anfangen, und ihre Sicht der Welt wird ein bisschen verrückt!«

Joy überkam nach diesem langen Vortrag so eine Art Blödelanfall. Er saß schon am Flügel und hob seine Arme und Hände beschwörend über die Tasten.
»Nun komm schon raus, du Lied du! Ich weiß ganz genau, dass du schon da bist – zeig dich!«
Mit einem Ruck ließ er die Hände auf die Tasten fallen und improvisierte wie ein Besessener herum. Dazu schrie er immerzu: »Mein Kopf ist leer, ich weiß nix mehr ... uga-uga!«
Der Abend endete in einem allgemeinen anfallsartigen Aus-

bruch von gedankenlosem Unsinn und Albernheit – ausgelassene Lebendigkeit, die keiner weiteren Ursache bedurfte.

Momoko war nach dem bereichernden Gespräch sichtlich zufrieden, denn wieder war ein wichtiger Schritt für den Endspurt ihrer Schulzeit getan, und dazu noch völlig mühelos. Mit ihren Vorbereitungen für die Abschlussprüfungen kam sie gut voran, und glücklicherweise nahm sie, im Gegensatz zu einigen ihrer Mitschüler, alles nicht so schwer. Sie wusste aus Erfahrung, dass diese lockere Haltung ihr schon immer gute Ergebnisse gebracht hatte, weil sie die Herausforderungen, die sich ihr stellten, ohne Aufregung angehen konnte. Und wenn ihr einmal eine Aufgabe zu schwer oder die Lösung unbekannt war, ging sie, ohne sich festzubeißen, zur nächsten über. Immer das Naheliegende zu tun war eine praktische Übung, die sich automatisch aus der Lebensweise im Hier und Jetzt ergab. Und dann plötzlich – pling – wie aus heiterem Himmel kam der passende Geistesblitz, die zündende Idee zu der übersprungenen Aufgabe einfach hereingeschneit.

Für Momoko und ihre Freunde schien es, als ob für jeden gerade ein neues Kapitel im Buch des Lebens beginnen würde. Die Türen waren weit geöffnet und luden sie freundlich ein, hindurchzuschreiten. Auf der anderen Seite konnte man schon das tiefe Blau des Meeres ahnen. So lag in diesem Frühjahr eine gewisse Aufbruchsstimmung in der Luft, denn für sie alle standen neue Abenteuer kurz bevor.

Die Glückskinder-Waldschule

Als Momoko noch ganz klein gewesen war, hatten ihre Eltern auf Grund ihres freien Lebens mit ihrer Tochter eine klare Vorstellung entwickelt, wie denn eine Schule aussehen sollte, die Kinder in ganz anderer Weise in ihrer Kreativität fördern könnte, als es sonst üblich war. Die wunderbare Zeit, die sie mit Momoko als ihre Freunde und Wegbegleiter erleben durften, hatte ihnen gezeigt, wie erstaunlich sich das Potential eines Menschen ganz von selbst entfaltet, wenn dies nicht von außen behindert wurde. Inspiriert vom Zusammenleben der Yequana-Indianer in Südamerika, ohne Gewalt und Angst, oder auch vom Aufwachsen von Kindern ohne Windeln, wie es bei den meisten Völkern dieser Erde üblich war, hatten Mika und Nick immer wieder neugierig nach Ideen und Wegen gesucht, die sich ihrer Vision vom Ende des Trennungsbewusstseins hilfreich und ergänzend an die Seite stellten. Irgendwann hatte Nick einmal zu Mika gesagt:
»Stell dir mal vor, dass Babys und kleine Kinder schon Erwachsene sind, die in einem kleinen Körper wohnen müssen, der noch nicht sprechen kann und bei bestimmten Dingen auf unsere Hilfe angewiesen ist. Wie würden wir uns an ihrer Stelle fühlen, wenn man uns ständig attraktive Dinge vorenthalten und wegnehmen würde, die nichts für Kinder sein sollen, weil wir noch so klein wären? Oder wenn wir Eltern hätten, die im Abstand eines Blindenhundes bei jedem kleinen Ausflug und Abenteuer hinter und neben uns herliefen und uns immer dann von etwas wegrissen, wenn es mal wieder wirklich interessant würde. Und falls dann mal Besuch kommt, spre-

chen plötzlich alle mit völlig veränderten Stimmen zu uns, wie wenn sie gerade kurz vor dem Stimmbruch wären. Kurz darauf werden wir dann einfach ignoriert, und alle reden in der dritten Person von uns, so als ob wir plötzlich nicht mehr da seien. Das ist doch zum Aus-der-Haut-Fahren! Wir sind doch nicht blöd! Hört uns denn niemand? – Wääähhh!!!«
»Weißt du was, Nick«, meinte darauf Mika, die sich das Lachen über Nicks Babygesicht nicht verkneifen konnte, »obwohl du gerade ausgeschaut hast wie Momoko als Baby, muss ich sagen, dass sich diese traurige Geschichte noch lange fortsetzen ließe. Wie schrecklich muss es zum Beispiel sein, in einer Babyschale, die eigentlich nur fürs Auto gedacht ist, festgeschnallt auf dem Boden zu stehen, während sich die Erwachsenen am Tisch eine Etage höher angeregt unterhalten. Ein altmodischer Laufstall wäre dagegen beinahe ein Paradies. Frei laufende Hühner – ja – Käfighaltung ist doch Tierquälerei. Aber frei krabbelnde und frei laufende Kinder? Viel zu gefährlich – mein Gott, was da alles passieren kann!
Oder vergleich mal, was ein Tragebaby in Indien oder Afrika auf dem Rücken seiner Eltern von Anfang an alles aus der Perspektive seiner Träger miterleben und sehen kann, während man bei uns im Kinderwagen in den ersten Monaten meist nur den Blick nach oben frei hat. Rasselkette, Wagendach und ab und zu mal Himmel mit oder ohne Wolken – tolle Aussichten!«
Bei diesen Themen fiel es den beiden oft nicht leicht, ruhig und gelassen zu bleiben, denn sehr gerne hätten sie anderen Eltern gezeigt, dass man problemlos auf viele moderne Errungenschaften und das Erziehen im herkömmlichen Sinne verzichten konnte. Gerade mit Kindern konnte man so wunder-

bar erfahren, wie einfach und glücklich das Zusammenleben für alle wurde, wenn Wünsche, Erwartungen, Vorstellungen und Konzepte mal in der Schublade blieben.

Momokos Eltern hatten sich schon bald für die schönste Möglichkeit entschieden, ihre Ideen ins Leben zu bringen. Sie probierten es einfach selbst aus, und durch ihr öffentliches Leben zusammen mit Papa Charly und anderen Glückskindern konnten sie jedem, der hinschaute und es wissen wollte, vielleicht die eine oder andere Anregung zum Selbermachen geben. Auch in Momokos Waldorfschule hatten manche Lehrer offene Ohren und Herzen für solche Ideen gezeigt und versuchten im Rahmen ihrer Möglichkeiten, einiges davon mit in ihren Unterricht einfließen zu lassen.

Nun aber, nach all den Jahren, war eine lang gehegte Vision dieser kleinen Pioniertruppe Wirklichkeit geworden. Zusammen mit einigen dieser kooperativen Lehrer und mit der Unterstützung vieler aufgeschlossener Menschen hatten Mika und Nick mit ihren Freunden Papa Charly und Lucy einen alten Traum in die Welt gebracht:

die »Glückskinder-Waldschule«. Vor allem Momoko war dies immer ein tiefer Herzenswunsch gewesen – eine Schule, die sie selbst gerne besucht hätte. Sie und viele ihrer Freunde hatten sich als Jugendliche und Kinder sehr für das Projekt eingesetzt und den Leuten diese Idee erklärt und nahegebracht. Auch Joy und seine Eltern hatten in den letzten Monaten begeistert mitgeholfen, wo sie nur konnten.

Auf einem Grundstück, das auf der einen Seite direkt an den Badesee angrenzte und mit der anderen am Waldrand lag, standen, ganz nach dem Vorbild der alten japanischen Tomoe-

Schule von Sosaku Kobayashi, sechs ausgediente Eisenbahnwaggons mit Fahrwerk und Rädern fest verankert auf einem Fundament aus ausgedienten Eisenbahnschwellen mit Gleiskörper.

Der Bürgermeister ihrer kleinen Stadt hatte in seiner Jugend ebenfalls das Buch über Totto-chan und ihre außergewöhnliche Schulzeit gelesen. Dies war wirklich ein wunderbarer Glücksfall. Er hatte im Stadtparlament eine leidenschaftliche und bewegende Rede gehalten und Auszüge aus dem Buch vorgelesen, die selbst die konservativsten Stadtpolitiker aufhorchen ließen. Am Ende hatten die Geschichten dieses kleinen japanischen Mädchens viele Herzen erreicht, und keiner wollte gerne als Verhinderer dastehen und dieser Idee Steine in den Weg legen. Alles zusammen hatte schließlich zur Grundstücksübergabe an den Förderverein der Glückskinder-Waldschule geführt.

Direkt neben dem offenen Schulgelände standen auch noch die Türme des alten Kieswerks, das nach seiner Stilllegung zum Industriedenkmal geworden war und das man daher nur teilweise demontiert hatte. Ein Teil davon war von der Stadt als großer Abenteuerspielplatz freigegeben worden. Natürlich waren dazu einige Veränderungen und Sicherheitsmaßnahmen nötig gewesen, aber es war weit und breit eine einmalige Attraktion entstanden, die viele Kinder gerne besuchten.

In der Nacht, als die alten Eisenbahnwaggons auf das Schulgelände gebracht wurden, war fast das ganze Städtchen auf den Beinen, um diesem besonderen Ereignis beizuwohnen. Es war Ende Juni, als in einer lauschigen, frühsommerlichen Nacht von Samstag auf Sonntag um zwei Uhr, kurz nach der letzten S-Bahn, die sechs Wagen mit einer alten E-Lok in den Bahnhof einfuhren. Schon seit vielen Jahren waren auf dieser Strecke, auf der früher in Nicks Kindheit noch Dampfloks auf den Gleisen zwischen den ehemaligen Dörfern gefahren waren, keine normalen Züge mehr verkehrt. Es war eine technische Meisterleistung, wie die sechs Schwergewichte innerhalb weniger Stunden mit zwei großen, fahrbaren Schwerlastkränen auf Tieflader gehievt wurden. Bis zur ersten S-Bahn am frühen Sonntagmorgen waren die Gleise wieder frei, und die neugierigen nächtlichen Zuschauer kehrten ziemlich müde nach Hause zurück, um endlich ihren wohlverdienten Schlaf zu finden.

Für die Spezialisten der Bahn und des Transportunternehmens war die Arbeit allerdings noch lange nicht zu Ende. Die sechs Sattelschlepper mit ihrer ungewöhnlichen Fracht rollten schließlich um fünf Uhr morgens unter Polizeischutz und Vollsperrung der Straße langsam zu ihrem Bestimmungsort. Auf dem neuen Schulgelände am Wald begann am Sonntagvormittag das Entladen und genaue Platzieren der späteren Schulräume. Während des ganzen Tages kamen ständig interessierte Gäste, um dieses Spektakel zu bestaunen. Schon ab Mittag begann ein kleines Einweihungsfest mit leckerem Essen und Trinken, während die Montagearbeiten immer noch in vollem Gang waren. Erst am späten Nachmittag standen schließlich alle Wagen, im Halbrund angeordnet und mit Blick auf den See, an ihren Plätzen auf den Gleisstücken. Die Arbeiter feierten am Ende gerne mit und waren sichtlich stolz auf ihre Meisterleistung.

Dann kam die Zeit der Eröffnungsreden. Der Bürgermeister, die Lehrer und einige andere wünschten der neuen Schule viel

Glück und gutes Gelingen bei ihren Vorhaben. Schließlich trat Papa Charly vor die Gäste und hielt eine bewegende Ansprache:

»Liebe Mitmenschen und Freunde«, begann er sichtlich gerührt, »ich bin doch immer wieder sehr erstaunt, auf welche Weise sich das vollkommene Glück wieder einmal auf der Erde zeigt, auch wenn ich dies schon des Öfteren selbst erleben durfte. Diesmal kommt es in Form einer wunderbaren Schule zu uns, die hoffentlich vielen Kindern die Freude am Leben und seinen ständigen Wundern nahebringen und wachhalten kann. Einige Anwesende hier kennen mich ja bereits, aber viele andere mögen jetzt denken: Was redet der Mann da? Ich will mich daher so ausdrücken, dass Sie alle genau verstehen, wovon ich da spreche.
Sicher hat jeder von ihnen noch Erinnerungen an seine eigene Schulzeit, nicht wahr? Nun denken sie einmal an die schönsten Momente dieser Zeit zurück und stellen sich bitte vor, dass es Lehrer gäbe, die wirklich nur *daran* interessiert sind, dass die Kinder ihrer Schule nicht etwa einmal in der Woche, sondern Tag für Tag eine Fülle solcher Augenblicke erfahren können. Genau dafür wollen wir hier die Möglichkeiten schaffen.
Nun höre ich schon den Einwand: Wie soll denn bei so viel Jux und Tollerei jemand noch etwas Gescheites lernen? Die Antwort ist ganz einfach: Die wirklich wertvollen Dinge im Leben haben wir immer mit Spaß, Freude und Hingabe erlernt. Alles andere haben wir vergessen, verdrängt oder wir machen uns damit heute noch das Leben schwer.
Sosaku Kobayashi, der großartige japanische Lehrer von Toto-

chan, von der unser Bürgermeister vorhin schon so begeistert ein wenig erzählt hat, soll einmal zu einigen Kindergärtnerinnen gesagt haben: ›Versuchen Sie nicht, die Kinder in ein Schema zu pressen. Geben Sie ihnen die Möglichkeit, sich natürlich zu entwickeln. Die Träume der Kinder sind viel größer als Ihre Pläne.‹

Lassen sie uns diesem Rat folgen und vielleicht auch unsere eigenen Träume wiederentdecken. Diese Schule wird sicher ein Experiment, doch kein unüberschaubares, denn alles was hier an Ideen einfließt, wurde und wird von engagierten Lehrern und klugen Menschen auf der ganzen Welt schon längst erfolgreich praktiziert. Wir wollen diese großartigen Erkenntnisse lediglich zusammenführen.

Was in dieser Schule allerdings fehlen wird, ist der Wettbewerbsgedanke. Der Glaube, dass sich die Welt nur durch Gewinner- und Verliererspiele weiterentwickeln könnte, hat uns bisher lediglich in immer mehr Chaos und Leid geführt. Es gibt jedoch ein paar wenige Gesellschaftsformen auf der Erde, die besonders friedfertig und glücklich leben und bei denen Aggression und Gewalt keinen guten Nährboden haben. Von ihrem friedvollen Miteinander wollen wir etwas lernen und an die Kinder weitergeben. Nächstenliebe soll ein solides lebendiges Fundament unseres Zusammenlebens sein. Das ist schließlich nichts Neues, aber es bleibt in unserer Gesellschaft leider oft ein bloßes Lippenbekenntnis, da uns die tiefe innere Verbindung zur Welt, und damit auch zu uns selbst, abhanden gekommen ist. Diese Verbundenheit mit unseren Mitmenschen und der Natur können die Kinder hier täglich selbst erleben, denn sie werden viel Zeit im Freien und im Wald verbringen. Die Natur lehrt uns auf ihre eigene Weise,

wenn wir ihr nur zuhören. Seien Sie also darauf gefasst und freuen Sie sich darauf, diese jungen Menschen des Öfteren auch außerhalb des Schulgeländes in ihrer Stadt anzutreffen und lassen Sie sich von ihren Aktionen überraschen.
Ich möchte Sie jederzeit dazu einladen, auch mal einen freien Tag mit den Kindern in der Schule zu verbringen. Wahrscheinlich springt der Funke dann noch schneller auf Sie über, und Sie würden am liebsten selbst noch einmal Kind sein.
Lassen sie Sie mich zum Schluss einen alten Menschenfreund und Lehrer zitieren, den Sie vielleicht kennen: ›Werdet wie die Kinder, denn ihnen gehört das Himmelreich!‹ In diesem Sinne lassen Sie uns alle noch ein wenig feiern und zusammensitzen.«

Papa Charly hatte wohl den richtigen Ton gefunden, um alle Anwesenden anzusprechen, und so kamen unter anderem auch einige ältere Leute später noch in die große Runde von Momokos Familie. Die meisten kannten Momoko und ihre Freunde schon seit ihrer Kindheit und erzählten munter von ihrer eigenen Schulzeit in der alten Dorfschule, in der noch alle Jahrgänge zusammen in einem Raum unterrichtet worden waren. Es war schon jetzt eine wohlwollende Atmosphäre bei vielen zu spüren. Vor allem die kleine Rentnergruppe um Opa Mut und Oma Louise, die trotz ihres rüstigen Alters noch munter mitfeierte, war besonders aufgeschlossen und interessiert. Vielleicht hatte ihnen das Leben ja gezeigt, auf was es letztlich wirklich ankam.
»Simon kann wirklich reden wie ein Politiker, wenn er will – findet ihr nicht?« Lucy lachte und drückte ihrem Mann gleichzeitig einen dicken Kuss auf die Backe. »Man ist begeis-

tert, doch so richtig weiß keiner, was jetzt konkret passieren wird. Komm, hier in der kleinen Runde kannst du ruhig mehr davon verraten, was in dieser Schule so geschehen soll.«

»Ich finde, das sollten Nick und Mika mal erzählen. Die beiden sind schließlich die Hauptanstifter dieses Projektes, und der alte Papa Charly lehnt sich dafür jetzt politisch mal bequem zurück und hört zu.«

»Also gut«, begann Mika und wandte sich an die Leute um sie herum, »ich finde, Papa Charly hat das mit seiner Rede schon ganz gut gemacht, indem er wichtige allgemeine Punkte hervorgehoben hat, die jeder normale Mitmensch sofort verstehen kann und unterschreiben würde. Wie das alles im Einzelnen geschehen soll und was es sonst noch an Besonderheiten an dieser Schule geben wird, kann jeder sofort erfahren, wenn er sich näher dafür interessiert und nachfragt. Ich gebe aber hier gerne mal ein paar wichtige Stichpunkte.

Wie ist diese Schule beispielsweise organisiert? Nun, alle Lehrer sind gleichberechtigte Mitglieder eines Teams, das gemeinsam die Verantwortung trägt und seine Aufgaben nach besonderen Fähigkeiten und Vorlieben verteilt. Alle haben in monatelanger Vorbereitung die neue Gesprächskultur geübt, die ohne Wettbewerb untereinander die besten Ideen hervorbringen und vorantreiben kann. Genau das wird auch später mit den Schülern zur täglichen Praxis werden.

Das Fundament und wirklich Besondere dieser Schule, auf das sich alles weitere aufbaut, ist das Bewusstsein der Einheit von Allem-Was-Ist, der Nicht-Dualität. Ohne dieses verinnerlichte Wissen und die ständige Bereitschaft, es gemeinsam tagtäglich zu leben, wäre diese Schule überflüssig. Da niemand von uns bisher so aufgewachsen ist, wird es eine besonders wichtige

Aufgabe sein, sich immer wieder liebevoll gegenseitig daran zu erinnern. Im Grunde war und ist dieses Bewusstsein auch die Basis und das Geheimnis vieler alter Weisheitsschulen.
Daraus ergibt sich auch, dass innerhalb der Schule die Unterscheidung zwischen ›Lehrer‹ und ›Schüler‹ nicht mehr gemacht wird. Vielleicht könnte man es ja so bezeichnen: Da sind Kinder und Jugendliche zusammen mit ihren erwachsenen Entdeckungshelfern, die gemeinsam die Welt und sich selbst als einen Teil davon besser kennenlernen wollen.
Ähnlich einer großen Familie brauchen wir auch keine Klassen im herkömmlichen Sinne mehr. Es gibt Projekte und Aufgaben, an denen sich jeder, unabhängig von seinem Alter, beteiligen kann, wenn es ihn interessiert. Die Anregungen dazu können von überallher und von jedem kommen. Viele Eltern und Bekannte haben zum Beispiel wirklich interessante Berufe: Künstler, Handwerker, Wissenschaftler und vieles mehr. Das sind alles Fachleute auf ihrem Gebiet, und wir werden einige davon zu uns einladen und sie bitten, sich einzubringen und ihre Erfahrungen anschaulich und vor allem praktisch an die Kinder weiterzugeben. So findet Lehren und Lernen immer mit höchster Motivation statt, und die Auflösung der Klassenverbände verhindert eben auch das beengte Denken in Klassen und Gruppierungen. Offen zu sein für neue Menschen und Ideen, abenteuerlustig und selbstbewusst statt ängstlich und egoistisch durchs Leben zu gehen – das ist uns ein echtes Anliegen.«
»Mika hat Recht«, bestätigte Momoko. »Das ist ähnlich wie bei den Yequana-Indianern in Südamerika, von denen ich schon als Kind einiges hören durfte. Ihr werdet es nicht glauben, aber die kennen kein Wort für Arbeit. Es ist dort völlig

normal, dass sich jeder der Tätigkeit zuwendet, die ihn gerade interessiert und ihm Freude bereitet. Für die Aktivitäten selbst gibt es natürlich die genauen Bezeichnungen, aber eben keinen Sammelbegriff wie Arbeit, der eh nichts Genaues beschreibt. Es wundert mich nicht, dass in dieser Gemeinschaft ziemlich zufriedene und glückliche Menschen leben. Die Kinder erleben immer nur Erwachsene um sich herum, die motiviert und mit Begeisterung am Werkeln sind, und das übt bekanntlich auf uns Menschen immer eine große Anziehungskraft aus. So zu lernen ist auch hier bei uns möglich. Ihr werdet schon sehen.« Momoko machte dabei ein zuversichtliches Gesicht und nahm Joys Hand fester in ihre.
»Un wie sieht's mit Schulnote aus?«, wollte Oma Louise wissen. »Gibt's bei eusch so was noch?«
»Gut, dass du fragst, Mutter«, meinte Nick erfreut, »du erinnerst dich sicher noch, wie ich in meiner Schulzeit darunter gelitten habe und sogar manchmal krank wurde, nur weil ich immer alles perfekt können wollte und diesen Bewertungsdruck nicht ausgehalten habe. Nein, Benotung hat in einer Schule, in der Kinder und Erwachsene ihren Interessen und Fähigkeiten gemäß in Teamarbeit Aufgaben lösen, nun wirklich keinen Sinn.
Diese Haltung entspricht auch durchaus den realen Bedürfnissen in der heutigen Welt. Stellt euch zum Beispiel mal die Entwicklung eines Computerprogramms vor, bei dem die Programmierer alle die gleiche Aufgabe bekommen, nicht beim anderen abschauen dürfen, und von jemandem, der die Lösung bereits kennt, in gut und schlecht eingeteilt werden. Das ist wirklich mehr als albern und bringt niemanden weiter. Nein, die meisten Herausforderungen unserer Zeit brauchen selbst-

ständiges, motiviertes Handeln mit ständigem Austausch untereinander und dem bewussten Einbringen der Stärken und Schwächen jedes Einzelnen.

Etwas Wichtiges, das wir auch nicht vergessen sollten, ist der Freiraum für Geistesblitze und Eingebungen. Diese freundlichen Helfer sind durchaus zur Stelle, immer wenn wir sie brauchen, aber sie haben mächtige Widersacher, die ihr Erscheinen meist verhindern: Leistungsdruck und verbissene Zielstrebigkeit. Die sogenannten Genies dieser Welt bekamen viele ihrer zündenden Ideen auf dem stillen Örtchen, beim Spaziergang, im Bett, oder wo auch immer. Diese Schule möchte solche Erfahrungen nicht verhindern, sondern fördern.«

Momoko musste plötzlich kichern. »Sorry, Paps, ich stell mir gerade vor, wie hier auf dem Gelände lauter Klohäuschen und Liegen herumstehen für die werdenden Genies!« Nick und alle anderen in der Runde brachen in schallendes Gelächter aus.

»Ich weiß natürlich, was du gemeint hast«, fuhr Momoko fort. »Wie bei den Yequanas würde auch hier niemand, der sich mal ausklinkt und zurückzieht, schief angeguckt werden. Es gehört im Gegenteil zum Unterricht, dass jeder seine Intuition und auch andere stille Fähigkeiten kennenlernen kann. Dazu ist es auch hilfreich, wenn Menschen von außen, die Erfahrungen in dieser Richtung haben, sich hier einbringen können.«

»Und wir Rentner gehören auch zum Team dazu, wollte ich mal anmerken!« Opa Mut hatte seinen Zeigefinger erhoben und schaute in die fragenden Gesichter seiner Tischgenossen. »Ja, ihr habt richtig gehört. Wir Alten haben schließlich genügend Zeit, um Kindern, die es interessiert, so manches

aus unserer langjährigen Erfahrung weiterzugeben. Und auch *wir* können immer noch was dazulernen. Ich für meinen Teil werde mich gerne dazu bereiterklären, den Schülern und Lehrern den Wald näherzubringen, so wie ihn nur die wenigsten kennen. Ihr habt ja keine Ahnung, was es da für Geheimnisse fürs ganze Leben zu entdecken gibt!«
Momoko lächelte ihren Großvater liebevoll an. »Ich finde, Opa Mut, deine Einstellung ist für diese Schule eine wichtige Grundlage und große Bereicherung. Gerne begrüßen wir jeden Gast, der seine Erfahrungen und sein Wissen dort einbringen will. Wenn wir zum Beispiel lernen, aufmerksam auf und in die Natur zu hören, erfahren wir tiefe Einsichten in unsere eigene Existenz. Viele Erwachsene glauben vielleicht, das es für sie keine Wunder mehr gibt. In Kindern ist die angeborene Fähigkeit, sich zu wundern, aber noch lebendig. Zusammen mit ihnen können wir das alle wiederentdecken.«
»Genau das hab ich ja eben gemeint, Momokospatzl. Für die Kinder ist es ein Leichtes, mit mikroskopischem Blick die kleinsten Details in der Natur aufzuspüren. Wenn sie dabei still sind und lernen zuzuhören, werden auch ihre Ohren und Nasen wieder lebendig.«
»Und solche Kinder tragen ihre Abenteuer und Erfahrungen wieder zurück in die Gesellschaft, zu Eltern, Geschwistern, Freunden und Bekannten«, ergänzte Lucy.
Papa Charly nickte und sah sehr zufrieden aus.
»Wisst ihr, liebe Freunde, ich habe wirklich ein gutes Gefühl für die Welt, wenn die Kinder und ihr neugierigen, jung gebliebenen Alten gemeinsame Sache macht und voneinander lernen wollt. Wenn wir erkennen, das wir alle Teil dieser Natur sind, nein, mehr noch, dass *wir selbst* das sind, dann

hat das gewaltige Konsequenzen für unser Zusammenleben. Ein solcher Mensch geht irgendwann durch die Natur mit dem Bewusstsein, dass er einen Spaziergang durch sich selbst macht!«

Ein Sommer in den Bergen

Mit dem bestandenen Abitur in der Tasche hatte dieser Sommer den Geschmack von neuer großer Freiheit für Momoko. Das sollte nicht heißen, dass sie ihre Schulzeit als Freiheitsberaubung angesehen hätte, aber sich wieder wie als kleines Kind völlig außerhalb jeglicher zeitlicher Vorgaben bewegen zu können und auch ohne die Erwartungen anderer Menschen an die eigenen Leistungen zu leben, war schon erleichternd. So stürzte sie sich sooft es ging in die Fluten ihres geliebten Badesees und freute sich, zusammen mit Joy einige der Orte und Plätze zu erkunden, die ihnen aus ihren gemeinsamen Träumen noch in Erinnerung geblieben waren.

Viele ältere Bewohner der kleinen Stadt, die Momoko schon als Kind gekannt hatten, freuten sich sichtlich, sie jetzt als glückliche junge Frau mit ihrem netten Freund lachend auf den Straßen zu sehen. Wenn sie allerdings manchmal mitanhören konnten, wie sich die beiden immer mit »Geliebte« und »Geliebter« anredeten, schüttelten einige schon einmal verwundert die Köpfe. Momoko und Joy hatten diese Anrede schon seit ihrer Begegnung auf Hawaii vor nunmehr einem Jahr füreinander gewählt. Sie hatten in ihrer Sprache kein anderes passendes Wort gefunden, das ihre wirklichen Gefühle füreinander ausdrückte. Tief empfundene Liebe fanden sich vielleicht noch in dem fast poetischen Wort »Liebste« oder »Liebster«, aber alle anderen Begriffe wie »Freundin«, »Partner«, »Gefährte« und so weiter beschrieben letztlich etwas ganz anderes. So nahmen die beiden gerne in Kauf, dass sie manchmal bei den Leuten etwas Verwunderung erregten.

Bei ihren Ausflügen durfte natürlich eine ausgedehnte Reise in die Berge nicht fehlen. Sie beide hatten durch ihre wandernden Eltern schon eine Menge gesehen und teilten mit ihnen die große Liebe zu den felsigen Riesen. So war es nicht verwunderlich, dass sie einige der schönsten Plätze schon kannten und nun gemeinsam erklettern und ersteigen konnten.

Ihre Reise führte sie unter anderem auch bis in die Heimat von Joys Vater Luciano, in das wunderschöne Val di Sole, das Tal der Sonne, in den Bergen Norditaliens.
In einem kleinen Seitental lag malerisch das Dorf San Bernardo, wo sie bei Joys Verwandtschaft mit italienischer Herzlichkeit empfangen wurden. Seine Großeltern Roberta und Giovanni waren überglücklich, ihren Enkelsohn nach vielen Jahren wiederzusehen, und auch Momoko wurde herzlich im Kreise der Familie aufgenommen. Leider verstand sie nur wenig italienisch, doch Großvater Giovanni stammte aus Südtirol, und dort sprachen immer noch viele Menschen sehr gut deutsch. Auch mit Joys Cousins Paolo und Mario konnte sie sich gut verständigen, da die beiden in der Schule etwas Englisch gelernt hatten. Die restliche Verwandtschaft kommunizierte sozusagen mit Händen und Füßen oder mit Joys und Großvaters Übersetzungshilfe.
Der späte Sommer war die beste Zeit, um auch in höhere Regionen vorzudringen, und so machten sie sich auf, in diesem Jahr die höchsten Gipfel Italiens zu besteigen: den Ortler und die Königsspitze. Die Touren führten sie durch alle Vegetationszonen bis hinauf in die Gebiete von Fels und Eis. Joys alte Bergsteigerfreunde Paolo und Mario begleiteten sie gerne dabei. Sie kannten auch die schönsten Wege nach oben durch

den Nationalpark des Stilfserjochs und waren bekannt auf jeder Hütte, in der sie Rast machten und meist auch übernachteten.

Von solchen Berghütten begannen auch die meisten Routen in die Gipfelregionen, und sie mussten zeitig aufstehen, um früh am Morgen die Gletschergebiete zu überqueren. Dann waren die Spalten und Eisbrücken noch fester und boten sichere Übergänge, die am Tag unter der Strahlung der Sonne manchmal zur tödlichen Falle werden konnten. Natürlich hatten sie sich für diese Touren gut ausgerüstet: Seil, Pickel und Steigeisen sowie wetterfeste Kleidung und Proviant durften nicht fehlen. Sie wussten, dass Unaufmerksamkeit, Leichtsinn und falscher Ehrgeiz in diesen Zonen schnell zu lebensbedrohenden Situationen führen konnten.

Das Wandern über die Gletscher, deren Eiskristalle in der Morgensonne wie winzige Sterne funkelten, war eine wunderbare Meditation. Jeder von ihnen setzte mit voller Aufmerksamkeit seine gleichmäßigen Schritte in den Firn, der unter den Steigeisen knirschte, und achtete zugleich auf das locker gespannte Seil zum Vordermann. Währenddessen genossen sie den grandiosen Ausblick auf die schneebedeckten Berge um sie herum.

Die Aufstiege zu den Gipfeln waren wirklich eine echte Herausforderung an ihre Kondition, da sowohl das steile Gelände als auch die dünne Luft in über 3000 Metern Höhe ihre körperlichen Reserven herausforderte. Aber die vier Bergsteiger waren gut trainiert, und Paolo und Mario, die sich im Sommer als Bergführer und im Winter als Skilehrer etwas dazuverdienten, kannten das Gebiet ihrer mächtigen Hausberge recht gut und gingen meistens voraus. So kamen sie zügig voran und hatten die majestätischen Gipfel meist um die Mittagszeit erreicht. Der unbegrenzte Blick von diesen Plätzen war einfach überwältigend und machte sie jedes Mal ganz still. In solchen Augenblicken konnten sie etwas Heiliges und Heilendes spüren, das sich jeder Beschreibung entzog.

Joy freute sich immer wieder, wie kundig und sicher sich Momoko auch in schwierigem Gelände bewegte und hatte in ihr eine gute Seilpartnerin gefunden, der er voll vertrauen konnte. Die ruhige Konzentration, das aufmerksame Beobachten, die Achtsamkeit und die geübten Bewegungsabläufe – all das bedurfte nur weniger Worte. Momoko und Joy empfanden es als ein großes Glück, diese Erfahrungen und die gigantische Schönheit der Berge mit geliebten Menschen in Stille teilen zu können. In solchen Momenten wussten sie, was Wunschlos-Glücklichsein wirklich bedeutete, und vor allem, wie es sich anfühlte.

Nach einer erfüllten Woche in dieser fast unberührten, beeindruckenden Hochgebirgslandschaft mit allem, was das Bergsteigerherz erfreute, ging ihr Besuch in Lucianos Heimat mit einer fröhlichen und herzlichen Abschiedsfeier im Kreis der Familie zu Ende.

Früh am folgenden Morgen, zusammen mit der aufsteigenden Sonne, fuhren die beiden mit ihrem Kleinbus, den Joy von seinen Eltern geliehen hatte, quer durch die österreichischen Alpen in Richtung Nordosten. Auf ihrem abwechslungsreichen Weg übernachteten sie oft in ihrem kleinen Zelt im Freien oder auch im Bus, der bei Regenwetter guten Schutz bot, bis sie schließlich nach drei Tagen zur Mittagszeit an Momokos Wunschziel angelangt waren.

»Onkel Gust, Tante Elfriede, wo seid ihr?!«, rief Momoko ins Berghaus, während sie schon auf dem Weg nach oben in die Gaststube waren.

»I bin in d' Küchn, wia imma!«, kam es zurück, und man konnte Tante Elfriede von weitem mit den Töpfen klappern hören. Schließlich erklang das das Schlurfen von Filzpantinen auf dem Flur. »Du liabe Zeit, du liabe Zeit!« Mehr brachte die sonst so wortgewandte Frau nicht über die Lippen.

»Guuust! Du werst's nit glaubn, wea do is! Kumm sofort runta vom Dachbodn, du olta Gamsbock. Irgendwonn brichst dir noch d' Knochn bei dera Turnerei!«

Während Onkel Gust die vertraut knarrende Treppe herunterstieg, konnte er nur sehen, wie seine Frau in jedem ihrer starken Arme einen Körper fest umschlossen hielt und dabei ständig »Kinda, Kinda« schluchzte. Doch als er die beiden lustigen wilden Zöpfe von hinten sah, wusste er, wer da im Schwitzkasten seiner Liebsten umarmt wurde.

»Nu loss di beidn doch endli los, Elfriede. Du druckst noch den letztn Lebenssoft aus eana dünna Knochn!« Als Onkel Gust schließlich auch an der Reihe war, konnte der alte Berghase nicht mehr viel sagen, denn auch ihm standen die Gefühle glänzend in den feuchten Augen.

»Momoko«, war das Einzige, was er herausbrachte.

»Jetzt bist *du* oba dabei, unsre Kloane fost zu zerquetschn, olta Höhlnbär, und außadem homma da noch an Gost!« Elfriede stieß ihrem geliebten Mann zärtlich einen Finger in die Rippen, da sie wusste, dass er dort besonders kitzlig war.

»Ja, dos duat mia oba leid, junger Mann«, meinte Gust freundlich während er auch Joy herzig an die Brust nahm und ihm mit seinen starken Händen auf die Schultern klopfte.

»Du wirst's net glaubn, oba des ist da junge Herr Joy, von dem mir scho so viel g'hört hom, wia Momoko noch gonz jung wor.« Tante Elfriede genoss es sichtlich, diese Neuigkeit als Erste verbreiten zu können. »Kemmt's eina, Kinda, und fühlt's euch wia z' Haus. Gust mocht uns sicha gleich den Kamin an.«

Mitte September konnte es abends manchmal schon ziemlich frisch hier oben werden, und nach ihrem Aufstieg durch die Höll in der Nachmittagssonne hatten Momoko und Joy noch eine geraume Zeit an der Quelle der Schwarzlake verbracht und diesen besonderen Ort genossen. So waren sie erst mit der untergehenden Sonne nach oben zur Wurzeralm weitergewandert.

An diesem Abend waren sie die einzigen Gäste, und so gab es nach einer leckeren Fridatnsuppe und Momokos Leibgericht, den legendären Kaasnockn von Tante Elfriede, vieles zu erzählen. Das Knacken und Knistern des brennenden Holzes und die wohlige Wärme vor dem Kamin gab ihnen das Gefühl von heimeliger Geborgenheit.

Bis tief in die Nacht saßen sie so zusammen und wurden der Geschichten und Abenteuer nicht müde, die sie alle in der Zwischenzeit erlebt hatten. Elfriede war natürlich besonders an der romantischen Liebesgeschichte auf Hawaii interessiert und seufzte zwischendurch wie bei einem alten Heimatfilm.

Am nächsten Morgen waren sie alle etwas später auf den Beinen als geplant. Dennoch brachen Momoko und Joy bei strahlendem Sonnenschein, mit kühler Bergluft in ihren Nasen und nur mit kleinem Proviant im Gepäck, noch zu einer wunderschönen Wanderung auf. Es ging durch die Lärchenwälder hinauf zum Südostgrat des Warscheneck.

Jetzt, wo sich die Vegetation schon langsam auf die kältere Jahreszeit einstellte, waren die meisten Blumen schon verblüht, und die dunkelgrünen bis erdigen Farben des Spätsommers verliehen der Natur eine unaufdringliche Schönheit. Dennoch konnte Momoko, die Blumen über alles liebte, es nicht lassen, Joy von der üppig blühenden Landschaft im Frühling vorzuschwärmen. Sie erzählte ihm von einem Meer mit Abertausenden von herrlich duftenden Blüten – von Trollblumen, Vergissmeinnicht und Steinnelken über Margeriten, Weißen Germer und Knabenkräuter bis hin zu den intensiv rot blühenden Alpenrosen und den tief dunkelblauen Enzianen, die bis in die Krummholzzone hinauf anzutreffen waren – oder von den Kohlröserln, die ihren Vanilleduft noch in 2000 Metern Höhe verschwenderisch über die Bergflanken verströmten.

»Entschuldige, Geliebter, ich weiß, dass ich gerade hemmungslos in schönen Erinnerungen geschwelgt und gebadet habe. Aber jetzt bin ich wieder voll und ganz bei dir und mitten in der Herrlichkeit dieses Augenblicks!«

Joy nahm sie lächelnd in die Arme. Er kannte solche Ausflüge des Geistes sehr wohl, und sie beide wussten, dass derartige kleine Abschweifungen das Bewusstsein in der Gegenwart nicht ernsthaft beeinträchtigen konnten – vorausgesetzt, dass sie nicht unbeobachtet, sondern im hellen Licht des Gewahrseins erfolgten.

Ihre Klettereien in Italien hatten sie gut geschult, und so bewegten sie sich auch heute sicher und schnell wie Gämsen über die Felsen und Spalten der bizarren Karren am Frauenkar. Regen und Schnee hatten in Jahrtausenden tiefe Furchen und Rillen aus dem Kalkgestein gewaschen, und auch die

Gletscher der letzten Eiszeit hatten ihre Spuren hinterlassen. Momoko und Joy bewegten sich durch eine verkarstete, urzeitliche Landschaft, und es hätte sie nicht gewundert, wenn plötzlich ein zottiger Höhlenbär um die Ecke gebogen wäre. Tatsächlich hatte man vor gar nicht allzu langer Zeit Knochen und Skelettteile dieser alten Bergbewohner ganz in der Nähe in einer Höhle am Ramesch gefunden.

Nachdem die beiden die letzten vereinzelten Lärchen hinter sich gelassen hatten, gelangten sie in die Krummholzzone, wo Latschenkiefern sich an manchen Stellen beinahe undurchdringlich wie dichtes Buschwerk in der Erde und im Kalkgestein verwurzelt hatten. Am Widerlechner Stein, an der Flanke des Warschenecks, konnten sie dann auf einer flachen Grasmatte ein kleines Frühstück einnehmen, während ihr Blick weit über das Panorama der benachbarten Berge schweifte. Direkt vor ihnen lagen Ramesch, Stubwieswipfel, Bosruck und das Eiserne Bergl mit seinem flachen Latschendickicht, das von Weitem wie eine große Wiese aussah.

Ein paar Bergdohlen hatten schon aus luftiger Höhe erkannt, dass es hier sicher ein paar Krümel für sie geben würde. So hatten Momoko und Joy bei ihrer Brotzeit ein paar fliegende Gäste, die ihnen gerne Gesellschaft leisteten und sie mit ihren Flugkunststücken unterhielten, indem sie zielsicher im Sturzflug die Krümel auffingen, die ihnen die beiden zuwarfen.

Ihr Frühstücksplatz lag auf etwa 1900 Metern Höhe, und die Vegetation wurde nun zwar langsam immer karger, dennoch war hier überall noch viel Lebendiges zu entdecken. Für Tiere wie Gämsen und Murmeltiere war das Gebiet über der Baumgrenze ihr Lebensraum, und selbst in dieser Höhe fanden sie noch genügend Nahrung wie Wurzeln, Kräuter und Gräser. Die Murmeltiere hatten ihre Baue unter die tiefgründigen Grasteppiche dieses sonnigen Hangs gegraben, und einige dieser scheuen Bewohner kamen an diesem Tag ganz nah an Momoko und Joy heran und beäugten sie neugierig, bevor sie mit kurzen, warnenden Pfiffen in ihren Höhlen verschwanden.

Wenn auch nicht vergleichbar mit den Felslandschaften und Gletschern des Ortlers und der Königsspitze in Italien, so war der Klettersteig des Warscheneck-Südostgrates dafür umso einladender, und dank der wärmenden Sonne konnten sie die kleine Kletterpartie zum Gipfel ohne Handschuhe und dicke Jacken genießen. Selbstverständlich hatten sie trotzdem auch passende Kleidung für Regen und Kälte in ihren Rucksäcken verstaut, denn das Wetter in den Bergen konnte immer unerwartet umschlagen.

Die beiden erfahrenen Kletterer genossen es, die meiste Zeit die Seil- und Tritthilfen des Klettersteiges auszulassen und den Weg zu finden, den die Erstbesteiger dieser Route wohl vor langer Zeit genommen hatten. Obwohl sie das freie Klettern in diesem einfachen Gelände liebten, setzten sie dennoch jeden Tritt und Griff mit der nötigen Sorgfalt. Die tastenden Hände prüften jeden Stein genau auf festen Sitz, bevor sie sich weiter nach oben bewegten. Das kantige Dolomitgestein in diesem Teil der Kalkalpen konnte manchmal auch sehr locker und brüchig sein. Aber selbst an schwierigen Stellen fanden ihre Finger immer wieder Ritzen und kleine Vorsprünge, die sie nutzten, um sich geschickt nach oben zu ziehen.

So erreichten sie schließlich um die Mittagszeit den Gipfel und sein ausgedehntes Plateau. Von dort bot sich eine grandiose Fernsicht. Vor ihnen lag, grauweiß aus schroffem Kalk und Dolomit, das Tote Gebirge mit seinen höchsten Bergen: dem großen Priel und der Spitzmauer. Auch die Spitzen des Dachsteins ragten im Südwesten empor, und weit in der Ferne konnten sie sogar die Gletscher der Hohen Tauern sehen.

An diesem Tag waren sie ganz allein auf dem Warscheneck, und so lagen sie bald in einer windgeschützten Nische etwas unterhalb des Gipfelkreuzes und blickten in die Weite des Himmels. Nur die Dohlen und einige Schäfchenwolken wanderten ab und zu durch ihr Blickfeld. Die Luft begann vor ihren Augen zu glitzern und zu flimmern, als ob winzig kleine, bunte Glühwürmchen am helllichten Tag durch die Luft schwirrten. Momokos und Joys Hände berührten sich an den Fingerspitzen, und sie fühlten sich mit der Welt um sie herum verbunden. Was für ein herrlicher Moment – was für ein herrlicher Tag.

Beim Abstieg über den etwas einfacheren Normalweg schwebten sie förmlich über die Felsen und Matten. Es war immer wieder ein großes Vergnügen, sich in den verschlungenen Weg förmlich hineinzustürzen und völlig willenlos seinem Körper zu überlassen. Wie Blinde ertasteten sie mit ihren Wanderstöcken den Untergrund direkt vor ihnen und nutzten diese Hilfe wie zwei weitere Beine zum Abstützen, Entlasten und Springen. Für die Bergdohlen mussten die beiden wohl wie eine lustige neue Tierart aussehen, die sich da hüpfend und rennend durch das Gelände bewegte. Balance, Trittsicherheit und die Koordination aller Sinne liefen wie von selbst – es war kein Eingreifen, kein Denken nötig.

Als sie nach etwa eineinhalb Stunden endlich bei Aprikosen-Streuselkuchen und einem Haferl Kaffee in der Dümlerhütte saßen, spürten sie ihre Beine und Füße kaum, aber die Tausende von Schritten hatten sie völlig ohne Stolperer wie in Trance bis ans Ziel gebracht. Auf dem folgenden Heimweg zur Wurzeralm durch den lichten Wald über den Halssattel ließen sie es etwas gemächlicher laufen und konnten sogar am frühen Abend einige röhrenden Hirsche sehen, die in schützender Nähe des nahen Bergwaldes mit ihrem Rudel auf die Lichtung getreten waren. Leise pirschten sie sich durch das Unterholz zu einer kleinen Nische, von der aus sie unbemerkt diese stattlichen Tiere beobachten konnten.

Es war schon leicht dämmerig, als sie an diesem Tag wieder ins Berghaus zurückkehrten. Elfriede und Gust sahen die leuchtenden Augen ihrer jungen Freunde. Sie kannten diesen Blick aus eigener Erfahrung sehr gut. Es war dieses entspannte, lachende Schauen, das von den Schönheitsstrahlen herrührte – wie es Momoko wohl als Kind ausgedrückt hätte. Auf der Bank vor dem Haus blickten sie alle auf das Bergpanorama, das vom rötlichen Himmel der untergegangenen Sonne in ein seltsames, unwirkliches Licht getaucht wurde.

An diesem Abend lagen Momoko und Joy schon sehr früh in ihrem kuschligen Bett mit den schönen Schnitzereien, und mit dem Gesang der Hirsche in ihren Ohren fielen sie eng aneinandergeschmiegt in tiefen Schlaf.

Die Hirsche röhrten immer noch in der Ferne, doch viel näher klang das sanfte Plätschern der Schwarzlake, die sprudelnd aus dem Fels trat und sich in den kleinen Quellteich ergoss. Joy und Momoko lagen immer noch eng umschlungen zusammen, doch ihr schönes Holzbett war verschwunden, und sie ruhten auf weichem Moos gebettet unter einer Decke aus Laub. Es war immer noch Nacht, doch der volle Mond tauchte den Wald und die Lichtung der Quelle in ein bläuliches Licht. Sein Spiegelbild erschien voll und rund auf der Oberfläche des Wassers. In ihre Nasen drangen kühle, frische Luft und der Geruch von feuchter Walderde. Der Wind schien heute zu schlafen, denn die Bäume ringsum gaben kein Geräusch von sich und es schien, als ob man die Erde atmen hören könnte.

»Es ist schon ein Weilchen her, seit wir uns das letzte Mal gesehen haben, nicht wahr?«, erklang die vertraute, warmherzige Stimme von Maya neben ihnen. Sie saß am Ufer des Teiches und badete wieder einmal ihre Füße im Wasser. »Kommt her, es ist gar nicht kalt. Etwas Wasser ins Gesicht wird euch den Schlaf aus den Augen waschen.«

Momoko und Joy kannten diese Art von Träumen schon, und so waren sie nicht mehr allzu verwundert über diese seltsame Begegnung. Nachdem sie ihre alte Freundin mit einer liebevollen Umarmung begrüßt hatten, setzten sie sich neben sie ans Ufer und betrachteten still das Spiel der im Mondlicht glitzernden Wellen.

»Du hast uns gefehlt, Maya«, begann Momoko nach einer Weile zu sprechen.

»Das stimmt wirklich«, meinte darauf auch Joy. »Es wäre sicher schön gewesen, wenn wir dich ab und zu bei unseren Gesprächen in letzter Zeit bei uns gehabt hätten. Deine weisen Ratschläge hätten uns bestimmt so manche dumme Frage erspart.«

»Aber ich habe euch schon einige Fragen erspart«, erwiderte Maya gespielt beleidigt. »Glaubt mir, ich bin fast immer bei euch gewesen und habe euch unterstützt, wo ich konnte. Ich muss doch nicht immer mit Haut und Haaren neben euch sitzen, um zu helfen.«

Momoko schaute Maya etwas schräg von unten an. »Soll das heißen, dass du uns mit ein paar guten Ideen versorgt hast, und wir haben das nur nicht bemerkt?«

»Nun ja, ganz so stimmt das auch wieder nicht. Eure Geistesblitze kommen nicht von mir, sondern aus der großen Bibliothek des Ozeans, wenn ich das mal so ausdrücken darf. Was unsereins für euch Menschenkinder tun kann, ist, den Kanal der Liebe ein wenig offen zu halten, durch den ihr diese Informationen erhaltet.«

»Und wie genau macht ihr das?«, wollte Joy wissen.

»Wir beschenken euch mit unserer Liebe und Freundschaft. Wir halten euch in unseren Armen und streicheln eure verwirrten Seelchen.«

»Tut ihr das, während wir träumen?«, fragte Momoko.

»Ach, meine Liebe, wir tun das in gewisser Weise ständig. Aus der Sicht des Ozeans ist euer ganzes Leben ein Traum, ob ihr nun wacht oder schlaft. Nur manchmal seid ihr für diese Streicheleinheiten empfänglicher – sehr oft aber leider auch nicht. Das gilt besonders, wenn ihr sehr mit dem Denken beschäftigt seid. Damit will ich sagen, dass ihr mit der pausenlosen Denkerei quasi die Tür zuschlagt, durch die die Liebe ständig zu euch hereinströmt. Ich und meine Freunde klopfen dann höflich ab und zu mal an, und manchmal, wie in eurem Fall, wird unser Klopfen erhört und ihr macht die Tür wieder auf. Das geschieht vorwiegend dann, wenn ihr zur Ruhe kommt und still seid – wenn ihr wieder ins Gewahrsein des Augenblicks zurückkehrt. Manchmal, in solchen bewussten Momenten, bemerkt ihr wieder die Leere, die in allem enthalten ist und die zugleich alles enthält. Dann nehmt ihr plötzlich den Raum wahr, der zwischen Gedanken, Worten und

Gegenständen existiert. Ohne diese Zwischenräume könntet ihr die Dinge dieser Welt gar nicht wahrnehmen. Stellt euch mal Worte ohne die Unterbrechung durch die Stille vor, ein Zimmer ohne Platz für die Möbel. Euer oberflächliches Leben in Raum und Zeit, in der Dualität, wäre nicht mehr möglich. Nur schaut kaum jemand auf diese Zwischenräume, weil euer Verstand sie einfach ignoriert. Er interessiert sich nur für das Greifbare, das Handfeste, das aber bei näherer Betrachtung doch nur Illusion ist.«

»Maya, ich glaube, wenn wir auf diese Welt zwischen den Zeilen, zwischen den Bildern schauen, dann geschieht etwas Wunderbares. Dann erwachen wir wie Dornröschen aus einem langen Schlaf.«

»Sehr schön gesagt, Momoko. Ab und zu kommt sogar jemand zu euch und küsst euch wach, wie beispielsweise Borki oder meine Wenigkeit, haha.«

»Oder Matzlspatzl, piep, piep!«, ertönte es von oben aus den Ästen der alten Lärche, die ganz dicht am Ufer der Quelle stand.

»Entschuldigung, mein gefiederter Freund und Meister der Lüfte, ich wollte dich natürlich nicht vergessen«, meinte Maya freundlich. Matz ließ sich daraufhin wie ein kleines Segelflugzeug vom Baum fallen und glitt im Tiefflug über die Lichtung, um direkt auf Mayas Schulter zu landen.

»Tolles Kunststück!«, meinte Joy bewundernd und lächelte dem kleinen Vogel freundlich zu.

»Piep, piep, nicht der Rede wert. Alter Kunstfliegertrick! Aber wisst ihr, da ich euer Gespräch natürlich die ganze Zeit belauscht habe, fällt mir noch etwas Wesentliches dazu ein. Das vielleicht Schönste nach der Wachküsserei sind doch die kleinen und großen Wunder, die euch ständig begegnen und die ihr vorher gar nicht wahrgenommen habt. Es ist, als ob der Himmel auf einmal ganz offen ist für alle Vögel dieser Welt – menschliche Vögel mit eingeschlossen. Ihr müsst nur noch eure Flügel ausbreiten und spüren, dass die Luft euch trägt, piep!«

»Schön ausgedrückt, mein fliegender Gefährte«, sagte daraufhin Maya. »Und wisst ihr auch, was geschieht, wenn ihr eure sprichwörtlichen Flügel ausbreitet? – Euer Potential entfaltet sich!

Die größte Freiheit, die wir alle erfahren können, ist es, wenn unser Potential ohne Einschränkung erblühen kann. Wenden wir diese Idee doch mal auf eine Wesenheit an, die irgendwann beschlossen hat, ein Baum, zum Beispiel eine Eiche, zu sein. Das maximale Potential einer Eiche steht uns sicher allen deutlich vor Augen: Ein uralter, freistehender Baum, so wie Borki, dessen Kraft, Größe und ausladende Fülle uns immer wieder beeindruckt und überwältigt. In seinen jungen Jahren erfährt der kleine Eichensprössling seine natürlichen Grenzen. Sie werden bestimmt durch seinen Standort, die Bodenbeschaffenheit und Nährstoffe in der Erde, das Klima und Wetter sowie andere äußere Einflüsse. Innerhalb dieser Begrenzungen findet eine natürliche Entfaltung des Potentials von Klein Borki statt. Ob die Eiche manchmal davon träumt, einmal Vogel oder gar Mensch zu sein, weiß ich nicht. Es sieht allerdings nicht danach aus, als ob sie sich außer den genannten Grenzen selbst noch weitere Beschränkungen auferlegt.«

»Piep, ich stell mir gerade vor, wie eine etwas verwirrte Eiche Selbstgespräche führt: ›Ich darf diesen Ast nicht austreiben, denn das gehört sich nun aber wirklich nicht. Was würden die Nachbarn wohl dazu sagen? Und außerdem habe ich beschlossen, nur noch steil in die Höhe zu wachsen, denn nur in der Höhe winken Reichtum und Macht!‹«

»Das klingt aber nach einer sehr menschlichen Eiche, Matz. Für einen echten Baum wäre solches Gerede völlig absurd. Unser alter Freund Borki würde seinem jungen Kollegen sicher die Äste schütteln und sagen: ›Hohooo, du bist doch eine Eiche. Lass der Natur doch einfach ihren Lauf und sieh zu, wie sich ganz ohne Zutun deine Schönheit entfaltet.‹«

»Piep, Maya, das möchte ich auch allen Menschen zurufen: Hey, du bist doch ein Mensch! Entfalte dich zu deiner ganzen, dir innewohnenden Schönheit. Lege dir deshalb auf Dauer keine absurden Beschränkungen auf. Sei wach und genieße es, wie sich dein Potential in kreativen Ideen offenbart. Lebe den Augenblick, denn alles, was du mit deinen Sinnen je erfahren wirst, wirst du *jetzt* erleben, piep!«

»Ganz recht so, Matz!« Momoko klang begeistert. »Und wisst ihr, ich möchte uns Menschen noch an etwas völlig Naheliegendes erinnern, dass leider sehr oft übersehen wird. Dass wir nämlich unser Körperfahrzeug als einen guten Freund ansehen dürfen, der uns viel mehr zu bieten hat, als wir oft annehmen wollen. Daher sollten wir unseren Körper wenigstens so gut wie unser eigenes Auto behandeln und mit offenen Augen durch die Landschaft fahren.«

»Ein guter Hinweis, Momoko«, ergänzte Maya, »denn euer Körper zeigt euch mit seinen Sinnen eine wundervolle Welt, die ihr durch sie erfahren und entdecken könnt. Also nutzt sie in vollem Umfang. Gewahrsein bringt bewusstes Sein hervor, und die ganze Fülle des Lebens offenbart sich dem, der aufmerksam hinschaut, riecht, fühlt, schmeckt und zuhört. Gleichzeitig ist alles ganz still. In diesem Seinszustand erleben wir inneren Frieden und vollkommenes Glück. Diese Erfahrung ist oft viel unspektakulärer, als wir es uns vorher ausgedacht haben. Gleichwohl aber sind wir in solchen Momenten oft von der Erfahrung unserer göttlichen Natur überrascht und überwältigt.«

»Maya«, meinte Joy plötzlich leicht verwundert, »kann es sein, dass du in deinen letzten Sätzen von *wir* gesprochen hast? Das klang beinahe so, als ob du auch ein Mensch wärst?«

»Da hast du aber gut aufgepasst, junger Freund. Aber glaubst du, die menschliche Existenzweise wäre mir wirklich unbekannt? Wie könnte ich euch sonst behilflich sein, wenn ich nicht all eure Erfahrungen kennen würde und geteilt hätte? Im Übrigen treffen diese Sätze auf alle Wesen im Universum zu, die irgendwann den Schleier der Bewusstlosigkeit gelüftet haben.«

»Aber, dann hat es ja im Grunde gar keinen Sinn mehr, jemals noch irgendetwas zu tun!«

»Piep, da hast du gar nicht so unrecht, Mister Joy! Es ist vielleicht auch völlig sinnlos, was wir *hier* gerade tun. Dennoch haben wir uns irgendwie dazu entschlossen und folgen nun dem Pfad, der sich vor uns auftut. Ihr Menschen erfahrt das Leben natürlich in hohem Maße auch in der Aktivität. Aber das muss ja kein zwanghaftes Handeln sein, um ständig irgendetwas zu erreichen. Wenn eure Handlungen dem Seinszustand des Wunschlos-Glücklichseins, der Zufriedenheit entspringen, folgt ihr viel öfter euren natürlichen Impulsen, eurer Intuition. Ihr tut dann das Naheliegende, den nächsten Schritt, und denkt nicht ständig über das vermeintliche Ziel nach.«

»Ich kann mir vorstellen, dass wir dann sogar viel schneller am Ziel sind, wenn wir keins haben, haha«, meinte Momoko lachend.

»Kann schon sein, piep, aber es ist euch in jedem Fall nicht so wichtig, dorthin zu gelangen. Das sogenannte Ziel, das keins mehr ist, begegnet euch quasi unterwegs. – Hallo Ziel, schön, dich zu treffen, hab dich gar nicht gesucht und doch gefunden!«

»Matzl, du alter Witzbold«, sprach darauf Maya, »einfacher kann man es wieder mal nicht ausdrücken, und es ist zugleich ein schönes Schlusswort für dieses nächtliche Treffen. Ich denke, dass wir unser schönes Gespräch bald an einem anderen Ort fortsetzen werden, aber unsere jungen Freunde sollten jetzt gemütlich in ihre Kuschelbetten zurückkehren und noch eine kleine Mütze voll Schlaf nehmen.«

Maya legte ihre Arme liebevoll um ihre beiden Menschenfreunde und küsste sie zum Abschied auf die Stirn. Matz flatterte aufgeregte mit den Flügeln und piepte.

»Auf Wiedersehen in Afrika und herzlichen Glückwunsch zum Geburtstag, Momoko«, flüsterte sie den beiden noch in die Ohren, bevor die Welt von Maya verschwand und Joy und Momoko in den flauschigen Betten des Berghauses in tiefen, traumlosen Schlaf fielen.

Vor der großen Reise

Momoko hätte ihren 19. Geburtstag beinahe vergessen, denn sie und Joy waren in den letzten Monaten von einem Ereignis ins andere, von einem Abenteuer ins nächste getaumelt, und dabei war ihr Zeitgefühl irgendwie abhanden gekommen. Doch nicht nur Maya hatte an sie gedacht – Tante Elfriede, Onkel Gust und Joy hatten sie am Morgen singend mit einem kleinen Ständchen und einer selbst gebackenen Torte mit brennenden Kerzen begrüßt. Diese Überraschung traf sie auf der untersten knarrenden Stufe, als sie noch etwas verschlafen die Treppe herunterkam, um ihren Geliebten zu suchen, der sich bereits vor ihr unbemerkt aus dem Bett geschlichen hatte.

Im kleinen Kreis ihrer lieben Freunde, die ja sozusagen schon lange mit zur Familie gehörten, verbrachten Momoko und Joy einen gemütlichen und beschaulichen Tag. Das Berghaus hatte bequeme Liegestühle auf dem großen Balkon, auf denen sich die beiden nach dem Frühstück ausstreckten und sich mit der wärmenden Bergsonne auf ihrer Haut ein wenig Entspannung und Ruhe gönnten.

Zwischendurch kamen Gust und Elfriede immer wieder mit kleinen Stärkungen für die müden Bergsteiger nach draußen und genossen diesen letzten Tag mit ihren jungen Freunden. Onkel Gust erzählte heute besonders viele seiner abenteuerlichen Berggeschichten, und man hatte fast den Eindruck, dass er dieses Zusammensein möglichst intensiv erleben wollte, denn in nächster Zeit würde es hier oben bis zum Beginn der Wintersaison sicher etwas ruhiger werden.

Beim Abschiednehmen am folgenden Tag wollte Tante Elfriede die jungen Leute gar nicht mehr aus ihrer herzlichen Umarmung entlassen, und auch Onkel Gust klopfte ihnen besonders lange auf den Schultern herum, dass es schon beinahe wehtat. Das war ein sicheres Zeichen dafür, dass ihnen das Lebewohl sehr zu Herzen ging, und Elfriede hatte ihr großes Taschentuch in der Hand, mit dem sie beim vorgetäuschten Naseputzen ihre Tränen wegwischte. Sie gingen noch alle zusammen bis zur Kuppe am Rand der Wurzeralm, bevor Momoko und Joy den gewundenen Pfad zur Talstation der Seilbahn hinunterwanderten. Noch eine ganze Weile sahen sie von unten die beiden Alten winkend am Hang stehen, bevor sich der Weg im Wald verlor.

Als die beiden Wanderer von ihrer Reise in die Berge wieder nach Hause zurückgekehrt waren, legten sie erst einmal eine kleine Erholungspause ein. Sie besuchten in aller Ruhe ihre besten Freunde und erzählten gerne hier und da von ihren kleinen Abenteuern. Gleichzeitig erfreuten sie sich einer wunderbaren künstlerischen Schaffensphase, denn es sprudelte nur so vor Ideen und Einfällen aus ihnen heraus.

Draußen zog sich der Sommer mit ein paar letzten warmen sonnigen Tagen langsam zurück, und die ersten bunten Blätter an den Bäumen kündigten den nahenden Herbst an. Der geliebte Badesee hatte leider schon geschlossen, aber man konnte seit Neustem an einigen Plätzen des Rundwegs bis ans Wasser heran und gemütlich auf einer Bank sitzend den Enten und Graskarpfen zuschauen, die zutraulich bis ans Ufer kamen. Seit der Stilllegung des Kieswerks war im Laufe der Zeit ein wunderschöner Freizeitpark rund um den See entstanden,

und in diesem Jahr war nun auch die Westseite gegenüber dem Strandbad für alle Besucher geöffnet worden. Hier reichte der Laubwald, der auch den Abenteuerspielplatz und die Glückskinder-Waldschule umgab, an manchen Stellen bis dicht an den See heran und bot wunderbare schattige Plätze ganz nahe am Wasser.
Natürlich besuchten Momoko und Joy auch des Öfteren die neue Waldschule und brachten ihre Fähigkeiten gerne in verschiedene Projekte mit ein. Auch Papa Charly und Lucy, Mika, Nick und selbst Daniela und Luciano, halfen zusammen mit den Lehrern und Eltern, die Idee der Gastdozenten zu einer lebendigen Einrichtung zu machen. Allen voran aber hatte Opa Mut schon seine ersten Waldführungen mit den Kindern gemacht und alle liebten den alten Förster wie ihren ganz persönlichen Opa.

Es war Anfang Oktober und ein leicht bewölkter Sonntag, an dem sich die Freunde wieder einmal trafen. Diesmal gab es einen besonderen Anlass: Sie hatten vor, alle gemeinsam auf eine große Reise zu gehen – sie wollten Papa Charlys afrikanische Heimat besuchen.
Da es für sie keinen großen Umweg bedeutete, holten Joys Eltern, Daniela und Luciano, Papa Charly und Lucy mit dem Auto ab, um dann gemeinsam zum Forsthaus zu fahren.
Nachdem Joy und Momoko ihnen immer wieder von den Glückskindern vorgeschwärmt hatten und sie natürlich mit den Ideen und Einstellungen ihres Sohnes schon etwas länger vertraut waren, hatten sie in diesem Sommer Papa Charlys Seminar besucht und waren seither ganz fasziniert vom Wunschlos-Glücklichsein. Der Virus hatte nun auch sie erwischt, und

wenngleich auch ab und zu noch kleine Zweifel auftauchten, ob man das auch wirklich dauerhaft so leben könnte, probierten sie es einfach aus. Mit Mika und Nick hatten sie neben den Kindern zwei Menschen gefunden, die diese Lebensweise teilten und schon etwas mehr Erfahrung damit gesammelt hatten. Des Öfteren hatten sie sich zu gemeinsamen Ausflügen und Abenden getroffen und einmal sogar Momokos Idee vom schweigenden Zusammensein ausprobiert. Zusammen mit den Großeltern, die alle noch vital und rüstig im Leben standen, waren sie eine richtige Großfamilie geworden. Leider lebten Lucianos Eltern so weit weg. Opa Giovanni und Oma Roberta hätten sich sicher ebenfalls sehr wohlgefühlt in dieser illustren Runde, aber für das nächste Frühjahr hatten sie ja geplant, zusammen mit Paolo und Mario zu Besuch zu kommen. Darauf freuten sich schon alle, besonders aber Luciano, der seine Eltern schon über ein Jahr nicht gesehen hatte.

Auf der Fahrt zu Momokos Elternhaus war es vor allem Daniela, die Papa Charly von ihren kleinen Zweifeln und Durchhängern berichtete.
»Sieh mal, Daniela«, begann er auf seine ruhige Art zu antworten, »Zweifel daran, ob das Wunschlos-Glücklichsein wirklich lebbar ist, habe ich zwar keine mehr – dafür durfte ich dieses Lebensgefühl schon zu lange genießen –, aber auch ich kenne diese Durchhänger, wie du sie nennst, sehr wohl.«
»Aber wenn nicht mal *du* es schaffst, dich von negativen Emotionen zu befreien, wie soll unsereins das erst erreichen?« Daniela klang etwas entmutigt.
Lucy, die direkt neben ihr saß, legte freundschaftlich den Arm um sie und meinte daraufhin: »Meine Liebe, das Schöne ist,

dass du dich von gar nichts befreien musst. Es gibt in diesem Sinne auch keine negativen oder positiven Gefühle, sondern es sind eben körperliche Empfindungen, die im Moment erscheinen. Das Warum und Weshalb interessiert vor allem deinen Verstand, und deshalb beschäftigt er sich damit meist länger, als es nötig wäre. Im Gegenteil, er ist sogar meistens der Urheber dieser Gefühlsbäder. Die Emotionen, auch deine Zweifel, erscheinen wie Wolken und ziehen vorbei. Der eine beklagt sich darüber und will wissen, wie er das Wetter beeinflussen kann – damit hält er die dunkle Wolke nur fest. Der andere wiederum spürt sehr wohl ihren Schatten, aber er lässt sie ziehen. *Das* macht den Unterschied! Wo Widerstand ist, kann der Sturm alles niederreißen. Der Baum aber biegt sich und lässt den Wind durch seine Äste und Blätter wehen. So ist das auch bei uns Menschen. Die Gefühle treffen auch den Körper des Erleuchteten, aber im Gegensatz zu dir hinterlassen sie bei ihm keine Spuren mehr.«
»Lucy, ich bewundere wirklich immer wieder deine poetische Art, die Dinge auszudrücken«, meinte Papa Charly erfreut. »Vielleicht hat man bei euch Frauen die Welt der Phantasie nicht ganz so stark unterdrückt wie bei den meisten Männern, und ihr seid daher nicht so kopfig wie wir. Mein Hinweis mag daher etwas trockener klingen.
Weißt du, Daniela, die meisten Menschen sammeln die Erlebnisse in ihrem Leben als Erinnerungen sozusagen im großen Gedächtnisspeicher ihres Computers. Wir teilen diese Ereignisse nach den Gefühlen ein, die wir währenddessen erlebt haben, und packen sie in verschiedene Ordner mit den Aufschriften: Freude, Leid, Glück, Ärger, Wut, Spaß, Angst und so weiter. Immer wenn uns dann etwas Ähnliches widerfährt,

kommen auch die gleichen Emotionen wieder in uns hoch. Wir haben gelernt, irgendwie damit klarzukommen, doch manchmal gerät der Computer außer Kontrolle, und beim Öffnen der passenden Ordner entlädt sich plötzlich ihr ganzer Inhalt. Es trifft uns förmlich wie ein Schlag in die Magengrube, und wir fühlen uns wehrlos und überwältigt.

Ich gebe mal ein Beispiel: Wir geraten in eine Situation, bei der wir uns früher schon einmal furchtbar geärgert haben. Vielleicht wollten wir gerne ernst genommen werden und man hat über uns Witzchen gemacht – wir fühlten uns verletzt und waren echt sauer. Wenn das nicht das erste Mal war, braucht es, wie ihr sicher wisst, nur eine Situation, die uns an dieses Drama erinnert – schon sind wir wieder auf der Palme. Vielleicht hat unser Gegenüber nur nicht richtig hingehört oder war mit den Gedanken gerade woanders. All das spielt keine Rolle – wir rasten völlig überzogen einfach aus oder sind tödlich beleidigt und schmollen. Wir reagieren nicht mehr angemessen auf das, was gerade ist, sondern packen gleich die gesamten Gefühle der Vergangenheit mit obendrauf. So was kann ein echter Beziehungskiller sein, wenn man sich solche Schlammpackungen auch noch gegenseitig über den Kopf schüttet.

Die Übungen, die ich euch in den Seminaren gezeigt habe, helfen zuerst einmal, diese Schauspiele anzuschauen. Sobald ihr das erkennt, können diese kleinen Monster nicht mehr unbemerkt über euch verfügen. Ihr könnt sie beim Namen nennen und annehmen, wie sie sind, aber sie werden nicht mehr auf eure Festplatte zurückgeschrieben. Dadurch werden auch die alten Ordner nicht mehr so häufig aktiviert, und ihr Inhalt landet nach und nach im Papierkorb der Unwichtigkeiten. Das gilt natürlich auch für die sogenannten positiven Gefühle.«

»Die Männerversion gefällt mir aber auch ganz gut«, meinte darauf Luciano, der gerade an einer Ampel angehalten hatte. »Ich gebe aber zu, dass ich immer noch so eine Stimme in mir höre, die mir erzählt, dass die schönen Gefühle doch wertvoll seien und ich sie gut aufheben sollte, während ich die schlechten eher vermeiden möchte.«

»Ich glaube, diese Stimme kennen wir alle sehr gut«, lachte Papa Charly. »Da möchte jemand um jeden Preis im Geschäft bleiben und bietet sich wahrscheinlich noch freiwillig an, dir beim Sortieren behilflich zu sein. Luciano, der trickreiche Verstand, so wie ich ihn bei mir selbst kennengelernt habe, hat diese Unterscheidung zwischen gut und schlecht erst installiert. Das ist aber keine allgemeingültige Regel, allenfalls eine kollektive Übereinkunft. Die gleiche Empfindung, die der eine als unangenehmen Schmerz sieht, ist für jemand anderen durchaus annehmbar oder sogar angenehm. Du siehst schon, das Wort *annehmen* scheint eine gewichtige Rolle zu spielen. Allein das große Feld der Berührungen wird auf so unterschiedliche Weise in angenehm und unangenehm unterteilt, dass wir damit ein Buch füllen könnten. Wenn wir dann auch noch die Kulturkreise wechseln, wird es noch bunter.«

»Wisst ihr«, ergänzte Lucy, »wenn man erst damit begonnen hat, im Gewahrsein zu leben, bedeutet das ja nicht, dass ihr nie mehr über Witze lacht oder mitfühlend weint. Nein, ich jedenfalls bin im Gegenteil noch viel empfindsamer geworden als früher. All die Schutzwälle und Vorstellungen werden immer kleiner, und hinter ihnen hatte ich mich wie ein ängstliches Kind die ganze Zeit versteckt. Aber heute gibt es keine

Ereignisse mehr, die mich völlig aus der Bahn werfen. Nichts geschieht mehr unbemerkt. Nur was uns im Schlaf der Unbewusstheit überrascht, kann uns emotional überwältigen.«
»Aber dann kann man sich doch gar nicht mehr richtig verlieben?« Daniela klang beinahe wie ein trauriger Teenager.
Lucy musste lachen.
»Wenn du damit das Gefühl meinst, so richtig auf Wolke sieben zu schweben und total den Verstand zu verlieren – dann hast du mit deiner Befürchtung nicht ganz Unrecht. Im Gewahrsein bist du eher auf Wolke zwölf, und dort kannst du vielleicht den verrückten Onkel sogar dauerhaft aus deiner Liebesbeziehung raushalten. Erinnere dich mal, wie schnell dieser Kerl früher meist schon nach dem ersten verliebten Höhenflug wieder zurückgekehrt ist, sich sofort lautstark einmischte und oft alles verdorben hat.
Was aber mit Sicherheit bei dieser veränderten Lebensweise wegfällt, ist die rosarote Brille. Selbstverständlich sieht die Welt ganz anders aus, wenn der Verstand still ist: schön, strahlend und voller unentdeckter Wunder. Allerdings brauchen wir überhaupt keine Brille mehr, um das zu sehen. Im Gegenteil, die rosarote Brille hat uns fast immer nur den Blick verschleiert und in einer Scheinwelt gefangen gehalten, die wahrhaftige Liebe gar nicht kennt. Auf Wolke zwölf liebst du nicht mehr nur deinen Liebsten, sondern du liebst die ganze Welt.«
Luciano war inzwischen schon in den Asphaltweg zum Forsthaus eingebogen, und als sie anhielten, bat Papa Charly darum, noch einen Augenblick im Wagen sitzen zu bleiben.
»Bevor wir aussteigen, möchte ich noch eine letzte Bemerkung zu unserem trickreichen Verstand machen und auf ein

ganz besonderes Geschenk hinweisen, das er für viele von uns, quasi als kleine Falle, direkt vor die Füße stellt. Einige besonders eifrige spirituelle Sucher treten nämlich regelmäßig dort hinein.
Ich habe doch vorhin von diesen Ordnern auf unserer Festplatte gesprochen, in die wir unsere Erlebnisse nach Gefühlen sortiert abgelegt haben. Nun, statt die Lebenssituationen anzunehmen und die Emotionen zuzulassen, reden sich viele ein, sie dürften nichts mehr in die alten Ordner speichern, vor allem nichts Negatives, und sie bemühen sich redlich darum, das zu vermeiden. Damit legt der Verstand aber automatisch einen neuen Ordner an mit der Aufschrift: ›Darf nicht gespeichert werden, mich gibt es eigentlich gar nicht!‹
Der Verstand versucht den Verstand zu kontrollieren – der Bock wird zum Gärtner. Eine schöne Mausefalle, nicht wahr? Raffiniert platziert direkt vor die Tür zum Sein, als letzter kleiner Wunsch, als klitzekleine Bedingung zur Glückseligkeit.«
Luciano hatte mittlerweile vor der Einfahrt angehalten und drehte sich zu Papa Charly um. »Also, wenn ich versuche, den Verstand willentlich zu kontrollieren, dann mache ich mein Ego – also das, was ich denke, das ich bin – nur stärker?«
»Ganz genau, wenn du gegen ihn kämpfst, dann ist das eine Einladung zum Kampf. Aber wenn man sich weigert, dieses Spiel zu spielen, dann ist man draußen. Nisargadatta Maharaj hat es einmal sehr schön ausgedrückt:
›Wende dich einfach ab, schau dir die Gedanken nicht an, schau zwischen ihnen hindurch. Wenn du durch eine Menschenmenge gehst, dann kämpfst du nicht gegen jeden Einzelnen, den du triffst, sondern suchst deinen Weg durch die Men-

ge. Lass deinen Verstand in Ruhe. Hör auf, ihm zuzustimmen, schließlich gibt es so etwas wie einen Verstand nicht, nur Gedanken, die kommen und gehen, ihren eigenen Gesetzen folgend, nicht den deinen. Sie beherrschen dich nur, weil du an ihnen interessiert bist.‹«

»Und wisst ihr, was das Schönste ist?« Lucys Augen waren weit geöffnet. »Nach all diesen weisen Ratschlägen werden wir wie immer morgens aufwachen, unsere Augen werden sich ganz von selbst öffnen, und wir werden damit die Welt betrachten. Vielleicht können wir sie endlich so sehen, wie sie wirklich ist.«

»Das habt ihr aber wirklich schön gesagt, ihr beiden«, bedankte sich Daniela herzlich.

»Es war uns ein Vergnügen. – So, meine Lieben, nun wollen wir aber unsere Freunde nicht länger warten lassen, und außerdem freue ich mich schon ganz besonders auf Mikas leckeren Käsekuchen. Dafür würde ich mein letztes Hemd geben, nicht wahr, Lucy?«

»Ich weiß das ganz genau, Liebling! Aber vielleicht darfst du dein Hemd ja heute ausnahmsweise anbehalten, und Mika nimmt unseren Nachtisch als Ersatz dafür.«

Und so war es dann auch. Mika und Nick freuten sich über das Eintreffen der Freunde, und Papa Charlys Hemd blieb unangetastet. Momoko und Joy waren noch in der Küche gemeinsam mit dem Schneiden der Zutaten beschäftigt, doch kurz darauf kamen auch sie mit einer gut gefüllten Schüssel zum Tisch.

Dort standen, außer dem besagten Käsekuchen, schon all die anderen Köstlichkeiten, die jeder von ihnen mitgebracht hat-

te. Das Treffen wurde wieder einmal zu einer echten Schlemmerei, mit selbst gemachtem Tiramisu von Luciano, einem Nusskuchen mit dicken Schokostückchen, den Oma Louise gestiftet hatte, Lucys leckerer roter Grütze mit Vanillesoße und dem Obstsalat aus tropischen Früchten von Momoko und Joy.
»Davon werdet ihr bald noch mehr bekommen«, meinte Papa Charly, »denn bei uns zu Hause kommen die Papayas und Bananen reif vom Baum, und auf dem Markt gibt's immer frische Ananas, Mangos, Guavas, Passionsfrüchte und vieles mehr. Jedenfalls haben wir uns für die meisten davon eine gute Jahreszeit ausgesucht. Über Weihnachten, wenn es hier kalt und manchmal schmuddelig wird, ist in Kenia Sommer und ihr werdet es fühlen, wie die Sonne direkt über dem Äquator von steil oben auf eure Köpfe brennt, haha.«
»Papa Charly, du hast mit deiner schwarzen Haut natürlich den maximalen Sonnenschutzfaktor schon eingebaut«, meinte darauf Momoko augenzwinkernd.
»Täusch dich mal nicht, meine Liebe. Schwarze Männer und Frauen können in der prallen Mittagshitze ebenfalls einen Sonnenbrand oder Sonnenstich bekommen. Besonders, wenn sie eine Weile in gemäßigtem Klima gelebt haben, so wie ich. Auch unsere Haut wird etwas blasser, wenn wir lange nicht in die Sonne gehen.«
»Aber für uns Bleichgesichter aus dem Norden ist der Schatten sicher ein guter Freund«, meinte Lucy. »Ich trage dort immer einen schönen Sonnenhut. Simon zeigt euch sicher auch gerne ein paar Möglichkeiten, wie man die bunten einheimischen Tücher zu schönen Turbanen wickeln kann.«
»Gibt's das auch für Männer?«, fragte Luciano belustigt.

»Warum nicht?«, antwortete Papa Charly. »Mombasa liegt am Indischen Ozean, und schon seit Jahrhunderten kamen immer wieder arabische Seefahrer und Händler aus Indien und Europa dorthin. Deshalb findet ihr da natürlich auch die traditionellen Kopfbedeckungen und Bekleidungen dieser Völker. Ihr müsst wissen, dass sie ihre Traditionen und Religionen schon seit langer Zeit ohne Streit nebeneinander pflegen und ausüben. Meine Heimatstadt war schon immer ein bunter Handelsplatz, und so kommen auch viele Menschen aus anderen Gebieten Kenias dorthin, um zu arbeiten und ihr Glück zu suchen. Das eher friedliche Miteinander in diesem kulturellen Schmelztiegel soll aber nicht darüber hinwegtäuschen, dass es wie in vielen anderen Großstädten dort große soziale Unterschiede gibt. Europäer und überhaupt alle Weißen sollten solche Länder deshalb sensibel und mit Verständnis bereisen. Schließlich sind sie historisch und wirtschaftlich nicht unbeteiligt an einer Menge von Problemen, die wir dort sicher ebenfalls antreffen werden.«

»Aber glaubt mir«, meinte schließlich Nick, »wenn es etwas gibt, das uns bei unseren Besuchen in Kenia mit Simon und Lucy schon immer fasziniert hat, dann sind es die freundlichen und lachenden Gesichter.«

»Da hast du wirklich recht«, bestätigte Mika, »macht mal ein Foto hier bei uns an einem belebten Platz, beispielsweise zu Weihnachten in der Fußgängerzone, wo die Menschen gerade die tollsten Geschenke für sich und ihre Lieben eingekauft haben. Dann schießt ihr ein ähnliches Foto auf einen vollen Markt in Simons Heimat und zählt dann später mal die lachenden Gesichter auf den beiden Bildern!«

»Das werdet ihr fast überall in Afrika finden und auch an an-

deren Plätzen in den sogenannten ärmeren Ländern. Besser kann man den Unterschied zwischen Haben und Sein optisch nicht feststellen. Die Existenzweise des Habens, die im Westen heute viel ausgeprägter und schon länger gelebt wird, scheint zugleich die Unzufriedenheit zu fördern, obwohl das eigentlich paradox klingt. Der Reichtum an Dingen bringt auch oft die Armut an Freude mit sich. Wir müssen hier über die Gründe nicht mehr reden, aber ihr könnt das Gegenteil in Kenia sicher bald hautnah erleben.«
Papa Charly konnte Mikas Käsekuchen, den sie heute in einer Variante mit Blaubeeren und weißer Schokolade gebacken hatte, nicht widerstehen und nahm sich augenzwinkernd noch ein Stück von der Platte.

Daniela, Luciano und auch Joy, die ja zum ersten Mal nach Afrika fliegen würden, hatten noch einige praktische Fragen zur Reise, die ihnen die anderen gerne beantworteten. Außerdem zeigten Nick und Mika noch ein paar Dias von Kenia aus der Zeit, als Momoko noch ganz klein gewesen war. Es war wirklich ein schöner Anblick, sie als weißes Baby unter lauter schwarzen Kindern zu sehen. Auf einem der Bilder sah man sie, wie sie ihre kleine Hand zur Faust geballt hatte und damit ihren Freund Safari begrüßte.
»Mambo – Poa!« meinte Momoko belustigt und zugleich mit ein bisschen Stolz. »Den Gruß der Rastas habe ich, wie ihr seht, schon als Baby gelernt!« Sie wiederholte für alle das kleine Ritual, indem sie zuerst ihre geballte Faust nach vorne streckte und »Mambo« ausrief. Papa Charly lachte und tat es ihr gleich, bis sich ihre Fäuste berührten. »Poa«, kam seine Antwort. Dann führten sie beide die Fäuste zum Herzen.

»Das könnt ihr aber nicht überall und bei jedem machen. Vor allem nicht bei älteren Leuten. Das wäre so, als ob ihr hier auf der Straße jeden mit ›Was geht ab?‹ begrüßt und als Antwort ›Alles cool!‹ bekommt. Ich kann euch aber gerne auch ein paar Worte Kiswahili beibringen. Damit habt ihr die Herzen meiner Landsleute sicher schnell gewonnen.«

Es war ein lustiger kleiner Sprachkurs für Anfänger, der nun folgte, aber alle merkten, dass die Aussprache gar nicht so kompliziert war. Lediglich Wörter mit den Anfangsbuchstaben »mt« wie beispielsweise »mtoto« für Kind oder auch »ng« wie »ngoma« für Tanz, waren ein wenig ungewöhnlich.

Die Freunde hatten eine Menge Spaß bei ihren Sprachübungen und freuten sich schon darauf, ihren kleinen Wortschatz direkt im Land anwenden zu können. So ging dieser Sonntag heiter zu Ende, und auch wenn bis Dezember noch ein wenig Zeit war, kam besonders bei Daniela und Luciano langsam ein wenig Reisefieber auf, denn im Gegensatz zu Momokos Familie hatten sie bisher nur wenige ferne Länder besucht.

Frangipani

Die Luft fühlte sich schon jetzt am frühen Morgen mit beinahe 30 Grad Celsius fast wie in der Sauna an, wenn man bedachte, dass sie alle noch vor etwa acht Stunden in Eiseskälte knapp unter dem Gefrierpunkt ins Flugzeug gestiegen waren. Zum Glück hatten sie schon an Bord passende Sommerbekleidung angezogen, so wie es ihnen Papa Charly vor dem Abflug geraten hatte.

Am Flughafen von Mombasa war schon Hochbetrieb. So kurz vor Weihnachten waren die ankommenden Touristenflieger gut gefüllt, denn auch andere Länder hatten jetzt Winter, und für viele Menschen war es ein lang gehegter paradiesischer Traum, den sie sich hier erfüllten – nämlich den Jahreswechsel in der wärmenden Sonne Afrikas, am Meer und unter Palmen zu verbringen.

»Safari!«, rief Momoko, die als erste aus dem Flughafengebäude herausgekommen war, einem schlanken Mann mit hochgebundenen Rastazöpfen zu. Ein breites Lachen und blitzende weiße Zähne erschienen auf seinem Gesicht, als er sie erblickte, und kurz darauf lagen sich die beiden in den Armen.

»Jambo, Momoko!«, freute sich Papa Charlies Freund, auf dessen Schultern sie schon als Kind so gerne geritten war. »Wann hörst du eigentlich auf zu wachsen? Du spuckst mir noch irgendwann auf den Kopf.«

»Safari, ich glaube, es hat endlich aufgehört – ich meine das Wachsen –, aber du kannst mich immer noch auf den Arm nehmen, wenn du es schaffst«, entgegnete Momoko scherzhaft und grinste ihn an. Die anderen waren mittlerweile mit

den Gepäckwagen herangekommen, und nachdem Safari von seinen alten Freunden stürmisch umarmt und von Momoko, Lucy und Mika noch dazu geküsst worden war, stellte Papa Charly seinem Jugendfreund aus vergangenen Tagen schließlich auch Daniela, Luciano und Joy vor. Safari begrüßte sie als neue Gäste sehr herzlich und als zum Schluss Joy an der Reihe war, schaute er ihm tief in die Augen und lächelte.
»Du bist also der glückliche junge Mann, den unsere Momoko so lange gesucht hat. Ich finde es unglaublich, dass ihr euch wirklich gefunden habt! Aber Fatuma, unsere Seherin, hat schon gewusst, dass ihr euch bald begegnen würdet, und sie hat eigentlich noch nie was Falsches vorhergesagt.«
»Nur mit den Zeitangaben bei ihren Eingebungen tut sie sich manchmal etwas schwer«, lachte Papa Charly, der Fatuma als alte Freundin seiner Familie gut kannte.

Auf dem Weg mit dem Taxi nach Nyali im Norden von Mombasa, wo Papa Charlys Eltern vor vielen Jahren ein wunderschönes Haus gebaut hatten, konnten sie schon einen ersten Eindruck von dieser geschäftigen afrikanischen Stadt gewinnen. Überall herrschte emsiges Treiben. Man sah viele fliegende Händler, die ihre Waren – etwa Obst oder Holzkohle – auf einem Karren hinter sich herzogen oder am Straßenrand anboten. Trotzdem erschienen die Bewegungen der Menschen niemals hektisch, sondern erfolgten bei den meisten mit Ruhe und Gelassenheit. Der chaotische Verkehr ohne Ampeln floss mit einem Konzert aus Hupen und Zurufen selbst an viel befahrenen Kreuzungen irgendwie immer weiter.
So kamen sie schließlich nach einer Fahrt über die Nyalibrücke, die die Inselstadt Mombasa mit der Nordküste verband,

in Frangipani an. Dies war der Ort, an dem Papa Charlys Eltern ihren Lebensabend verbracht hatten. Viele Jahre hatten sie in verschiedenen Ländern auf der ganzen Welt gelebt, bevor sie schließlich vor etwa 20 Jahren nach Kenia zurückgekehrt waren, um sich hier ein kleines Paradies zu erschaffen. Momoko hatte die beiden als Kind noch kennengelernt, und Papa Simon und seine Frau Halida waren für sie so etwas wie ihre dritten Großeltern gewesen. Vor fünf Jahren war Papa Simon dann ganz friedlich zu seiner geliebten Frau gegangen, die schon zwei Jahre vor ihm gestorben war. Eines Morgens hatten ihn die Fischer am Strand mit geschlossenen Augen und einem ewigen Lächeln im Gesicht in seinem alten Korbstuhl gefunden, von dem aus er immer das Meer beobachtet hatte.
Das große Anwesen war zwar niemals Papa Charlys richtiges Zuhause gewesen, doch seit er in den letzten Jahren öfter hierher gekommen war, spürte auch er immer mehr die Anziehungskraft von Frangipani. Seine Eltern hatten es zuerst als Feriendomizil und später als Alterssitz genutzt, und es war im Laufe der Zeit ein zauberhafter Ort entstanden, dessen Architektur und Einrichtung noch immer die Handschrift seiner Mutter trug, die ihrer Liebe zu den Ländern des Mittelmeeres und des Orients und natürlich zu ihrer afrikanischen Heimat hier überall Ausdruck verliehen hatte. So hatten Lucy und er zu Ehren seiner Mutter das Haus nach ihren Lieblingsblumen benannt, die überall im großen Garten um die Villa ihren betörenden Duft verströmten. Frangipani hatte nun sein Haupttor mit den beiden steinernen Elefanten zu beiden Seiten weit für seine Besucher geöffnet, und es schien, als ob das Haus sie alle warmherzig empfangen und in sich aufnehmen wollte.

Im Vorhof warteten schon Tom, Alex und Daniel, die das Haus während des ganzen Jahres in Ordnung hielten und pflegten. Sie waren allesamt vertraute Freunde und Bekannte von Papa Charly und seinen Eltern, die er zum Teil noch aus seiner Kindheit kannte, und sie freuten sich, ihn und die neuen Gäste zu begrüßen. Da ertönte aus dem Haus die helle Stimme eines kleinen Jungen:
»Babu, Babu!«
Papa Charly fuhr erstaunt herum. Der zweijährige Juma rannte, so schnell ihn seine Beine ohne zu stolpern trugen, auf seinen Großvater zu und saß im nächsten Augenblick oben auf seinem Arm. Dort zog er neugierig an dessen Ohrläppchen und steckte seinen kleinen Zeigefinger abwechselnd in das rechte und dann in das linke Nasenloch. Nur kurz hinter ihm kamen auch Papa Charlys Sohn Charles und seine Frau Virginia aus dem Haus und begrüßten ebenfalls die Neuankömmlinge. Juma schien sich währenddessen köstlich über das verzogene Gesicht seines Opas und dessen kleinen Niesanfall zu amüsieren.
Charles und seine junge Frau Virginia lebten in San Francisco und waren die absoluten Überraschungsgäste. Papa Charly hatte von ihrem Besuch nicht die leiseste Ahnung gehabt. Lucy und Safari aber tauschten ein konspiratives Augenzwinkern, denn sie hatten an diesem Zusammentreffen heimlich mitgewirkt.
Papa Charly stand die Freude ins Gesicht geschrieben, denn er hatte seinen Enkel seit einem halben Jahr nicht mehr gesehen und schon nach Flügen im nächsten Frühjahr geschaut. Nun aber war er überglücklich, noch dazu seinen geliebten Sohn und Virginia wieder einmal in die Arme zu schließen. Wie

Lucy und er waren auch die beiden wie Milch und Schokolade, denn Virginia stammte ursprünglich aus Cornwall in England. Die hübsche junge Frau in ihrem Kanga hätte mit ihrer natürlichen, aufrechten Art, sich zu bewegen, auch gut Afrikanerin sein können – wären da nicht ihre weiße Haut mit den Sommersprossen und die kurzen blonden Haare gewesen. Sie passte gut zu Charles, der mit seinen wachen, funkelnden Augen und seinem schlanken, trainierten Körper beinahe wie sein Vater in jungen Jahren aussah. Seine kubanische Mutter und Papa Charly waren noch sehr jung, als er geboren wurde und sie konnten leider nur fünf Jahre lang eine Familie für ihn sein, bevor sich ihre Wege trennten. Dennoch war das Verhältnis zwischen Vater und Sohn immer herzlich geblieben, und wer die beiden zusammen sah, hatte sofort den Eindruck, zwei gute alte Freunde vor sich zu haben. Als Papa Charly schließlich erfuhr, dass die beiden mit Juma im Anschluss an ihren Afrikaurlaub noch mit nach Europa reisen wollten, auch um Virginias Eltern wieder einmal zu besuchen, flossen seine Augen über und ein paar Freudentränen rollten seine Wangen hinab.

»Salztee«, meinte der kleine Juma, der Opas Tränen sogleich abschleckte und damit alle zum Lachen brachte.

Frangipani war wirklich ein kleines Paradies wie aus einem afrikanischen »Tausend und eine Nacht«. Im Garten, der beinahe wie die Sichel des Mondes angelegt war und die Villa weitläufig umgab, fanden sich wunderbare schattige Plätze unter großen Palmen. In der Mitte lag ein großer Goldfischteich, der über und über mit blühenden Seerosen in Weiß und Rosa bedeckt war. Über eine schmale Holzbrücke gelangte man zu einem großzügigen offenen Pavillon mitten auf dem Wasser. Dort konnte man stundenlang sitzen und dem sanften Plätschern der kleinen Quelle lauschen, die sich über eine Felsplatte in den Teich ergoss. Das Wasser kam aus dem hauseigenen Brunnen und war glücklicherweise in diesem Teil des Landes zu Genüge vorhanden. Die beiden jährlichen Regenzeiten brachten der Küstenregion eine üppige tropische Vegetation und damit auch eine Vielfalt an Pflanzen und Früchten. Von diesen gab es in Frangipani vor allem Papayas, Bananen und den großen Mangobaum, den Momoko schon immer geliebt hatte und der für sie so etwas wie Borkis afrikanischer Bruder war. Alex, der den Garten seit jeher liebevoll pflegte, hatte ihr schon als Kind all die verschiedenen Pflanzen gezeigt, und sie hatte ihm immer gerne mit ihrer Kindergießkanne und der kleinen Gartenschere bei seiner Arbeit geholfen. Auch diesmal freute sie sich wieder darauf, ihrem alten Freund ab und zu unter die Arme zu greifen.

Der Weg ins Innere des Hauses führte über den Vorplatz durch das große Hauptportal mit den wunderschönen handgeschnitzten Holztüren, die wie weit geöffnete Flügel den Blick in den geräumigen, offenen Innenhof freigaben. Dieser war wie ein altes römisches Atrium angelegt, mit einem großen, himmelblau gefliesten Pool in seiner Mitte, der sofort zum Schwimmen einlud. Zwischen den erdfarbenen Bodenplatten ringsherum tauchten vereinzelt wie Inseln bunte Mosaike mit afrikanischen Tiermotiven auf. Die Gebäude waren ansonsten weiß gekalkt und boten eine geschmackvolle Mischung aus verschiedenen Baustilen, vor allem beeinflusst von mediterraner und orientalischer Architektur.

Auf der rechten Seite, direkt am Wasser, befand sich eine großzügige Sitznische mit bequemen Korbstühlen rund um einen ovalen Holztisch mit geschnitzten Fischen auf Beinen und Tischrand. Darüber spannte sich ein großer Baldachin wie das Dach eines Beduinenzeltes. Die Nische war halbmondförmig eingelassen in den großen Salon, der sich über die ganze rechte Poolseite erstreckte. Gegenüber lagen der Zugang zur Küche und daneben einige Räume für Gäste und Papa Charlys Arbeitszimmer. Über die breite, geschwungene Außentreppe gelangte man links hinauf zu den Zimmern im ersten Stock, die durch einen überdachten Säulengang mit wunderschönen Ornamenten in den Bögen miteinander verbunden waren. Von hier oben konnte man auf den ganzen Innenhof mit Pool hinunterblicken und ihn sogar über eine kleine Brücke überqueren.

Auf der anderen Seite führten ein paar Stufen zur Dachterrasse mit gemütlichen Holzliegen unter einem breiten, mit rankenden Blüten bewachsenen Sonnenschirm, der selbst in der Mittagshitze genügend Schatten für ein sanftes Schläfchen spendete. Wenn man sich über die Brüstung lehnte, hatte man eine großartige Aussicht über die ganze nähere Umgebung, die mit Gestrüpp und Bäumen dicht bewachsen war, und wer gut hinhörte, konnte von hier oben sogar das Rauschen des nahen indischen Ozeans hören.

Nachts war dieser höchste Platz von Frangipani einer von Lucys Lieblingsorten. Sie, die die Sterne so sehr liebte, konnte von hier aus den leuchtenden Sternenhimmel beobachten, wenn sie nicht gerade mit Simon hinunter ans Meer zum alten Stammplatz seines Vaters ging.

Die Dachterrasse war gleichzeitig auch die Decke des großen

Salons, und durch einige Lichtschächte aus farbigem Glas strömte während des ganzen Tages immer ein warmes, bunt schillerndes Licht in diesen Raum. Hier gab es reichlich Platz zum gemeinsamen Essen, Feiern und Tanzen. Die großen Teppiche und die vielen bunten Kissen luden förmlich dazu ein, sich gemütlich in ihnen zu vergraben und den ganzen Tag zu dösen und zu träumen. An der Decke gaben große Ventilatoren der Luft immer kühlende Bewegung, und wenn man auf dem Rücken lag, sahen sie beinahe aus wie Windmühlen am Himmel.

Alle Räume und Zimmer der Villa waren liebevoll mit Kunstgegenständen und bunten Stoffen aus vielen Ländern, die Papa Charlys Eltern bereist hatten, ausgestattet. Natürlich gab es auch viele Holzarbeiten afrikanischer Künstler zu bewundern, die vor allem die einheimische Tierwelt und das Leben in freier Natur darstellten.

Überall in Frangipani aber, ob drinnen oder draußen, konnte man die große Liebe zur Welt der Blumen und Pflanzen spüren, die Lucy mit Papa Charlys Mutter geteilt hatte und weiterbelebte. Nicht nur im Garten, auch im Innenhof schmückten rankende, mit Blüten übersäte Pflanzen, die in große Terrakottakübel neben den Säulen gepflanzt waren, den Bereich um den Pool. Vielerorts gab es zudem beschauliche Nischen und Plätze mit Sesseln, Liegen und kleinen Tischen, wo man sich allein oder mit Freunden zurückziehen und es sich gemütlich machen konnte.

Frangipani bot seinen Gästen und Besuchern wirklich eine luxuriöse und beinahe märchenhafte Umgebung, in der sich eine zeitlose, verzaubernde Atmosphäre breit machte und jeden früher oder später in sich aufnahm.

»Kennt ihr eigentlich die ursprüngliche Bedeutung des Wortes Luxus?«, fragte Daniela beim Frühstück in die Runde. »Das alte Wort ›luxurieren‹ benutzt man heute kaum noch, doch es heißt soviel wie ›üppig leben‹. Die Bäume und alles Grüne luxurieren. Luxus ist üppige Fruchtbarkeit und Ausgelassenheit. Die Fülle und der Reichtum der Natur lässt uns in ihrem Luxus baden.«

»Diese Bedeutung gefällt mir wirklich gut«, meinte Joy, der sich gerade noch einen von Toms köstlichen Eierpfannkuchen auf den Teller nahm, um ihn sogleich mit Genuss zu verspeisen. Sie waren wirklich im Schlaraffenland gelandet, und der tropische Fruchtsalat, von dem Papa Charly schon geschwärmt hatte, stand nun ebenfalls direkt vor ihren Nasen.

»Papa Charly«, sagte auf einmal Momoko mit ungewohnt ernster Stimme, nachdem sie alle gut gesättigt noch zusammen um den Tisch saßen, »wir kennen uns doch nun schon sehr lange, und deshalb möchte ich dir mal eine indiskrete Frage stellen.«

»Nur zu, Momoko, ich werde dir wenn möglich auch indiskret antworten, denn ich liebe, wie du weißt, gelüftete Geheimnisse.«

»Sag mal, hast du eigentlich jemals in echter Armut gelebt wie viele deiner Landsleute? Diese Umgebung hier ist ja nicht gerade typisch für *alle* Afrikaner. Und du weißt, diese Frage ist nicht vorwurfsvoll gemeint.«

»Ich weiß, ich weiß«, antwortete Papa Charly freundlich. »Es gab eine Zeit in meinem Leben, als ich genau dieser Frage nachgegangen bin, denn durch meine eher wohlhabende Familie kannte ich, genau wie die meisten Menschen im Westen, Armut und Mangel nur aus Erzählungen und in meiner Vorstellung. Das war einer von mehreren Gründen, warum ich vor über dreißig Jahren – ich war damals ein junger Mann Mitte zwanzig – für fast drei Jahre an diesem Strand von Nyali, den ihr ja zum Teil schon kennt, auf alles verzichtend gelebt habe. Ich war zu dieser Zeit ein wissensdurstiger, erlebnishungriger Sucher, übereifrig und fasziniert von allem, was meinem spirituellen Wachstum dienen mochte. Yogis, Gurus, Asketen, Schamanen, Huna-Meister und was weiß ich noch alles, zogen mich magisch an, und ich wollte unbedingt zu ihnen gehören.

Meine Eltern waren zu dieser Zeit in Europa und wussten von meinem Entschluss, hier in selbst gewählter Armut zu leben. Notgedrungen mussten sie das wohl akzeptierten, aber ich glaube nicht, dass sie es wirklich verstanden. Frangipani gab es damals natürlich noch nicht, aber das Haus meiner Großeltern lag nur wenige Kilometer von hier entfernt. Mein Gott, das kommt mir heute wirklich wie eine kleine Ewigkeit vor. Einige Leute aus der Gegend hier kannten mich und meine Familie ganz gut und konnten natürlich nicht verstehen, warum ich so leben wollte – ohne irgendwelche Habseligkeiten und Geld.

Alles, was ich zum Leben brauchte, habe ich vom Strand gesammelt und von der Natur als Geschenk erhalten. Ich habe niemals gebettelt oder um Hilfe gebeten, und doch wurde sie mir tausendfach zuteil. Die Menschen, die wie ich am Strand lebten, zumeist Fischer, halfen mir beim Bau einer kleinen Hütte und schenkten mir ein paar Werkzeuge. Meine Tante Fatuma und Großvater, der damals noch lebte, waren die einzigen, die ich während dieser Zeit sehen wollte. Großvater kam den ganzen weiten Weg zu Fuß an den Strand, um mich ab und zu zu besuchen. Ich war auf niemanden böse, aber ich wollte die meiste Zeit allein sein mit mir und der Welt. Oft saß ich mit dem alten Mann schweigend am Meer und schaute einfach nur auf die Wellen. Er war ein sehr weiser Mensch, und ich hatte das Gefühl, dass er mich irgendwie verstand, denn er hatte selbst schon in Armut gelebt und kannte neben all den Entbehrungen auch das Glück der Bescheidenheit. Er wusste wohl, dass mich die Erkenntnisse aus dieser Erfahrung niemals verlassen würden.

Wisst ihr, mir ist natürlich klar, dass all dies nicht wirklich zu vergleichen ist mit bitterer Armut und Hungersnot, unter denen viele Menschen auf der Welt leiden und die ständig ihr Überleben bedrohen. Das war aber auch niemals der Sinn dieser Übung. Mir ging es mehr um den Verzicht auf die Dinge, die mir in meinem Leben davor so wichtig und heilig gewesen waren. Heute sprechen wir von den sogenannten Habens, die ihr ja bereits kennt. Nein, hier in Mombasa versorgt uns die Natur mit allem, was zum Leben nötig ist. Es gibt genug zu essen, auch wenn heutzutage die Menschen hier statt Früchte aus der Umgebung eher das bekannte Ugali aus Maismehl bevorzugen und seltener Papayas und Mangos essen. Trinkwasser gibt es auch genug, und so musste ich niemals Hunger erleiden. Aber vielleicht gerade deshalb habe ich ein Experiment mit meinem Körper gemacht, das ich damals nur aus Erzählungen über indische Yogis kannte. Heute ist das auch im Westen bekannt und viele nennen es den Lichtnahrungsprozess. Joy, wenn ich mich recht erinnere, hast du diese Erfahrung ja auch schon machen dürfen, nicht wahr? – Ja, und damit war ich auch noch unabhängig von Nahrung geworden.

Glaubt mir, ich habe während all dieser Zeit niemals etwas entbehrt oder etwa gelitten. Ich war im Gegenteil glücklicher und zufriedener als je zuvor.

Was ich heute den Menschen über das wunschlose Glücklichsein erzähle, kommt zum großen Teil aus diesen persönlichen Erfahrungen. Deshalb genieße ich Luxus genauso selbstverständlich wie alles, was mir das Leben schenkt. Ich nehme es an, aber ich brauche es nicht, versteht ihr? Daher habe ich auch kein schlechtes Gewissen, hier mit euch zu sitzen. Ich habe niemals jemanden beraubt. Im Gegenteil unterstütze ich viele Menschen am Strand mit dem, was mir ebenfalls geschenkt wird. Die wahren Räuber, die uns den inneren Frieden und das Glücklichsein rauben, sitzen in unseren Köpfen. Aber darüber muss ich euch ja nichts mehr erzählen, oder? Ihr könnt dort unten am Meer ganz normale Menschen treffen, die eine natürliche Lebensweisheit besitzen, weil sie das Leben, die Natur, und vor allem sich selbst beobachtet haben. Trotzdem haben sie diesen Platz noch nie verlassen und kennen den Rest der Welt nur aus Erzählungen. Aber ihr werdet das sicher besser mit euren eigenen Augen sehen.

Ich hoffe, dieser kleine Ausflug in mein Leben war nicht nur für Momoko interessant. Zum Abschluss aber möchte ich noch sagen, dass niemand all diese verrückten Erfahrungen machen muss, die ich gerade beschrieben habe, um dort hinzukommen, wo wir letztlich alle hinwollen. Denn wie ihr wisst, muss man keine Weltreise unternehmen, um nach Hause zu kommen – das geht auch einfacher. Um genau das aber zu erkennen, habe ich persönlich wohl all diese Abenteuer gebraucht.«

Momoko war gerührt und umarmte ihren alten Freund, und

auch Lucy drückte ihm von der anderen Seite einen dicken Kuss auf die Wange.

»Bevor wir jetzt alle wie müde Krieger in unseren Zimmern verschwinden, möchte ich mich von ganzem Herzen für deine Offenheit und Ehrlichkeit bedanken, Papa Charly!« Alle stimmten Momoko zu und verließen nach einer Weile still den Frühstücksplatz unter dem Beduinenzelt.

Die Freunde konnten die Wirkungen des langen Nachtfluges sehr wohl spüren, obwohl es nur zwei Stunden Zeitunterschied gab. So verbrachten sie alle bis zum späten Nachmittag die Zeit auf ihren Zimmern oder an einem schattigen Ort im Garten. Nur Juma, die kleine Wasserratte, fand das Planschen im Pool besonders aufregend und schien gar nicht müde zu werden, mit seiner kleinen Gießkanne den heißen Steinboden zu wässern und abzukühlen. Virginia und Charles wurden ebenfalls ständig begossen und hatten für ihren kleinen Nackedei einen großen Sonnenschirm an den Beckenrand gestellt. Schließlich war aber auch er bereit für ein erholsames Mittagsschläfchen, und in Frangipani kehrte beschauliche Ruhe ein.

Am späten Nachmittag war es immer noch erstaunlich heiß, doch die Sonne war schon auf ihrem steilen Abstiegsweg. Papa Charly freute sich, dass alle seine Gäste ihn bei einem kleinen Spaziergang am Strand begleiten wollten. So liefen sie schließlich im Gänsemarsch hintereinander den kleinen Fußweg durch die Büsche hinunter zum Meer. Für Daniela und Luciano war der unglaublich feine, weiße Sand von Nyalibeach ein kleines Wunder.

»Damit könnte man tatsächlich Sanduhren befüllen«, meinte Luciano, während er mit beiden Händen in den Boden griff und die winzigen Körnchen durch seine Hände rieseln ließ. Juma hatte in ihm sofort einen gleichgesinnten Spielkameraden erkannt und tat genau das Gleiche. Auf einmal saßen alle auf der Erde und spielten lebende Sanduhren. Juma war begeistert und rannte gleich darauf zum Wasser. Die kleinen Wellen und das seichte Ufer waren für ihn ideal zum Spielen. Durch das große Außenriff wurden an diesem Teil der afrikanischen Ostküste die großen Wellen des indischen Ozeans gebrochen, und so gab es hier am Strand meist einen gemäßigten Wellengang.

Hier also hatte Papa Charly gelebt, dachte Momoko und stellte sich ihren Freund vor, wie er in einer der kleinen, mit Palmblättern gedeckten Fischerhütten gelebt hatte. Noch immer verbrachten hier viele Menschen genau so ihr ganzes Leben. Die hereinkommende Flut brachte auch immer wieder neue Fische über das Außenriff, die dann bei Ebbe im Zwischenbereich zum Strand verblieben und dort von den Fischern mit flachen Netzen gefangen wurden. So hatte man hier an der Küste schon immer gelebt.

Der breite Strand lud nach beiden Seiten zu kilometerlangen Spaziergängen ein, und vor allem an Wochenenden und an Feiertagen konnte man hier die einheimischen Familien mit Kind und Kegel in bunten Gewändern flanieren sehen. Unter der Woche sah man zwar einige Touristen, aber die blieben meist in der Nähe ihrer Hotels. So lag nun der ganze lange Strand unberührt und beinahe menschenleer vor ihnen, und die Freunde konnten das Schwimmen und Planschen im warmen Wasser wie in einer riesigen Badewanne genießen.

An diesem ersten Urlaubstag machten sie auch einen Besuch bei Alfred, einem weiteren langjährigen Freund von Papa Charly, der wohl einer der freundlichsten Menschen war, die Momoko je getroffen hatte. Auch sie kannte den alten Holzhändler schon lange. Wie eh und je hatte er seine geschnitzten Holzfiguren von Elefanten, Löwen und Giraffen sowie einige kunstvolle Schalen und Bestecke auf seinem alten Klapptisch neben seinen Kollegen in der Nähe des Bahari-Hotels zum Kauf aufgestellt. Alfred war sehr erfreut über die neuen Besucher und begrüßte sie herzlich mit seinen lachenden Augen und – zur Überraschung von Joy und seinen Eltern, die ihn ja noch nicht kannten – in perfektem Deutsch. Er hatte, ohne je das Land verlassen zu haben, diese Sprache in etwa zwanzig Jahren nur von Touristen am Strand gelernt, von denen er immer wieder neue Ausdrücke und Sätze gehört hatte und die ihm gelegentlich auch Zeitschriften und gebrauchte Bücher geschenkt hatten. Die Wörter nahm er neugierig und freudig in seinen Sprachschatz auf und schrieb sie mit einem Stock in den Sand, um sie auch ohne Fehler schreiben zu können. Obwohl er sicher sehr gerne einmal dieses ferne Land besucht hätte, war er zufrieden mit sich und der Welt, und im Gegensatz zu den jüngeren Strandhändlern schien er vor allem an einer netten Konversation interessiert zu sein und verkaufte seine Waren ohne Anbiederung mit Gelassenheit an Leute, die sich dafür interessierten.

Neben Alfred saßen die ganze Zeit zwei junge Männer, die freundlich lächelten und warteten, bis sie von ihrem Freund der kleinen Strandgesellschaft vorgestellt wurden. Ewoi und Epir lebten erst ein halbes Jahr am Strand von Nyali, und sie waren einen weiten Weg aus der Heimat der Massai bis nach Mombasa gekommen, um hier ein außergewöhnliches Projekt zu beginnen. Sie lebten von Spenden und machten der Natur und den Menschen hier ein großes Geschenk: Sie hatten diesen herrlichen weißen Strand wieder in den natürlichen Zustand gebracht, so wie er wohl früher einmal ausgesehen hatte. Weit und breit sah man keinen Müll mehr, und das war nicht immer so gewesen. Inzwischen hatten sie mit ihren Strandsäuberungsaktionen überall in der Gegend Aufmerksamkeit und erste Anerkennung bekommen.

Sie erzählten den neugierigen Freunden ein wenig über ihre Arbeit und nahmen sie dann später mit zu ihrem Camp, wo sie sauber getrennt alles, was sie im Laufe der Zeit am Strand gefunden hatten, angehäuft und wie eine Dokumentation unter freiem Himmel mit handgeschriebenen Schildern versehen hatten. Es war eine unglaubliche Menge an verschiedensten Materialien, die dort nebeneinander lagen. Aber es war auch eine große Freude, zu sehen, wie anschaulich und mit wie viel Engagement die beiden jungen Massai ihren Landsleuten wieder ein Gefühl für ihre natürliche Umgebung zurückgaben.

Papa Charly war bei seinem alten Freund Alfred geblieben, und die beiden saßen noch etwas auf den nahen Felsen aus Korallengestein zusammen und plauderten, während die anderen zum Umweltcamp von Ewoi und Epir gegangen waren. Sie alle aber konnten sehr bald das rotviolette Farbspiel bewundern, das die herabsinkende Sonne in die Weite über ihren Köpfen malte. Der kleine Juma saß mit weit geöffneten Augen auf dem Schoß seines Vaters und deutete mit den Fingern zum Himmel.

Da an der Ostküste Afrikas die Sonne frühmorgens aus dem Meer hervortauchte, war sie nun hinter dem Strand und den

Palmen verschwunden. Bald darauf trafen sich alle wieder bei Alfreds Hütte und wanderten zusammen nach Frangipani zurück. Alfred begleitete sie noch bis zum Buschweg und verabschiedete sich dann mit einem freundlichen und langsam gesprochenen »Ich wünsche einen schönen Abend und sage auf Wiedersehen bis morgen«. Alle hatten diesen netten Mann in ihr Herz geschlossen und fühlten sich tief mit ihm verbunden.

Der Duft, der aus der Küche in ihre Nasen strömte, ließ allen schon das Wasser im Munde zusammenlaufen, und Momoko ahnte bereits, was Tom und Safari da gezaubert hatten. Es war gebackener Red Snapper, den sie schon am Morgen frisch nach dem Fang von den Fischern am Strand geholt hatten. Dazu gab es einen Salat aus fein geschnittenem Kohl und Karotten und ein interessantes Gemüse, das ein wenig an Spinat erinnerte, sowie Maniok und Kartoffeln mit einer leckeren, selbst gemachten Tomatensoße.
Dieses einfache Menü war ein echter Gaumenschmaus, und die Freunde übten sich darin, ihr Mahl in Stille zu genießen und sich genügend Zeit zu lassen. Nur Juma hielt nicht viel von solchen Übungen und verlieh dem Essen mit seinen Späßen und kleinen Sprechübungen die angemessene ausgelassene Heiterkeit. Tom und Safari wurden am Ende als Meisterköche gefeiert und beklatscht und freuten sich über die gut geleerten Teller und Schüsseln, die von einem guten Appetit ihrer neuen Gäste zeugten.
Als schließlich alle zufrieden und gesättigt ihn ihren Stühlen lehnten, berichteten Daniela und Luciano belustigt darüber, mit welchen Kommentaren ihre verrückten Onkels und Tan-

ten zu Anfang alles andere als still gewesen waren und sowohl das Essen, als auch die genussvolle Stille ständig hatten kommentieren wollen. Nachdem sie dem Geplapper aber keine große Beachtung geschenkt hatten, hatten ihre nervigen Verwandten schließlich aufgegeben und sich leise meckernd zurückgezogen.

Nach dem leckeren Abendmahl kamen nach und nach alle auf die Dachterrasse, um den hellen Sternenhimmel zu bewundern und diesen wunderschönen Tag zusammen ausklingen zu lassen. So saßen und lagen sie unter dem Sternenzelt und genossen die stillen Geräusche der Nacht. Von Weitem konnte man Jumas herzhaftes Lachen hören, während er mit Daniel, dem Nachtwächter, im Hof spielte, und im Hintergrund erklang wie eine immerwährende leise Musik das sanfte Rauschen des nahen Meeres.

Schenken

Es war bestimmt eine Stunde vergangen, als Papa Charly das Schweigen brach und Daniela und Luciano nach ihren ersten Eindrücken von Kenia fragte.
»Ich glaube, dass ich in einer Sache bestimmt für uns beide sprechen kann«, antwortete Luciano, »wir sind wirklich tief berührt von der Herzlichkeit dieser Menschen hier. Sicher ist die Umgebung wunderschön, das Wasser warm und der Himmel azurblau, wie Bella Italia im Sommer, doch was wäre all das ohne diese fröhlichen, lebensbejahenden Menschen hier?«
»Ich schließe mich da gerne an«, meinte auch Daniela, »besonders faszinieren mich aber auch diese prächtigen bunten Farben. Als Blumentante genieße ich es einfach, wenn ich sehe, wie die leuchtende Farbvielfalt der Natur sich auf Stoffen und Gewändern wiederfindet, die hier auch im Alltag getragen werden. Dagegen empfinde ich es zu Hause selbst im Sommer oft als recht eintönig und trist. Aber – weißt du, Papa Charly«, Daniela setzte sich dichter an ihn heran, »es gibt da noch etwas, was ich dich schon immer mal fragen wollte, und deine Geschichte von heute morgen hat mich nur noch neugieriger gemacht. Joy und Momoko haben uns erzählt, dass du, seit sie dich kennen, deine Seminare allen Teilnehmern zum Geschenk machst. Wir kennen dich noch nicht so lange, aber Luciano und ich haben dich jetzt bei verschiedenen Gelegenheiten beobachten können und finden es bemerkenswert, dass du dich sehr wohl freust, wenn auch dir jemand etwas schenken mag, aber du bist genauso freundlich und herzlich

zu denen, die sich einfach nur so bedanken oder gar nichts sagen. Wie bist du eigentlich zu dieser ungewöhnlichen Einstellung gekommen?«

»Was heißt hier ›sich einfach nur so bedanken‹? Ein Dankeschön, das von Herzen kommt, ist doch auch ein wunderbares Geschenk, oder etwa nicht?«

»Ja natürlich, so habe ich das auch nicht gemeint, aber so sehr mich diese Idee fasziniert – ich wüsste nicht, ob ich mit dieser Ungewissheit leben könnte.«

»Du meinst damit die finanzielle Unsicherheit, ob deine Investition auch irgendwann wieder zu dir zurückfließt, nicht wahr?«

»Ganz genau, so in etwa habe ich das gemeint«, bestätigte Daniela.

Papa Charly musste lachen. »Entschuldige bitte, aber ich wollte dich ein wenig aufs Glatteis führen. Du darfst mir glauben, Schenken, so wie ich es meine, ist keine Investition und auch kein Tauschgeschäft. Ich habe dabei keine Erwartungen. Trotzdem oder vielleicht gerade deshalb fließt es von überall her großzügig zu mir zurück. Ist das nicht phantastisch? Aber liebe Daniela, ich möchte deine Frage, wie ich zu dieser Einstellung gekommen bin, nicht unbeantwortet lassen. Es ist schon eine Weile her, seit ich diese Abenteuerreise ins Land der Großzügigkeit begonnen habe. Im Grunde möchte ich bei den Menschen, die mir und Lucy begegnen, das Verständnis dafür wecken, dass in einer Welt ohne Mangel- und Trennungsgefühl das Schenken völlig natürlich und naheliegend ist. Doch ich fange am besten mal ganz von vorne an und hoffe, ihr unterbrecht mich rechtzeitig, wenn euch meine Geschichte zu lang wird?«

»Keine Sorge, Papa Charly«, antwortete Nick, »ich glaube, dass ich da für alle sprechen kann. Ich gebe zu, dass ich selbst schon gespannt bin, ein paar wohlbehütete Geheimnisse aus deinem Leben zu hören, die selbst alte Freunde wie Mika und ich noch nicht kennen.«

»Na, wenn das so ist, dann wird es aber langsam Zeit, die letzten Schleier zu lüften, und dazu werde ich jetzt ein paar intime Enthüllungen aus meinem geheimen Privatleben unter dem Siegel der Verschwiegenheit preisgeben!« Papa Charly schmunzelte und versuchte dabei gleichzeitig, ein verschwörerisches Gesicht zu machen, was ihm aber nur teilweise gelang. Dann winkte er alle etwas näher zu sich heran und begann mit leiser Stimme zu sprechen.

»Ich muss gestehen, dass ich, solange ich zurückdenken kann, von Seiten meiner Eltern immer völlig uneigennützig und freigiebig unterstützt wurde, aber diese Großzügigkeit habe ich in meiner Jugend nie bewusst wahrgenommen und schon gar nicht zu würdigen gewusst. Viel deutlicher in meiner Erinnerung verankert sind aber ihre begleitenden Worte, in denen sie immerzu Sparsamkeit als eine besondere Tugend predigten und mich auch dazu anhielten. Mancher von euch kennt das sicher auch von seinen Eltern.« Einige in der Runde antworteten mit einem stummen Nicken.

»Heute weiß ich aber, dass dieser Widerspruch zwischen Handeln und Reden nichts mit Armut oder Reichtum zu tun hat. Menschen, die in Wohlstand geboren und aufgewachsen sind, verhalten sich diesbezüglich meist genauso wie solche, die hart für ihr Auskommen gearbeitet haben. Allein die Idee, die Vorstellung von Mangel genügt bei vielen schon, Sparsamkeit und manchmal sogar Geiz als eine Art Lebensversicherung anzusehen, und so versuchen sie in bester Absicht, diesen Glauben auch an ihre Kinder weiterzugeben. So war das auch bei mir.

Heute Morgen habe ich euch ja von meinen Erlebnissen und Experimenten vor über dreißig Jahren hier am Strand von Nyali erzählt. Zu meinen Eltern und leider auch zu dir, Charles, hatte ich während dieser Zeit kaum Kontakt, und das blieb auch danach noch für eine Weile so. Unabhängig von jeder familiären Unterstützung wollte ich auch meine eigenen Erfahrungen mit Geld, Geschäften und materiellen Dingen machen. Ich war damals ungefähr dreißig Jahre alt, als ich von einem Tag auf den anderen den Entschluss fasste, Kenia zu verlassen und in die USA zu reisen, um dort als Geschäftsmann mein Glück zu versuchen.

Fragt mich bitte nicht, was mich seinerzeit geritten und bewogen hat, diesen Weg einzuschlagen. Meine Erlebnisse hier am Strand hatten in meinem Fall aber offensichtlich nicht ausgereicht, um das einfache Sein im Hier und Jetzt in meinem Leben dauerhaft zu verankern. Ich dachte wohl irgendwie, dass ich etwas ganz Besonderes vollbracht hätte, und mein Ego schmückte sich damit wie mit einem Lorbeerkranz. Irgendetwas in mir strebte nach dem extremen Gegenteil dieses einfachen Lebens, und ich fühlte mich zugleich stark und unverwundbar.«

»Und wie ist es so gelaufen als Businessman?«, wollte Joy wissen.

»Nun, ohne hier auf Details einzugehen, war ich dabei eine Zeit lang wohl richtig gut und erfolgreich. Es waren vor allem Finanzgeschäfte, die ich zusammen mit ein paar risikofreudigen Geschäftspartnern betrieb. Wir haben dabei mit Geld

herumjongliert wie Akrobaten auf dem Hochseil und die Banken als sprudelnde Quellen genutzt. Irgendwann hatte ich richtiggehend den Überblick verloren. Von hier mit Abstand betrachtet, ist es schon echt verblüffend, welche Eigendynamik und Geschwindigkeit dieses Geldkarussell entwickelt hatte – von Spiritualität war da nicht mehr viel übrig.«
»Aber dann hast du damals möglicherweise doch ein paar Menschen beraubt?« Daniela schaute Papa Charly mit einem zugekniffenen Auge fragend an.
»Hmm ... so gesehen hast du vielleicht recht. Bei Finanzgeschäften mit Spekulation, Kaufen, Verkaufen, Verzinsen und allen anderen Spielarten sind aber in den meisten Fällen gewissermaßen die Räuber unter sich und knöpfen sich in diesen Spielen gegenseitig die Kohle ab. Allerdings wird dabei allzu gerne übersehen, dass am Ende dieser Leiter oftmals auch eine Menge Leid entsteht und Menschen direkt oder indirekt zu Schaden kommen. Ich habe das leider erst später erkannt, und vielleicht musste auch deshalb bei mir dieses ganze Kartenhaus einfach zusammenbrechen.
Kurz gesagt, ich durfte nach nur zwei Jahren rasanter Karussellfahrt schließlich auch die andere Seite der Medaille mit Schulden, Bürgschaften und Angst vor der finanziellen Zukunft kennenlernen.«
»Man nennt das wohl pleite sein, Papa.« Charles schaute seinen Vater mit großen, aber auch verständnisvollen Augen an.
»Ganz recht, mein Sohn! Und das brachte mich wohl auch wieder zur Besinnung. Es fiel mir damals wirklich schwer, so völlig nackt und mit nichts, worauf ihr hättet stolz sein können, euch nach all den Jahren gegenüberzustehen. Großvater und Großmutter, aber auch deine Mutter und du selbst

– ihr alle habt mich nicht zurückgewiesen und mir sogar noch geholfen. Dafür bin ich euch ewig dankbar.«

»Und wie bist du aus dem ganzen Schlamassel wieder rausgekommen?«, wollte Virginia wissen.

»Okay, die ganze Geschichte ging so aus: Ich wollte nach der Talfahrt raus aus der Firma und bin dann nach Europa zurückgekehrt. Von dort aus habe ich für meine Ex-Partner die Möglichkeit geschaffen, auf einer seriösen Basis weiterzuarbeiten und vorher alle unsere Verbindlichkeiten zurückzuzahlen. Ohne die Hilfe meiner Eltern über eine Bankbürgschaft wäre das allerdings nicht möglich gewesen.

Es hat dann noch etwa sieben Jahre gedauert, bis auch für mich alles vom Tisch war. Während dieser Zeit stand die Firma jedoch so einige Male auf der Kippe und es wurde ganz schön eng. Auf die Geschäfte hatte ich ja keinerlei Einfluss mehr – schließlich war ich ja draußen und glücklicherweise meilenweit weg von allem. Ich weiß auch nicht genau wie, aber trotz dieser teilweise großen Bedrängnis habe ich damals wohl intuitiv einen Weg gefunden, alle Beteiligten an diesem Spiel immer wieder zu mitfühlendem Handeln anzuhalten, so dass wir alle ohne allzu großen Schaden durch dieses Unwetter segeln konnten und heute ohne Groll auf diese Erfahrung zurückblicken können.«

»Dann hast du dich ja in gewisser Weise mit dieser ganzen Aktion selbst in Versuchung geführt und den Teufel persönlich kennengelernt«, meinte Luciano spaßhaft.

»Das trifft den Nagel wirklich auf den Kopf. Wusstet ihr übrigens, dass in der Sprachgeschichte Teufel und Zweifel den gleichen Ursprung haben? Der Zwei-fel – das Zweifache – die Dualität, steht der göttlichen Einheit von Allem-Was-Ist gegenüber. Somit musste ich wohl, wie die meisten Menschen, aus der Einfachheit des Lebens, dem Sein, in die Verwirrungen des Habens geraten, um wie der verlorene Sohn dann bewusst wieder nach Hause zurückzukehren.«

»Ja, und wie ist der heimgekehrte Son dann auf die Idee gekommen, den Menschen vom wunschlosen Glücklichsein, vom vollkommenen Glück zu erzählen?«, fragte Daniela schnunzelnd.

Nun, diese Begriffe sind erst viel später entstanden, als Momoko etwa fünf Jahre alt war und wir beide beinahe zur selben Zeit den gleichen lebendigen Traum über das vollkommene Glück und das Leid hatten. Das ist nun schon vierzehn Jahre her, wenn ich richtig liege?«

»Stimmt ziemlich genau, Papa Charly«, bestätigte Momoko. »Auch ich erinnere mich noch sehr lebendig daran, so als ob es gerade erst passiert wäre. Schließlich habe ich in Borkis Erzählungen damals zum ersten Mal was von Joy erfahren. Durch seine Begegnung mit Maya und dem vollkommenen Glück am Beerensee hat er bei mir den Stein sozusagen ins Rollen gebracht. Seitdem haben wir uns dann scherzhaft immer Glückskinder genannt, und du, Papa Charly, hast von da an in deinen Gesprächen mit den Leuten immer wieder vom vollkommenen Glück, vom Wunschlos-Glücklichsein gesprochen.

Aber vielleicht erzählst du auch mal, was du so *nach* deinem großen Ausstieg aus der Finanzwelt gemacht hast. Ich meine, außer mit der Bank zu telefonieren und aufgeregte Manager zu beruhigen.«

»Ja, so verrückt das klingen mag – inmitten dieser scheinbar erdrückenden Lebenssituation sprudelte wieder fröhlich meine Kreativität, und auch die spirituellen Blümchen, die so lange geschlafen hatten, kamen wieder zum Vorschein und konnten sich prächtiger entwickeln denn je. Die meisten meiner Handlungen hatten mit der angespannten Finanzlage nichts zu tun, denn von meiner Seite gab es da ja keine direkten Einflussmöglichkeiten mehr. Nein, ich genoss im Gegenteil die Freiheit, wieder ohne Zwänge die Welt außerhalb von täglichem Firmenstress zu genießen.

Es folgten die sieben mageren Jahre, wie ich sie gerne nenne, in denen ich wirklich wunderbare Begegnungen hatte. Außergewöhnliche Menschen traten in mein Leben, wie zum Beispiel auch diese beiden hier – Mika und Nick –, und vor allem die Naturerfahrungen kamen auf verschiedenste Weise wieder zurück. All das zeigte mir die Welt aus anderer Sicht.

Gleichzeitig fielen mir natürlich auch noch ein paar hilfreiche Bücher in die Finger, die wie gerufen kamen. Allerdings war ich etwas vorsichtiger geworden mit meinem alten Wissenshunger. Ich unternahm diesbezüglich eine kleine Diät, da ich mittlerweile erfahren hatte, dass Wissen zu haben eben auch ein Haben ist und ich nie wieder Lesen mit Leben verwechseln wollte.

Es waren aber vor allem die Erlebnisse in Afrika, dort unten an diesem Strand, die mit einem Mal in völlig anderem Licht und mit großer Kraft wieder in mein Leben zurückdrängten. Mir wurde erst jetzt richtig klar, wie nahe ich schon an der Tür gewesen war. Ich hatte schon meine Hand auf der Klinke und war dennoch nicht hindurchgeschritten. Heute weiß ich, dass dieser Umweg durch den Jahrmarkt der Eitelkeiten und materiellen Dinge, die man scheinbar haben und besitzen kann, goldrichtig war. Jetzt hatte ich selbst erlebt, wovon viele schlaue Bücher und Meister berichtet und wovor sie gewarnt hatten. Zu der Freiheit, ohne Essen leben zu können, kamen nun auch echte Erkenntnisse zum Haben oder Sein. Für meine heutige Lebensweise waren all diese Ereignisse wohl nötige und wichtige Meilensteine.«

»Und ich weiß noch genau, wie du auf unser Zureden und auf das Drängen verschiedener Freunde hin dein erstes Seminar damals bei uns zu Hause gegeben hast«, erinnerte sich Mika. »Das war wirklich eine gemütliche kleine Runde, und es ging dabei um die Erschaffung unserer Wirklichkeit. Da hast du schon mit der Schenkerei angefangen.«

»Ja, das war wirklich ein schöner Anfang, und ich gebe zu, dass ich mir damals, als ich mir vorgenommen hatte, all das zu verschenken, nicht wirklich Gedanken über die möglichen Folgen gemacht hatte. Es war einfach ein weiteres selbst gewähltes Abenteuer.

Aber glaubt mir, die Kommentare meines verrückten Onkels im Kopf, die ganze Denkerei, blieben natürlich nicht aus. So konnte ich sehr genau erfahren, was wirklich zu diesem Thema teilweise noch in mir vergraben war. Die erste Frage, die ich mir jedoch gleich zu Beginn gestellt hatte und auch heute noch weiterempfehlen kann, war folgende:

›Von was habe ich denn mehr als genug, um es großzügig und ohne Gedanken an Gegenleistung zu verschenken – genug, um es allen förmlich hinterherzuwerfen?‹

Meine Antwort damals war recht einfach: Geld? – Ähmm – eher nicht, aber Liebe, Mitgefühl, meine Ideen, meine gestammelten Weisheiten und Geschichten, meine bescheidenen Kochkünste, die Erde, Sonne, Mond und Sterne ... ja, davon hatte ich mehr als genug, und deshalb entschloss ich mich, es mit der Schenkerei einfach auszuprobieren. Wie ihr alle seht, bin ich bis heute dabei geblieben und sehe keinen Grund, daran etwas zu ändern.«

»Papa Charly, ich muss schon sagen, du hast wirklich immer noch ein paar echte Geheimnisse in deiner Schatztruhe verborgen, die so langsam peu à peu ans Tageslicht kommen. Diese ganze Geschäfts- und Geldgeschichte von dir hatte ich ehrlich gesagt bisher noch nie gehört.« Momoko, die die ganze Zeit interessiert zugehört hatte, schüttelte schmunzelnd den Kopf. »So richtig als Yuppie kann ich mir dich beim besten Willen nicht vorstellen.«

»Siehst du, ich wollte die ganze Zeit nur deine Vorstellungskraft schonen, Momoko, aber da ich mich jetzt wohl genug geoutet habe, kann ich für euch diesen Eindruck noch etwas bildhafter gestalten. Gebt mir nur drei Minuten.«

Papa Charly stand auf und verschwand über die Treppe. Kurz darauf konnte man hören, wie unten die Tür zu seinem Arbeitszimmer ging. Als er schließlich etwas außer Atem wieder zurückkehrte, hielt er ein kleines Holzkästchen in der Hand. Er öffnete es, kramte darin herum und zog dann ein altes, schrumpeliges Foto heraus, das unter großem Lachen die Runde machte. Es zeigte ihn mit Krawatte, Sonnenbrille und Nadelstreifenanzug.

»Wow, in dem Outfit sahst du fast ein bisschen gefährlich aus«, meinte Lucy, »durch und durch cool – absolut mein Typ!«

»Ganz richtig, und damals gab's bei mir noch nichts geschenkt, Baby!« Papa Charly fasste Lucy augenzwinkernd um die Hüfte und zog sie an sich. »Ja, und genau das hat sich heute natürlich grundlegend geändert, und wenn es euch recht ist, will ich nicht nur darüber erzählen, wie ich zu der ganzen Schenkerei gekommen bin, sondern auch ein paar Erkenntnisse mit dazupacken.«

»Dann leg mal los! Ich bin schon gespannt auf eine weitere Geschichte, die wir uns schenken können. Sorry … Spaaaß … das sollte ein Witz sein!«

»Momoko, aus deiner großen Klappe flattern wirklich manchmal kleine piekende Moskitos heraus! Aber das bin ich ja von dir schon gewohnt.« Papa Charly kniff ein Auge zu und sprach dann weiter.

»Okay, zurück zum Thema. Nach meinen Erfahrungen und Beobachtungen während all dieser Jahre erleben wir im Schenken einen völlig natürlichen, ursprünglichen Seinszustand. Es ist möglicherweise eine Eigenschaft, mit der wir geboren werden. Nicht ohne Grund bezeichnen viele Menschen ihre Kinder als das größte Geschenk, das sie je im Leben erfahren durften. Es ist die pure, bedingungslose Liebe, mit der uns kleine Kinder oft wie aus einer unerschöpflichen Quelle überschütten. Es heißt immer: ›Kinder brauchen viel Liebe‹, was natürlich einerseits stimmt. Aber noch mehr scheint für sie das Geben, das Verschenken der natürliche Zustand zu sein. Sie wollen mit uns gemeinsam in dieser Quelle baden. Es ist für sie jedoch völlig unbegreiflich, dass diese Liebe für uns Erwachsene oft ein knappes Gut, eine Mangelware darstellt und wir daran sogar Bedingungen knüpfen.«

Mika lächelte. »Papa Charly, ich muss dabei gerade an deine alte Metapher vom Fisch im großen Ozean denken, der sich über Wassermangel beklagt.«

»Ja, Mika, für viele von uns menschlichen Fischen ist aber dieses Mangelgefühl eine sich ständig wiederholende Erfah-

rung. ›Des Menschen Wille ist sein Himmelreich‹, so lautet das alte Sprichwort. Genauer gesagt sind es unsere Überzeugungen und Vorstellungen, die uns auf der Oberfläche des Ozeans Himmel und Hölle, Gut und Böse, kurzum die Dualität präsentieren. Vom Blickwinkel des Ozeans, der All-Einheit, der Nicht-Dualität aus gesehen ist all das nur ein Spiel seiner Wellen. Auf der Oberfläche aber erfahren wir täglich, dass wir selbst Schöpfer unserer Wirklichkeit sind, und daraus ergibt sich zumindest für unser alltägliches Leben eine logische Konsequenz:
Unser Trennungs- und Mangelbewusstsein gibt uns ständig das Gefühl, dass es nicht genug von allem gibt. Und genau diese Überzeugung wird uns sodann ins Leben gespiegelt. Klingt das für euch befremdlich?«

»Für mich jedenfalls nicht«, meinte Nick zustimmend. »Für die meisten Leute ist das das normale Leben. Deine persönliche Geschichte hat ja gezeigt, wie leicht selbst spirituelle Menschen immer wieder in diese Falle tappen. Realität ist einfach so verdammt echt, dass kaum jemand auf die Idee kommt, dass er gerade in einem Theaterstück auf der Bühne steht. Das Stück heißt dann so ähnlich wie: ›Ich brauch dies, ich brauch das – und kann ich's nicht haben, fehlt mir der Spaß‹. Immer wenn ich oder Mika mal wieder dieses Kasperletheater aufführen, erinnern wir uns gegenseitig gerne an Momoko, als sie noch ganz klein war – das hilft.«

»Eine wirklich gute Idee, die wir meistens gar nicht in Erwägung ziehen, weil wir so gerne in Mangel und Leid baden. Ja, schauen wir uns doch mal Neugeborene mit ihren weit geöffneten Augen an. Sie sind das pure Leben, voller Neugierde und Wachheit. Geschöpfe, die sich selbst aus allumfassender Liebe heraus ins Leben geboren haben. Diese Liebe ist vielleicht die Ursuppe, die Ursubstanz, aus der ständig alles neu entsteht und die manche von uns auch einfach Gott oder Sein nennen. Es ist zugleich die Leere, das unbeschreibliche Potential, von dem die Buddhisten schon seit über 2000 Jahren sprechen und die die Quantenphysik heute wiederentdeckt hat.«

Mika wurde mit einem Mal ein wenig unruhig und richtete sich auf der Liege auf, die sie kuschelnd mit Nick teilte.

»Freunde, verzeiht mir – dieses ganze Thema gerade und vor allem, wie wir unser Mangelbewusstsein auf unsere Kinder, ja schon auf kleine Babys übertragen, wühlt mich selbst heute, wo Momoko doch schon eine junge Frau ist, immer noch auf. Diese wunderbaren Wesen sind so sozial und vertrauensvoll, dass sie selbst unser unsoziales Verhalten nachahmen und als richtig annehmen. Dabei könnten wir gerade von ihnen so unendlich viel erfahren und lernen, wenn wir nur ein einziges Mal unsere erwachsene Arroganz und diesen übertriebenen Erziehungsanspruch fallen lassen könnten. Unseren Kindern zuzuhören, zu vertrauen und sie zu beobachten, würde schon reichen, die Einfachheit und Natürlichkeit zu erkennen, mit der sich für sie die Fülle und Schönheit dieser Welt ständig entfaltet. Mit der Liebe, von der du gerade gesprochen hast, Papa Charly, überschütten sie uns ständig, und wir sind oft blind dafür. Natürlich genießen wir ihre Zuneigung, aber wir erkennen nicht die Quelle, aus der sie schöpfen, die Quelle, die uns ja ebenfalls ständig zur Verfügung steht. Nein, wir wollen uns das lieber verdienen! Geschenkt bekommen das selbst die Kinder nur in Ausnahmefällen. Meistens sollen sie zuvor wenigstens brav und ordentlich gewesen sein, und das ist ja dann wieder so eine Art Handel und kein echtes Ge-

schenk. Ja, und genau das sollen sie dann auch möglichst bald lernen, die Kleinen:
›Von Nichts kommt nichts! – Du musst was tun für dein Glück!‹ und so weiter und so weiter ... Was für ein Schock für unseren Fisch aus dem großen Ozean. ›Mein kleiner Hering, von nun an sollst du wissen, dass es normal ist, ein Leben lang emsig umherzuschwimmen und zu ackern, um das lebensnotwendige Wasser zu finden!‹
Der kleine Fisch, der voller Vertrauen so ziemlich alles glaubt und mitspielt, was ihm Papi und Mami erzählen und vorleben, empfindet von nun an – na was wohl – Wassermangel! Ein schreckliches Gefühl für einen Fisch. Jetzt wird Wasser zum wichtigsten Thema seines Lebens. Wo es in seiner Welt gerade noch in Hülle und Fülle mehr als genug von allem gab, dort sind jetzt Mangel und Knappheit eingekehrt.
Um die Angst vor Wassermangel zu besänftigen, wird unser Fischkind wohl oder übel auf die Bedingungen eingehen, die seine Umgebung und die Fischgesellschaft stellen. Was haben wir selbst nicht alles von Kindesbeinen an getan, um Liebe und Zuwendung in jeglicher Form zu erlangen? Ja, und später dann, als erwachsene Heringe, brauchen wir noch eine Menge anderer wichtiger Dinge, wie beispielsweise Wasservorräte für schlechte Zeiten, Lebenswasser-Versicherungen und was-ser es sonst noch so alles gibt.« Beinahe etwas erschöpft ließ sich Mika wieder zurück in Nicks Arme fallen, der sie schmunzelnd umarmte.
»Mensch, Mika, so kennen wir dich ja gar nicht!«, meinte Daniela verblüfft.
»Ich schon – das ist das schlummernde Temperament der Samurai! Absolut tödlich für den nichtsahnenden Gegner

– nicht wahr, Liebste?« Mika kuschelte sich noch tiefer in Nicks Arme und hatte beinahe schon wieder ihren heiteren freundlichen Gesichtsausdruck.

»Aber Mika hat das Bild vom Fisch im Ozean gerade wirklich schön ausgemalt.« Papa Charly freute sich sichtlich darüber, wie dieses Gespräch in Fluss gekommen war. »Für den Ozean selbst, das unendliche Sein, gesättigt mit dem Wasser der allumfassenden, bedingungslosen Liebe, ist die Illusion unseres Fisches natürlich völlig absurd, denn er war immer da und wird immer da sein, egal, was der kleine Zappler sich dazu alles ausdenkt und für wahr hält. Wenn wir Menschenfische dieser allgegenwärtigen Liebe aber wieder gewahr werden, können wir natürlich mit diesem veränderten Bewusstsein aus dem Vollen, aus der Fülle schöpfen und sie mit allen Wesen teilen. Das ist Schenken in seiner ursprünglichsten Form.«

»Dann erkennen wir auch den feinen Unterschied zwischen ›verliebt sein‹ und ›in Liebe sein‹«, ergänzte Virginia. »Beim ›Verliebtsein‹ verlangt man immer irgendwie nach Gegenliebe, aber ›in Liebe sein‹ kennt überhaupt keine Bedingungen. Wirkliches Schenken ist ebenfalls immer bedingungslos, sonst sollte es besser Geschäftemachen heißen, nicht wahr, Papa Charly? Manche Menschen verwechseln das irgendwie.«

Virginia war bei ihrer Antwort schon aufgestanden und zog gerade Charles aus seinem bequemen Sessel hoch. »Sorry, ihr Lieben, wenn wir uns schon mal aus dem Staub machen, aber als echte Rabeneltern sollten wir mal nach unserem Sohnemann schauen, der sicher inzwischen mit Daniels Wiegenliedern unten im Hof eingeschlafen ist. Vielleicht kommen wir ja später noch mal vorbei, wenn es uns nicht zu sehr in die Kissen zieht.«

Die beiden winkten noch einmal in die Runde und machten sich sodann auf den Weg hinunter zum Hof, wo tatsächlich der kleine Juma friedlich in Daniels Armen lag, der unterdessen mit Tom, Alex und Safari wie jeden Abend mit runden, selbst geschnitzten Holzstückchen Dame spielte. Charles nahm seinen kleinen Sohn wie ein Säckchen in die Arme und trug ihn hinauf in ihr gemeinsames Bett, wo er ohne zu erwachen weiterschlummerte. Virginia und Charles beschlossen dann doch, bei Juma zu bleiben und mit ihm zu schlafen.

Auf der Dachterrasse hatten währenddessen zwei helle Sternschnuppen die verbliebenen Freunde zu neugierigen Himmelsbeobachtern gemacht, und Lucy erklärte ihnen daraufhin bereitwillig einige Sternenbilder und die Besonderheiten für Astronomen hier direkt am Äquator. Schließlich fanden aber alle wieder in die kleine Runde zurück und freuten sich nach dieser erfrischenden Pause auf die Fortsetzung ihres Gesprächs über das Schenken. Diesmal war es Nick, der zu sprechen begann:
»Geht es euch auch so? Ich muss beim Thema Schenken immer sofort an Weihnachten denken, das große Verschenkefest, das Fest der Liebe. Das meine ich jetzt gar nicht ironisch, sondern so, wie es wohl ursprünglich gedacht war. Dieser nette junge Mann namens Jesus, der an diesem Tag Geburtstag hatte, war nämlich einer der wildesten Verschenker überhaupt in der ganzen bekannten Menschheitsgeschichte.
Jedenfalls weiß ich noch ganz genau, wie Mika vor ein paar Jahren – wir waren über Weihnachten zum Skifahren bei Onkel Gust auf der Wurzeralm – völlig nichtsahnend ihr Weihnachtsgeschenk aus meinem Rucksack holte. Vorher hatte ich

sie noch kräftig an der Nase herumgeführt und auf eine völlig falsche Fährte gelockt. Ich grinste schon still vor mich hin, denn ich hatte ja schon ein halbes Jahr Vorfreude hinter mir. Und da war es – ein kleines Goldschmiede-Meisterwerk. Eine wunderschöne Kette mit zwei in Silber gefassten Grandeln eines großen Hirschen.

Alles hatte auf einer Pfingstwanderung in die Höll begonnen, einem wunderschönen und ganz und gar nicht höllischen Gebiet auf der Wurzeralm in Österreich, das einige von euch ja schon kennengelernt haben. Dort hatten wir im letzten Schnee des Winters einen kleinen Schatz gefunden. Na ja, Schatz ist vielleicht nicht der richtige Ausdruck, doch unser Fund wurde ja später sozusagen zum Juwel für mein Schätzchen, nicht wahr, Mika?

Wir waren jedenfalls etwas vom Weg abgekommen und standen plötzlich vor dem Gerippe eines mächtigen, kapitalen Hirschen. Er hatte sich wohl bei den Brunftkämpfen im Herbst eine tödliche Verletzung zugezogen und lag jetzt in einer schneebedeckten Mulde wie in einem natürlich gewachsenen Bett. Die Eckzähne dieses wunderschönen Tieres, die sogenannten Grandeln, hatte mir später der Jäger des Reviers geschenkt, als dem Finder seines Lieblingshirschen, den er den ganzen Winter über vermisst hatte. Tja, und nun, ein Dreivierteljahr später, kehrte das Tier symbolisch betrachtet mit Mikas Kette doch noch einmal in seinen Märchenwald zurück. Tja, und dann nahm die Geschichte eine überraschende Wendung …«

»Nick, lass mich ruhig weitererzählen«, unterbrach ihn Mika, »denn irgendwie taucht da aus meiner Erinnerung immer noch leichte Schwermut auf, die ich nicht verstecken möchte.

In dem besagten Jahr waren wir wohl echte Schneehasen, und nur drei Monate nach diesem schönen Weihnachtsfest, etwa Anfang März, waren wir schon wieder unterwegs zur Wurzeralm. Es geschah auf der Fahrt mit dem Euro-Night-Express in Richtung Wien, als die Kette sich einen neuen Träger suchte – fast so wie der Zauberring in Tolkiens ›Herr der Ringe‹.
In der Hektik des Umsteigens vom Nachtzug in die Regionalbahn zur Alm hatte ich die Kette im Schlafwagenabteil hängen lassen, und sie kam auch trotz aller Nachforschungen nicht mehr zu uns zurück.
Ich badete daraufhin in den unterschiedlichsten Gefühlen von Wut, Trauer, Ärger, Hoffnung und was nicht alles in einer solchen Situation hochkommt. Gleichzeitig aber war da auch immer ein Gefühl von Unwichtigkeit, ja beinahe Gleichgültigkeit. Wir befanden uns in einer wunderschönen Umgebung. Schneebedeckte Gipfel und eine verschneite Berglandschaft im Glanz der Sonne fast jeden Tag – das war hier und jetzt.
Allein die Gedanken an das Vergangene, an das Verlorene, konnten in mir Verlustgefühle und Schmerzen aufsteigen lassen. Es wurde uns mal wieder deutlich vor Augen geführt, dass Schenken nichts mit Haben, Besitzen und Festhalten zu tun hat. Im Gegenteil – Schenken bedeutet, den Fluss der Dinge zu beschleunigen, die Freude zu genießen und weiterzugeben. So locker kann ich natürlich erst jetzt, einige Jahre danach, davon reden und ich muss zugeben, dass ich etwas sanftere Lektionen durchaus vorziehe.«
Nick nahm Mika sanft in die Arme und küsste sie zärtlich auf die Wange.
»Ich hoffe, unsere kleine Alpensaga langweilt euch nicht«, fuhr Nick fort, »aber die Geschichte mit der Kette war doch

noch nicht ganz zu Ende. Weißt du noch, Momoko, als wir etwa zwei Jahre später zu Weihnachten bei Mikas Freundin Emily zu Besuch waren? Das war echt verrückt, und wenn ich jetzt daran denke, bin ich irgendwie immer noch tief gerührt. Mika, du hast dann irgendwann am Abend die Grandelgeschichte erzählt, und am Ende stand Emily ohne ein Wort zu sagen auf und kam lächelnd mit einem kleinen Kästchen zurück.

»Probier mal. Ist von meiner Oma und passt mir eh nicht«, sagte sie ganz schlicht.

Sie hatte einen goldenen Ring ihrer Großmutter mitgebracht, besetzt mit zwei wunderschönen, zierlichen Grandeln eines jungen Hirschen. Ein solches Geschenk wäre uns nie in den Sinn gekommen. Um es kurz zu machen – der Ring passte Mika wie angegossen, nicht wahr?«

Mika lächelte und hielt ihre linke Hand ins Licht. »Und er passt immer noch!«

»Darf ich mal sehn?« Daniela rutschte zu Mika hinüber und bestaunte das kleine Schmuckstück an ihrer Hand. »Wirklich hübsch, aber was für eine verrückte Geschichte – fast ein kleiner Roman.«

»Ja, und vor allem eine schönes Beispiel für den Fluss der Dinge, die durch das Schenken manchmal in Bewegung kommen«, meinte Papa Charly.

»Liebe Freunde, ich würde noch gerne etwas zum Gefühl der Vorfreude sagen. Wir sollten ihr immer mit offenen Augen begegnen. Sie knüpft sich natürlich an eine Illusion, eine Vorstellung von einem künftigen Ereignis. Aber man kann dieses Gefühl durchaus im Jetzt genießen. Es ist ja nicht so, dass du, Nick, dich tagein, tagaus nur noch mit der Weihnachtsbescherung und Mikas Kette beschäftigt hättest, als ob dein ganzes Glück davon abhängen würde. Aber wenn wir uns bewusst sind, wie der Verstand durch die ständige Beschäftigung mit Vergangenheit und Zukunft den gegenwärtigen Augenblick verschleiern kann, dann geschieht nichts mehr unbemerkt. Wenn uns die Illusion von Zeit bewusst ist, wird natürlich klar, dass auch so etwas wie Vorfreude letztlich eine Beschäftigung mit der nicht existenten Zukunft ist. Hierbei entsteht lediglich im Augenblick kein Leid. Beim Gegenteil, nämlich der Angst, wird schon deutlicher, wie der Verstand aus einer puren Vorstellung ein bedrohliches Phantom konstruiert, das uns ständig beschäftigen kann und das Jetzt völlig vernebelt.«

»Mal was anderes, Papa Charly, wie sieht es eigentlich hier in Afrika mit dem Schenken aus? Gibt es da vielleicht irgendwelche Traditionen, die schon immer heimlich in dir geschlummert haben?«, wollte Daniela wissen.

»Nun, in mir schlummert sicher noch so einiges, von dem ich keine Ahnung habe, aber das freie Schenken, von dem *wir* immer sprechen, ist schon ein recht seltenes Blümchen.
Es gibt sicher so etwas wie eine Schenkekultur in verschiedenen Gesellschaften auf der Welt. Meist ist das allerdings stark ritualisiert und geregelt und entspricht mehr der Idee von Tauschringen. Insgesamt gibt es aber immer noch Gemeinschaften, in der die Existenzweise des Habens noch nicht so ausgeprägt gelebt wird oder vielleicht gar nicht in der Weise existiert, wie *wir* das kennen. Das findet man auch hier in Afrika noch in vielen Dörfern. Es gibt dort zum Beispiel in vielen Bereichen gemeinsame Dinge, die von allen genutzt werden.«

»Aber Simon«, erwiderte Lucy, »das sollte uns nicht darüber hinwegtäuschen, dass hier und fast überall auf der Welt noch immer ein patriarchalisches System vorherrscht, in dem gerade in den ärmsten Familien die Männer immer noch ihre Frauen und Kinder besitzen und über sie verfügen können wie über Ziegen und Kühe.«

»Du hast natürlich völlig recht, Liebste. Die Existenzweise des Habens bringt leider auch eine Hierarchie der gegenseitigen Unterdrückung hervor, die wir in verschiedener Ausprägung in fast allen Gesellschaftsformen antreffen. Wo das Besitzen von Dingen eingeschränkt ist oder auch dort, wo man schon alles hat, ist die Macht über andere Wesen die wohl traurigste Form des Habens. Jemand hat einmal ganz zutreffend gesagt: ›Macht ist der Ersatz für das verlorene Selbst‹, und ich kann das nur bestätigen.«

»Wisst ihr«, meinte Mika, »der größte Verhinderer des Schenkens in unserer Welt ist nach meiner Erfahrung das Gefühl des Getrenntseins vom anderen und von sich selbst. Nur mal angenommen, es gäbe gar keine anderen, sondern Alles-Was-Ist hätte nicht nur den gleichen Ursprung, sondern wäre im Grunde immer noch dieser Ursprung selbst, nur in einer veränderten, transformierten Form – das hätte gewaltige Konsequenzen!«

Papa Charly nickte zustimmend. »Ganz richtig, nach dieser Sicht der Welt würde ich jedes Mal, wenn ich großzügig etwas verschenke, es mir selbst schenken. Ärgere ich mich über andere, so trifft der Ärger eigentlich mich, da es die Anderen ja genau genommen gar nicht gibt. Kein Mensch mehr würde mit diesem Wissen Kriege führen oder versuchen, andere über den Tisch zu ziehen, da er sich damit nur selbst schaden würde. Geschäftsleute wären mit diesem Bewusstsein selbstverständlich nur an einem Abschluss interessiert, bei dem auch der andere gewinnt und umgekehrt. Eine völlig neue Unternehmenskultur wäre möglich. Der Einzug des ›Win-Win-Prinzips‹ wäre nicht mehr aufzuhalten.

»Ich möchte Simons Ansicht noch ergänzen«, sagte Lucy. »Wenn die Trennungsillusion unter den Menschen immer mehr verschwinden würde – und das geschieht bereits überall auf der Welt – dann käme das verlorene Paradies, das vollkommene Glück, im gleichen Augenblick in alle Herzen zurück. Dort schläft es bei jedem von uns den Schlaf des Vergessens und wartet nur auf den befreienden Kuss des Märchenprinzen.«

»Piep, und wem das zu lange dauert, der küsst sich einfach selbst. Und wisst ihr, wie das geht? Nimm dir einfach den liebsten Menschen in deiner Nähe und knutsch ihn von oben bis unten ab. Frei nach dem Motto: Küss ich dich – küss ich mich! Wer das nicht sofort hinkriegt, kann ja erst mal mit kleineren Geschenken anfangen, piep.« Matz flatterte auf Papa Charlys Schulter und drückte ihm seinen kleinen Schnabel auf die Wange. Dabei wackelte er lustig mit seinem Köpfchen und brachte alle zum Lachen.

Daniela hatte die ganze Zeit interessiert zugehört, und auch Luciano hatte so manches Mal zustimmend genickt. Die beiden fühlten sich sichtlich wohl in dieser vertrauten Runde, obwohl sie in gewisser Weise die Neulinge der Glückskinder-Familie waren.

»Aber wisst ihr was«, meinte Daniela schließlich etwas nachdenklich, »nach meiner Erfahrung haben leider viele von uns mit dem Annehmen von Geschenken sogar noch mehr Probleme als mit dem Geben. Ich kann davon ein langes Lied singen: ›Wie kommt die nur dazu, mir was zu schenken? Die will doch bestimmt was!‹ Das ist nur einer von vielen Gedanken, die möglicherweise auftauchen, wenn wir unerwartet ein Geschenk bekommen. ›Es kann doch unmöglich sein, dass mir ein Wildfremder einfach so und ohne Hintergedanken was schenkt?‹ Manche fühlen sich beinahe schuldig, wenn ihnen so viel Gutes widerfährt. ›Ich hab doch gar nichts getan. Das kann ich doch unmöglich annehmen.‹ Es ist wirklich zum Mäusemelken!«

»Reg dich nicht auf, Mama!« Luciano legte liebevoll einen Arm um seine Frau und schaukelte sie ein wenig hin und her. »Aber du hast schon recht, ich kenne auch eine Menge Leute, die einfach in solchen Glaubenssätzen festsitzen wie ›Ohne Fleiß kein Preis!‹. Und ich weiß das auch von mir selbst. Manchmal reicht es uns noch nicht mal, dass wir uns selbst die Freude am Annehmen mit solchen Gedanken vermiesen, sondern wir schlagen noch zusätzlich dem anderen die Tür vor den Kopf, indem wir ein lieb gemeintes Geschenk ablehnen. Und das nur, weil wir nicht glauben können, dass man uns einfach so um unserer selbst willen liebt und beschenkt.«

»Tut mir leid, dass ich gerade lachen muss, Papa«, meinte Joy auf einmal, »aber mir fällt gerade ein, was Oma mir früher mal zum Essen in ihrem hessischen Dialekt gesagt hat: ›Mein Bub, wenn dir bei fremde Leut jemand was zu Esse anbiet, lehn des niemals aus falscher Höflischkeit ab. Es sei denn, du hast kein Hunger mehr. Entwedder, die meine des wirklisch von Herze – dann freue se sisch über dein Appetit – oder se sin vorne anners wie hinne. Dann sin se selber Schuld, wenn nachher die Schüssel leer is!«

»Ja, den Spruch kenne ich sehr wohl von meiner Mutter – das ist wirklich typisch für sie!« Daniela musste schmunzeln, denn sie erinnerte sich wohl deutlich an ihre eigene Kindheit zurück.

»Aber ich muss zugeben«, fuhr Joy fort, »dass ich bei all den guten Ratschlägen von Oma später trotzdem mit dem Geschenkeannehmen so meine Schwierigkeiten hatte. Vor allem bei den Mädels. Immer wollte ich ausgerechnet die Vögelchen fangen, die gar nichts von mir wollten. Momoko, ich hoffe du verzeihst mir meine Ausdrucksweise!

Ich wollte alles machen und tun, damit ich bemerkt und geliebt würde. Aber Pustekuchen! Das war, als ob man ein Gipsei im Kuckucksnest ausbrüten wollte. Da kommt einfach nix raus! Umgekehrt aber habe ich auch so manches großzügige Liebesgeschenk abgewiesen. Ehrlich gesagt habe ich es oft gar nicht mal wahrgenommen, weil ich so eifrig auf einer anderen Baustelle am Schrauben war. Als müsste ich mit der Brechstange den Glaubenssatz beweisen: ›Wenn man sich nur hartnäckig und lange genug bemüht, dann kommt schon was dabei raus.‹ Stimmt ja auch, raus kam immer was, aber nie das, was ich mir erhofft oder erwartet hatte.«

»Ich glaube, dass ich so was auch schon mal erlebt habe«, meinte darauf Momoko, »aber Geliebter, im Grunde war das wahrscheinlich alles ganz richtig, denn so sind wir beide uns schließlich ohne große Erwartungen begegnet und können unsere Liebe jetzt als ein wunderbares Geschenk genießen.«

»Damit hast du sicher recht. Heute kann ich zum Glück Geschenke ohne Angst annehmen und genießen, so wie ich das als Kind konnte. Geben und Nehmen macht mir gleichermaßen Spaß, wobei rein für mich selbst im Beschenken natürlich die größere Kreativität enthalten ist, da es ja etwas Aktives ist und ich selbst der Handelnde bin, wie beim Musikmachen beispielsweise.«

»Ihr Künstler seid natürlich als kreative Geister ein besonderes Geschenk an die Menschheit«, meldete sich Lucy zu Wort, »aber für die meisten Menschen ist ihre Kreativität vor allem auch ein Geschenk an sich selbst.
Letztendlich sind es doch die liebevollen Gefühle, die uns das Herz erwärmen, wenn ein Geschenk genau von dort herkommt. Der Inhalt und die Form sind dann wirklich zweitrangig. So beschenken uns die Kinder. Als Erwachsene könnten wir diese Herzlichkeit und Großzügigkeit durch etwas mehr Aufmerksamkeit und Bewusstheit wieder in unser Leben zurückholen.«

»Das hast du wirklich schön gesagt, Liebste«, freute sich Papa Charly. »Und wie ich schon sagte, wenn wir alle miteinander verbunden sind und uns die All-Einheit der Schöpfung bewusst wird, dann beschenken wir im anderen auch immer uns selbst. Das ist doch eine schöne Motivation für Großzügigkeit – nicht wahr?«

»Piep, piep, piep – ich hab euch alle lieb! Verzeiht mir bitte, dass ich jetzt zum Ende noch einmal das Wort an mich reiße, aber mir raucht nach dieser ganzen Schenkerei ein wenig der Kopf, oder vielleicht passt auch nicht so viel auf einen Rutsch hinein in mein kleines Spatzenhirn, hihi – Spaaaß! Nee, das war nicht ganz so ernst gemeint – ich hab euch schließlich den ganzen Abend still und heimlich, aber auch interessiert zugehört. Als kleine Entschädigung für meine Heimlichkeit und mit eurer Erlaubnis möchte euch der kleine Spatz die Es-

senz eures – ich bitte um Verzeihung – Geblubbers noch mal vor die Augen halten, damit ihr jetzt keine schlaflose Nacht habt und noch stundenlang wachliegt.«
Die Freunde schauten Matz erstaunt an, der sich direkt vor die flackernde Laterne gesetzt hatte, und in ihrem Schein konnte man fast meinen, dass er selbst ein wenig leuchtete.
»Also – was ist es denn, wohin es euch alle die ganze Zeit über mit wachsender Anziehungskraft treibt? Wunschlos glücklich zu sein, eins zu sein mit Allem-Was-Ist, euer ganzes Potential zu erfahren und leben zu können – das ist es doch, was ihr wirklich wollt! Und was hat die ganze Schenkerei damit zu tun? Sie ist der natürliche Ausdruck dieser Lebensweise, dieses Bewusstseins der Einheit und der Fülle!
Genauso zeigt sich auch Mutter Natur, in der ich mich nun wirklich gut auskenne, in jedem Augenblick. Jedes noch so unscheinbare Pflänzchen zeigt sich millionenfach großzügig, wenn es seine Samen und Früchte an uns Vögelchen und an die Erde verteilt. Unsere Sonne versprüht ihre wärmenden Strahlen großzügig ins ganze Weltall, und dieser Planet hier lebt von einem winzigen Bruchteil dieser Energie. Die Natur ist eine einzige Manifestation von Reichtum und Fülle, und ihr gehören wir schließlich alle an. So einfach ist das! Nur in eurer Einbildung, in eurem Kopfkino, könnt ihr diese simple Tatsache verdrängen und vernebeln. Heute Abend habt ihr sehr ausführlich in euren Erlebnissen und Geschichten beschrieben, welche Verwirrungen und Verwicklungen möglich sind, wenn man diese Wahrheit vergisst. Jeder hat zu diesem Thema eine Kiste, randvoll mit Emotionen jeglicher Art.
Aber vergesst jetzt mal für einen Moment dieses Gefühlschaos und schaut auf den Hintergrund dieses Spektakels. Lasst

eure kleinen Kinder und die Spatzen vom Dach eure Lehrer sein. Was unterscheidet uns von euch Erwachsenen? Ja – wir sind weder am Haben noch an Zeit interessiert! Das macht den Unterschied aus zwischen Haben oder Sein.

Auch großzügige Menschen scheinen manchmal, wenn ein wunder Punkt berührt wird, von jetzt auf gleich von der Habenkrankheit befallen zu werden und handeln plötzlich geizig und egoistisch. Aber diese Krankheit ist nicht unheilbar. Schaut beim nächsten Mal gut hin und seht euch genau an, was euch da so schrecklich wichtig erscheint. Was glaubt ihr da zu verlieren? Mit was seid ihr da identifiziert? Spürt ihr, wie es dabei eng wird und sich innerlich zusammenzieht? Das ist gut so, denn so fühlt es sich an, wenn ihr euer Potential beengt und einschnürt! Wenn ihr diese absurde Situation beobachten könnt, ohne euch voll hineinziehen zu lassen, dann könnt ihr aussteigen. Der Klotz im Bauch bleibt vielleicht noch einen Weile, aber ihr beginnt gleichzeitig zu lachen und seid nicht mehr in der Situation gefangen.

Handelt aus der Fülle heraus, seid großzügig und fragt euch immer wie Papa Charly: ›Von was habe ich mehr als genug, um es großzügig und ohne Gedanken an Gegenleistung zu verschenken – genug, um es allen förmlich hinterher zu werfen?‹

Das ist doch ein wirklich ein guter Anfang und ein gutes Schlusswort für den heutigen Abend. So und allen, die es jetzt langsam in die Kissen zieht, wünsche ich einen tiefen und erholsamen Schlaf. Ich selbst habe noch ein kleines Rendezvous in den Dünen, piep!« Matz verzichtete diesmal auf einen seiner spektakulären Abgänge und flatterte wie ein ganz normaler Vogel davon in Richtung Strand.

Watamu

Die Sternenanbeter auf der Terrasse waren vom Auftritt ihres gefiederten Freundes einmal mehr tief im Inneren berührt. Nach und nach verabschiedeten sie sich voneinander und wünschten sich mit »lala salama« eine gute Nacht. Nur Papa Charly zog es noch hinunter in den Hof, wo seine alten Freunde Safari, Tom, Alex und Daniel beim Damespiel lachend auf ihren Korbsesseln und Hockern saßen. Freudig begrüßten sie ihn in ihrer kleinen Runde und da sein letzter Besuch doch schon einige Zeit her war, gab es so einiges an Neuigkeiten auszutauschen. So wurde die Nacht immer länger, bis schließlich mit dem Dämmern des neuen Tages alle Nachteulen doch noch einen Platz zur Ruhe aufsuchten, die diesmal allerdings nicht ganz so lange währen würde.

An diesem und den folgenden Tagen versuchten sich alle ein wenig dem Rhythmus und Tempo des Landes anzupassen und den Swahili-Worten »pole, pole« zu folgen, was so viel heißt wie langsam, langsam – immer schön mit der Ruhe. Bei den hohen Temperaturen fiel dies niemandem richtig schwer. Die körperlichen Aktivitäten und sportlichen Vergnügen, wie zum Beispiel Joggen am Strand, verlegte man besser auf den frühen Morgen zum Sonnenaufgang oder in die Zeit der Abenddämmerung.
Joy und Momoko schafften es wirklich des Öfteren, recht früh aufzustehen und zusammen mit einigen einheimischen Freunden, die am Strand lebten, zu laufen. Es war eine echte Augenweide, einigen dieser gut trainierten Läufer zuzusehen,

wie sie barfuß beinahe gazellengleich über den Sand flogen. Hier am Strand von Nyali, an der Küste der aufgehenden Sonne, konnten Momoko und Joy so manches Mal das glutrote Auftauchen des Feuerballs aus dem Indischen Ozean mitansehen und sich daran erfreuen.
Oft waren sie und die einheimischen Strandläufer in diesen frühen Stunden ganz allein dort unten am Meer. Nur die Fischer waren, je nach Stand der Gezeiten, ebenfalls schon mit ihren Holzbooten unterwegs und boten auf dem schillernden Wasser beinahe ein Postkartenmotiv.
Nach etwa einer Stunde kehrten Momoko und Joy dann nach Frangipani zurück und genossen ein erfrischendes Bad im Pool. Zu dieser Zeit kamen meist auch die anderen Freunde aus ihren Zimmern herunter und freuten sich darauf, zusammen Yoga und andere Übungen für Körper, Geist und Seele zu praktizieren.
Juma turnte zwischen allen herum und nutze die herumliegenden Popos und Bäuche gerne für akrobatische Kletterübungen. Dieser kleine Junge war mit seiner heiteren Lebensart nicht nur der Liebling aller, sondern auch der lebende Botschafter des Jetzt. Juma gab ihnen allen Anschauungsunterricht in problemlosem, zeitlosem Leben. Und die Freunde taten es ihm gleich und übten, das wunschlose Glücklichsein zur Normalität ihres Alltags werden zu lassen. Aber dies war kein Üben im herkömmlichen Sinn. Es war das wache Fließen von einem Moment zum nächsten, das hier stattfand. Juma war ein gnadenloser und radikaler Lehrer. Er platzte besonders gerne in Meditationen und Schweigegruppen, als wollte er ihnen allen zeigen, dass das nicht so wichtig sei. Papa Charly bekam dabei regelmäßig einen Lachanfall.

»So, jetzt wisst ihr hoffentlich, dass es vielleicht hilfreich sein mag, der inneren Stille durch äußere Stille ein wenig unter die Arme zu greifen, doch Meister Juma zeigt euch hier und jetzt, dass es die Stille des Herzens ist, auf die es ankommt. Die aber könnt ihr auch im lautesten Getümmel eines Kaufhauses erfahren. Lasst uns diesem kleinen Mann danken für seine Lektionen, indem wir ihn herzen und knuddeln.« Papa Charly nahm seinen Enkel daraufhin an den Armen und wirbelte den kleinen Mann, der dabei vor Freude quiekte, durch die Luft.

Es war ein besonders angenehmer Tag, denn es hatte am Morgen etwas geregnet, und die Sonne verschwand des Öfteren hinter weißen Schäfchenwolken. Heute wollten sie die Küste hinauf nach Watamu reisen, um dort am großen Riff zu schnorcheln. An diesem besonderen Platz konnte man die faszinierenden Unterwassergärten ganz bequem direkt vom Strand aus erreichen. So waren sie schon früh auf den Beinen, um noch vor der Ebbe am Mittag hinauszuschwimmen.
Die Fahrt mit einem gemieteten Matatu auf der Küstenstraße war ein Abenteuer für sich. Diese Kleinbusse fuhren normalerweise auf festen Strecken ständig in der Stadt und auf den Hauptstraßen der Umgebung und hielten für jeden Fahrgast an, egal wo er ein- oder aussteigen wollte. Einige dieser Fahrzeuge waren halb verrostete Wracks mit Motor, und es war ein Wunder, dass sie nicht während der Fahrt auseinanderfielen. Safari aber hatte gute Verbindungen, und so kamen sie in den Genuss eines gut erhaltenen Gefährts. Als alter Rastaman hatte er natürlich ein Matatu mit Reggae-Musik und Bob-Marley-Bemalung gewählt. Die Fahrer und ihre Begleiter, die das Geld von den Fahrgästen einsammelten, hatten häufig

ihre Fahrzeuge mit bunten Aufklebern und Schriftzügen verschönert. So konnte man meist schon vorher ahnen, welche Musikrichtung dort bevorzugt gespielt wurde.
Die etwa 70 Kilometer bis Watamu zur wunderschönen Turtle Bay führte sie auch an dem Dorf vorbei, in dem Toms Familie lebte. Dort wollten sie auf der Rückfahrt am Nachmittag einen kleinen Überraschungsbesuch machen. Papa Charly und Lucy hatten für diesen Tag einen Besuch bei Verwandten und vor allem bei Fatuma geplant. Daher hatten sich schon kurz nach dem Frühstück abgemeldet. Zusammen mit Tom, Safari und der Matatu-Besatzung waren sie dreizehn Personen mit Kind und hatten im Gegensatz zum regulären Betrieb, bei dem sich manchmal über zwanzig Menschen und Tiere in die engen Fahrzeuge quetschten, mehr als genug Platz. So gut es ging, versuchten sie sich auf der teilweise holperigen Fahrt gegenseitig abzustützen und festzuhalten. Juma gefiel das Gehüpfe besonders gut, und so wurde es alles in allem eine lustige, beinahe sportliche Reise.
Die Turtle Bay war eine von drei halbmondförmigen Buchten mit weißen Stränden. Flache Korallenbänke schimmerten im türkisblauen Wasser und ragten jetzt bei Ebbe teilweise daraus hervor. Der Strand war auch für Jumas Sand- und Wasserspielereien flach genug, und Tom und Safari hatten glücklicherweise aus einem der nahegelegenen Hotels ein paar Sonnenschirme organisiert, um die Freunde vor der Kraft der sengenden Strahlen zu schützen, die selbst bei Bewölkung auf Dauer für die Bleichgesichter nicht ungefährlich waren.
Nick, Mika, Daniela und Luciano blieben mit dem kleinen Juma am Strand, badeten mit ihm im warmen Wasser und bauten Sandburgen. Auch Tom und Safari leisteten ihnen ger-

ne Gesellschaft. Charles und Virginia, die selbst passionierte Taucher waren und sich hier gut auskannten, zeigten Momoko und Joy das Riff. Sie schwammen mit Flossen, Taucherbrillen und Schnorcheln gemeinsam hinaus, und was sie dann zu sehen bekamen, war unbeschreiblich.

Eine unglaubliche Vielfalt von Korallen und Riffbewohnern, die im Licht der Sonne ihre prächtigen bunten Farben zeigten, erinnerten Momoko und Joy sofort an die beeindruckende Unterwasserstadt der Delfine. Wo mochten wohl gerade in diesem Augenblick Bahari und seine Familie durch die Weite des Ozeans reisen?

Sie hatten nicht lange Zeit, dieser Frage in ihren Gedanken nachzugehen, denn etwas völlig Unerwartetes stand ihnen bevor. Die eifrigen Schnorchler hatten die meiste Zeit die Köpfe unter Wasser und so erschraken sie ein wenig, als plötzlich, wie aus dem Nichts die Silhouette eines Delfins an ihnen vorbeizog. Es dauerte nicht lange, bis die vier völlig von Delfinen eingekreist waren.

»Bahari! Das kann nur Bahari mit seiner Familie sein«, rief Virginia freudig aus, als sie etwas außer Atem an die Wasseroberfläche zurückkehrten. »Charles, hast du nicht diesen ovalen weißen Fleck auf seiner Stirn gesehen? Ich kenne nur einen Delfin mit dieser Zeichnung!«

»Woher kennt ihr denn Bahari?«, wollte Momoko aufgeregt und völlig überrascht wissen.

»Er und seine Familie sind gute alte Bekannte von uns aus Half Moon Bay in Kalifornien. Dorthin kommen wir sehr oft zum Schwimmen und Tauchen«, meinte Charles ebenfalls etwas verwundert darüber, dass die Delfinfamilie offenbar noch andere Freunde hier hatte.

»Aber wir kennen die Delfine nicht nur vom Tauchen«, ergänzte Virginia. »Mein Gott, ich ahne schon, dass auch ihr ihnen noch auf ganz andere Weise begegnet seid.«
Da Sprechen und Schwimmen gleichzeitig auf Dauer sehr anstrengend war, zogen die vier es vor, ihre Fragen auf später zu verschieben. Stattdessen genossen sie beglückt das Schwimmen mit ihren Freunden aus dem Meer. Diesmal konnten sie sogar, wie in ihrem Traum auf Erics Boot in der Bucht von Waipi'o Valley, die Flossen ergreifen und auf den Rücken der Delfine durch die Wellen reiten. Selbst Charles und Virginia hatten das noch nie zuvor erlebt. Dieses wunderbare Spiel hätte ewig dauern können, aber irgendwann ließen die Kräfte der Schwimmer nach, und sie mussten noch für die Rückkehr zum Strand reichen.
»Wir werden uns bald wiedersehen, Menschenkinder!«, erschien zum Abschied Baharis sanfte Stimme in ihren Köpfen.

Nachdem sie zu den anderen an den Strand zurückgekehrt waren, sorgte die Begegnung mit den Delfinen für einigen Gesprächsstoff, und sie mussten alles haargenau berichten.
»Und er hat wirklich mit euch gesprochen?«, fragte Daniela ungläubig.
»Mama«, antwortete Joy, »das ist kein Sprechen im menschlichen Sinne. Es ist eher wie ein Klangbild, wie ein Geistesblitz, eine plötzliche Eingebung. Du weißt es einfach, wie du manchmal schon genau weißt, was Papa sagen will, bevor er überhaupt den Mund aufgemacht hat.«
»Ja, ja«, lachte Luciano, »manchmal übertreibt sie das aber ein bisschen. Dann komme ich gar nicht mehr zu Wort.«
Daniela aber saß immer noch kopfschüttelnd unter dem Son-

nenschirm, und ihre Stirn war in grüblerische Falten gelegt.
»Das ist doch sicher nicht normal, dass die gleichen Delfine heute in Hawaii, morgen in Kalifornien und übermorgen vor der Ostküste Afrikas herumschwimmen? Mir, oder vielleicht sollte ich fairerweise sagen, meinem Verstand, scheint das schlichtweg unmöglich zu sein.«
»Unglaublich vielleicht, aber nicht unmöglich!«, erwiderte daraufhin Mika. »Daniela, du kannst mir glauben, mit dem Phänomen Zeit habe ich schon die verrücktesten Sachen erlebt. Aber du kennst ja auch schon einige von Papa Charlys Ausführungen zu diesem Thema. Vielleicht sollten die Kinder mal etwas mehr von ihrer mysteriösen Delfingeschichte auf Hawaii erzählen. Darüber haben zumindest Nick und ich bisher immer nur ein paar kurze Andeutungen gehört, und ich gebe zu, dass ich schon *das* ziemlich interessant und faszinierend fand.«
Momoko und Joy erzählten daraufhin ein wenig über ihre Begegnung mit Baharis Familie in der Bucht von Waipi'o Valley und ihrem aufregenden Traumerlebnis unter dem Meer. Die Augen von Virginia und Charles wurden immer größer, denn sie hatten ganz Ähnliches erlebt und kannten ebenfalls die Stadt der Delfine aus ihren Träumen. Auch ihnen hatte Bahari damals telepathisch seinen Namen übermittelt.
Daniela bekam für alle sichtbar eine Gänsehaut, aber gleichzeitig versuchte sie sich zu entspannen und schien sich zögerlich mit der Tatsache anzufreunden, dass es zwischen Himmel und Erde noch so einiges gab, was unerklärlich, phantastisch und doch zugleich erlebbar war.
»Es ist viel zu heiß hier, piep, ich komme lieber unter euren Schirm, Freunde!«

Als ob ihr das gerade noch gefehlt hätte, flatterte Matz vom Sonnenschirm direkt auf Danielas Schulter und zupfte an ihrem Ohrläppchen.

»Piep, bin ich dir echt genug, Mama Joy, oder brauchst du noch dickere Beweise?«

»Oh Matz, mein kleiner gefiederter Freund, ich glaube, ich gebe es auf und frage erst gar nicht, wie ausgerechnet du jetzt hierher kommst?« Danielas Freude über den kleinen Besucher, den sie ja schon kannte, war größer als ihre Skepsis, und so streichelte sie liebevoll die kleinen flauschigen Federn unter seinem Schnabel. Matz gefiel diese Liebkosung sichtlich, und er verdrehte seinen Kopf genüsslich erst zur linken, dann zur rechten Seite.

»Liebe Freunde des Sonnenstichs«, piepte er, »ich schlage vor, ihr packt jetzt mal eure Siebensachen, und dann suchen wir uns ein schattiges Plätzchen unter echten Bäumen. Ich kenne da einen großen, fetten Mangobaum vor Onkel Toms Hütte. Lasst uns doch dorthin fliegen – äh … ich meine natürlich – ich fliege und ihr nehmt euer Matatu. Oder möchte vielleicht jemand auf meinen Rücken? Mmh – ich rieche da auch schon leckeres Essen, piep!«

Tom und Safari schauten sich etwas verwundert an, denn bisher kannten sie zwar Menschen wie Fatuma, die mit Tieren reden konnten, doch noch nie zuvor hatten sie selbst einen sprechenden Vogel wie Matz gesehen und gehört. Durch Papa Charly und seine Geschichten waren sie jedoch auf solche unglaublichen Dinge schon ein wenig vorbereitet.

Die geplante Überraschung in Toms Dorf hatte Matz verdorben, denn er hatte die Freunde bei Toms Großmutter, die von allen als hellsichtige Medizinfrau angesehen wurde, schon angekündigt. Tatsächlich hatte man bereits damit begonnen, kleine Gerichte zu kochen, und die Besucher wurden mit frischer Kokosmilch begrüßt. Der kleine Juma wurde von einer Schar von Kinder umringt und herumgeschleppt. Für sie war er mit seiner helleren Haut fast schon ein weißes Baby, und so etwas hatten hier viele Kinder noch nie gesehen. Die Gastfreundschaft und Herzlichkeit der Dorfbewohner war überwältigend. Sie waren wie eine große Familie, und Tom, Safari und Charles, den hier einige schon kannten, machten alle miteinander bekannt.

Der Nachmittag unter dem großen Mangobaum vor Toms Haus, die netten Verwandten und Nachbarn und die spielenden Kinder weiter oben auf dem Dorfplatz, dem ein mächtiger alter Baobab-Baum seinen Schatten spendete, waren eines der bewegendsten Erlebnisse auf ihrer ganzen Reise. Diese Menschen trugen das Glücklichsein in ihren Herzen, und ihre lachenden Gesichter konnten das bezeugen. Auch Matz schien es hier besonders gut zu gefallen und man konnte ihn manchmal mit einem rotgefiederten Vogelmädchen in den Ästen entdecken
.

Erst am späten Abend kehrten die Ausflügler mit leuchtenden Augen und lachenden Gesichtern nach Frangipani zurück. Sie waren alle tief berührt von den Begegnungen dieses Tages, und Papa Charly und Lucy lauschten mit Freude den begeisterten Erzählern. Besonders die Begegnung mit Bahari und seiner Familie schien Papa Charly aufmerksam zu machen.

»Da ist was im Busch!«, meinte er nachdenklich. »Ich meine, da ist etwas Größeres im Gange, als wir jetzt ahnen. Die

Anwesenheit der Delfine hat sicher etwas zu bedeuten. Wir waren heute bei Fatuma, der Hellseherin, und sie sprach von einem wichtigen Ereignis, das uns allen in Kürze bevorstehen würde. Näheres wollte sie uns darüber nicht mitteilen, aber ihre Andeutungen klangen ziemlich geheimnisvoll. Sicher werdet ihr sie sehr bald persönlich kennenlernen. Sie will euch alle noch treffen, bevor wir wieder zurückreisen.«
»Wann will sie denn kommen?«, fragte Daniela neugierig. Sie war schon gespannt auf diese Frau, über die bereits so viel Mysteriöses erzählt worden war.
Papa Charly musste lachen. »Glaub mir, Daniela, sie wird schon im rechten Moment auftauchen, aber mit bestimmten Menschen musst du keine Zeit für ein Treffen festlegen. Sie kommen einfach, wenn es für alle passend ist. Das sieht dann zwar wie Zufall aus, ist aber keiner.«
Mit dieser Antwort gaben sich alle zufrieden, und da sie von den leckeren Speisen in Toms Dorf noch gut gesättigt waren, beschlossen die meisten, an diesem Abend schon bald schlafen zu gehen. Der kleine Juma war bereits auf der Heimfahrt auf Virginias Schoß ins Traumland hinübergesegelt und so waren es am Ende nur Papa Charly, Lucy, Momoko und Joy, die noch ein wenig zum Strand hinuntergingen, um das grandiose Schauspiel des hellen Sternenhimmels zu erleben, der sich in der flachen Dünung spiegelte und mit dem Ozean zu verschmelzen schien. Schweigend saßen die vier aneinandergelehnt beisammen und hörten und fühlten mit wachen Sinnen das Lied des Meeres. Seine Melodie erklang in ihren Herzen und strömte als tief empfundene Liebe für die ganze Welt durch ihre Körper.

Weihnachten unter Palmen

Es war Heiligabend, und Safari und Alex hatten am Morgen zusammen mit Lucy und dem kleinen Juma ein paar Pflanzen im Garten mit Girlanden und Sternen geschmückt. Weihnachten unter Palmen war wirklich etwas Besonderes für Menschen, die es gewohnt waren, dieses Fest seit ihrer Kindheit in Winterbekleidung zu begehen, zumindest falls sie einen Fuß vor die Haustür setzen wollten. Doch diesmal war das ganz anders. Das Wetter bescherte ihnen wie auch bisher einen wunderbar warmen und sonnigen Tag. Erst spät in der Nacht kühlte es dann allmählich ab, und so feierten und tanzten sie alle an diesem heiligen Abend in sommerlicher Bekleidung zu selbst gespielter afrikanischer Musik.
Diese Weihnachtsgesellschaft war nicht nur von den Hautfarben her wirklich bunt gemischt. Der freudige Anlass brachte in Frangipani diesmal auch verschiedene Traditionen und Religionen zusammen: Muslime, Christen und Buddhisten und solche, die ihre alten Glaubensrichtungen verlassen hatten. Trotzdem war für sie alle dieses Fest des Schenkens und Gebens ein wunderbares Ereignis, das sie ausgelassen und freudig miteinander feierten. Sie hätten das sicher auch an jedem anderen Tag im Jahr getan, aber jetzt war eben gerade Weihnachten, und diese Gelegenheit ließen sie sich nicht entgehen.
Es war wieder einmal Juma, der ihnen allen zeigte, worauf es wirklich ankam. Seine zahlreichen Geschenke nahm er neugierig in Empfang, um sie sodann wieder unter seine Freunde zu verteilen. Für ihn war das Geben und Nehmen ein freu-

diges Spiel, und die Erwachsenen um ihn herum gewannen nach und nach Gefallen daran, auch ihre Geschenke im Kreis wandern zu lassen. So bekam jeder jedes Geschenk einmal in die Hand, um es gleich darauf wieder weiterzugeben. Irgendwann hatten alle das Gefühl, dass ihnen das Verteilen beinahe mehr Spaß machte als das Beschenktwerden. Die persönlichen Gaben kehrten am Ende zwar wieder zu ihren ursprünglichen Empfängern zurück, aber alle hatten in diesem Spiel auch eine tiefere Bedeutung entdecken können.

Das Essen war diesmal als Buffet angerichtet, so dass jeder ohne Sitzordnung seinen Teller füllen und sich einen Lieblingsplatz zum Schmausen suchen konnte. Verschiedene Köche und Köchinnen hatten sich über den ganzen Tag verteilt in der Küche mit ihren Künsten ausgetobt, und so war bis zum Abend eine wunderbare kulinarische Vielfalt entstanden, die noch dazu niemanden die ganze Zeit über an den Kochtopf gefesselt hatte.

Zu guter Letzt war da noch Mikas legendärer Christstollen mit Tonkabohnen, denen man eine leicht aphrodisierende Wirkung nachsagte. Die vier Stollen hatten schon vor einem Monat die Backröhre verlassen und waren im Koffer sorgfältig eingepackt eigens bis nach Frangipani gereist, um die Gaumen ihrer Fangemeinde zu verwöhnen.

In gleichem Maße, wie sich das Buffet im Laufe des Abends lichtete, hatten die meisten das deutliche Gefühl in der Magengrube, dass sie eindeutig zu viel von allem genascht hatten, und so war es beinahe wie eine Befreiung, als nach einer Weile Nick und Joy das Trommelkonzert eröffneten und die ersten Tänzer und Tänzerinnen dazu ihre Hüften, Köpfe, Arme und Beine schwangen. Es dauerte nicht sehr lange, und alle waren

irgendwie in dieses kleine Orchester mit weiteren Trommeln und Perkussionsinstrumenten integriert. Besonders schön war, dass man einige dieser Instrumente auch tanzend spielen konnte.
Während ihres ausgelassenen Bewegungsprogramms hatte keiner so richtig bemerkt, wie Papa Charly und Lucy zusammen mit Safari und Tom Teile des Buffets in Tragetaschen und Körbe verstaut hatten, doch bald darauf zog die musizierende und tanzende Karawane durch das große Tor von Frangipani hinunter zum Strand, wo schon Alfred und viele andere Freunde und Bekannte den illustren Zug an einem großen Lagerfeuer erwarteten und freudig begrüßten. Das verbliebene Essen und die Getränke fanden großen Anklang, und die Feierer machten die Nacht zum Tag. Niemand wusste mehr, wie spät es war, und wer müde wurde, schlief einfach abseits des Feuers auf einer der mitgebrachten Decken. Sogar Juma, der länger, als das irgendjemand für möglich gehalten hätte, mitgetanzt und getrommelt hatte, blieb in dieser Nacht am Strand und lag eingemummelt zwischen seinen Eltern.
Als es irgendwann am Himmel heller wurde und die Morgenröte heraufzog, hatten Momoko und Joy noch immer nicht geschlafen. Eng aneinandergekuschelt saßen sie an der Glut des heruntergebrannten Feuers und lauschten ihren Massai-Freunden Ewoi und Epir, die ihnen Lieder aus ihrer Heimat vorsangen.
Die schnell aufsteigende Morgensonne weckte die meisten Schläfer aus ihren Träumen, und so packten sie nach einer Weile mit der rasch zunehmenden Hitze alle Decken und Utensilien zusammen, um mit halb geschlossenen Augen wie Schlafwandler den Weg zurück nach Frangipani anzutreten.

Keiner redete ein Wort, denn sie alle würden wohl die kommenden Stunden mit zugezogenen Vorhängen in ihren Zimmern verbringen, um nach dieser glückseligen Feier gut auszuschlafen. Glücklicherweise wachte auch Juma nicht allzu früh auf, und so lag an diesem Morgen eine schläfrige Stille über Frangipani. Auch am nahen Strand blieben an diesem Tag einige Bewohner länger als üblich an schattigen Plätzen im Traumland und wachten teilweise erst am Nachmittag auf.

Die Weihnachtstage waren auch in Kenia nationale Feiertage, und so konnte man zu dieser Zeit viele Bewohner von Mombasa antreffen, die den wunderschönen Nyali Beach zum Schwimmen und für Spaziergänge nutzten. Die Menschen waren sonntäglich herausgeputzt, und auch die Kinder hatten ihre schönsten Kleider angezogen. Daniela bekam auf diese Weise ihre wohl schönste Parade an bunten Stoffen und Gewändern während dieser Ferien zu sehen. Es war wirklich eine wunderbare Mischung verschiedener Kulturen und Gemeinschaften, die hier friedlich nebeneinander lebten und sich an diesem Tag farbenfroh am Strand zeigten.

Die Bewohner von Frangipani verbrachten die Zeit bis zum Jahreswechsel wie schon bisher in beschaulicher Ruhe. Luciano und Daniela wollten allerdings unbedingt eine kleine Safari unternehmen, denn die Begegnung mit den großen Tieren Afrikas in freier Wildbahn konnten sie sicher nirgendwo besser erleben als hier. So buchten sie drei Tage im Tsavo-National-Park mit einer Übernachtung im Freien, und Luciano bewaffnete sich dazu mit Kamera und Teleobjektiv, um als alter Zoobesucher seine geliebten Elefanten und Nashörner diesmal ohne Gitter möglichst nahe zu Gesicht zu bekommen. Auch die zurückgebliebenen Freunde unternahmen kleine Ausflüge: Der turbulente Markt von Mombasa, das Museumsdorf von Ngomongo und der Bamboori Nature Trail waren sehens- und erlebenswerte Plätze ganz in der Nähe ihres Domizils.

Der Nature Trail war vor langer Zeit im Steinbruch einer ehemaligen Zementfabrik angelegt worden und führte durch ein Gelände, das mittlerweile zu einer wunderschön gestalteten Heimat für Pflanzen und Tiere geworden war. Juma genoss diesen Ausflug sichtlich, und gleich am Eingang durfte er auf einer der alten Riesenschildkröten reiten.

Unter den Bewohnern dieses großzügigen, bewaldeten Wildparks gab es auch einige der großen Tiere Afrikas zu bestaunen wie Flusspferde, Büffel, Zebras, Wasserböcke, Oryxantilopen, Elenantilopen und Giraffen. Juma war begeistert. Besonders interessant aber fand er die Babykrokodile, deren große Geschwister und Eltern allerdings aus der Nähe betrachtet ziemlich furchterregend aussahen. Bei der Fütterung konnte man dann die sonst meist regungslosen Reptilien in blitzschneller Aktion beobachten.

Bei diesem Besuch hatten auch Juma und seine Freunde, die zusammen mit ihm in Frangipani geblieben waren, eine ganze Menge einheimische Tiere aus der Nähe sehen können, und so würden sie den beiden Safariurlaubern bei ihrer Rückkehr ebenfalls ein paar hübsche Bilder zeigen können.

Glückliches Zusammentreffen

Es war der letzte Tag des alten Jahres, und Daniela und Luciano waren inzwischen wohlbehalten von ihrer Safari zurückgekehrt. Allerdings klagten sie ein wenig über ihre müden Knochen und verspannten Rücken von den langen Fahrten mit den Geländefahrzeugen. Ihre kleine Abenteuerreise in die Wildnis aber hatte sie sehr beeindruckt, und beim Erzählen leuchteten ihre Augen wie nach dem ersten Schulausflug. Joy hatte seine Eltern lange nicht mehr so glücklich miteinander gesehen. Ein entspannender Tag mit Schwimmen und wohltuenden Massagen würde den beiden sicher gut tun, und sie freuten sich schon auf die bevorstehende Silvester-Strandparty am Abend.

Von ihrem schönen Erlebnis an Heiligabend inspiriert, wollten die Freunde aus Frangipani an diesem Tag schon früher zum Strand, und so begannen sie ab der Mittagszeit damit, eifrig leckere Gerichte vorzubereiten, die man einfach transportieren konnte und die über den ganzen Abend hinweg die hungrigen Gäste erfreuen sollten. Heute würden sicher eine ganze Menge Freunde und Bekannte kommen, um mit ihnen ins neue Jahr hineinzufeiern.

Es war etwa vier Uhr nachmittags, als die Glocke am Hoftor läutete. Momoko war gerade in der Küche, als sie eine vertraute weibliche Stimme hörte, deren tiefen, sanften Klang sie jedoch schon lange nicht mehr vernommen hatte.

»Und hier habe ich einen vollen Korb mit meinen selbst gemachten Samosas. Safari, vielen Dank für deine Hilfsbereitschaft, aber ich trage den Korb lieber selbst. Ich weiß doch ganz genau, dass du liebend gerne die Hälfte der Samosas alleine vernaschen würdest, wenn wir dich nicht zurückhalten, haha!«

Dieses herzhafte, schallende Lachen konnte nur zu einer Person gehören.

»Fatuma!«, rief Momoko freudig, während sie noch mit Teig an den Fingern, den sie unterwegs abschleckte, aus der Küche hinaus auf den Hof stürmte.

»Momoko, meine Kleine – nein, das passt nicht mehr so richtig – meine groß gewordene Freundin! Die alte Fatuma hat es nun doch endlich zu euch geschafft. Und wenn ich so den Duft aus der Küche rieche, dann ist der Zeitpunkt für meinen Besuch gut gewählt.«

»Ja, wirst du denn zu unserer kleinen Feier bleiben?«, fragte Momoko mit großen Augen. »Ja, ja, das wäre wirklich wunderbar!«

»Was denkst du denn, meine Liebe? Ich steh doch nicht den ganzen Vormittag in der Küche und bastele für euch Samosas, wenn ich mich nicht selbst davon überzeugen kann, wie ihr alle davon verzaubert werdet! Natürlich bleibe ich bei euch zum Feiern und Singen!«

»Das ist ja großartig!« Momoko drückte die runde, gewichtige alte Frau fest an sich und freute sich wie ein kleines Kind. Fatuma sah einfach beeindruckend aus in ihren afrikanischen Gewändern. Die wunderbar bedruckten Stoffe, die sie kunstvoll um sich geschlungen hatte, und der tolle Kopfschmuck kleideten diese stolze und warmherzige Frau wie eine Königin. Fatuma begleitete Momoko in die Küche, wo sie gerade damit begonnen hatte, ihren Lieblingskuchen von Oma Louise nachzubacken: Nusskuchen mit dicken Schokoladenstückchen.

Langsam bemerkten auch die anderen, die wie Ameisen mit den Vorbereitungen beschäftigt waren und durchs Haus wuselten, den neuen Gast und begrüßten Fatuma herzlich. Schließlich setzte sie sich gemütlich mit Papa Charly auf die schattige Dachterrasse und erfreute sich an einem ungestörten Plauderstündchen mit ihrem Lieblingsneffen.
Fatuma war wegen ihrer Hellsichtigkeit und als Heilerin bei vielen Menschen hoch angesehen und hatte schon zahlreichen Hilfesuchenden helfen können. Da sie für ihre Behandlungen nur das annahm, was man ihr von Herzen geben wollte, war sie oft die letzte Rettung für die Ärmsten der Armen, die sich niemals einen Arzt leisten konnten. Diese großzügige Einstellung zum Leben verband Simon mit seiner Tante seit jeher auf besondere Weise. Sie war es auch, die wie sein Großvater immer Verständnis und Ermutigung für ihn gehabt hatte, als er als junger Mensch auf seiner Reise nach Erkenntnis und Weisheit ihren Rat gesucht hatte. Nun aber sprachen die beiden auch über ein mysteriöses Ereignis, das nach Fatumas Voraussicht noch in dieser Nacht stattfinden sollte – eine Begegnung ganz besonderer Art.

Mit der einsetzenden Dämmerung zogen die Bewohner von Frangipani hinunter an den Strand zum Camp von Ewoi und Epir. Sie hatten noch etwa eine Stunde Zeit, um mit dem verbleibenden Licht des Sonnenuntergangs den Platz um die Feuerstelle für ihre Feier herzurichten. Als dann später nach und nach die ersten Gäste über den Strand zum Camp wanderten, konnten sie schon von Weitem den vom Schein des Feuers erhellten Platz auf der Düne erkennen, und zahlreiche brennende Fackeln zeigten ihnen den Weg durch die Dunkelheit.

Es war etwa zwei Stunden vor Mitternacht, als Ewoi die Gesellschaft zur Ruhe rief und bat, alle Lichter zu löschen. Nur das zart flammende Lagerfeuer verblieb in der Mitte des Platzes. Innerhalb der nächsten Minuten zog die helle Scheibe des vollen Mondes herauf, und die meisten Sterne verblassten in seinem Schein. Ein kühles, bläuliches Licht breitete sich über den ganzen Strand aus, und bald warfen auch die Wellen des Ozeans den Mondschein als einen glitzernden, leuchtenden Streifen zurück. Der faszinierende Anblick brachte Ruhe in die Menschen, und als ob sie alle über dieses gemeinsame Erleben verbunden würden, setzten sich die meisten nieder und genossen für lange Zeit dieses Naturschauspiel.

Es war merkwürdig, doch im Gegensatz zur Weihnachtsfeier mit ihrem ausgelassenen Tanzen und Trommeln herrschte heute eine völlig andere Stimmung unter den Freunden und ihren Gästen. Es war eine wache Besinnlichkeit, die sich ausgebreitet hatte und die sie alle als einen sehr angenehmen Zustand miteinander teilten. Selbst als um Mitternacht das Feuerwerk der umliegenden Hotels die Nacht verzauberte und sie sich alle mit den besten Wünschen für das neue Jahr in den Armen lagen, kehrten sie bald wieder in die große Runde um das Feuer zurück. Das rot glühende Licht der Flammen spiegelte sich in den Gesichtern, und über ihnen, hoch oben am wolkenlosen Himmel, stand der goldene Mond.

Fatuma sang ein afrikanisches Lied über die Stille der Nacht und begann dann mit ihrer ruhigen, warmherzigen Stimme zu sprechen:

»Liebe Freunde, ich will euch nicht einschläfern mit meinem Gesang, und doch kann jeder, dem danach ist, dem Bedürfnis zu ruhen gerne nachgeben. Versucht aber dabei noch ein wenig, eure Augen offen zu halten. Alle, die hierher gekommen sind, kennen mich zumindest vom Hörensagen schon ein wenig, und so mag es auch keinen verwundern, wenn ich euch sage, dass uns dieses Treffen nicht allein zum Feiern zusammengeführt hat.

Es sind hier seit ein paar Stunden Freunde unter uns, die ihr bisher nicht sehen konntet, weil ihr trotz der ruhigen Atmosphäre irgendwie noch mit Gedanken beschäftigt wart und noch immer seid. Das ist völlig in Ordnung so! Auch wenn eure Augen sie nicht sehen mögen, könnt ihr ihre Anwesenheit dennoch spüren.

Habt keine Angst, hier geschieht nichts gegen euren Willen. Diese Wesen sind immer da, auch in eurem Alltag, und für sie spielt es keine Rolle, ob ihr sie wahrnehmt oder nicht. Sie werden euch nicht stören oder belästigen. Aber ihr solltet auch wissen: Wenn euch ein guter Freund etwas ins Ohr flüstert, müsst ihr still sein. Wenn ihr die Berührung des Windes auf eurer Haut spüren wollt, müsst ihr nackt sein. Wenn ihr die Blume am Wegesrand riechen wollt, müsst ihr anhalten. Wenn ihr die Flammen im Feuer beobachten wollt, müsst ihr hinschauen. Mit diesen Worten möchte ich euch alle zu innerer Stille einladen. Blickt mit mir ins Feuer und bleibt dabei. Lasst die Gedanken gehen, wohin sie wollen. Interessiert euch nicht für sie.«

Fatuma lächelte in die Runde und sagte nichts weiter, doch an vielen Blicken und zustimmendem Nicken konnte sie erkennen, dass man sie sehr gut verstanden hatte. Die Zeit schien stillzustehen, als ob sie in diesen Kreis nicht mehr eindringen könnte, und langsam wurden bei allen auch die letzten Gedanken leiser und leiser.

Momoko fühlte sich einmal mehr in ihrem Leben wie ein Wanderer zwischen den Welten. Alles Greifbare und Feste um sie herum schien sich in Flackern und Flimmern aufzulösen. Ihr Blick wanderte immer tiefer in das Glühen, als suchten ihre Augen einen kühlen Raum inmitten der brennenden Hitze, um dort zu verweilen und auszuruhen.

»Piep, piep, willkommen, ihr Menschenkinder!« Matz, der kleine Sperling, schien direkt in den Flammen des Feuers zu sitzen und flatterte dann aus ihnen heraus geradewegs auf Fatumas Schulter.
»Schade, dass ich das Rabenkostüm heute nicht dabeihabe. Das gäbe jetzt sicher ein schönes Bild, piep!
Ja, liebe Freunde, nachdem Fatuma euch so sanft und liebevoll sozusagen in das Vorzimmer der Zauberwelt geführt hat, möchte ich euch nun freundlich durch das Hauptportal hereinbitten. Das hier ist eine Einladung! Kommt mit mir in eine Welt jenseits von Raum und Zeit, dorthin, wo ihr wahrhaftig zu Hause seid, und freut euch auf etwas, das euch tief im Inneren eures Herzens berühren wird. – Und nun macht bitte ein wenig Platz für unsere Gäste.«
Matz gestikulierte mit seinen Flügeln wie ein kleiner Zauberer, und man konnte förmlich spüren, wie sich in der Runde eine erwartungsvolle, beinahe aufgeregte Stimmung verbreitete. Die Flammen schlugen höher und warfen ihr Licht auf drei menschliche Gestalten, die plötzlich wie neue Besucher von außen in den Kreis getreten waren und sich vor den Anwesenden verbeugten.
Vor ihnen standen eine weißhaarige, freundlich lächelnde alte Frau, ein runder, etwas knorriger Alter mit wurzeligen

Beinen und ein gut aussehender, hagerer schwarzer Mann mit ungewöhnlichen, tiefblauen, lachenden Augen, die jeden Betrachter verzauberten. In seine langen zusammengebundenen Rastahaare waren kunstvoll grünlich schimmernde Bänder eingebunden, und dazu trug er ein bunt bedrucktes Hawaiihemd mit leuchtenden Hibiskusblüten. Unaufgefordert rückten daraufhin an drei Stellen um das Feuer die Leute auseinander, um die neuen Gäste in ihrer Runde aufzunehmen.

»Nun, möchtest du uns deinen Freunden nicht vorstellen, Momoko?«, begann die Frau zu sprechen, nachdem sie sich in aller Seelenruhe zwischen Papa Charly und Fatuma niedergelassen hatte. »Ich meine natürlich vor allem denjenigen, die uns noch nicht kennen.«

»Ähm ...«, begann Momoko etwas zögerlich, denn sie wusste nicht so recht, als was sie die drei Wesen bezeichnen sollte, doch schließlich begann sie: »Also, die nette Dame hier gegenüber von mir ist unsere gute alte Freundin Maya. Sie betreibt so eine Art Institut für Traum- und Lebensberatung. Der liebenswerte Wuschelbär zwischen mir und Joy, der mal wieder so herrlich nach Wald duftet, heißt Borki und ist im Nebenberuf Märchenbaum. Tja ..., aber den hübschen jungen Mann, der aussieht, als ob er direkt aus Jamaika zu uns an den Strand gekommen wäre, kenne ich leider noch nicht – oder etwa doch?«

»Aber natürlich kennst du mich, Momoko – wir sind gerade erst zusammen geschwommen! Manche meiner Freunde nennen mich Bahari, und ich bin hauptberuflich Delfin, um es mal so auszudrücken, haha. Das nette menschliche Kostüm und die Kleider hat meine Freundin Maya passend zu meinem Swahili-Namen für mich ausgewählt.«

»Ganz genau, liebe Freunde«, sprach Maya, »unsere Erscheinungsformen hier sind nur Kostüme, genauso wie eure Körper nur Verkleidungen sind. Wir sollten das nicht mit der Wirklichkeit dahinter verwechseln. Ich denke, ihr wisst alle, was ich damit meine, nicht wahr?

Ich spüre, dass einige von euch gerne wissen möchten, was uns hier in euren Kreis geführt hat. Unser gefiederter Freund Matz hat es vorhin schon angedeutet: Wir wollen euch zu einem neuen Spiel einladen. Bisher habt ihr Menschen aus verschiedensten Gründen das Trennungsspiel ausprobiert und aus eurer Sicht viel Zeit damit verbracht. Ist euch noch nicht langweilig? Wenn doch, dann wacht auf und erkennt, dass das, was ihr Leben nennt, nur ein Traum ist, auch wenn er euch noch so real erscheint. Das haben Träume so an sich.«

»Piep – ja, Ladies and Gentlemen, verlasst die Kinovorstellung, in der ihr euch gerade befindet. Los, bewegt euch! Das, was ihr Realität nennt, euer Leben, all das ist ein Film, eine flimmernde Illusion, eine wundersame Täuschung. Daran ist nichts Schlimmes oder Schlechtes, aber kommt endlich aus euren Kinosesseln hoch, schaut nicht immer den gleichen alten Schinken an und jammert dann, dass sich nichts verändert!«

»Matz, nun mal nicht so forsch, du kleiner Zampanò!«, tadelte ihn Maya scherzhaft. »Wisst ihr, Es geht hier weder um Befreiung noch um eine bessere Welt. Aber ihr habt sehr wohl die Freiheit zu wählen. Diese beginnt jedoch erst, wenn ihr tatsächlich vor euch seht, was ihr überhaupt auswählen könnt. Bevor ihr euch dessen nicht bewusst seid, habt ihr gar keine Wahl, selbst wenn euer Verstand euch das ständig einredet.«

»Obwooohl ich nicht so weit herumgekommen bin wie die anderen beiden«, brummte Borki, »darf ich euch im Namen aller Kinder, die ich je kennenlernen durfte – und das sind eine ganze Menge – sagen, dass ihr bereits mit eurer Geburt eine Wahl getroffen habt. Es war die Wahl eures Herzens, die euch auf die Erde geführt hat, doch die meisten von euch haben das im Laufe der Zeit mit dem Älterwerden vergessen. Euer Herz ruft euch noch immer. Ihr müsst nur einmal still sein, dann könnt ihr seine Stimme wieder hören. Und glaubt mir, alle Bäume, auf die jemals ein Kind geklettert ist, werden euch das Gleiche sagen, wenn ihr sie fragt. Hmmm …, vielleicht sollten Erwachsene mal wieder auf Bäume klettern. Das wäre schon mal ein guter Anfang.«

»Wir Delfine kennen ebenfalls viele Kinder dieser Welt«, sprach Bahari. »Aber für uns sind sozusagen alle Menschen Kinder, und auf unseren Reisen durch die Weltmeere und auch zu anderen Plätzen treffen wir immer mehr auf Menschenkinder, die wie Momoko, Joy oder auch der kleine schlafende Juma hier schon mit Eltern groß werden, die das Trennungsspiel für sich und ihre Umgebung größtenteils aufgegeben haben. Es ist für sie nicht so attraktiv, selbst wenn um sie herum noch viele darin verstrickt sind. Im Sein fühlt sich die Welt einfach viel wärmer und lebendiger an als im Haben. Momoko, Joy, ihr wisst doch sicher, wovon ich hier rede?«

»Aber natürlich, Bahari«, begann Momoko, »manchmal habe ich das Gefühl, mein ganzes Leben mit all seinen Ereignissen ist eine phantastische Reise durch eine Welt voller Wunder, eine Reise durch mich selbst. Eine lange Perlenkette voller erfüllender Augenblicke, die sich nach und nach zu einem runden Knäuel verzwirbelt hat. Die Momente, die früher scheinbar säuberlich nebeneinander aufgereiht waren, liegen nun dicht nebeneinander und beginnen miteinander zu verschmelzen. Ich kann sie nicht mehr einordnen in gut und böse, schön und hässlich, angenehm oder unangenehm. Sie sind alle gleich gültig.«

»Ja, Geliebte,« ergriff nun auch Joy das Wort, »mit dieser veränderten Einstellung gelingt es uns, alles so anzunehmen, wie es ist. Und die Wunder verbergen sich oft im Alltäglichen, im Unscheinbaren und Einfachen. Alles gleicht einem immerwährenden Tanz mit dem Leben, dem Tanz der Wellen auf dem Ozean des Seins. Dieses warme Gefühl, von dem Bahari gerade sprach, ist nichts anderes als die bedingungslose Liebe, die alles Lebendige durchflutet. Indem wir uns mit dem Ozean verbinden, setzen wir dieser alles durchströmenden Kraft keinen Widerstand mehr entgegen und sie erwärmt unsere Herzen.«

»Sehr richtig, Joy,« bestätigte Momoko, »und dann sind auch unserer Kreativität keine künstlichen Grenzen mehr gesetzt. Es ist einfach phantastisch, seine eigene Vielseitigkeit zu erfahren, diese Freiheit und Fülle, wenn all die Bedingungen und Beschränkungen wegfallen, die wir uns selbst auferlegt haben. Man hört auf die Stimme des Herzens, hat Vertrauen in den Fluss des Lebens und kann sich seiner Strömung überlassen, um immer neue Ufer zu entdecken. Wir beide durften auf diesem Weg schon so viele Wunder erfahren, dass mir bei dem Gedanken daran sofort die Tränen kommen. Und ist es nicht herrlich, dass wir jedes Mal, mit jedem Ereignis, in jedem Augenblick uns selbst begegnen?

Es ist, als ob wir alle gemeinsam ein gigantisches Kunstwerk bauen würden, das viel größer ist als jeder Einzelne von uns, und gleichzeitig findet es Platz in unseren Herzen. Es ist das Leben selbst, und wenn es so etwas wie Lebenskunst gibt, dann ist es vielleicht die Kunst, wunschlos glücklich zu sein.«

Joy beugte sich zu Momoko hinüber und küsste ihr zärtlich ein paar salzige Tränen von der Wange.

»Wie rüüührend«, brummte Borki vor sich hin. »Kommt und kuschelt euch in meine Äste, Kinder … äääh … Arme. Daran werde ich mich wohl nie gewöhnen.«

Niemand wusste, wie lange es still geblieben war, als Bahari schließlich erneut zu sprechen begann. Diesmal benutzte er die Sprache der Delfine, und seine Stimme erklang im Innern der Menschen, ohne dass er seine Lippen bewegte.

»Liebe Menschenkinder, Momoko und Joy haben soeben wunderschöne Worte gefunden für etwas, das man eigentlich nicht so einfach beschreiben kann. Mit den Wellen zu tanzen ist für uns Delfine Teil unseres täglichen Lebens. Wellen haben natürlicherweise Höhen und Tiefen wie auch das Leben selbst, und ein guter Tänzer hält weder am einen noch am anderen fest. Es ist unser aller Natur, ohne Grund, ohne Ursache glücklich zu sein. Das genau ist wunschloses Glücklichsein. Wenn ihr dazu einen Grund braucht, dann handelt es sich um vergängliches Glück. Wahres Glück ist immer hier, es ist wie eine allem zugrunde liegende Strömung in unserem Leben, die manchmal an die Oberfläche kommt und überfließt, ohne einen ersichtlichen Grund. Alles, was es für ein solches Leben braucht, ist, dass ihr mit einer Handvoll Gefühle Freundschaft schließt und sie annehmt, wie sie sind. Dann braucht ihr für den Rest eures Lebens keine Angst mehr zu haben. Dann gibt es keine Situation mehr, die ihr vermeiden müsst. Ist das nicht wunderbar?

Als Mitglied meiner Familie möchte ich euch an dieser Stelle nicht nur unsere tiefen Freundschaft versichern, sondern auch ermutigen, die Sprache des Herzens, die Sprache der Kinder wiederzuentdecken und zu sprechen. Ihr werdet auf der ganzen Welt, über alle Kontinente hinweg, Gehör finden. Ihr werdet euch begegnen, kennenlernen und miteinander leben. All das geschieht bereits jetzt in diesem Augenblick.
Wenn ihr in diesem Bewusstsein lebt, ist das wie eine Einladung zu einem neuen Spiel an alle eure Mitmenschen. Ihr braucht dazu niemanden zu überreden oder zu überzeugen. Von eurer Liebe und Großzügigkeit geht eine geheimnisvolle Kraft aus, die jeden, dem ihr begegnet, im Innern berühren wird. So können sie mit eurer Hilfe ihren Weg ins Sein wiederentdecken.«
Baharis Worte hatten sich wie lebendige Bilder direkt in die Herzen der Anwesenden hineingeschrieben und hinterließen bei jedem ein Gefühl von tiefer Freundschaft und Liebe.

»Liebe Anwesende, das war sozusagen die Neujahrsansprache der Minister der Strandregierung, die sich damit sogleich wieder selbst auflöst und die Geschäfte niederlegt, piep!«
»Matz, du bist im wahrsten Sinne ein Spaßvogel«, meinte Maya, »aber wieso hast du es mit einem Mal so eilig? Du kannst es wohl kaum erwarten, wieder mit deiner hawaiianischen Vogelprinzessin zu turteln, nicht wahr?«
Matz zog etwas verlegen sein Köpfchen in die Federn und schlug die Augen nieder.
»Schon gut, du kleiner Casanova, ich werde deine Bemerkung für ein schönes Schlusswort nutzen. Wisst ihr, für ein solches harmonisches Zusammenleben mit allen Wesen, ja mit der

ganzen Welt, wie wir es hier beschrieben haben und das einige von euch schon praktizieren, braucht es wirklich keine Regierenden im bisherigen Sinne. Aber vergesst nicht, dass ihr ein wunderbares Geschenk für eure Mitmenschen, auch für die Menschen in diesen Positionen und Ämtern, in euch tragt. Sie tragen genauso wie euer Nachbar um die Ecke im Innern ihrer Herzen die gleiche Sehnsucht wie alle Menschen: das vollkommene Glück – das wunschlose Glücklichsein. Und ihr alle wisst genau, was ich damit meine. Schenkt ihnen ganz selbstverständlich euer Mitgefühl, eure Aufmerksamkeit, euer Verständnis und eure Liebe. Infiziert sie mit eurer Lebendigkeit, berührt sie mit eurer Großzügigkeit und steckt sie an mit eurem Lachen. Die Zeit für Wunder ist immer jetzt.
In diesem Sinne lasst uns nun dieses schöne Zusammentreffen beenden, in dem Bewusstsein, dass wir jenseits aller Formen eins sind.«

Das plötzliche Verschwinden von Maya, Borki und Bahari hinterließ bei manchem in der Runde, der dies zum ersten Mal erlebt hatte, ein gewisses Gefühl von Traurigkeit. Als sie aber Matz bemerkten, der mittlerweile auf einem nahen Ast Küsschen mit seiner roten Kardinalsfreundin tauschte, wurden ihre Herzen ganz leicht, und eine innere Heiterkeit verdrängte die Melancholie.
»Liebe Freunde«, sprach schließlich Fatuma, »egal was ihr soeben gesehen, gefühlt oder erlebt habt – zerredet es nicht, macht daraus keine Sensation. Ihr seid euch letztlich nur selbst begegnet in einer anderen Form. Aber das geschieht auch, wenn ihr eurem Nachbarn in die Augen schaut und ihn in die Arme nehmt.«

Fatuma beugte sich zu Papa Charly und tat, was sie soeben gesagt hatte. Auch alle anderen im Kreis sahen sich zuerst in die Augen und umarmten sich dann von ganzem Herzen.

Diese Umarmungen waren auch gleichzeitig das Ende dieses Treffens und der Abschied bis zum nächsten Wiedersehen. So zogen die alten und neuen Freunde schweigend und mit einem Lächeln in den Gesichtern über den Strand auf ihren Wegen nach Hause. Der Mond erhellte noch für eine Weile die Nacht, bevor er im Meer versinken würde.

Ewoi und Epir, die beiden Massai, begleiteten Fatuma und die Freunde aus Frangipani noch bis zum Tor der Villa und bedankten sich für das schöne Festmahl mit einem Tanz aus ihrer Heimat, den alle, sofern sie nicht zu müde waren, mithüpften. Sie fühlten sich irgendwie feierlich und zugleich lustig und ausgelassen wie Kinder – Afrika war ihnen ans Herz gewachsen.

Fatuma nahm das Angebot gerne an, noch bis zum nächsten Tag zu bleiben, und so nahm jeder die Erlebnisse dieser wundersamen Nacht mit in sein Bett, und alle schliefen sie tief bis spät in den kommenden Morgen.

Ein neuer Morgen

»Es ist ein schönes Gefühl, wenn man aufwacht und weiß, dass man mit geliebten Menschen noch eine ganze Woche zusammen verbringen kann, nicht wahr, Joy?« Momoko streckte sich lang in ihrem großen Doppelbett und rieb sich den Schlaf aus den Augen.
»Und das wird niemals enden, Geliebte«, antwortete Joy, »denn egal, wo wir hingehen oder bleiben, wir werden ihnen immer wieder begegnen, auch wenn sie plötzlich ganz anders aussehen, haha.« Joy kroch unter die Decke und robbte zu ihr hinüber, um sie zu umarmen und zu küssen.
»Ja, mein Prinz, schließ mich in deine starken Arme und küss mich, als wär's das letzte Mal!«
Die beiden lachten und kugelten sich übers Bett, bis sie schließlich auf dem Teppich landeten, ohne einander loszulassen. Ihr Lachen schallte durchs ganze Haus.
»Psst, ich glaube, wir wecken die ganze Belegschaft auf!«
»Dieser Hinweis, geliebte Prinzessin, kommt, wenn ich mir die Bemerkung erlauben darf, wohl etwas zu spät. Nehmt als Strafe dafür dieses Kissen!«
Die Kissenschlacht war in vollem Gange, und die beiden hatten Juma wirklich nicht bemerkt, als dieser plötzlich mitten zwischen ihnen lag und sich lachend in die Kissen stürzte.
»Du bist wohl immer da, wo gerade der Bär tanzt, Juma! Und Schiebetüren sind vor dir auch nicht mehr sicher, wie?!« Joy nahm seinen kleinen Freund und warf den juchzenden Wonneproppen in die Luft.
»Tut mir leid, ihr beiden«, sagte Virginia, die gerade zur Tür

hereinkam, »als er euch lachen hörte, war er plötzlich auf und davon!«
»Kein Problem«, meinte Momoko, »dieser kleine Akrobat hier ist uns immer willkommen. Wir bringen ihn gleich mit runter. Ich glaube, unsere kleine Yogastunde fällt heute mal aus, oder?«
»Das denke ich auch. Da unten sitzen übrigens schon ein paar hungrige Frühaufsteher, und ich rieche auch schon was Leckeres aus der Küche. Also bis gleich!« Virginia ging zurück auf ihr Zimmer, um Charles abzuholen.

Es war bereits Mittag, als an diesem ersten Tag des neuen Jahres die Bewohner von Frangipani zum Frühstück zusammenkamen, und die duftenden Pfannkuchen wurden mit großer Begeisterung begrüßt. Fatuma saß am Tischende und erfreute alle schon wieder mit ihrem herzhaften Lachen. Der Einzige, der heute fehlte, war Nick, der noch immer auf dem Zimmer war und schrieb.
»Was schreibt er da?«, wollte Fatuma wissen.
»Das musst du ihn schon selbst fragen, Fatuma«, antwortete Mika geheimnisvoll, »aber vielleicht gibt es ja heute noch eine Überraschung.«
Wie abgesprochen kam in diesem Augenblick Nick die Treppe herunter und trug etwas in seinen Händen.
»Mein Lieber, du schaust aber aus der Wäsche, als ob du die Nacht zum Tag gemacht hättest. Deine Augen sehen aus, als ob du der Herr der Ringe höchstpersönlich wärst.« Fatuma tat ein bisschen besorgt.
»Keine Sorge, Freunde, mir geht es wirklich gut. Ich glaube, so gut wie schon lange nicht mehr, auch wenn ich vielleicht jetzt

nicht so aussehe. Ich werde mich dann nach dem Frühstück erst mal richtig ausschlafen. Ach ja, hier habe ich noch ein kleines Geschenk für dich, Momoko.«
Nick nahm seine überraschte Tochter in den Arm und überreichte ihr mit der freien Hand einen Stapel Papier.
»Das letzte Kapitel hat noch gefehlt, deshalb ist es so spät geworden.«
Momoko starrte abwechselnd auf den dicken Haufen beschriebener Blätter und in das mühsam zurückgehaltene Grinsen ihres Vaters, das sich jedoch in seinen zuckenden Mundwinkeln deutlich verriet.
Nick hatte sich während der letzten drei Jahre ziemlich oft zu Hause in sein kleines Schreib- und Lesezimmer zurückgezogen und oft stundenlang getippt. Niemand außer Mika wusste, über wen oder was er da schrieb, und er selbst hüllte sich in Schweigen. Wenn ihn jemand fragte, winkte er immer nur bescheiden ab und meinte: »Ich führe da so eine Art persönliches Tagebuch.«
Momoko und Joy hatten allerdings bemerkt, wie interessiert er während all dieser Zeit immer ihren Geschichten und Berichten zugehört hatte, als ob er nicht die geringste Kleinigkeit verpassen wollte. Auch die Erlebnisse aus ihrer beider Kindheit wollte er immer ganz genau wissen – aus reiner Neugierde, wie er meinte. Papa Charly wurde ebenfalls dezent über seine neuesten Erkenntnisse und Pläne ausgefragt, und des Öfteren saß Nick auch mit Lucy zusammen und plauderte über alles Mögliche.
So kam es, dass Momokos geliebter Vater wie ein Schmetterlingssammler alle ihre Abenteuer und Erlebnisse heimlich aufgeschrieben hatte und es ihnen allen an diesem Morgen

als Manuskript für ein Buch auf den Tisch legte. Als Momoko die Überschrift las, rannen ihr unwillkürlich Tränen über die Wangen. Oben auf der ersten Seite stand in großen Lettern geschrieben:

MOMOKO

VON DER KUNST
WUNSCHLOS GLÜCKLICH ZU SEIN

Nachwort

Wie im Vorwort versprochen, möchte ich hier den interessierten Lesern die Quellen für meine Inspiration und einige der Geschichten offenlegen. Ich übernehme dabei die Reihenfolge, wie diese im Verlauf des Buches auftauchen. Sofern diese Quellen Bücher sind, finden sie sich auch in der anschließenden Bibliografie.

Zuvor möchte ich allerdings meine tiefe Verbundenheit mit Eckhart Tolle kundtun, der in seinem Buch »Jetzt – Die Kraft der Gegenwart« die Identifikation mit dem Verstand als die wohl größte und folgenschwerste Krankheit der Menschheit aufdeckt. Er tut dies präzise und schonungslos und gibt uns zugleich die besten Hilfen an die Hand, aus dieser Falle auszusteigen. Da ich viele seiner Beobachtungen auch selbst erfahren durfte und mein Leben seitdem eine wunderbare Wendung erhalten hat, habe ich einige seiner Inhalte auch in die Geschichten dieses Buches einfließen lassen. Es würde mich von Herzen freuen, wenn es ihm gefällt.

Borki

Das Buch »Momo« stammt von Michael Ende und hat mich wie auch seine großartigen Bücher »Die unendliche Geschichte« und die »Jim Knopf«-Kinderbücher schon in jungen Jahren tief berührt.

Momokos Name hat im Japanischen verschiedene Schreibweisen, und Bedeutungen. Davon ist »Pfirsichkind« als Kindername wohl die gebräuchlichste. Aber es gibt daneben noch einige mehr. Eine der »exotischsten« Varianten, die Melanie in einem japanischen Namensverzeichnis gefunden hat, ist: »Kind des Weltalls«. Obwohl wahrscheinlich genau wie Melanie, die ja in Tokio geboren und aufgewachsen ist, jeder Japaner bei dieser Deutung und Schreibweise etwas ungläubig den Kopf schütteln wird, habe ich sie mit voller Inanspruchnahme meiner dichterischen Freiheit ins Buch aufgenommen. »Pfirsichkind aus dem Weltraum« hat mir einfach zu gut gefallen.

Die Wunschpyramide
Der Idee der »Wunschpyramide«, um zu ergründen, was wir wirklich im Leben wollen, begegnete ich 1999 in den ersten Ella-Seminaren von Bodo Deletz, wie auch dem Begriff des »vollkommenen Glücks«, der damals allerdings nicht mit dem »wunschlosen Glücklichsein« verknüpft war. Im selben Jahr hörte ich von ihm bei einem Seminar in Berlin auch zum ersten Mal die Urform der Geschichte »vom vollkommenen Glück und vom Leid«, die ich im Laufe der Jahre immer wieder nacherzählt und hier im Buch mit viel Spaß hemmungslos ausgeschmückt habe. Das Leid zum Hessen zu machen war mir dabei ein besonderes Vergnügen. Erst später, nach meiner Begegnung mit dem Dalai Lama in Italien, fiel mir auf, dass »das Ende allen Leides« auf der Welt schon seit jeher eine Grundsäule des Buddhismus ist.

Die Hüterin der Schwarzlake
Meine liebe Freundin und Physikerin Cora Tanou aus Berlin hat mit ihrer einfachen und lebendigen Art, physikalische und mystisch-spirituelle Inhalte zu verknüpfen und zu erklären, einen wunderbaren Beitrag zu diesem Buch geleistet und mir einige fachliche Fragen beantwortet. Ich erinnere mich gerne

an die erhellenden Gespräche auf der Hollywoodschaukel in ihrem Schrebergartenhaus. Von ihr stammt auch die verblüffende Frage zum Sinn des Lebens: »Tang, hast du schon mal mit dir selbst im Chor gesungen?« die mich als Musiker und Gesangslehrer sofort zu weiteren Ausführungen inspiriert hat. Von ihr stammt auch die Geschichte der »Familie Scharfblick« aus Kapitel 22., die ich mit ihrer freundlichen Erlaubnis vollständig übernehmen durfte.

Die Amerikanerin J.Z. Knight hat uns als Channeling-Medium den großartigen »Ramtha« und seine alte Schule der Weisheit zugänglich gemacht. Seine bildhafte Art, das Potential der Leere über den Vergleich mit einen weißen Blatt Papier, begreifbarer zu machen, habe ich gerne übernommen.

Beim Lesen von Sri Poonjaji, einem der großen nondualistischen Lehrer Indiens, stieß ich auf die Metapher über den Ozean und die Wellen, die ich natürlich sofort etwas ausschmücken musste und hier zu einem witzigen Dialog verarbeitet habe. Bei ihm las ich auch zum ersten Mal »die Geschichte vom Löwen«, die mir allerdings in der Nacherzählung von Eli Jackson-Bear am besten gefallen hat. Ich habe mir erlaubt, sie im Kapitel 27. »Von Löwen und Eseln« erneut zu zitieren.

Halbkreis sucht Halbkreis
James Redfield hat mit den »Prophezeiungen von Celestine« eines meiner Lieblingsbücher geschrieben. Sein spannender Schreibstil hat mir persönlich gezeigt, dass spirituelle Weisheiten und Erkenntnisse besonders gut als Geschichten und in Bildern erzählt den Weg in unsere Herzen finden. Seine

Ideen zur romantischen Liebe habe ich in diesem Kapitel von »Herrn Unvollständig« gerne aufgegriffen und in die Geschichte eingeflochten.

Das Experiment
Da ich vor Jahren selbst den sogenannten 21-Tage-Prozess zur Lichtnahrung mit großem Vergnügen ausprobiert habe, möchte ich der Frau, die diese Erfahrungsmöglichkeit weltweit populär gemacht hat, Jasmuheen, hiermit Dank und freundliche Ermutigung zukommen lassen. Damit spreche ich keine Empfehlung aus, diesen Schritt zu gehen, denn zur Erleuchtung führen sicher auch einfachere Pfade. Für mich selbst war es zu gegebener Zeit eine wichtige Erfahrung.

Wie verlieren wir unseren Verstand?
In »Gespräche mit Gott« hat Neale Donald Walsch über die Entfaltung unseres Potentials geschrieben und mir seinerzeit damit geholfen, zeitweise meinen »Verstand zu verlieren«. Dadurch konnte ich mich ganz offen und unbeschwert in mein wohl schönstes Liebesabenteuer hineinstürzen. Mit Melanie feiere ich seitdem täglich aufs Neue unsere Liebe, und wir nennen uns seitdem »Geliebte und Geliebter«, da es im Deutschen sonst keine persönliche Anrede gibt, die uns spontan gut gefiel, um unsere Empfindung füreinander auszudrücken.

In diesem Kapitel kommt auch Eckhart Tolle mit seinen Gedanken zum »Jetzt« zum Zuge. Ich wollte es mir auch nicht nehmen lassen ihn dort wörtlich zu zitieren und namentlich zu erwähnen.

Eine wunderbare Begegnung
Hier taucht zum ersten Mal der Begriff des »traumlosen Schlafs« auf, und er kommt innerhalb des Romans noch einige Male vor. Wen dies verwundert, dem möchte ich an dieser Stelle den Hintergrund für diesen Begriff liefern, wie ich ihn erfahren und kennengelernt habe.

Der amerikanische Philosoph Ken Wilber spricht von folgenden Bewusstseinszuständen: Wachen, Träumen, traumloser Schlaf und nonduales Gewahrsein.

In seinem Buch »Jetzt – Die Kraft der Gegenwart« beschreibt Eckhart Tolle den traumlosen Schlaf als Reise ins Unmanifeste, als Einswerden mit der Quelle, die uns mit vitaler Kraft für den Wachzustand versorgt, wenn wir in die Welt der abgegrenzten Formen zurückgekehrt sind. Allerdings gehen wir im Tiefschlaf nicht bewusst zur Quelle. Sinngemäß spricht Tolle weiterhin davon, dass es uns vielleicht gelingen mag, mit etwas Übung in der Traumphase bewusst zu bleiben. Aber dieses luzide oder wache Träumen kann uns – trotz der Faszination, die es auf uns ausüben mag – nicht die Freiheit geben, die wir uns vielleicht davon erhoffen. Diese Befreiung erfahren wir vielmehr als ein Geschenk des Augenblicks, des Jetzt. Dort ist uns ein bewusster Zugang zur Quelle möglich. Im Jetzt können wir zu allen Zeiten mit der Quelle verbunden bleiben.

Die Reise nach Hawaii
Jean Liedloff berichtet in ihrem Buch »Auf der Suche nach dem verlorenen Glück« von den Yequana-Indianern in Vene-

zuela, bei denen sie einige Jahre verbracht hat, um ihre Lebensweise zu studieren. Ihre Berichte und Erkenntnisse haben Melanie und mich vor der Geburt unseres Sohnes Joy erreicht und seitdem immer wieder begleitet und inspiriert.

Der verrückte Onkel
Arjuna hat in seinem Buch »Warum nicht jetzt?« ein herrliches Kapitel mit dem Titel »Plemplem« geschrieben. Der verrückte Onkel aus dieser Geschichte musste einfach mit in dieses Buch. Ich liebe diese kauzige Darstellung des Verstandes einfach und hoffe, dass meine Nacherzählung im Sinne des Originals erfolgt ist.

Familie Scharfblick
Das ist die wunderbare Geschichte von Cora Tanou über unsere Wahrnehmung der Welt. Sie stammt ursprünglich aus ihrer Schrift »Geist und Materie – was bestimmt unsere Welt?« Es war mir eine besondere Freude, Cora selbst als Figur mit in die Geschichte einzubauen. In der Bibliografie gibt es einen Hinweis auf ihre interessante Website.

Haben oder Sein
»Haben oder Sein – Die seelischen Grundlagen einer neuen Gesellschaft« ist der vollständige Titel dieses Klassikers des großen Psychoanalytikers Erich Fromm. Er beschreibt dort die beiden alternativen Existenzformen des »Habens« und des »Seins« und die Konsequenzen dieser Wahl sowohl für jeden Einzelnen von uns als auch für die Gesellschaft. Die umfangreiche und gründliche Aufbereitung dieses Themas mit all seinen Hintergründen sowie die aufschlussreichen Schluss-

folgerungen Erich Fromms haben mich sehr bewegt. Ich habe dieses Buch erst gelesen, als ich mit dem Roman schon fast fertig war, aber es kam, wie immer, genau im richtigen Moment auf mich zu. Wenngleich ich das Haben und Wollen aus einer ganz anderen Richtung kommend betrachtet habe, stimme ich in vielen Punkten mit Fromm überein. Somit habe ich die Gelegenheit wahrgenommen, einige seiner Ideen in dieses Kapitel einfließen zu lassen und es ihm mit der Überschrift zu widmen.

Erhellende Einsichten
Am Ende dieses Kapitels gibt Papa Charly seinen Freunden »Die vier Versprechen« weiter, die ihre neue Lebensweise im Jetzt unterstützen sollen. Dieses schöne Buch von Miguel Ruez ist uns beim Warten auf unseren Rückflug nach Deutschland im Airport Bookshop in Toronto, Kanada in die Hände gefallen. Es war dies die letzte Station einer längeren Reise, die uns im Sommer 2000 nach Japan und Hawaii, in die USA und nach Kanada führte.

Das Märchen von Ursache und Wirkung
Im Alter von etwa 28 Jahren begegnete ich einem bemerkenswerten Mann, Jochen von Hoyer-Boot, der mir während der folgenden zwei bis drei Jahre zahlreiche Einsichten in mein Inneres ermöglichte. Vieles davon war schmerzlich, aber heilsam, und einiges wurde mir erst viel später bewusst, ähnlich einem weisen Buch, dessen Inhalt sich uns erst nach wiederholtem Lesen erschließt. Eine seiner Beobachtungen über die Natur des Menschen beschreibe ich im Ursache-Mittler-Wirkungsspiel.

Des Weiteren habe ich mir in diesem Kapitel erlaubt, den großartigen indischen Guru Nisargadatta Maharaj mit seiner Goldmetapher zu zitieren, in der er sehr schön die Unsinnigkeit der ständigen Fragerei nach den Ursachen der Dinge illustriert.

Die Glückskinder-Waldschule
Die in Japan sehr bekannte Fersehmoderatorin und UNICEF-Goodwill-Botschafterin Tetsuko Kuroyanagi hat mit dem Bestseller »Totto-chan – So wunderbar kann Schule sein« ihre außergewöhnliche Grundschulzeit in Tokio beschrieben. Ihre ergreifend schönen Erzählungen geben uns allen einen Eindruck, wie wunderbar Schule sein kann, wenn der große Respekt vor der Individualität aller Kinder zusammen mit echter Liebe einen ganz anderen pädagogischen Weg beschreitet, als das allgemein üblich ist. Ich war wirklich sehr berührt, als ich im Nachwort des Buches etwas mehr über den engagierten Schulleiter Sosaku Kobayashi erfuhr. Er war immer offen für neue Erfahrungen und Ideen, die seine Lehrertätigkeit bereichern konnten. Sein Interesse und die Liebe zu seinem Beruf und zur Musik hatte ihn bis nach Europa geführt, von wo er unter anderem die Rhythmik als Unterrichtsfach mit nach Japan brachte. Bevor er 1937 die Tomoe-Schule gründete, die leider nur acht Jahre existierte, hatte er bereits mit Kuniyoshi Obara einen innovativen Kindergarten gegründet. Einmal soll er zu den Kindergärtnerinnen gesagt haben: »Versuchen Sie nicht, die Kinder in ein Schema zu pressen. Geben Sie ihnen die Möglichkeit, sich natürlich zu entwickeln. Die Träume der Kinder sind viel größer als Ihre Pläne.« Diesen Satz habe ich mit Vergnügen zitiert.

Vor der großen Reise
In diesem Kapitel, wo ich unter anderem über Zweifel, Erleuchtung und Gewahrsein spreche, greife ich auch zu einem Zitat von Nisargadatta Maharaj, in dem er einen hilfreichen Ratschlag zum Umgang mit dem Verstand erteilt. Der Hinweis gilt vor allem jenen Menschen, die glauben, dass sie diesen irgendwie anhalten oder wenigstens kontrollieren müssten.

Schenken
In dieses Kapitel flossen vor allem meine persönlichen Erfahrungen ein, die ich mit dem bedingungslosen Schenken und der Großzügigkeit über die Jahre machen durfte. Es ist viel umfangreicher geworden, als ich ursprünglich dachte, aber es war auch für mich interessant, wie viele verschiedene Bereiche unseres Lebens davon berührt werden.

Frangipani
Die Ausführungen über das Wort »Luxus« stammen aus einem Artikel mit der Überschrift »Luxus ist …« des Magazins »Madame« vom September 1999, wo sich verschiedene Prominente aus Literatur, Politik und Mode über ihre Vorstellungen zu diesem Begriff ausgelassen haben. Ich zitiere hier den Autor Günter Nenning, der in seinem Beitrag in alten Nachschlagewerken fündig geworden war:
»Luxus ist das Leben selbst. Es ist ja nicht notwendig zu leben, es ist ein Luxus. Der Letzte, der dies noch verstand, war Oscar Wilde: ›Man versehe mich mit Luxus! Auf alles Notwendige kann ich verzichten.‹ Wer unter Luxus nur Luxus versteht, ist ein armer Teufel. Das Wort Luxus ist heutzutage stark heruntergekommen, das zugehörige Wort luxurieren, üppig leben,

ist überhaupt ausgestorben. Luxus, erklärt mein dicker alter Georges (Lateinisches Handwörterbuch, 1862), ist ›eigentlich die üppige Fruchtbarkeit, Geilheit der Erde und Gewächse, daher bildlich Ausgelassenheit‹. Mein noch dickerer Klotz (Handwörterbuch der lateinischen Sprache, 1879) bringt die folgenden wunderbaren Beispiele: ›Es luxurieren die Bäume und überhaupt alles Grüne. Auch der Löwe luxuriert, die Schlange und das männliche Glied. Im Luxus lebt das Vieh auf der Weide, und empor springt das luxurierende Pferd.‹ Wer möchte da nicht mitspringen? Ich springe!«
In diesem Sinne kann ich mich Günter Nenning nur anschließen und habe daher seinen Beitrag gerne vollständig hier zitiert.

Glückliches Zusammentreffen
In diesem Kapitel möchte ich die Vision für unser Zusammenleben im Zustand des Wunschlos-Glücklichseins beschreiben und vor allem, wie das im alltäglichen Leben aussieht. Welche Kosequenzen hat das veränderte Bewusstsein für unser Zusammenleben, die Kommunikation und unser kreatives Potential? Mit Freunde und ehrlicher Verbundenheit habe ich hier aus Samarpans Buch »Glücklichsein in jedem Moment« ein paar Sätze entliehen und sie dem Delfin Bahari in den Mund gelegt.

Bibliografie

Hermann Hesse: *Über das Glück –
Betrachtungen und Gedichte.*
Suhrkamp Taschenbuch Verlag, Frankfurt am Main, 2002

Michael Ende: *Momo.*
K. Thienemanns Verlag, Stuttgart, 1973

Ramtha: *A Beginners Guide to Creating Reality –
An Introduction to Ramtha and his Teachings.* 1997
Deutsche Übersetzung: *Das Erschaffen von Realität –
in Leitfaden für Anfänger.* Horamus Publishing, Yelm, 1997

H.W.L. Poonja: *Wake Up And Roar.* 1992
Deutsche Übersetzung: *Wach auf, du bist frei!*
J. Kamphausen Verlag, Bielefeld, 1999

Arjuna Nick Ardagh: *How about Now?* 1999
Deutsche Übersetzung: *Warum nicht Jetzt –
Satsang mit Arjuna.* Alf Lüchow Verlag, Freiburg i.Br., 2001

Jamuheen: *Living On Light – A Personal Jouney.* 1996
Deutsche Übersetzung: *Lichtnahrung –
Die Nahrungsquelle für das kommende Jahrtausend.*
KOHA-Verlag, Burgrain, 1997

Neale Donald Walsch: *Conversations with God*. 1996
Deutsche Übersetzung: *Gespräche mit Gott*.
Wilhelm Goldmann Verlag, München, 1997

James Redfield: *The Celestine Prophecy –
An Adventure*. 1993
Deutsche Übersetzung:
Die Prophezeiungen von Celestine – Ein Abenteuer.
Wilhelm Heyne Verlag, München, 1994

Jean Liedloff: *The Continuum Concept*. 1977
Deutsche Übersetzung: *Auf der Suche nach dem verlorenen Glück – gegen die Zerstörung unserer Glücksfähigkeit in der frühen Kindheit*.
Verlag C.H. Beck, München, 1980

William Martin: *The Parents's Tao Te Ching*. 1999
Deutsche Übersetzung: *Das Tao te king für Eltern*.
Aurum in J. Kamphausen Verlag, Bielefeld, 2000

Eckhart Tolle: *The Power of Now –
A Guide to Spiritual Enlightenment*. 1997
Deutsche Übersetzung: *Jetzt! – Die Kraft der Gegenwart*.
J. Kamphausen Verlag, Bielefeld, 2000

Erich Fromm: *Haben oder Sein –
Die seelischen Grundlagen einer neuen Gesellschaft*.
Deutsche Verlags Anstalt, Stuttgart, 1976

Don Miguel Ruiz: *The Four Agreements -
A Toltec Wisdom Book.* 1997
Deutsche Übersetzung: *Die vier Versprechen –
Weisheitsbuch der Tolteken.* Ariston Verlag, 2001

Sri Nisargadatta Maharaj: *I Am That.*
Übers. Maurice Frydman, Chetana, Bombay, 1975
Deutsche Übersetzung in Auszügen: *Ich Bin.*
Context Verlag, Bielefeld, 1989

Tetsuko Kuroyanagi: *Madogiwa no Totto-chan.* 1981
Deutsche Übersetzung: *Totto-chan.*
Fischer Taschenbuch Verlag, Frankfurt am Main,1994

Suzanne Segal: *Collision With the Infinite –-
A Life Beyond the Personal Self.* 1996
Deutsche Übersetzung: *Kollision mit der Unendlichkeit –
Ein Leben jenseits des persönliche Selbst.*
J. Kamphausen Verlag, Bielefeld, 1997

Samarpan: *Glücklichsein in jedem Moment.*
J. Kamphausen Verlag, Bielefeld, 1997

Jörg Starkmuth: *Die Entstehung der Realität.*
Eigenverlag des Autors, Bonn, 2005
www.schoepfungsprizip.de

Cora Tanou's bunte Welt – www.coratanou.de

Über den Autor

B.M.Tang wurde am 14. Februar 1958 in Offenbach am Main geboren und lebt mit seiner Familie in der deutschen Kleinstadt Rodgau. In seiner Jugend hatte er den Wunsch, als Biophysiker die Funktionsweise des Gehirns und des Denkens zu erforschen. Dem aber stand die tiefe und langjährige Liebe zur Musik und zum Klavierspiel gegenüber. Er entschied sich für die Kunst und widmete ihr einen großen Teil seines Lebens. Bis zum Alter von 35 Jahren arbeitete er im Musikbusiness als Musiker, Produzent und Studioinhaber, bis ihn ein fundamentaler Umbruch in seinem Leben vom Geschäftsmann zurück zur Kunst brachte. In den folgenden Jahren entfaltete er seine Talente als Komponist und Sänger ganz für sich allein und brachte seine Lieder in einigen Konzerten auf die Bühne.

In dieser Zeit beschäftigte ihn mehr und mehr die Frage »Wer bin ich wirklich?«, und damit begannen sich sein Weltbild und sein Leben völlig zu verändern. Nach einer Phase innerer Einkehr und des Alleinseins, in der er seine große Liebe zur Natur wiederentdeckte, begann er schließlich im Jahr 2000 nicht mehr nur seinen Klavier- und Gesangsschülern, sondern auch einem größeren Kreis von interessierten Menschen von seinen Erkenntnissen und Erfahrungen zu erzählen.

Seine Seminare »Wunschlos Glücklich – Die wunderbare Entfaltung unseres Potentials« waren und sind ein Geschenk an alle Teilnehmer. Die beglückende Erfahrung des erwartungsfreien Schenkens ist ein Teil seiner Lebensphilosophie.

Mit seiner großen Liebe Melanie und ihrem gemeinsamen Glückskind Joy folgen sie den Einladungen interessierter Menschen und bereisen die Welt, um mit ihnen die Praxis des Zusammenlebens ohne Trennungsbewusstsein und im Gewahrsein des Augenblicks zu erfahren.

Weitere Informationen und aktuelle Neuigkeiten über den Autor und seine Projekte findet man unter:

www.tangsworld.de